美国妇女的生活

——解放神话与现实困境

A Lesser Life: The Myth of Women's Liberation in America

【美】西尔维亚·安·休利特　著

马莉　张昌耀　译

中国社会科学出版社

图字　01-2016-9477

图书在版编目（CIP）数据

美国妇女的生活：解放神话与现实困境／（美）西尔维亚·安·休利特著；
马莉，张昌耀译．—北京：中国社会科学出版社，2016.11
书名原文：A Lesser Life：The Myth of Women's Liberation in America
ISBN 978-7-5161-9382-2

Ⅰ.①美…　Ⅱ.①西…②马…③张…　Ⅲ.①妇女问题—研究—美国
Ⅳ.①D771.286.8

中国版本图书馆 CIP 数据核字（2016）第 280605 号

出　版　人　赵剑英
责任编辑　安　芳
责任校对　冯英爽
责任印制　李寡寡

出　　　版　中国社会科学出版社
社　　　址　北京鼓楼西大街甲 158 号
邮　　　编　100720
网　　　址　http：//www.csspw.cn
发　行　部　010-84083685
门　市　部　010-84029450
经　　　销　新华书店及其他书店

印刷装订　北京明恒达印务有限公司
版　　　次　2016 年 11 月第 1 版
印　　　次　2016 年 11 月第 1 次印刷

开　　　本　710×1000　1/16
印　　　张　23.25
字　　　数　381 千字
定　　　价　68.00 元

鸣　谢

这是一本对我来说非常特别的书。在这本书里，它代表了一种独特的个人和职业碰撞的结合。因此，它给予我一种特别的快乐去感谢我得到的来自家人、朋友及同事的很多帮助。

我最应该感激的是我的丈夫 Richard Weinert。无论是从学术还是在家务上，没有他不懈的支持，就不会有今天这本书。他读了六次改稿，他是我最严厉和最有建议性的评论家。最为重要的是，在过去的三年里，在无数个晚上和周末，他不仅需要做饭，还要照顾孩子，我才得以工作。如果每个职业妇女有这样的一个伴侣，本书的大部分内容都会是多余的。

我要特别感谢我的孩子们——Shira、Lisa、David 和 Adam。我每天都感到他们对我的爱。我有时工作时间很长并且很辛苦，但他们个个都为有我这样一个母亲而骄傲。此外，我在本书中提出的许多问题，也都源于他们的出生和童年所遇到的问题。

我还要感谢许多人。我一直非常依赖我的编辑 Pat Golbitz，她对本书的郑重承诺，使我熬过一次次的改稿痛苦。我的代理 Molly Friedrich，不仅慷慨地付出了时间，还帮我判断及给予我友谊。没有多少作家能得到这样全心全意的支持，因此我非常感激。

我得到最大的文化知识帮助应归功于 Betty Friedan、Lenore Weitzman 和 Sheila Kamerman。书中的许多辩论都充满了她们的思想和她们的学术研究。我对她们的思想成果表示致敬。

在过去的三年里，我一直受到"经济政策委员会"同事的鼓励。我想对他们表达我的谢意：Robert O. Anderson、Doug Fraser、Charles Barber、Ray

Marshall、Jack Sheinkman、Henry Kaufman、John Sweeny、Alice Ilchman、Albert Shanker、Ed Luck、Dan Burton 和 Rose Carcaterra。

我也要感谢 Elizabeth Jakab、Joyce Kozloff、Charles Perrow 和 Benjamin Kalman，感谢他们对本书初稿提出深思熟虑的意见；感谢 Margie Simmons，感谢她为本书付出的时间和非常专业的指导。Pam Laber、Judy Farrell、Marthe Abraham 和 Marie Sauveur 在整个我写这本书的工作中，自始至终提供了无价的帮助。还有 Wendy Atkin、Kathryn Bregman、Roy Brown、Frances Beinecke、Tru Helms、Abby Hirsch、Helen Knight、Ruth Spellman、Thelma Weinert 和 Marcia Welles 都给予我非常大的支持和关爱。我感谢以上所有的人。

我同样感谢所有我访谈过的人：包括商业领袖、记者、政府官员，以及上百名来自五个国家的在职父母们，感谢他们所付出的时间和精力。从这个关键的意义上说，是他们使本书的写作得以顺利进行。感激之情，不尽言表。

最后，我衷心感谢我的父亲 Veron Hewlett 和母亲 Jean Hewlett。是他们教育我要做到事业和家庭两不误，而当时的人们还没有认真思考过如何处理好这两者之间的关系。父母之爱是我走向成功的不竭动力。

1985 年 9 月于纽约市

目　　录

第四部分　反抗与应对

第五部分　政治可能性

第一章　绪论

"我做得怎么样？"这是纽约市市长埃德·科奇常作为他竞选活动的一个挑战性口号。问一问有关美国的妇女问题，我们怎么样？答案可能又是老生常谈：孩子，我们已经走过了很长一段路，但是，我们仍然还有很长的路要走。把该问题展开来说，美国妇女与欧洲妇女相比又如何？答案可能让人沾沾自喜：也许这里的事情并非尽善尽美，但是我们无疑比欧洲妇女领先好多年。

果真如此吗？我曾经认为是如此。我生长在英国，像大多数欧洲人一样，常常带着崇敬的心情看待美国妇女：她们毕竟是世界上最强势和最解放的群体。

我的观点带有传统性。两个世纪以来，美国一直被它的公民和外国人视为妇女生来就自由的国土。在美国，妇女享有其他国家妇女无法比拟的独立和自由。19世纪初期，关于美国妇女的优越地位，法国贵族和社会评论家亚历克西斯·德·托克维尔指出："我几乎没有在任何地方看到妇女有那么高的地位。"这是托克维尔在1830年写下的话语。[1]在近代，美国妇女比她们同时代其他国家的妇女享有更多的公民权和教育。大概是为了证明这一点，美国的妇女运动比其他国家更有声势。美国女权运动的突起，是美国妇女在这方面处于领先地位的具体证明。

当我在1960年代末期作为一名研究生来到哈佛大学时，我感到了双重的幸运：我不仅来到了美国这个对移民来说总是充满机遇的国土，而且我感到我注定会享受到对妇女来说正处于黄金时期的年代。早在1970年代，妇女运动就已趋成熟，对妇女紧闭的大门忽然打开，争取女权运动正在清除那些阻碍妇女取得事业成功的障碍。取得事业上的成功，成家，拥有孩子，对这一切我都充满自信。几年以后，当我真正去应付怀孕、哺育孩子并同时建立事业的时候，我懂得了大多数妇女在经历同样的困难时有多么的艰难。这比我所想象的新一代女强人既养孩子又要工作还要艰难得多。

当我生活在美国时，我与在英国的姐妹保持着密切的联系。我的两个姐妹这时与我一样，既工作又抚养孩子。但是她们似乎没有像我这样艰难。起初，我以为可能是由于不同的工作类型、不同的事业抱负以及不同的生活方式所致。但是，随着时间的推移，我开始感到疑惑。

于是，我决定对此做点了解。我越了解，越感到震惊，并且变得沮丧。因为尽管这些新女性都是工商硕士、医学博士、宇航员、电视新闻广播员，现代美国妇女仍由于经济上的不稳定而饱受磨难。经济上还不如她们母亲那个时代稳定。即使现在，与其他发达国家的妇女相比，她们的情形也相当糟糕。

现在让我们回头看1950年代。当时传统的劳动分工让妇女在经济上有很大保障。也许，许多妇女婚姻有些不幸，但是男人每天去上班，并且所赚得的钱能够维持家庭。妇女操持家务，并抚养孩子。但随着性革命和性解放，这一切全变了。离婚成了普遍现象，离婚率是以前的三倍，并且，妇女不能再指望她们的婚姻能给她们带来经济上的保障。

当然，这也是整个世界的趋势。但是，美国的离婚率比其他富裕国家要高出2—20倍。由于离婚，与世界上任何其他国家相比，美国妇女在经济上遭受的不稳定和创伤都要严重得多。[2]

随着1960年代和1970年代末期传统婚姻的崩溃，妇女就业比例急剧上升。这既可解释为部分原因，也可视为一定后果。传统角色的削弱迫使妇女加入劳动大军。与此同时，参加工作并挣到钱这一事实，使得更多妇女从她们以前的传统角色的禁锢中解放出来了。

这又是当前主流的一部分。从整个世界发达和先进国家来看，近几年妇女就业的比例都在急剧上升。她们在工作场所的报酬又如何呢？美国妇女所挣的工资大约是男人的64%。并且这种工资差距，无论是对公司的高级职员或是对零售店的记账员来说，都是如此。这已是众所周知的事实。但是鲜为

第一章 绪论

人知的是，美国是世界上所有发达工业国中工资差距最大的国家之一；在过去 20 年里，美国是男女工资差别一直没有缩小的仅有几个国家之一。

实际情况就是这样：现代的美国妇女，无论解放与否，无论是作为妻子和母亲，或作为工作者，她们的经济都没有多大保障。她们被挤压在传统和现代这两种经济保障形式之间。这在其他社会里还不曾见到。

我们的母亲那一辈，她们大多数能够在其婚姻中找到经济上的保障。但是这种途径现在已不再适用了。由于通货膨胀，居高不下的失业率，男人无法成为家庭的依赖；至少，不能指望男人长期来养家。

逐步升高的离婚率是一个关键因素。由于离婚，男人通常放弃对妻子包括对孩子的抚养责任。这样，婚姻的破裂极大地增加了男女之间收入的差距。

在《离婚革命》一书中，斯坦福社会学家利罗·威茨曼指出：离婚后前夫的生活水平提高了 42%，而前妻（以及她的孩子）的生活水平却下降了 73%。[3] 由于仅有 5%—10% 的离婚可以得到赡养费，并且 2/3 的母亲们从前夫那里根本得不到任何资助，这使得成千上万的妇女不得不完全承担抚养孩子的经济责任；[4] 由于离婚所导致的经济收入下降，美国妇女和孩子占本国贫穷人口的 77%。[5]

但是，也许现代妇女既不需要也不想要传统婚姻所带来的安全感。毕竟人们已习以为常地认为，今日所解放的妇女应该能够在劳动市场上找到她们的经济出路；然而，在工作场所中，男女同工不同酬的现象仍然存在。美国女性所挣工资只有男性工资的 64%，[6] 尽管她们所受的教育程度与这些男人相同。这不像其他国家的妇女，在受教育方面不如男人。在过去半个世纪中，男女之间这种工资差距仍没有缩小，并且将来也没有缩小的迹象。一个女人的工资，通常是不能够养活她自己的，更不用说一个家庭了。得到一份工作并不能使一个离异的母亲脱贫。

与此相反，在西欧，妇女的经济自立情形比较好，那里仍保留着比美国更为可靠的婚姻，因此，传统的经济保障形式就有更多的意义。美国现在的离婚率是瑞典、英国以及德国的 2 倍；是法国的 3 倍；是意大利的 20 倍。[7] 在工作方面，欧洲的工资差距一直在缩小，并且欧洲妇女的工资现在比美国妇女工资高出 2%—30%。[8]

但是这还不是全部。这些美国以外的先进民主国家还制定了一系列对家庭进行支持的制度，诸如带薪产假、儿童补助费、日托津贴、免费保健医疗等，所有这一切，都给予上班的父母亲莫大的安慰。[9]与此相反，美国60%多的在职母亲无权享有产假，而且，近来社会福利的减少更进一步降低了孩子受公共照顾的水平。[10]由于90%的妇女在她们的生活中都有孩子，因此，养育孩子的问题就显得十分尖锐。[11]

换句话说，与其他国家的妇女因男女收入差距缩小、家庭支持体系得到加强而使婚姻有保障、物质生活条件得到逐步改善的情况相比，美国妇女却越来越容易受到伤害。尽管美国妇女一直在追求权利和特权，但她们实际上面临着经济上日益下降的现实。

《华尔街日报》非常透彻地阐述了这一问题。此报用下列词句描述了我们这一代美国妇女："1970年代早期的年轻妇女，赋有才能和自信，顺利地毕业于各个大专院校。拥有着所取得的法律学位和工商管理硕士学位，开始向那事业的阶梯攀登。[12]她们唯一遇到的障碍就是：这些妇女发现她们的事业在她们做母亲时被毁掉了。"[13]尽管这些妇女很快乐地成为母亲，但是，当她们看到她们因养儿育女而事业荒废时，她们总是感到难受。无疑，《华尔街日报》击中了要害。

这个问题还集中在社会角色的冲突上。人们期待我们这些在1970年代已经成熟的妇女不但在业余时间抚养孩子，而且同时在劳动市场上与男性竞争。这种双重负担是一种巨大的心理压力。因为根据对做母亲肆意夸张的观念，人们期待我们去养育这些孩子。实质上，我属于那一代"幸运的"女强人。我能够把1950年代的养育标准与1970年代声势浩大的女权主义运动结合起来。但是，当我们中间许多人发现在我们奋力生养孩子的同时还要兼顾事业的时候，1950年代那些"母亲崇拜"的僵化标准已不可能与我们在激烈竞争中所要达到的同样严格的标准结合起来。只是有些像我一样的人，最终徘徊于世俗的母亲与执着追求终生事业之间。由于这些要求是无法满足的，并且也是矛盾的，我们最终无法满足这两项要求中的任何一项。无论是雇来的用人还是具有维持家庭能力的丈夫，都不能使身在工作中的母亲从这些对抗性的压力中摆脱出来。

第一章 绪论

我自己的困境促使我提出了本书的核心问题：世界上最有独立性和受过最好教育的妇女，她们的生活状况却是最不好的。这究竟是怎么回事？再者，美国妇女运动为什么没有阐述这些关键的经济问题？为了有助于更好地理解这些问题，我决定对英国、法国、意大利以及瑞典这四个西方民主国家做些调查。这些国家都为大多数女性公民提供了较好的生活条件。我深入地对这些国家进行了逐一的研究。我不仅与普通的老百姓交谈，并且也与学者们以及内阁大臣进行对话。我一心想弄懂这些国家对待妇女问题为什么比美国做得好。我之所以选择这几个国家，是因为它们代表了某些政治观念；我不仅选择传统的天主教社会进行研究，也选择世俗的福利国家进行研究。但是，尽管存在着这些差别，以上所涉及的国家都属于西方富裕的民主国家，能够与美国相互比较和对照。

我选择这些国家，还有一点，是因为我比较了解它们。我在英国长大，曾在法国和意大利生活和工作。再者，我在瑞典做过研究工作。这些亲身经历使我能论述并解释我所收集的大量资料。

同样，为了理解这些问题，我想拓展一些有利于改善美国状况的切实可行的政策和措施。于是，我决定直接求助于美国经济中的一些主要决策人。自1981年以来，我一直担任经济政策理事会（EPO）的主任。该理事会是由商业巨头、劳工团体领导、经济学家、教育学家以及政策分析家等所组成的一个强大的私立"智囊团"。该理事会每年成立两个研究问题的专门小组，每一个专门小组探索一个主要的经济问题，然后归纳出可采取的政策来。我使经济政策理事会相信美国的家庭生活正处于革命变化之中，并且正在摆脱主要受经济和社会牵连的一些问题。1983年，我们成立了一个研究政策的专门小组。该小组是由艾利斯·赫奇曼（萨拉·劳伦斯学院院长）和约翰·斯威尼（国际雇员服务联合会主席）领导，并由福特和洛克菲勒基金会赞助成立的。它的使命就是调查本国在职父母所面临的问题，然后提出一些政策措施，以便使这些问题得到解决。专门小组的其他成员是：美国前任总统吉拉尔德·福特，华纳通讯公司总裁斯蒂文·罗斯以及华盛顿邮报公司的总裁凯瑟琳·格雷厄姆。

我认为，这些活动会带来解决现实问题的办法，而不是虚设，或只是虚幻的承诺。专门小组的成员，对所面临的问题抱有同情心。他们不是一些专职的社会改革家，而是一些握有经济大权和政治大权的精明实干的人。此外，由于会员中大部分是男士，他们就不可能对妇女问题那么关切和敏感。我想一探究竟：当今的美国能为妇女做些什么，而不是设想一些乌托邦的东西。

第二章　个人经历

　　等到我有孩子的时候，我对自己充满自信，相信自己有能力处理好爱和工作；即使现代妇女运动已发展到登峰造极的地步，我并没有对其有很高的指望。在1970年代初期，妇女在事业成就方面已经迅速地打破了男人的垄断。此时的我，像成千上万站在我面前受过教育的男人一样，别人的说服使我相信我能够在事业上获得成功，并且能过上较为富裕的生活。当与我同时代的政治活动家告诉我美国妇女从未像今天过得这样好时，我对他们所说的深信不疑。当他们告诉我，我能够支配自己的生活时，我也毫不怀疑。

　　现在很难记起在那些岁月里，我的前程和未来有多么光辉灿烂。由于我早年完全生活在沉闷和无望之中，因此，那时我对前程是一片茫然。我们家位于英国南威尔士一个狭窄并且失业者众多的矿区里，我有五个姐妹。我就是在这样的环境里长大的。我父亲是一位勤奋工作的教师（没有儿子），对他的六个孩子充满信心。尽管我们是在贫困的境地中长大——没有冰箱、电话、电视、汽车，但父亲经常鼓励我们要有远大理想，尽力使自己得到受教育的机会：我们大多数孩子都下定决心按照父亲所说的那样去做。但这是一种充满很多艰辛和寂寞的奋斗过程。我的童年和成年面临的都是严峻的现实。在我7岁时，我所掌握的最有用的技能就是能够飞快地削土豆。由于我们每天晚餐都是吃土豆，因此我有很多练习的机会。在14岁时，我成为一个被社会排斥的人，因为无论是我的衣橱（我们姐妹几个从未有过新衣服，我们穿的都是别的家庭不要的衣服），还是我的事业抱负，都很难使我进入当地的工人阶级队伍。但是勤奋工作和执着精神使我得到补偿。在我17岁时，我被剑桥大学录取，并且在这所高等院校里开始了我成功的学习生涯。

1976 年，我获得了哈佛大学的研究生奖学金。我跨过大西洋来到了这个对我、同样对许多其他移民来说，永远是一块"希望之地"的国家。我并不失望。这个大社会正处于百废待兴之中。美国正在努力消灭贫穷和城市衰败。年轻的一代正在摒弃中层阶级那一套物质生活，对美国参加越南战争这种不道德行为而感到极为愤怒。黑人和妇女，正向世人宣告他们的出生权和平等权。我至今仍能记起当时的振奋场面。我感到我来对了地方，我来的也正是时候。20 世纪后期的美国，妇女将会得到所有社会进步和变迁带来的益处，我感到我注定是她们中的一分子。虽然我并不十分相信这世界就在我的脚下，但有一点是清楚的，这就是阻挡妇女取得事业成就的障碍正在清除。我们被允许加入社会的主流，在平等的条件下与男人在权力、地位以及物质奖赏方面进行竞争。至少，我认为，我不会再去重复我母亲的生活，眼看着我最好的年华在那种无尽枯燥的家务中逝去。

在 1970 年代初，我返回英国，在伦敦经济学院完成我的博士学位。但是，在 1974 年，我决定把我的家安在美国，并且接受我的第一个专业任职——哥伦比亚大学巴纳德学院经济系副教授。两年以后，我结婚了。1977 年，当我 31 岁时，我有了第一个孩子——莉萨。女儿美丽又健康，我感到无比幸福。然而，在抚育她最初的几个月里，我是相当艰难的，充满了苦恼和失败。起先，我试图用母乳喂养。但是，我在巴纳德（一所极有声望的女子院校）教书，该校没有为妇女提供产假（带薪或不带薪），生完孩子 10 天后，我就返回学校工作了。尽管我用了九牛二虎之力，我仍无法把教学工作与喂奶工作结合起来。最后，我没有奶了，我极不情愿地用奶瓶代替了母乳喂养。我感到我没有充分地与女儿配合好，我似乎没有通过做母亲的第一次考试。

更严峻的挑战接踵而来。作为一个有责任心的母亲，我读了有关哺育孩子的指南手册，我惊愕地发现，专家们的建议大部分与我所处的工作实际状况格格不入。大部分仅是简单地论述母亲一天该有 16 个小时与孩子在一起。除了生理上照料以外，还应该有一些综合的义务，譬如，应该是"孩子世界和每日经历中的建筑师或设计师"，"一位能对孩子不断提供建议和帮助的顾问"。[1] 只有完成这些角色时，一位母亲才能算得上是让她的孩子有一个良好

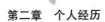
的开端。我从未发现，有哪本书超过两页来论述一个在职母亲如何抚养孩子。大多数专家或多或少都对母亲在职怀有敌意。本杰明·斯波克说，除非一个母亲绝对需要工作，否则，对于"花钱让其他人来带孩子，做这些可怜的家务工作"，就是不可理解的。[2]与此同时，布瑞·布雷泽尔顿争论道："两个母亲不如一个母亲好"，[3]并敦促母亲延迟返回工作的时间。我感到布雷泽尔顿应该去跟我的老板说一声才是。伯顿·怀特相对宽容一点，作了一点让步，他认为如果一位母亲把"她的工作时间安排在她孩子午睡"的时候，[4]那么这样的工作是允许的。但是，莉萨有一个与其他婴儿一样的习惯，午睡很短暂并且是无规律的。怀特先生是致力于学术的专业人员，他显然没有尝到过女人每天有不可预见的三小时不得不使其工作计划遭到破坏的滋味，因为他有妻子待在家里照看他的四个孩子。

我发觉，我与孩子养育专家的初次冲突使我备感受伤，但我仍决心做一个合格的好母亲。我是否能在其他比较困难的领域取得成功？我并不是每一分钟都待在办公室里或课堂上，我很认真地照顾我的孩子。清晨、中午和晚上时间都安排得很满，以尽母亲的职责。与此同时，我对我的工作一丝不苟，工作很晚，常常把工作带回家，并且经常还做些额外工作。我最大的恐惧是，一旦赋予我母亲角色，我担心不再被人看作是一位专心搞学术的人。

当莉萨3个月时，我每天的工作安排如下：5点起床，先喂莉萨，然后换尿布（她仍是一个非常小的孩子，好几个月后她才能睡通宵），从6点到8点，被视为宝贵时间，我试图集中这段"优质时间"给我那才3个月的孩子"打下智力的基础"。这种方式是伯顿·怀特在《生命最初三年》这本书中所提到的。[5]同样，还有一些显而易见的事情，如鼓励莉萨去踢腿、发笑、咕咕地叫。我按照建议，把莉萨放在婴儿车椅上，然后推着车椅在房间里转，并拿着一些钢制镜子，在她面前（6英寸之远）做些复杂的动作。[6]再如，把烹饪用具当成简单的玩具，鼓励她"用自己的手玩这些玩具"；[7]教她如何用眼睛跟着铃铛来回摆动，以训练她的注意力。[8]这后一种方式，母亲一般不容易做好，因为如果铃铛"突然响起，或让它静止太久，婴儿的视觉注意力就会转移"。[9]可怜的莉萨，她的婴儿时期一定非常劳累；我肯定不会允许她仅仅躺在那儿当一个婴儿。

我的丈夫理查德，每天早上大约 7 点就开始忙碌，为我们每个人做早餐，并收拾屋子。早上 8 点，我们所请的保姆到达。9 点之前，我到课堂教书。我总是把我所有的工作尽量放在早上和下午早些时候完成。经常是午餐时间回到家里，再把莉萨带到学院里，参加中午 12 点到下午 1 点的系里会议。这样，我的中餐经常是吃一块三明治就打发了。从下午 3 点 30 分至 6 点，又是我和莉萨待在一起的"优质时间"。从 6 点至 8 点，理查德带莉萨睡觉，而我这时就做晚餐和洗衣服。然后从 8 点到半夜，我才做我的研究工作。我不仅教学院里所指定的课程，而且还有一些其他工作职责。我之所以这样做，是想向我的同事证明，我仍是一个地道的做学术的人，并值得被考虑给予终身教职。我把所有的研究工作都放在深夜，这样可以腾出时间与莉萨待在一起。结果，我总是缺乏睡眠。另一个棘手的事情就是，我只让保姆在每天部分时间带孩子，而非全天。我这样做，一是节约钱；二是我不愿被人指责我是一个把自己的孩子完全交给陌生人带的母亲。尽管有这种安排，我除了在午餐时间处理工作外，下午 3 点 30 分以后有时还会碰上一些事情，我不得不带上莉萨一起工作。当你在工作时，还不时地需要照料你身边的孩子，这是多么令人头痛的事情！如果有个孩子在房间里哭闹，那么，你连写封信，或与学生会面这样简单的事情都不可能做成。如果莉萨在我开会期间哭闹或尿湿了，我的同事就会不高兴。对于没有做过父母的人来说，这些混乱的场面似乎近于滑稽，经历这些，对于她们来说，似乎是一场噩梦。我现在都不明白，为了做好母亲，又要兼顾事业，我当时是怎样经受住了这些给我体力和精神上所带来的持久压力。

　　当莉萨四岁半时，我作了让步。我请了一个住家保姆。我这样做并非完全出于对我自己或对理查德的考虑（尽管这个阶段，我俩都累得筋疲力尽），而是因为我的同事对于我边工作边带孩子充满敌意。而且，我知道了，我再不能把莉萨带到我的办公室里来了。最后促使我做出这种决定是因为下面的一件事。那年春天，我发现我的办公桌上有一张纸条，是我隔壁办公室一位同事写的。上面写着："亲爱的休利特教授，我想指出的是，巴纳德是一所学院，而不是托儿所。"我感到吃惊并深受伤害。我们不是提倡为我们的女学生提供角色样板吗？但是我也感到害怕。自那以后，除了每年的圣诞节，

我从未带莉萨去上过班。

有必要讲一下我为什么依赖私人保姆。当莉萨出生时，我咨询过我们学校能否提供照看孩子的帮助。我发现巴纳德学院仅为学步的小孩子提供照管。一年费用不到 1000 美元，但是只收 1.5 岁至 2.5 岁的孩子，一个星期两个上午，并且每个上午只有两个小时。我想，我无法利用这个服务。即使莉萨够了年龄，因为这个托儿所，要求母亲与她的孩子一起上最初 6 个星期的课！我记得我有点吃惊。很显然这种托儿所不是为在巴纳德工作的妇女设计的。我们需要的是日托而不是额外的责任。这种安排可能是专门为没有妻子的男教师而设计的。

几年以后，当我回头看当时的情景时，我才知道在我的系里，仅有另外一个人有过孩子。而我周围的人（大多数是妇女），都因一种或多种原因，没有选择去过一种传统的家庭生活。只要看看下面的统计数字，你就会明白以上这种不正常的情况。年近 40 岁的妇女，90% 都已有孩子；但在职业妇女中间（她们占整个在职妇女人数的 10%），情况就不同了：对律师、商务总裁，以及其他专业人员的调查表明，我这一代只有不到一半的在职妇女有孩子，[10]在很多情况下，工作压力似乎排除了要孩子的可能性。正是这些没有孩子的妇女，经常对在职妇女有孩子表示不满，把她们为养育孩子所做的奋斗，视为一种鱼和熊掌都想兼得的不正当努力。

我的妹妹海伦住在英国的曼彻斯特市。她在一所中专学校教书。1977年，她也有了一个孩子。当我得知她享有 8 个月的产假，其中 6 个月还是带薪时，我感到惊讶。当时，我不知道其他国家有关这方面的政策。我考虑了海伦的情况后，我断定这是一种特殊的待遇。我以前把大不列颠看作是在妇女问题上相当落后并且完全"不解放"的国家。为什么英国人在谈话中，明明所指的是妇女时，仍不自觉地使用诸如人力（manpower）和主席（Chairman）这样的词。我不能想象，先进的美国还有一些东西要从旧大陆那里去学。尽管我拥有所有的美国优势，然而，很显然我还没能够成功地处理好我非常乐意从事的双重角色。在极度疲劳和困惑不解之中，我已失去了在我女儿最初生活中的宝贵时光。我感到一种失败感。我知道，总有一种办法可以成为女强人，并在各个方面都取得成功。只是苦于当时我找不到。

两年以后，也就是在 1979 年，我试图怀第二个孩子。从这时开始，我就感到比较困难。我比以前呕吐得厉害。我全身肿得吓人，并且经常有腹疼。我的产科医生平静地并用权威的口气告诉我，一切正常。我简直难以相信他的诊断。在第三个月月底，我想重新看医生，便仔细地选择了一位在纽约市一家医院从事教学工作的妇产科女专家。我感到她会认真考虑我的担心。但会诊的结果并非如我所想象的。这位医生草草地给我做了检查，过后，当我坐在她那位于第五大道上的高级诊所里时，她看了一眼手表并且告诉我，她只有两分钟时间了。我极力使自己镇静，并且脱口说出我的担心：这次怀孕，我感到特别不舒服，不间断的急性腹疼使我感到害怕，并且我也担心流产。医生听后，笑了，并流露出一种优越感，她说她能肯定这一切都是正常的。既然我为这次怀孕的症状感到烦恼，她接着说："你为什么不去游泳或者做些轻微活动以便消除疼痛呢？"我感到震惊和愤怒，但仍做了最后的努力，说道：难道您认为我怀孕后，我就可以减掉我的一些工作？"不，我的上帝，"她由衷地说道，"现在不是 19 世纪！"

几个星期后，我做了羊膜穿刺（一种为孕妇检测其胎儿的染色体是否正常的试验），结果表明我怀的是双胞胎。理查德和我听到这个消息后非常高兴。我这时感觉到我以前的种种反应是合理的了。我看了一些书，得知双胞胎经常面临早产的危险。我又回到了先前的那位较为平静的男产科医生那里，问道："我是否应该停止工作或至少减少部分工作时间？""没关系，学院教书并不是一件很辛苦的工作。"他拍了一下我的脸，便打发我回家了。我感到非常沮丧。我很渴望找个权威的专家能告诉我减少一些工作时间，以便集中精力使我肚里的孩子正常发育。尽管我从医生那里再次得到安慰，但是我总是感到这次怀孕不会顺利。我告诉理查德，我总是感到作呕。他温柔地鼓励我相信自己的直觉判断，说如果我担心这么多，就应该停止工作。

但是，事情并非这么简单。既然我没有明显合理的生理上的问题，我就不能提出请假。否则，我就得放弃工作。十年的努力，辛勤的工作才换来我今天的地位。由于学院工作机会不多，这种工作极为难找。此外，只差一年半时间，我就可以被考虑给予巴纳德学院的终身教职了。我是否真的要放弃这终身有工作保障的机会？我感到极度痛苦，但最后仍决定坚持工作。理由是如果没有因怀孕所带来的明显身体问题，没有医生的证明，我就不能够放弃我的工作。我自己简直拿不定主意，并且我也不愿人为地毁掉我的事业前程。我并没有采取那位女医生的建议去开始活动，但是我试图抛开我的焦虑，并集中精力应付我手头的工作，这包括：一个两岁的孩子，一份全日制工作，并加上一个我时常感到疼痛并认为是机能失常的身体。

在那年的 11 月 17 日，大约下午 6 点 30 分，我坐在我的办公室里，感到筋疲力尽。那天下午早些时候，我参加了系里召开的会议。在这次会议上，气氛非常紧张，我拿出了我最近的研究报告，以听取同行的重要评估。这个会议对我来说非常重要，因为它将标志对我终身教职鉴定的开始，也将决定我最终是否被提升或辞退。会后我倒在椅子里，试着鼓起力气起身回家。正在这时，羊水开始顺着我的双腿一滴滴地往下流。起初，我感到有点迷惑，不知道这是怎么回事。不一会，滴水变成小溪似的，我非常恐惧，意识到我的羊水破了。离生产还太早（才怀孕 6 个月），这意味着我的两个孩子可能会死亡。此时此刻，我的靴子里已充满了水，并且也已经流到我办公室的地毯上了。我蹒跚地来到走廊，发现除了我以外，整个大楼都没有人。我努力走出大楼，水仍在流，我全身发抖，并哭泣着。我穿过又黑又冷的校园，来到百老汇大街。我叫了一辆出租车，让司机开车送我到莱诺克斯山医院。

数小时后，那位带有一副严厉面孔的产科男医生告诉我，如果我还不产生宫缩，并且如果体内没有适量的羊水，那么救活孩子的可能性很小。最好的结果是如果我能在四十八小时内顺利分娩，孩子可能有救。但是，根据孩子的月份和大小（每一个只有大约 1.5 磅重），他们将没有生存的可能。

我在惶惶不安中度过了两天。平躺在医院的硬板床上，因恐惧而感到难过，不断向无名之神祈祷，保佑我的孩子。医师给我做了超声波。使我感到巨大喜悦的是不仅婴儿还活着，而且看来还在剩存的羊水里漂浮着呢。但是，在第三天的早晨，我醒来后发现有点怪，并感到有什么东西从阴道里流落出来。一看是脐带，毫无生命。不但没有脉搏跳动，还硬硬的，很干枯，就如枯萎的茎秆一样。双胞胎中的一个已经死了。我神经质地按响床铃，呼叫护士。住院部医生和实习医生都来了，马上开始忙碌起来。他们用担架把我抬到分娩的那层楼里。"你们要干什么?"我大声叫道。"另一个婴儿还活

着，我想把它留在里面!"其中的一个值班医生耐心地向我解释说，他们没有选择，只能引产。由于一个婴儿死在我的子宫里，那么母亲就面临感染的威胁。因此两个婴儿都得引产。这样，一个已经死了，另一个也很快要死了。我把头使劲地往铁床栏杆上撞，并向他们大叫着，不要碰我。最后还是理查德说服了我，告诉我没有其他的选择。他说，我们可能还会有更多的孩子，但是我只有一个。

稍后，那天早上，我开始了"正常"的长达 14 个小时的分娩。我闭紧着眼睛，堵住我的双耳，不想看见听见我那一个已经死了、另一个也要死的孩子。但是，我仍感到他们温暖的身体，湿乎乎地顶着我的大腿。虽然我的产科医生声称那是自然分娩，时间算快并且安全。但是那天，我已几乎要死了，我始终不明白为什么在分娩时，他不能（或者说不想）给我用麻药，这样，我就用不着受如此大的痛苦和折磨了。

随后，在很长的一段时间里，生活对我来说简直难以忍受。首先，是身体对我的嘲弄。尽管是死婴，我的乳房仍充满奶水，肿胀并且疼痛。几个星期以后，我的乳房又在泄奶，好似在不断提醒我丢失了孩子这个事实。我不需要提醒，我对我的孩子感到悲哀，常常是怀着连我自己都害怕的强烈的情感。除了悲伤以外，还得应对一种强大的责任感。有多少个夜晚，我睁着眼睛躺在床上，想着各种假设。我发觉至少从四五个方面来说，我应该受到责怪。如果当时我放弃我的工作，我就不会流产；如果我去征求第三个医生的建议，也许这个医生能够挽救这次怀孕；或者如果我找一位大学附属医院的产科医生，通过一种对新生婴儿进行"艺术处理"的办法，可能会救活双胞胎中的一个。我充满了犯罪感。我没有保护好我自己的婴儿，所以我决不怜悯自己。有一段时间，我曾相信，妇女不可能同时拥有事业和孩子，而我的经历就是这传统观点的一个活生生的证明。

当我逐渐好转时，我的生活开始快乐了一些。那种可怕的耻辱感减少了。回想起来，似乎我从不知道我为什么会流产。但是我现在相信，即使我放弃了我的工作，这种事也许仍会发生。

在 1979—1980 年那黑暗的冬天里，我极度痛苦，我读了一些有关怀孕的书，并且也考虑了这方面的许多事情。我发现我的情况并非罕见。孕妇中有

20%的人流产，对于稍大年龄的妇女，通常要花好几年的时间才会有孩子。流产几乎总是让人感到心烦意乱。在一次会谈中，纽约市立医院一位名叫艾伦·贝克莱的产科医生告诉我，在他的行医过程中，许多年纪较大并经历过一次流产痛苦的妇女，她们得经常重新改变生活方式（如辞掉工作、改变生活的节奏、移居郊区等），以便减少另一次流产的可能性。[11]如果多次流产，就会造成终身不育。一般7对夫妇中就有一对不能怀孕。[12]在20世纪后期，怀孩子很显然已不再是一件容易的事，或是一种自动完成的过程，这与母亲是否在工作无关。然而，我开始意识到，对许多在职的母亲来说，她们的学院和雇主对她们的怀孕问题经常是漠不关心，并且抱有苛刻的态度。现代的女强人好像就应该是用"她们的时间"去养育孩子，并且对这个问题谈得越少越好。在这个国家里，有很多人认识不到，要孩子既是一项社会义务，也是一项个人的选择，孩子是一个国家的共同未来。在美国，孩子一向被认为是私人的消费品。如果在职妇女选择要孩子，那么她们自己就得去尽力，去对付这个问题。

学院对我失去双胞胎的反应是：让我休息两周以办完"手续"（一位同事如此说），然后，希望我能迅速恢复所有的工作。几乎没有人谈论我失去孩子的事。他们都认为这种事难以启齿，有点复杂，很难与专业扯到一起。然而，有两位我不认识的其他系里的女老师，把我约了出去。帕梅娜请我在校园外吃午饭。她用很低的声音（当她环顾餐馆四周，发现确实没有人在听时）对我说，十年前的一天，正当她在给学生讲课时，她流产了。在她离开教室跑向洗手间时，血仍然往下滴着。最后她把一堆血糊糊的东西扔进垃圾箱。她从未把这件事告诉她办公室里的任何人。她担心这会损害她的职业形象。她常常想着那个失去的孩子，并且从此，她再也没有要过孩子。

几天以后，苏珊（化名）来到办公室找我。由于五年前她曾生过一个死胎，这个悲剧促使她来帮助我。苏珊的故事非常惨。自死胎以后，又连续两次流产。最后，又经过了四年的时间，她才有了一个健康的婴儿。在这几年期间，她曾三次被解雇，因为没有哪一所院校愿意给她产假去应付多次的怀孕。她的丈夫在这期间也曾丢掉了工作。像帕梅娜一样，出于同样的原因，她对此事一直保密。苏珊主动提出为我承担委员会的一些事务。在我们分手

之前，我们相互拥抱并且都哭了。这些勇敢而孤独的女人们的经历，使我深深地感动。她们每人都掩藏着各自的悲伤，好像她们自己犯了什么罪似的。她们羞于在工作场所表现她们母性脆弱的一面，担心这样会给她们的工作带来不利的影响。我从中痛苦地认识到：她们应该从她们工作的单位那里得到更多的同情和支持，而不应该是因为失去了一个孩子，不但没有得到应有的安慰，反而受到额外的打击。

在我失去双胞胎后，我恢复上班。我的系主任把我叫进他的办公室，向我表示慰问之后，便直奔主题。他强烈地劝告我，在我没有解决终身任教资格这个问题前（离决定还有 1 年），不要再怀孕。他还向我暗示，如果我再这样固执和感情用事，那么将来出现的决定结果，他是无法负责的。但是，我对再怀孕是否危及我终身任教的希望，已不在乎了。我最后决定尊重本能，而我的本能告诉我，我极度需要再生孩子。两个月后，我又怀孕了。

这次，我找到了一位专诊高危产妇的专家。在我怀孕的 3 个月里，医生给我做了缝合手术——也就是在子宫颈上缝了几针，以减少流产的机会，使胎儿安全。因上次怀孕的教训，我这次严格遵照医嘱。我能够完成大多数的本职工作，但是从不做较重的体力活。现在，我有了较高的医学权威作指导，使我能够"安心从容"，我感到如释重负。我在上班的大部分时间，都是躺在办公室的简易床上。如果学生和同事有事，他们就会到我的办公室来找我，而不是反过来。我的儿子戴维，还没足月（只有 7 个月）就出生了，但是很活泼、健康。理查德和我都非常高兴，尽管我们还得应付一个不足月的孩子所带来的一系列问题。但是，结果还是令我们高兴的。像通常一样，我很快就上班了。这次生孩子，我休息了两个星期，而人们对我的期望则是：我应该若无其事，好像我在这个世界上没有任何家庭连累。

到目前为止，在我们这个开明的社会里，要想把事业做好，同时又不耽搁生孩子，是多么的困难。对这个问题，我感到越来越苦恼，并且更加关切，因为我知道我是一个幸运的人。今天，70% 的妇女为了基本的生活必需品，不得不去工作；她们或是单身、寡妇、离婚的，或是嫁给了那些不是失业就是年收入不足 1.5 万美元的男人。[13] 我不穷，我不是黑人，我不是单身，并且我还拥有市场上所需要的多种技能。那些在生活上不如我稳定的在职母亲，她们将会如何呢?

至于我,如果我这么热衷于要孩子,为什么还要去上班呢?我毕竟嫁了一个能够负担我们全家生活的男人。

这里有很多明显的原因。我爱我的工作并能做得比较好。工作使我感到我对社会的价值。但是,我这样做也有其他特别的原因。我观察过我周围的人,我知道对于那些因生孩子而停止工作的职业妇女,她们几乎很少能再回到原来的工作岗位上去,她们宝贵的年华只能在日后做些零工中度过。当我41岁时,我是否真的还要当别人的研究助理呢?我工作的学院和哥伦比亚大学,虽然似乎有大量的女讲师和女副教授,但是,她们之中没有几个是能得到终身教职的。[14]系里大多数女老师在她们30岁这一阶段,由于既要养孩子,又要顶住来自事业和工作的压力,她们似乎无法成功地克服这些同时存在的困难,只能落伍于人后了。

我同样害怕离婚。尽管查德和我有爱情根基,但婚姻统计资料让我并不乐观(至少一半的婚姻失败)。我的很多朋友在离婚后,不仅因为没有工作而贫穷潦倒,并且大多还"拖着一个孩子"。在我的童年,我受够了没有经济保障的苦,我不愿我自己和我的孩子再冒这种风险。那些关于妇女不得不承担全家生活的心酸故事,让我感到沮丧和害怕。我的前程即对工作的满意程度和挣钱的能力,似乎都依赖于我30岁期间对事业的执着。万一离婚,我的工作也是我唯一的保险。

在经历数次生产以后,我决定与其他系里年轻的女教师成立一个委员会,要求在巴纳德学院实行产假政策。我们有最起码的要求——2—3个月的产假,在孩子出生后的第一年里应稍许减少工作量,并且这一年不应计算在享有终身任教资格的时间内。但是,学院的行政机构没有通过我们提出的产假政策。[15]这个政策本身没有人能驳倒它,他们只不过是想让它自行灭亡。我们委员们继续会面,不断修改我们的政策草案,并增加一些内容。但是,这仍没有奏效。我们好像是朝一堵墙请愿似的。

最令人感到震惊的是,反对产假政策的竟是学院里那些主张女权主义的人。为了便于理解我们的惊讶,这里有必要介绍巴纳德学院的一些情况。巴纳德学院曾经是而且现在仍是国家的一个女权基地。这所学院以所设的妇女中心（包括强奸危机中心、堕胎咨询服务，以及不断有来自国内国际的访问者）引以为自豪；该学院一年一度的"学者与女权主义者"大会，奖励一些本国最杰出的女权主义者；另外，巴纳德学院一直坚决不愿依附于哥伦比亚大学。这是因为巴纳德学院拥有对妇女相当重要的价值。如果这所学院与其他大专院校合并，这些价值就不复存在。巴纳德学院是设有妇女学学位的几所高等院校之一，并且该系的师资力量很强，女权主义学者在该校的妇女中心极为活跃。按我们的天真想法，所有这些对妇女权利和男女平等价值观的强调和重视，应该转化为对学院在职母亲的具体支持。但是现实并不是这么回事。

我的许多主张男女平等的同事都没有孩子，并且对家庭都不怎么热衷。的确，当我在一次会议上，谈到学院的产假政策时，她们中间有人竟当众指责我试图"免费乘车"。我不明白，如果妇女要求与男人平等，难道她们就不能够要求特别的权益吗？她和她（没有孩子的）的同事都热衷于坚持这样的观点，即解放了的妇女，应力争复制男人的事业模式，成为男性克隆。

在整个事件中，巴纳德妇女中心对我们所提出的产假政策，不冷不热。该中心主任（其个人还是支持的）抱歉地向我解释说，产假在女权主义者中间也是一个有分歧的问题。如果这是妇女解放的另一产物，那么我想，只有让上帝来帮助在职母亲了。很清楚，我们的女同胞是不会这样做的。

到了1980年，我深深感到一边工作、一边带孩子的困难，这使我变得稍微现实了一点，我没有像以前那样有抱负了。我已开始意识到，现代妇女的希望与现实生活之间的巨大差距：尽管妇女运动取得了很多成就，但是要达到如大多数男人对我这一代妇女所期待的那样，能够把家庭生活和工作结合好这一步，还相差很远。作为一个社会学者，我开始想去更好地理解这一矛盾，以及这个矛盾给美国在职母亲所带来的诸多不利。有一段时间，我对这一问题所产生的兴趣最多不过是一个嗜好。我每天除了忙于照料两个孩子外，我还要完成系里的经济课教学任务。然而，当我做了一些研究，对一些国家进行考察以后，我惊奇地发现，大多数西方民主国家，在帮助妇女承担这双重负担方面，比我们解放的美国取得了更多的进展。我决定开始探索这个原因。几年后，我担任了经济政策理事会的主任。当我利用一些基金成立了一个研究美国妇女与工作问题的专门小组时，我发现，我自己对这些问题充满了进一步深入研究的极大兴趣。所有这一切促成我写了这本书。

　　1980年代初期，我的亲身体验促使我做出以下结论：我这代美国妇女正处于两种强大对抗性传统之中。首先，是1950年代对母性强烈崇拜的极端的家庭核心主义；其次，就是1970年代声势浩大的企图效仿男人竞争模式的男女平等主义。这两种模式在其他工业国家也存在过。但是，从二者的前后关联来看，这种对抗并没有反映多少美国的原貌。一个美国妇女如果试图同时完成这两种传统的要求，很显然会陷于两难的境地。要同时成为一个称职的母亲和一个精明能干的公司决策者，是非常不容易的事。因为下面的事实会减少她成功完成这两种角色的可能。在妇女双重角色极为对抗的今日美国，对于如何调解这些角色做出的努力少之又少。连续的行政会议始终没能为妇女提供产假和幼儿入托的设施，而这些在其他先进国家早已被在职的双亲认为是理所当然的事。

　　仅仅为满足母性崇拜的要求，几乎就是一项不可能的工作。譬如，美国现在的母亲所希望的自然分娩和用母乳哺育孩子。称职的"美国风格"的母亲有她1950年代的根基，但是对主流文化的反叛和对男女平等的追求，都对这一角色增添了阴影。

　　1950年代热衷于家庭的妇女，常常被鼓励去炫耀其作为女性的特殊之处，尤其是妇女生育和哺乳孩子这一独特功能。根据贝蒂·弗里登所述，"人们告诉她们要无所顾虑地怀孩子，不要怕疼，并且要骄傲地去生孩子，要用母乳喂养孩子，并全身心地去照顾好孩子"。[16] 1960年代的反主流文化，正处于风华正茂的青年，则以追求朴实而成为特殊的一代。他们摒弃富裕的中产阶级生活方式和价值观，主张回归自然。有知识的年轻妇女不再穿名牌时装，停止化妆，吃健康的食物，不再削刮腿上和腋下的体毛。自然分娩和母乳喂养孩子，被视为强调回归自然的一部分。

　　在1970年代，女权主义者把自然分娩看成是妇女能够对她们的孩子进行控制的一种方式。他们说，分娩"最终应是全身达到高潮的一种体验"，并反复强调妇女应该放弃男产科医生所借用的太空时代技术，回归自然分娩这一珍贵的自然体验。我们大多数人都被说服，并且相信真正的妇女是应该自然分娩，并且感到毫无疼痛。

为什么这种所谓的母亲综合征，在美国有如此影响？例如，自然分娩，在欧洲一直领先。在此领域里，最伟大的倡导者是格兰特·迪克·里德、费南德·兰马萨、弗雷德里克·莱勃尔等人，他们在英国和法国生活并行医。[17]在美国，妇女运动发现了自然分娩的观念，能在美国极其深厚、肥沃的土壤中扎根发芽。1950 年代对家庭的极端热心，1960 年代激进自由派的别致，结合新女权主义希望发扬妇女对其身体的控制能力，可以产生新的标准，对美国妇女运动产生新的压力。

我自己的经历就非常典型。在我第一次怀孕期间，理查德和我去上了拉玛泽分娩法（Lamaze）课，很诚恳地听取自然分娩法的哲理和一些技巧。我们领会了这个要旨：现代产科做法是最不必要的；最糟糕的是男性建立的医学，其中一部分就是企图使妇女享受不到分娩的"伟大体验"，特别是他们告诉我，在分娩期间要避免使用止痛药。如果用止痛药作为辅助，那么一个经历正常的自然分娩的健康妇女，只会减少她自己的亲身体验并且对孩子的健康也有影响。无论怎样，如果我的脑子没有毛病的话，我会驱除恐惧并利用自然分娩的一些简单技巧，以便使生产的疼痛减少到"轻微的不适"。无疑，对付这个，我有足够的信心。

我对生产一事的热情，激励我去采访了许多产科医生。我发现其中有一个医生，非常热衷于自然分娩法。当我的产期来临时，我走进产房等待生产。这是仅有一件按照计划所发生的事情。

我记得很清楚。11 月 8 日正午（离生产仅有 4 个小时，我被允许住进医院），我开始感到疼痛加剧。我大为吃惊，感到有点不可理解。因为这并不是预期会发生的事。我想，也许一会儿会停止。然而，过了一会儿，疼痛更加厉害了。理查德想要帮忙，但是，由于我被固定在一整套机器上，他能够靠近我的唯一办法就是跪在地板上，斜靠在一大堆电线上，然后抱着我。在这种鼓励下，我极力去"想象雏菊绽放，并像狗一样喘气"，这种方法是我在上拉玛泽课时学到的。[18]但是，事情继续朝坏的方向发展。当我进入分娩的第一个"宫缩加速"阶段时（在此期间，子宫如一个活塞，把孩子朝外推），疼痛是如此的剧烈，以致我喘气都很困难，接着便身不由己了。这都是由于

7个小时的疼痛，把我摧垮的结果。每次的宫缩平均持续一分半钟，每间隔三十秒就发作一次。我几乎咆哮着，由于剧痛来回翻滚着；当每一次宫缩达到高峰时，我疼痛的叫声就变成长时间的尖叫。到了傍晚，我受够了这种自然分娩之苦，并且非常痛恨那些鼓吹生产无疼痛的男性的论调。我示意理查德过来帮忙，只要能够从那骇人的疼痛中得到解脱，我再也不在乎去用什么药。但是，在某种程度上，我还是有点害怕。通常的生产，应该是以轻微不适而结束。很显然，我的情况，一定出了可怕的差错。也许婴儿的胎位不对，或者婴儿的头过大使生产困难？

理查德把产科医生叫来了，他根本不怎么着急。但是他对我们叫他有点不耐烦。难道我就不能与医生合作？总之，我的宫口才裂开7公分，我还得等两三个小时。他对我的疼痛所作的唯一让步，就是允许护士给我用点德美罗止痛药。

但是，这仅能使我在宫缩未发作期间睡觉，而当每一次宫缩达到高潮的剧痛期间，大概每一分钟，我都醒来。我无法再忍受。在一阵特别难忍的宫缩后，我恳求理查德叫医生用麻醉算了。但是，我们的产科医生很快就对我们失去了耐心。当他厌恶地观察了一下他那尖叫的病人后，他把理查德叫到走廊，气急败坏地说道："你的妻子有点歇斯底里，依我看，她的大多数行为就是企图打动你。如果你不在她身边，她就会安静下来，并开始与我们合作生产。"他引用了一两句尼兹斯奇的话，试图强调女性的弱点。

理查德反驳了他，并决定自己想办法。他找来了医院的麻醉师，并且严逼产科医生同意，让其安排给我注射硬脊膜外麻醉（一种局部麻醉，身体的其他部分不受影响）。

不到几分钟，我就变成了一个完全不同的人。那种不可思议和不可容忍的疼痛顷刻化为乌有。我开始安静下来，并且很清醒，甚至还有点喜悦。局部麻醉使我的头脑仍保持清醒，而且又能够使我对自己的身体有足够的控制。这样，当分娩时刻来临时，我能够用力把孩子往外推。莉萨出生时呈粉红色，有点吵闹，但很漂亮。回到我的病房后，我们三人用一瓶香槟酒来庆祝分娩这一最辉煌的时刻。

在我们自然分娩班的13位妇女中，3位是剖腹产，另外7位（包括我自己）经历了出人意料的痛苦。我们7位都不同程度地用了药物并且对分娩时的极度疼痛都记忆犹新。仅有3位能够按照拉玛泽的方法顺利分娩。结果我们大多数感到沮丧，在某种程度上，我们真的相信我们是意志薄弱的女性。

当我冷静下来，十分客观地来看莉萨出生的过程时，我为自己带着所有不现实想法而去忍受完全自然分娩的痛苦而感到咋舌。我以为已经掌握好了拉玛泽分娩技巧，我不会成为一般的女人，她们在生产时，疼痛只是"大大地减轻"；而我应该是一个女强人，其疼痛"完全被消除"。现在回想起来，这一切简直可笑。然而，妇女生产不应该用药，也不应该感到疼痛，这种施加在我们这一代妇女身上的压力一直存在，并且现在变得更加强大。

十几年来，提供自然分娩运动的"专家"告诉我们，在"适当训练后的丈夫和妻子中，90%以上的母亲既不需要也不要求用药"；[19] "任何一位用了药物的母亲，都会神经错乱，同时，'沉醉于'药物，也是对孩子的不信任"。[20]罗伯特·艾布拉德尼博士，一位自然生产论的拥护者，同时也是《丈夫辅导分娩》这部有名著作的作者，就曾发表过上述的论断。他甚至还说，在生产过程中，如果使用了药物，会导致孩子日后注意力和记忆力减退，以致无法承受压力，并会损害阅读能力，还会产生多动症等后果。[21]他很骄傲地描绘他的一位病人之子的情况，说："格列高现在13岁，就已经赢得了拼写竞赛的冠军，他那惊人的记忆力，无疑与没有用药物分娩和随即用母乳喂养有关。"[22]然而，另外一位名叫布拉德尼的学者则说："分娩期间用药，与孩子日后的发展有联系之说，毫无科学根据。"[23]他写的大多数文章，似乎都旨在让那些坚持自然分娩的妇女感到难堪。

其他国家的自然分娩运动，对妇女在纯自然状态下分娩并不苛求，也不强调不用药的"分娩体验"。例如，在伦敦威斯敏斯特医院，标准的自然分娩课程对止痛药在分娩中的作用给予了合乎实际的评价，并且花大量时间教育准父母们在孩子出生后时如何做（喂养计划、洗澡技术、医疗处理），如何对待怀孕和分娩。所有这一切，不仅使母亲，也使父亲为孩子的到来做好了充分的准备。

美国新潮的狂热追求者所遗忘的是，由于几个世纪以来，生孩子对妇女来说一直是可怕的折磨和危险的经历，所以现代药物首先就进入了分娩领域。《创世记》中写道："你将在哀痛中生下孩子。"[24]直到19世纪,由于医学的进步和发展,这个断言才失灵。

自然分娩的支持者们,大赞过去的好时光。他们对传统的农民社会充满了美好的怀旧情结,说那时的妇女在接生婆和其他妇女的帮助下,就能简单容易地把孩子生下来,认为这是在现代医学建立之前的黄金时代,是妇女能完全支配她们身体的时代。多么诱人的一幅图画!但不幸的是,历史事实并非如此。

例如,17—18世纪的欧洲,不仅婴儿死亡率高得吓人(在孩子一岁之前,其生存率仅有50%),而且有10%的妇女死于生产之中。由于那些未受训练的接生婆操作不当,有20%的妇女会遭受永久性伤害。[25]正如历史学家爱德华·肖特指出的那样,"……传统的欧洲,接生婆在接生过程中动作猛烈,她们对产妇的产道、婴儿头部和胎盘,不停地拖拉硬拽。他们习惯民间做法,认为最好的接生婆就是双手不停干预的人",[26]通常都用指甲(很脏)戳破羊膜液。这无疑会大大地增加母亲被感染进而面临生命危险的可能。

在原始部落里,怀孕妇女几乎都有不同程度的营养不良和劳累过度,并且时时受到恐惧和封建迷信的折磨。在某些部落里,分娩的妇女被迫活吞螃蟹。[27]还有一些部落的妇女,被用竹绳悬吊在房梁上分娩。[28]无论这种迷信文化是温和的还是严厉的,都有可能造成产妇和孩子的死亡,无可避免地会给妇女造成畏惧和恐怖。在当今的一些农民社会里,婴儿和产妇的死亡率与近代欧洲一样糟糕。如果生孩子需要冒生命危险,或者如果新生儿仅有50%的存活率,那么,母亲就很难以喜悦的心情去尝试分娩的体验。任何人,只要是在第三世界贫穷落后的地区生活过,近距离地看到随处可见的苦难,他对一些宣扬自然分娩运动的浪漫主义文学断难苟同,绝无"过去好时光"和"高尚的野蛮"之感。

诚然,理想的力量和信念,有时甚至可以压倒亲身经历。在我20多岁时,有一段时间研究西非和拉丁美洲的经济,并且与非常贫穷的人工作在一起。我到过沃尔特三角洲埃维部落,住过累西腓和纳塔尔贫民窟。这段时间我正处在结婚和生孩子阶段,但不知怎的,我无法把这个亲身经历与美国自然分娩运动的理想有机结合起来。如果现在仅仅是在回顾,我也许能把两者结合起来。

随着提倡自然分娩，战后的母亲们同时强调母乳喂养的重要性。通过自然分娩以证明自己的女性，这一理念带来的压力让人难忘。当莉萨出生时，我与千百万做了母亲的妇女一起，阅读着凯伦·普欧写的经典著作——《如何喂养好你的宝宝》。书中告诉我，"建立良好的严养关系是十分有益的，这是婴儿情感发展必不可少的，并且同样可能是母亲情感发展的必要"。[29]一般而言，用母乳喂养的孩子比较幸福一些，这是因为他们通过接受"母乳自然喂养"，感受到了充满柔情的母爱。[30]既然我的孩子有可能遭受情感和健康之危，我自然急于用母乳喂养莉萨。那时，我对一些专家之言从未有过怀疑。

分娩和母乳喂养，尽管是自然行为，结果也比我预期的要艰难和痛苦得多。我遇到的第一个问题是，我在莉萨出生12小时后就离开了医院。产后第二天早晨，我的那位热情的产科医生来看我。他拍拍我的背，告诉我一切正常。当然，我应该立刻回家。我仓促出院的结果就是，我没有从医务人员那里学到任何有关喂奶的技巧。在莉萨出生的最初的日子里，我的两个奶头都已龟裂，乳房充血，得了乳腺炎（葡萄球菌感染），十分疼痛。这也许会迫使一位不那么具有母爱的母亲，用奶瓶替代母乳喂养，但是，我已接受了女性奥妙的真谛，知道母乳是最好的。因此，我咬紧牙关，坚持母乳喂养。当我毫无必要地在分娩10天后去上班时，事情变得越来越糟。凯伦·普欧和其他专家警告过我，在孩子不足3个月和未建立稳定的喂奶习惯之前，如果多次遗漏喂奶对孩子有某种危害。建议虽好，但是对于你正巧在工作，就很难付诸实践（在普欧最近出版的书中，她仅花了一页半纸论述在职妇女的问题）。[31]如果有一天我整天都在工作，我就把夜间的那一次喂奶，让我那心甘情愿的丈夫去做。尽管我不断地奔跑于家里与办公室之间，忙得晕头转向，但仍然会遗漏白天给孩子喂一次奶。我试过所有的传统办法（在洗手间把奶挤出来、喝啤酒、吃土豆），但我的奶源逐渐无情地枯竭了。我感到自己又失败了。不仅我的孩子，还有我自己。如果我能安排好工作与喂奶的关系，或者夜里不那么自私地只是睡觉，我可能会做到或应该有能力做到专家所建议的一切。

与喂养我第二个孩子时所遇到的困难相比，第一次真是小巫见大巫。到

这时，我不仅筋疲力尽，并且也少了一点理想色彩。然而，由于戴维是早产儿并且对婴儿食物又过敏，根据医生的建议，母乳对他是最好的。而这又谈何容易！戴维是如此之小并且还未足月，他需要不断地喂，而且他还不怎么会吸奶。解决这个问题的办法，只有先将我的奶挤出，然后用一种适用于早产婴孩的特别的橡皮奶嘴，每间隔 2 小时就喂他一次。但是，先把奶挤出后再喂他，将近要花 1 个小时。除非我加快挤奶过程，否则，仅喂我的孩子就得耗去我所有时间的一半。简单的办法就是，弄一个电动挤奶器来。在我要返回上班的前几天（分娩后的两个星期），理查德给纽约牛奶联合会一个分支机构打电话，询问是否能租用一个电动挤奶器。该牛奶联合会成立于 1956年，旨在提倡和支持母乳喂养的正义事业。起初，接电话的妇女没能给予更多帮助。当理查德无意中说出我需要这项工具是因为我要去上班时，她先询问了有关戴维的出生年月、体重、消化以及所形成的喂奶习惯等问题，然后讲了一下怎样使用电动挤奶。整个通话非常冷淡。她用充满敌意的口吻告诉理查德，该联合会不赞成哺乳的母亲去工作。根据规定，她不能租给或借给我们任何工具。

理查德和我感到不知所措。先是吃惊，然后便是愤怒。这个自以为正义的妇女联合会，怎么能以她们不赞成母亲去承担工作义务为理由，拒绝帮助一个脆弱的婴儿（戴维这时还不足 5 磅）呢？我对此愤怒不已，但最终保持了克制。戴维非常需要这个工具。我又给她们打电话。我温和地向她们解释道，我并不会马上返回工作，而是说，我如果想保持我的工作，我得被迫去上班。这些女士们认为这与她们无关。任何只对保持工作感兴趣的人，她们都不屑一顾。

最后，经过到处查询，我们从一家医疗器械商店租到了一个电动吸奶器。店主感兴趣的只是最起码的租金，并不打听母亲的工作义务或谈论什么家庭价值观等问题。

当我回头看看我的哺乳经历，我所看到的是，它与自然分娩一样，有许多压力。在这两种情况下，我被迫去完成那些狂热的专家对母亲所制订的一些不可能完成的事情。这种思想是从 1950 年代发展而来的。在极端热心家庭的年代，每一位母亲都觉得应该尽其母亲的责任，尤其是在生育和抚养孩子

方面去发挥自己的作用。这些毕竟可表现妇女的独特功能。在美国大多数妇女待在家里带孩子的那个年代，完成母亲的职责可能没有什么难处；但在我们所处的这个年代，这就会直接带来麻烦。在现代世界里，由于工作本身有很高的标准和严格的要求，使工作与母性的职责发生了冲突。在今日的工作要求下，人们很少对母亲的角色，无论是自然的或人为的角色，给予让步。今天，成千上万的母亲们不再待在家里，她们出去工作，其大部分原因是她们不得不去工作。1984 年，有整整 48% 的年龄不足 1 岁的孩子，其母亲都在工作。[32] 这些妇女中的大多数（60% 以上），在怀孕和哺乳期都照常上班。[33] 再者，由于美国公立托儿所极少，孩子较小的妇女们饱受家务之累。同时，她们的收入也很难支付昂贵的入托费。此外，她们还对自己没能自然分娩和用母乳喂养孩子感到内疚。[34] 我认识的一位职业妇女，由于她的儿子是剖腹产，她常常为此深感不安。在以后的几年里，她常这样安慰自己："至少，我一直用母乳喂养他，直到贾森 1 岁零 4 个月大。这样做，我弥补了我无法自然生产贾森的不足。"[35] 但是，她为此付出了高昂的代价。她不得不放弃她所热爱的事业，而去干各种临时的低薪工作。

当今，孩子喂养专家仍继续脱离实际的程度令人震惊。例如，一本畅销的哺乳手册——《哺乳大全》，作者是马文·艾格和萨利·奥尔兹。该书仅花两页篇幅来论述职业妇女问题。[36] 此书所提出的建议不仅居高临下，而且严重脱离现实。此书告诉我们"哺乳伴侣"（这是该手册在称呼母亲与婴儿时用的术语，做父亲的却被忽略）应该一直待在家里，他们需要很多休息，也需要得到丰盛的营养。书中有一页是描述哺乳伴侣的，是我最喜欢读的部分，作者说：无论哺乳伴侣多么有趣，"你总有想出去走走和做些事情的时候。当孩子有 3—4 个星期大时，你就可以偶尔与朋友出去一趟，或开车去看露天电影"。[37] 但当我的孩子长到 3—4 个星期时，我已返回工作岗位了（尽管很勉强），如果让我把孩子放进车内，在日落时分开车去（例如新泽西）寻找那种对"哺乳伴侣"来说是完美的娱乐场所（开车到露天电影院），这对我来说简直就是天方夜谭。我的丈夫理查德也这样认为。

随着戴维的出生，事情变得越来越复杂，这促使我思考我的人生目标。同时，我也在问自己，如何设法完成这两项任务。很显然，我是把孩子放在第一位的。然而，我还是没有不顾一切（或说无足够的勇气），放弃我的事业。我确实做出减少工作量的决定，尽管我认识到这可能危及我终身教职的机会。我停止做一些系里杂事，辞掉一些并非义务性的学院委员会的工作，并且暂时放弃做研究项目。此外，如果戴维和莉萨生病了，我就把工作任务放到一边，把他们的需要放在第一位。总之，在这方面，我与其他在职母亲一样，有自己的优先考虑。我虽然继续履行基本的工作职责，自觉地完成我对同事和学生的义务，但我有步骤地取消了一些额外工作，以便能为照顾孩子腾出一些精力来。我下决心如此做，总的说来，我对这一决定感到欣慰。

我对自己的决定是满意的，这是好事。但当戴维六个月大的时候，哥伦比亚大学巴纳德学院拒绝了我终身任教的资格。所有人都感到吃惊。特别是我的终身教职，最后是由全系和巴纳德终身任教资格任命委员会一致通过的。但是，最终决定权在哥伦比亚大学特设的裁决委员会。没有人知道这个委员会为什么要秘密开会，为什么对以上决定不做任何解释。我不能不怀疑，这与我在任职期间拼命生养孩子有关。学生抗议，学院也多次呼吁，但决定不变，并且把通知送给了我。

出乎意料的是，此事带给我一个快乐的结局。这种好事不常有。在我的终身教职被否决的几个星期内，我收到了好几份工作邀请。我受聘于一个政策制定单位，担任"经济政策委员会"的领导。这个新职位很适合我，让我有更多的收入和弹性工作时间。除此之外，我还可以镇静地去抹平由于未能得到终身教职所带来的巨大心理阴影——7 年的辛勤工作付诸东流了！但是，这毕竟比我失去双胞胎所带来的痛苦要轻得多。

随着莉萨的出生而引起的诸多问题，曾使我产生沮丧和失败感。我把我无能做好各项工作视为自己的错误，并责怪自己处理不当。我简直就是一个失败者！在我失去双胞胎和早产生下戴维后，那些随之而来的不寻常的痛苦，令我非常懊恼。这段特别困难时期的种种挫折，与我的缺点并没有什么关系，而是我们的社会对职业妇女的态度造成的。这是显而易见的事实。我下这个结论十分痛苦，至少内心有某种愤懑。谁说生孩子不会受到伤害？为什么我感到有那么大压力，以至于被迫用母乳喂养孩子？为什么我没有产假权利？为什么像怀孕这么平常的事情，在工作场所竟无合法性？

做一个在职母亲，似乎要在社会所有方面遭受最坏的结果。好像我踏进了某种禁地，每件事都在与我作对，与像我一样的妇女作对。我工作的地方被认为是开明的学院，制定了许多规章制度，但对生养孩子的在职业妇女似乎没有一席之地。我的那些主张男女平等的同事都反对任何产假政策，因为在他们看来，在这个时代，解放的妇女在劳动市场上，应与男人一样，而产假政策似乎带有不同寻常的特权。另外，那些在牛奶联合会工作的朴实母亲"姐妹们"，还准备拒绝我（和我那未足月的婴儿）使用她们有的器材，原因仅仅在于她们认为我没有充分承担起母亲的责任，没有把我全部的精力放在哺育孩子身上。很显然，这两组妇女的要求是互不相容的，把二者硬结合在一起，保证让你会像我一样无所措手足。

在其他大多数现代社会里，在职母亲并无这样特别巨大的压力。例如，在法国和英国的母亲们，经常倾向用母乳喂养孩子，但如果她们做不到，也不会感到有什么问题，其他人也如此看待此事。更重要的是，欧洲妇女只要她们愿意母乳喂养，她们就会得到许多社会援助机构的帮助，她们对此已习以为常了。免费和周到的产后照顾、法定的优厚产假权、工作期间对哺乳时间的规定，所有这些权利和服务，都是欧洲社会的一个组成部分。

与其他工业国家提供这些援助制度相比，当代美国显然是相形见绌；若回顾美国的近代历史，甚至可以说是今不如昔。

这里举一个例子，它涉及我以前任职的单位。当巴纳德学院未能通过我提出的产假政策以后，我对该学院的历史做了一些研究，发现在 50 多年以前，即 1932 年，学院的理事们曾制订过一项产假政策。该政策对将要生孩子的学院女教员，给予"半年带全薪或一年带半薪的产假权"。[38]巴纳德学院校长弗吉尼亚·吉尔德斯利夫在 1932 年秋报告这项新政策时说道："近年来经济和社会变化给妇女带来的最令人困惑的问题之一，就是我们是否应把婚姻、母亲身份及事业三者相结合起来。我们的老师应该是充满生活情趣的正常人，这是极为重要的。我们全体员工，无论男女都不应该被迫去过独身生活，被剥夺享受由婚姻和为人父母所给予我们的各种伟大的体验、喜悦、伤心和智慧。"[39]出于这种认识，吉尔德斯利夫校长"为学院理事们通过产假政策这一明智和进步行为而备感欣慰"。[40]

第二章 个人经历

多么动人、多么高尚的思想！我们立刻意识到，这种思想为什么会在1970年代被多次提到。但我们对这项政策的发起，还不怎么了解。巴纳德的产假政策，似乎在1940年代后期就停止执行了。在1970年代末期，我企图建立一个相似的但要求相对较低的政策，但这个努力却失败了。直到后来，我所组建的委员会才在1985年夏完成基本的产假政策的制定，巴纳德学院重新开始实施了这一政策。

我的工作经历很显然不是一个孤例。学院里的大多数妇女都会发现，要进入较高的职位是不可能的，至少在巴纳德学院是如此。近年来，事情不是朝好的方向而是朝坏的方向发展。1973年秋，当我在巴纳德求职面谈时，经济系有3名教授，而且都是女性。其中两位将要退休，第3位留下来成为系主任。在1973—1984年期间，有4位女副教授（包括我）被拒绝留下来任教。但就在这一段时间里，巴纳德从斯坦福大学聘来一位男教授，并授予他终身教职（他在原来学校里并未取得终身教职）。

但是，故事还没有完。既然该系缺乏具有终身任教资格的教师，巴纳德就计划招聘另一个男教师。这次是从哈佛大学聘来的（他在那里也没有取得终身任教的资格），这位男教师将由巴纳德学院授予终身任教的资格。此外，该系还确定，在1985—1986年度，将会有另一个被授予终身教职的候选人（男性）。[41]简言之，综观这13年（1973—1986年），巴纳德学院高级女教员的比例，从100%下降到了25%。[42]奇怪的是，巴纳德学院富有斗争精神的女权主义，经过10年时间，在经济系里竟被男性取代了。

巴纳德学院因为是一所为妇女所开设的学院，这种变化现在是国内一个特别令人痛心的例子。在一份1982—1983年度有关2500所高等学院的报告里，美国大学教授协会总结道："虽经十年积极努力，但妇女所获甚微……在哈佛大学，妇女仅占正教授比例的4.2%；在普林斯顿，仅占3.2%；在斯坦福，仅占2.6%；在耶鲁，仅占3.9%。"[43]这种情形的出现，不应该说是缺少合格的妇女使然。女性资源一点也不缺。几乎1/3的博士是女的，全国1/4的低年级教师是女的。[44]这些妇女中有些人没能达到其事业的顶峰，其原因之一是：即使她们的工作单位对于做母亲的员工没有多大照顾，她们也要做母亲，并且继续抚养孩子。她们在20多岁时不得不忙于博士学位，如果她们想在不能生育之前要孩子，她们就得在30多岁期间生孩子。许多人（也许占1/3）在不耽误工作的同时，还不得不面对诸如流产、早产以及不能生育等各种复杂问题。就是对那些容易怀孕的幸运妇女来说，在这个缺乏日托和缺乏其他援助体制的社会里，她们也发现抚养孩子是一项特别艰巨的任务。最终结果是，有孩子的职业妇女发现，她们的精力在35岁左右时已无情地耗尽，而这时正是学术生涯（和其他生涯）成败与否的关键时刻。总之，这些妇女与我一样，正是因为有上述种种原因而未能取得事业上的成就。

对于我的职业生涯，我的最后一个评论就是：即使一个妇女能够幸运地在学院工作，她也不可能得到与她的男同事一样的报酬。在巴纳德经济系的工资情况令人深思。1984年秋，该系有两位具有终身教职的教师：一位女性和一位男性。他们发表的文章和著作相差无几，并且在各自的领域里享有同样的声誉。在某些方面，这位女性比这位男性的资历还高。前者不仅比后者长几岁，并且更早得到终身教职。然而，前者的年薪是4.5万美元，而后者的工资则为5.9万美元。[45]巴纳德为妇女所承诺的平等，很大程度上似乎只是一种口头或书面形式。它是不允许打破经济生活现实的。在这方面，巴纳德仅是全国的一个缩影。

第一部分　进退维谷

人们告诉我们，美国妇女从未像今天这样扬眉吐气。我们相信这一点。毕竟，我们可以看到这些变化。我们的城市街道上充满了自信的职业妇女，她们有着工商管理硕士文凭，穿着职业服装，拎着公文皮包，呈现出崭新的风貌。而且我们听到的声音也不同了。官方语言也有了变化，甚至男性当权派在提到"主席"一词时也得小心翼翼地注意阴性和阳性，并且已学会发"莫斯"这个音（Ms. 这个词在美国，如果指未婚女子，读"米斯"；如果指已婚女子，读"米斯特"；如果不知对方的婚姻状况，则要读"莫斯"。——译者注）。

但是这些仅是表象，并非真实情况。对于一些少数幸运者来说，1970 年代确实是解放的 10 年。大门忽然被打开，年轻、有才能的妇女生机勃勃地踏入了医学、法律以及公司管理的男性世界。但是绝大多数妇女被抛在脑后，不得不去应付日益严峻的经济和社会现实。经济现实是妇女仍然挣得很少，而社会现实则是她们更要靠自己去打拼。

美国妇女处于无法取胜的境地。她们已经失去了过去的一些保障和保护——婚姻已不再是长期和可靠的经济保障；与此同时，由于男女之间的工资差距与以前一样大，没有任何改变，妇女作为劳动者，在劳动市场上仍然无法提高她们的挣钱能力。美国妇女今日处于进退维谷的境地，国家没有帮助劳动妇女的公共政策，让她们能够把母亲和工作者两种角色有机地结合起来。究其原因，美国在支持家庭的制度建设方面与其他西方国家相比，是做得最不好的国家。

总之，美国妇女（并且经常包括她们的孩子）处于很糟糕的状态。她们被挤在现代和传统两种经济保障的夹缝中。这种情况在其他国家是没有的。其他国家的妇女，作为妻子、母亲及劳动者，就是比美国妇女自由自在一些。

第三章　离婚的经济后果

以前，妇女可以依赖婚姻得到有经济保障的生活方式。撇开情感问题不谈，夫妻婚后是否就真的生活幸福？很显然，婚姻曾使劳动力自然分工。妻子努力建设家庭，将此视为终身之责，而丈夫则全力以赴干事业。对于我们的祖父祖母，甚至我们的母亲，这是一种相当合理的安全分工。有些婚姻不可能十全十美，但大多数婚姻能够持久而且能够提供比妇女本身去上班时更好的生活水平。

然而，时代不同了。"在1940年，每六对婚姻只有一对离婚；而在1980年，每两对婚姻就有一对离婚。"[1] 并且，人口统计学家预测，未来每三对夫妻将有两对以离婚告终。[2] 婚姻过去曾经是一个安全砝码，但是，对今日的妇女来说，它将不再作为提供终身保障的依靠。

在6年前，朱莉·戴文波特（化名）还是一名传统的家庭主妇。20年来，她一直是一位具有奉献精神的妻子、母亲和主妇。她为孩子有出息、夫妻共同创造的富裕生活而感到骄傲和自豪。自从有孩子15年来，他们一直住在纽约郊外的富人区——恰帕克，拥有5个卧室的房子。他们生活很好，有住家女仆，有临时工打理花园，每年两次外出度假。冬天，他们在韦尔滑雪；8月，则到马莎的葡萄园岛上租房子休养。朱莉有名贵的貂皮服装，并且常到当地一家理发店美容美发。

1978年秋，结婚还不到20周年，比尔·戴文波特向朱莉宣布，他与另一个女子相爱了，并且提出和朱莉试着分居。两天后，比尔搬出去了，留给朱莉两个十几岁的孩子。当朱莉说到这里时，她感到好像被人"随便扔进了垃圾堆里一样"。

1979 年春，比尔停止了支付各种账单。他现在要实现法定的分居和离婚，朱莉不怎么愿意。于是他就改变策略，用朱莉的话说，就是"如果把她隔离起来，饿死她，一切问题都解决了"。6 个月后，由于债主多次逼债，她无法继续缴纳住房抵押金，她向法庭提出上诉。结果是，房子的花费由比尔支付，并且每月另给 325 美元的资助。

在以后的两年里，戴文波特夫妇一直在为分居协议条款争吵着。虽然朱莉花重金请了一位律师，但是她无法证明比尔是否除房子外还有其他资产。然而，她最后证明比尔在做商业管理咨询工作，每年可挣 12 万美元。他们在 1981 年解决了纠纷。朱莉得到了房子，但她立刻把房子卖掉了。在她付清了房屋贷款和欠款以后，最后还剩 9 万美元。在他们最小的孩子离家上大学以前（还有 2 年时间），朱莉每年可得到 2.65 万美元的孩子抚养费。根据纽约修订后的离婚法，朱莉今后不可获得长期抚养费。

现在，49 岁的朱莉，在曼哈顿西 83 街租了一套仅有一间卧室的房子。她缺钱，感到劳累、孤独和痛苦。

1983 年，孩子的抚养费停止了。朱莉每年靠 1 万美元的房子利息已难以维持生活，她不得不返回从事 20 年前的护士职业。她现在工作的地方是斯赖山医院。该医院实行三班倒（1/3 夜班，1/3 晚班，1/3 白班），她年薪 2 万美元。她现在感慨："作为一名年轻妇女，我曾经受训于做护士这份收入很高的职业，但我从来没有想到我真的要靠当护士来养活自己。"

与此同时，比尔已重新结了婚，与他的 28 岁妻子和新生孩子住在新泽西萨顿尔河一幢豪华的房子里。朱莉估计，他的年收入大约在 15 万美元。朱莉生气地说道，拥有这些钱，"他不仅可以买到最时髦的妻子，同样也可以买到我们的孩子"。因为在去年假期期间，朱莉和比尔的两个孩子，大部分时间与父亲待在一起。"谁能指责他们？"朱莉说，"他们的父亲有一个游泳池，一个网球场，一个待在家里能为他们做精美食物的妻子……他还有一幢大房子，所以当孩子与他待在一起时，他们都有各自的房间。嗯，在我这里，他们只能睡在客厅的地板上，由于我上夜班，他们只能经常单独在家。"

尽管她有这么多的烦恼，朱莉仍是一位很有魅力的妇女——苗条，迷人，而且显得很能干。我问她如何解决男友问题时，她先是吃惊，然后乐了，说道："你显然还不知道，到我这个年纪的单身女人的情况。无论你相不相信，每4个像我们这样的女人，才有一个可选择的男人。而这些男人，他们要寻找的是年轻的金发女郎。据我所知，没有一个男人会对腹部尽是褶皱、双乳下垂、被人利用过的妻子感兴趣。"

尽管朱莉可能还有三十年要过，但她觉得一生的黄金时间已经过去。如她所言："一方面，我的前夫变得越来越富，在逐渐壮大的家庭中舒适地享受他的中年，另一方面，我变得越来越穷，越来越孤独，我已失去了我的伴侣，我的房子，我的朋友，我的地位，甚至我的孩子。我经常做噩梦，梦见自己又老又穷，并且患了关节炎。这一切都是因为我遵从人们所要求的妇女之道，把最好的年华花在做一个忠实的和让人所爱的家庭主妇上。这不是我的错，时代变了，社会要求我们既做母亲又要能挣钱。我想我上当了。"[3]

朱莉的情况并非少见。的确，按现代世界的标准，她的故事甚至不是特别让人同情。依照修正的离婚法，她的待遇还算好的。毕竟，她得到了房子和一笔较高的赡养费。此外，朱莉是一位训练有素的护士，能够找到一份工作。在我们的社会里，那些被"遗弃的家庭主妇"的情形比朱莉差的，不胜枚举。

"被遗弃的主妇"一词，是1970年代中期出现的，用以描述因传统婚姻破裂而成为比较可怜的牺牲品。她们曾是专职主妇，由于离婚而失去了收入来源和自尊，有的还成了寡妇。[4]

被遗弃的主妇，大多在五十出头。她们为了家和家庭生活，花去了二三十年时间。"她们连初中文化都没有，患有高血压，静脉曲张，不再有强壮的体力和精力，也没有自信了。"[5]美国劳工部估计，在今日美国，被抛弃的主妇大约400万—1500万。[6]这个估计如此笼统，是因为这些人生活在社会夹缝之中，她们无法也不能得到社会福利保障；联邦局认为，还有其他更需要帮助的穷人，所以没有必要对她们做精确统计。社会几乎没有为她们做任何事。由于操持家务是一项不计报酬的工作，这些主妇既不能得到失业补偿金，也由于年龄不到而不能领取社会福利保障金。再者，如果她们的孩子满18周岁，她们还不能申请孩子的津贴补助。赡养费是离婚附带的保险，但今日已微不足道，与几毛钱的电车票和地铁票差不多了！

美国民间对离婚的说法是，赡养费能够保障离婚妇女有饭吃。有一种根深蒂固的观念认为，赡养费"把一大群能干的年轻妇女变成了靠领赡养费、不劳而获的寄生虫。这不仅使她们成为社会负担，而且对自己的未来并无好处"。[7]

《旧金山记事报》发表了一幅署名为多斯贝瑞的喜剧漫画，可概括这一世俗的说法。在这幅漫画里，一位主持民意测验的人问一个中年妻子，为何投票反对《平等权利修正案》，她答道："我想这是赡养费的问题。《平等权利修正案》将废除赡养费！依我看，赡养费有非常重要的遏制作用，有利于家庭稳定。"民意测验者问道："是吗？"妻子回答说："当然是！就拿我们来说吧！摩洛斯和我的婚姻并非十全十美，我们也鲜有甜言蜜语，但我们靠婚姻生活在一起。这有许多原因，其中之一就是赡养费问题！如果摩洛斯没有赡养费的顾虑，他可能早就离我而去了，而且不会给我一分钱！"丈夫说："这倒是实话，我可能会这样做。"[8]

在这幅漫画中，这对加州夫妇似乎并没有认识到三个事实：其一，到1970年代中期，加州仅有15%—17%的离婚案涉及支付前妻的赡养费（利用加州离婚条款，配偶支付对方一定生活费）；[9]其二，前妻所得的赡养费，数额很少（平均每月为209美元）；[10]其三，在这些离婚案例中，仅有1/3自始至终（直到死亡或再嫁）得到赡养费，而2/3的离婚案不到3年，对方就不支付赡养费了。[11]在现实生活中，对于一个决意离婚的丈夫来说，赡养费已不再是一个障碍。

在过去15年中，美国大多数州的离婚法增补了无过错离婚法和财产平分法。这两点修正削弱了离婚妇女的经济地位，实际效果是减少了赡养费，而赡养费对一个离婚的妻子而言，是她长期维持生活的主要收入来源。

赡养费已不像以前我们相信的那样普遍了。一项研究发现，早在1919年，仅有32%的离婚妇女得到了赡养费。[12]在很长一段时间里，赡养费似乎成为富裕阶层的一种特权，只有前夫是富人才被要求支付赡养费。尽管如此，那些被丈夫抛弃的中上层妇女发现，赡养费确实在离婚以后能提供一定的经济保障。但是，随着无过错离婚法案的通过，这种经济保障就不复存在了。

弗朗西斯·伦纳德是一位在加州奥克兰市全国老年妇女协会工作的律

师，他对 1970 年以前的"有过错离婚"条款有如下观点："过去，妇女有一个结婚合同，只有在发生通奸、被抛弃或遭虐待等情况下，合同才可被解除。如果她的丈夫想离婚，她可以凭此与他进行一场经济上的讨价还价——你给我钱，我就同意与你离婚，用不好听的话说就是敲诈。没有人认为这是一个好条款，但它在巩固婚姻合同上起着一定的作用。"[13]也就是说，当一方找不到对方的过错，提出离婚十分困难。

1970 年，加利福尼亚州是第一个通过无过错离婚条款的州，此后 15 年，大多数州纷纷效仿。在最初阶段，该条款被认为对妇女有利。时值妇女解放运动如火如荼，该条款大受女权主义者欢迎，认为它是支持走向单身的开明之举。此后，婚姻破裂不再是街谈巷议的事情，也不再令人难堪和感到羞惭。

但实际情况表明，对于妇女来说，无过错离婚条款并非有利。从经济上看，妇女得到的赡养费比以前减少了。例如在加州，它导致"赡养费补偿总数"减少，[14]"无期限补偿百分比"显著下降，只是"过渡期补助"有所增加。[15]据密沃克市法官利安德·弗莱说，无过错离婚得到的补偿低，这是自然的和不可避免的，"因为找错需要协商"；他还说，"受益的一方自然应是没过错的一方，而没过错的一方通常是妇女，丈夫理应让步以便顺利离婚。但不知为何，最终结果还很公平。他不得不给予多出他所能有的"。[16]（有疑问）

印第安纳州波利斯市法官巴陶描述了"无过错"在印第安纳州实施的影响："我们不再有赡养费，只须给配偶两年津贴。这个问题就很严重。在对方没过错的情况下，如果丈夫想要离婚，他就可以做到。而妻子如果没有很小的孩子，并且已经 45 岁，孤身一人，没有积累任何财产，她最终将一无所获。这真是个悲剧。"[17]

由于大多数州已倾向于无过错离婚，自然也就倾向于财产平分法，这势必大大削弱前妻的长期经济保障。

这种情况，纽约州有个案例可以证明。1980 年，纽约州是 41 个修正离婚法的州，新法规定结婚期间的财产在离婚时可以平分，从而替代了原来的习惯法。习惯法原则规定，财产应判给拥有财产权的配偶一方，尽管这种规定似乎不公平，另一方得不到财产。许多妇女组织最初支持财产平分法，认为妻子应该公平地享有财产分配权利。但是现在，至少有些女权主义者颇为悔恨地承认，"此新法主要是用来否定妇女赡养费的一种手段"。[18]诚然，在平分财产方面，妻子的情况有所改善，但新法废除了赡养费，取而代之的是所谓的生活费，一种临时帮助妻子们（在罕见的情况下，受帮助者是丈夫）重新站立起来的资助费。

即使是在财产分配上，对女性也不是很有利。有一项研究在分析了纽约州法院所判决的26个有关财产平分的案子后发现，17个案子是对丈夫有利，7个是模棱两可，只有两个案例偏向妻子。[19]赛格尔离婚案就是偏袒丈夫的。

莱尼·赛格尔（化名）和桑德拉结婚25年。1978年，赛格尔有了新的女朋友（与他们的大女儿同龄），他离开了家。赛格尔在桑德拉父亲的公司干得很出色，到提出离婚时，家庭财富已达六位数。除了夫妻共同享有的房子外，他还有相当多的财产。桑德拉把自己的宝贵年华都用在了做一个妻子和一个母亲上，她清楚地知道，如何解决离婚问题对她来说相当重要。她没有别的技能，没有工作经历，怎么去找一份工作？怎么独自生存？于是，她从父母那里借来钱，请了一位收费高昂的律师。律师建议她等待新离婚法通过，这样，"你就可以平分财产"。她采纳了律师的建议，但没有什么作用。1984年春，经过长时间难熬的法庭斗争，请了众多的律师、会计师、税收专家，甚至经济学家后，桑德拉的离婚案终于得到判决。房子的一半归她（按照法官的建议立即卖掉了），每星期可以得到100美元的生活资助。法院没有为她免除诉讼费和其他费用。为打离婚官司，桑德拉花了6.5万美元。桑德拉绝望了，不得不到她朋友经营的一家时装店当营业员。她现在每年的工资只有1.55万美元，并且星期六还得上班。

在离婚听证会上，桑德拉的律师和会计师提供证据说，莱尼·赛格尔至少有60万美元的股票和债券。法官基于证据不足，没有采信。律师还出示证据，表明房子最初的押金是由桑德拉父母支付的，房子应该归桑德拉。法官判决说，"姻亲帮助"与拥有权不相干。律师请了一位经济学家，估算出桑德拉25年作为主妇应该值多少价钱。这位经济学家制作了一幅详尽的流程图，证明桑德拉在25年里为丈夫效力的工作量，价值应为23万美元。但法官不屑一顾，把流程图扔在一旁，说他浪费了一张纸，所画的图还不如那张纸值钱。

第三章　离婚的经济后果

桑德拉是一位举止优雅、性格沉稳的妇女，当她在谈到离婚判决时，竟无法控制自己的情绪，激动地说："你知道，他（上述提到的法官）竟有脸告诉我说，在中年，不仅我的前夫还有我，都在开拓新生活和新事业。他（指丈夫）当时正在建立一个房地产公司，而我则在零售行业刚开始工作。他竟不提赛格尔是有 30 年商业经验的人，并且从我父亲的公司得到了 60 万美元的资本。而我呢，我的'新事业'则只能使我生活在贫穷线上。人们认为我们有同等的挣钱机会，这完全是对真实处境的一个嘲弄。"桑德拉停顿了一会儿，又说道："他们可能会改革这条法律，但他们无疑很难改变法官。"[20]

财产平分法，对妇女有三大不利。

首先，寻找证据的责任，总是落在没有财产拥有权的一方，而这一方几乎总是妇女。如果妻子找不到资产存在的证据，或不能证明自己应占的份额，那么，她就无法分享这份资产。要想找到证据，就要聘请会计师、鉴定人、税务专家和抚恤金专家，当然，还得找一个好律师。由此，离婚费用很高，目前普遍已达 6 万—7 万美元。这笔费用，许多妻子很难一下子凑齐。总之，"钱包鼓鼓"的配偶通常都是男人，如何分配是他们说了算。

其次，绝大多数离婚夫妇其实没有多少财产，即使平均分，妇女所得也不比赡养费多。[21]用曼哈顿婚姻律师本杰明·卡尔曼的话说，"在这种情况下，妻子—母亲也许能够分得房子，但这可能就是她所能得到的一切，许多人甚至无以维持日常生活"。[22]

最后，财产处置大权掌握在法官手中。根据新泽西最高法院专门机构 1983 年公布的报告，法官一般都假定离婚妇女会再嫁，这可以使她们重新赢得失去的经济地位。[23]事实上，妇女再嫁根本没有男人机会多。法官还假设，妇女能找到好工作，能挣很多钱。在第四章中，我们将会看到，实际情况并非如此。法官们还一贯"过高地估计那些已多年脱离劳动力市场的妇女的挣钱能力"，以致无法看到"被离弃主妇就业之难"。[24]根据对新泽西的研究，法官们不仅对妇女在劳动力市场里的工资收入没有概念，而且还习惯性地低估一个家庭的日常开支，因为"法官们一般都不去采买，真的不知道物价高低"。[25]那位判决赛格尔离婚案的法官，似乎有法官职业特有的思维模式。

关键问题是，离婚妇女在离婚后能够得到各种收入者，比例越来越低。现在的情况看起来是，无过错离婚加剧了妻子们的经济困难，因此，她们现在对财产平分法的看法变了……目前，全国有近 14% 的离婚妇女要求得到赡养费（通常指生活费或配偶资助）。在上述离婚妇女中，大多数人得到的是临时赡养费，还有许多人连临时赡养费都没有得到。在 1980 年所做的一项有关赡养费支付情况的调查中，仅有 1/3 的妇女如数拿到了法院判决的赡养费，另有 1/3 只是部分拿到了赡养费，还有 1/3 "连一分钱都未拿到"。[26]总而言之，在全部离婚妇女中，能拿到各种赡养费的，实际不到 10%。

尽管有这些活生生的事实，赡养费的神话仍然存在。甚至在上层社会，人们通常认为前夫有能力供养前妻，前妻的生活不用操心。熟悉婚姻法的律师和法官应该最清楚离婚的情况，他们"似乎真的相信，大多数离婚妇女都被判有赡养费"。[27]但在一项对洛杉矶 92 名婚姻律师的调查中，他们估计只有 1/3 的离婚妇女得到了赡养费。[28]他们的估计完全没谱。

这些错误的概念所导致的一个结果就是，妇女经常对离婚后的生活抱有不切实际的想法。专办离婚的律师本杰明·卡尔曼告诉我，"妇女走进我的办公室时，对于她们有权得到的东西，常常带着完全扭曲的概念。……有些妻子仍然对妄图逃避责任的丈夫说：'我要拿走你所拥有的一切东西，再加上你的命根，我让你把它割下来放在银盘上递给我。'"卡尔曼停顿一会儿，又说道："坦率地讲，我不认为是丈夫搭上了顺风车……这项法律的运作效果，绝对有利于男人。"

我问卡尔曼，赡养费神话为什么经久不衰，他回答说："人们是从达拉斯电视节目和好莱坞得到这些思想的。在那里，有一些女明星已经得到很多钱。还有一些有钱有势的大律师，把相关案例发布在大众刊物上。赡养费就是一个很好的例子。西海岸有位律师，把李·马温的离婚案发布出来，从而一举成名。受此案影响，许多女人开始幻想，有一天离婚，她也可以得到一大笔钱。事实不是如此。绝大多数要求赡养费的案子都没有法律依据，法庭也不会受理。"[29]

学者们似乎也赞同卡尔曼的观点。在一项研究中，社会学家利罗·威茫曼和鲁斯·迪克松的结论是："赡养费的神话经久不衰，主要是因为人们耳闻目睹了中上层高收入人群的离婚案。"[30]刊登这些案子的出版物，怂恿人们相信离婚后的妻子仍过着奢侈的生活。

有一次，我走进一家郊区超市，顺手拿起一份名为《环球》的通俗小报看了一眼。有个标题这样写道："格兰·克姆贝尔：我的爱情让我失去七百万美元。"[31]内容说的是克姆贝尔如何被迫支付两任前妻700万美元。这是一个典型的好莱坞故事，但它与美国普通的离婚妇女毫无关系。

到目前为止，我们一直在谈单身前妻的困境。如果前妻带着小孩子，情况又会怎样呢？

罗斯·巴罗索（化名）六年前与她丈夫分居，当时，她的儿子约翰才五岁。罗斯结婚前是一位秘书，但婚后一直待在家里，收拾家务，照顾丈夫和孩子。1979 年离婚时，罗斯的孩子判有补助金，但对罗斯本人没有判给赡养费。离婚后，罗斯找到一份女招待工作。这种工作既辛苦，又令人不愉快，钱还很少（每小时 3.5 美元，没有小费；她的周薪税前为 122.50 美元）。唯一的好处是，上班时间是晚上 6 点到凌晨 1 点，这样，罗斯在白天可以照看她的孩子和做家务。她的妹妹住在邻近一栋楼里，每天晚上过来几个小时照看儿子约翰。作为回报，罗斯每个周末去照看她妹妹的孩子。1982 年，罗斯在一所当地中学找到了一份秘书工作，报酬比以前好些（每年挣 1.2 万美元），并且有医疗保险和退休福利（儿子约翰支气管炎经常发作，健康保险很重要）。罗斯每天从早上 8 点到下午 3 点半上班，因此，学校放学以后，她可与儿子在一起。

根据离婚协议，罗斯的前夫每月应付给孩子 200 美元的生活费。前夫一般都按时支付这笔生活费，周末也经常来看约翰，与孩子待上数小时。每隔一个星期，约翰可以在星期六晚上去他父亲家里住一晚。

罗斯最关心的就是钱。她挣的钱再加上孩子的抚养费，刚好够她和儿子的开销。她非常节俭，对儿子也只能贱养。她说，"最近几年，我不能换工作。等约翰大几岁，我也不可能去找好工作，因为那意味着工作时间更长，并且花在路上的时间也要多些。他还太小，不能给他钥匙单独在家，等着我下班"。罗斯不认为她的离婚协议多么不公平，比她认识的其他离婚男人，她的前夫还是守信的。但她特别提到，前夫的收入是她的 2 倍多，且只他一个人用。[32]

罗斯有理由认为，她的前夫比大多数离婚男人负责。其他大多数单身母亲的经济状况很惨，处境比罗斯差很多，至少要面对不负责任的前夫。

1983 年，美国由单身母亲抚养的孩子，几乎占全国儿童总数的 1/4；而在全国贫穷孩子中，单亲母亲抚养的孩子又占一半。[33]离婚致使单身母亲的收入下降 70%；父母离婚后，10 个儿童又有 9 个与母亲生活在一起，这就使孩子们难免吃苦受罪。令人吃惊的是，愿意承担孩子抚养费的离婚男人很少。根据 1982 年人口调查局的一份数据，在担负监护孩子责任的母亲中，没能得到孩子抚养费的占 41%；在 500 万理应合法得到孩子抚养费的单身母亲中，仅有 1/3 如愿以偿；另有 1/3 的单身母亲，只拿到很小一部分；剩下的 1/3，孩子的抚养费一分也没得到。[34]这就是说，有 60% 的离婚父亲，对孩子的经济资助采取了不闻不问的态度。

监护母亲拿到的孩子的抚养费，每月大约是 150 美元，本身就微不足道。[35]但在密西根进行的一份研究，通过对 163 位父亲进行 10 年之久的抽样调查，结果发现：这些在离婚后被判应该支付孩子抚养费的父亲，在第一年后只有 38% 的人完全承诺义务，42% 的人拒绝再付；10 年期间，完全履行义务的只有 13%，而不履行抚养义务的占到 79%。[36]

在此项研究中，我们发现了一个令人感到特别羞耻的问题，这就是大多数离婚父亲有能力履行法庭的判决但却不履行。他们即使在支付孩子抚养费以后，也能生活得很好。换句话说，大多数离婚父亲都不能说自己没钱，收入是明摆着的。数据表明，即使前夫每年挣 4 万美元，他也可能与每年挣1.4 万美元的人一样，不愿支付孩子的抚养费。[37]

在调查丹佛市孩子抚养费的落实情况时，我们发现，虽有法律规定，但离婚男人却不重视支付孩子的抚养费，着实令人震惊。研究表明，法庭判定支付孩子抚养费的父亲，其每月支付额有 2/3 少于养一辆车子的费用。他们大多数养得起一部车，其中有半数却拖欠孩子抚养费。[38]

最近几年，在对付拖欠孩子抚养费问题上，联邦和各州都曾作过各种努力（其欠款已达创纪录的水平：到 1984 年年末，欠款总共为 40 亿美元）。在1984 年 8 月，国会通过了《儿童抚养费实施修正案》，它要求各州建立起如下制度，即对孩子抚养费拖欠款超过一个月或数月的父母亲，其拖欠款额将从他们的工资中直接扣除。[39]虽然这项措施很有力度，各州也在追究拖欠者一方，但监护者一方还是很难拿到钱。[40]此外，即使所有孩子的抚养费都可以及时得到，仍有一个很大的问题无法解决，这就是抚养费的数额很低，并且仍在下降，[41]且拿到孩子抚养费者仅占59％。美国现行的孩子抚养费制度，根本不能与抚养孩子的实际花费相抵。孩子的抚养期花费，估计在7.1万美元到16万美元。[42]离婚后，这些费用大多数是由单身母亲承担的。

艾比与她前夫的关系，比罗斯与前夫的关系更有典型意义。艾比·盖伊诺尔（化名）是小学教师，有两个孩子，一个12岁，另一个8岁。当她在1979年与丈夫离婚时，艾比觉得自己虽不富裕，但还过得去。她每年挣2.3万美元。尽管她本人没有得到赡养费，但她每月可得到650美元孩子抚养费。她住在纽约市内，生活开销很大，但她认为这两项收入可以满足她与孩子的需要。但是，她还有一个问题是，前夫经常不给孩子抚养费。到1983年秋，拖欠款将近2万美元。艾比说："我不知道原因何在：是他经济上无力承担，还是他对孩子漠不关心？"自从离婚后，他的前夫从未带过孩子一天。正如艾比所说，"他说他想不到为孩子做什么事。无法想起与孩子有关的事"。在整整4年时间里，大儿子只在父亲那里住过两个晚上，小儿子只住过3个晚上。现在，前夫看孩子的方式是，有时给艾比打电话，让他见孩子几个小时，但经常又好几个月不打电话。尽管前夫给他们造成了经济困难和情感伤害，但艾比从未阻止孩子们去看望父亲。她说，"尽管他与孩子们的关系不是很好，但他是父亲，孩子应该了解父亲"。

在离婚后的最初两年里，艾比的经济状况很不稳定。她不得不去兼职，在一家讨债公司工作。无论是假期还是周末，有时还有晚上，她都要上班。去年，当她再嫁时，她的经济状况才有所改善。有夫妻两份工资收入，全家再一次过上了舒适的生活。艾比感到格外幸运。艾比认为，带有未成年孩子的离婚妇女，往往很难找到第二个丈夫。[43]

艾比的看法很普遍。年纪较大的离异者，尤其是那些带着未成年孩子的女人，是婚姻破裂的受害者。[44]道理很简单，可选择的妇女比可选择的男人更多。

根据 1984 年的一项研究，"女人在 24 岁以后，找配偶越来越困难，而 25—29 岁之间的男性则不愁找配偶，其成功率高于女性 20%；在 60—64 岁之间的男性，找配偶的成功率是同龄女性的 13 倍"。[45] 在 40—49 岁（朱莉·达文波特设定的年龄组）之间，"受到大学教育的妇女与同等学历男人之间的比例，高达 10：3 以上"。[46] 这些令人不乐观的统计数据，源于离异男女的再婚率不同。离婚男人和鳏夫的再婚率，是年龄在 25—44 岁之间妇女的 2 倍；而在较大的年龄组，即 45—64 岁之间，男人再婚率是女性的 4 倍。[47] 根据人口调查局的报告，再婚妇女仅占离婚妇女的 18%。[48]

这种局面的形成有好几种原因。首先，男人喜欢与年轻妇女结婚。大多数 40 岁左右的离婚男人，再结婚的对象通常是比他们年轻 10 岁左右的未婚女子，而不是与自己年龄相当的离婚妇女。其次，妇女比男性寿命一般要长 9 年，这使较大年龄组的男性短缺，大大减少了中年妇女择偶的机会。再次，生育高峰期出生的那一代女性，现在正值 30 岁左右，她们择偶范围更加困难，因为比她们稍大的男人组人数很少（这是由于经济萧条和战争导致低出生率的结果）。这一代女性择偶的范围更小，甚至找年龄更大的男子都不容易。

如果离婚妇女从前夫那里得不到什么经济保障，而且如果在她们 30—40 岁期间不可能再婚的话，像桑德拉·赛格尔一样，她们显然没有其他选择，只好到劳动力市场找工作，以解决经济问题。这也正是新的离婚法要达到的目的。

现在的新说辞是：任何妇女只要想找工作，就能够自立。因此，她们不需要靠长期补偿来保证收入。佛罗里达上诉法院最近的一次判决，就拒绝了一位 48 岁的家庭主妇要求继续得到赡养费的上诉（她已离婚两年了），给出的理由是："在这个妇女解放运动和思想开放的时代……妇女与男人一样具备各种谋生本领，能够自食其力。"[49]

但是，正如我们在第四章将会看到的那样，离婚妇女的挣钱能力是较低的。妇女从事的工作不仅工资一般都很低（全职工作的妇女年薪平均为 14479 美元），而且她们往往是在当了数年（有时十年）家庭主妇后才返回劳动力市场的。如果你年纪较大，又无经验，那么你将很难找到工作。如果你

有些技能，但你的那些技能在现代工作场所中也许早已过时了。如果你能幸运地得到一份工作，也很可能是低档次、低工资的，并且没有什么发展前途。此外，许多（60%）离婚妇女是单身支撑家庭，为了支付费用昂贵的日托，她们不得不接受这类工作。所有这些因素，都严重影响妇女的挣钱能力；但与她们相反，此时的前夫则正值事业蒸蒸日上的阶段。

当代离婚法理应追求男女平等或公平的目标。然而，"大多数法官似乎把法律平等的目标，视为男女分摊支撑家庭的费用。但根据他们的婚姻实际，男女在家庭中的地位和养家能力通常是不平等的"。[50]许多前妻根本就不具备平等的条件。如果离婚妇女年纪较大，如果她们还有幼小孩子，她们很难找到工作，劳动力市场无处不歧视她们。

所有证据都表明，在经济方面，离婚妇女和孩子的境遇都非常糟糕，而离婚男人则明显较好。斯坦福大学社会学家莱洛·威茨曼的研究表明，离婚一年后，前夫的生活水准提高了42%，而前妻及孩子则平均下降了73%。[51]威茨曼认为：

> 离婚对大多数妇女来说都是一场经济灾难。在离婚的当年，她们的收入就大幅下降，生活水准一落千丈。人们难以想象她们痛苦挣扎的情景：每笔可以想到的支出——衣、食、住、暖气等费用，比以前都要减少一半或1/3……她们所承受的生活压力之大，生活不满意的程度之深，都超过任何其他美国人群体，这一点也不奇怪。[52]

其他研究，结果也相似。例如，1983年，新泽西最高法院的研究引用了一份先前的判决词，该判决词说，"离婚对大部分妇女和她们所监护的孩子来说，都意味着长期的和深远的贫困"。[53]相反，该研究表明，"离婚男人的经济地位，则随着他们的年龄和经验增长而增长"。[54]

在美国，妇女离婚的经济后果似乎特别严重。美国人的离婚率在世界上一直遥遥领先，是瑞典、英国、联邦德国、加拿大或澳大利亚，以及其他文化类似的民主国家的两倍，比西欧天主教国家（法国、意大利以及西班牙）高出3—20倍。[55]此外，在其他发达国家里，不仅离婚率低，对离婚妇女的社会政策也使她们的压力大大减轻。正如一位挪威妇女所说：

> 人人都知道，由于单身父母养孩子压力增加，他们需要更多的钱和更多的社会支持……我离婚后，我的收入增加了，因为我领到了地方政府和国家给予单身母亲的津贴；我的税率也降了不少，因为我的税率是按单亲家庭一家之主最低一档来交付的；而且，前夫还给我孩子一笔相当大数目的抚养费……我的孩子可以上 24 小时日托幼儿园，前夫每周都承担作为父亲的一些责任。[56]

不只是斯堪的那维亚一些福利国家对离婚妇女采取经济上的支持政策。在法国，刚离婚的妇女可领取一年社会保险，有未满三岁孩子的可以领到满三年；可以得到孩子的保健费；可以获得家庭补贴；可以减免各种税收；参加政府培训计划的，可领取最低工资的 90%。[57]

许多欧洲国家（例如瑞典和联邦德国）都建有一种制度，根据这个制度，政府可保证监管孩子的一方（通常是母亲）有最低的子女抚养费。如果非监管一方（通常是父亲）没有支付子女抚养费，政府将介入，先行垫付给母亲，然后再通过查封父亲工资这种强硬措施收回垫付款。欧洲这种制度，可以保证监管孩子的一方及其孩子得到起码的收入保障，这比美国《1984 年儿童支持修正案》要好很多。[58]

鉴于大多数离婚妇女面临的经济压力，令人沮丧的是，大众文化对她们生活的描述却是另一番景象。在小说、戏剧，以及电影中，在谈到"年纪较大"（35 岁以上）的离婚妇女时，个个都是淡定自如的形象。例如，在《一个未婚女人》的电影里，吉尔·克莱伯格被丈夫抛弃后，仍与孩子住在曼哈顿上城东部一幢豪华的公寓里，似乎没有任何经济忧虑。每天，她搭乘路程很长的出租车，从容来到时尚的 SOHO 艺术画廊做兼职，而这份工作的收入还不够支付她的出租车费。她最大的苦恼，只不过是考虑 8 月份的行程问题：是继续待在纽约过自己的生活，还是动摇自己的独立性，和她新交的男朋友阿兰·贝茨去佛蒙特州旅行。这难道是刚离婚妇女所面临的问题吗?!

我们看到，大多数离婚妇女都遭受到婚姻破裂带来的经济压力。她们不仅直接承担了离婚的代价——生活水平一落千丈，还承担了离婚后抚养孩子的几乎所有的花费和责任。宾州大学弗内斯顿伯格教授最近的研究成果表明：由母亲监管的孩子，49%的人再没有看到过父亲。[59]可以想见，落在离婚母亲身上的压力之大，难免让她"亲情淡漠，情绪无常，并时不时地惩罚孩子。孩子也开始反叛，结果经常是不可收拾。一位离婚母亲说，这种挥之不去的烦恼，'就像被鸭子叨在嘴里，直到被啄死为止'"。[60]处在这种状态下，离婚母亲很难安心做好一份工作，更不用说去创业了。

第四章　工资差距

一提起"现代职业妇女"这几个字，我们的头脑里马上就会浮现出女强人的形象——那些被大众媒介热捧的女主播和女总裁。芭芭拉·沃尔特、玛丽·坎宁安和谢莱·兰辛，都是我们熟悉的现代女英雄。舆论界使得我们相信，这些充满魅力、大干事业的妇女，其工资收入已达六位数。《命运》杂志在显著位置上登载了活泼的林达·泰勒的照片。她30来岁，哈佛商业学院的研究生，此时正值事业上升时期。她刚被提升为联合矿业投资办公室主管，年薪10万美元，负责运作23亿美元的退休金和保健基金。林达有三个孩子，为保持家庭正常运转，雇了三位帮手：管家、保姆和周末临时工（星期六和星期天来接管操持家务和照顾孩子），他们的报酬每年共达2.7万美元。[1]

《福布斯》杂志讲述了一位名叫洛蕾因·麦咯的女人的故事。五年前，这位精力充沛、颇有胆识的34岁女教师，利用离婚所得的2.5万美元，在加州喷泉谷市投资创办一家微型D公司，主要批发计算器软件。在1983年前9个月内，该公司销售额达5千万美元，净利润达85.9万美元。1984年7月，该公司上市，筹集了2500万美元，洛蕾因成为一位富有的女人。[2]

林达和洛蕾因，就是我们社会职业妇女的代表吗？遗憾的是，现实并非如此。虽然近几年女性劳动力大大增加，比1960年翻了一番，但妇女的经济地位并没有得到多大改善。[3]

美国在职妇女，仅有7%在管理岗位工作；年收入超过2万美元的，仅占11%。[4]美国3/4的在职妇女，干的都是传统的"妇女工作"——招待、打字、理发、倒便盆，以及打扫办公室等，大多数人待遇很低。1984年，全职上班的妇女，有 1/4 的人年薪不足 1 万美元。[5] 在大多数情况下，有些妇女的工资收入仍在贫穷线以下。在目前的时代，妇女的工资不再是私房钱，问题也随之产生。美国在职妇女现有 45% 是单身，或是离婚的，或是分居的，或是寡妇。她们没有别的选择，只能承担自己和孩子的大部分开支。美国 35% 的单身母亲居于贫穷线以下，这不能不归因于妇女挣钱能力低。

妇女在劳动市场处境如何，一个重要的衡量尺度就是工资差距，也就是男女之间收入的差距。美国男女工资差距相当大，并且五十年来一成不变。

1939 年，富兰克林·迪·罗斯福担任总统，《飘》被授予最佳影片奖，乔·迪玛吉获得最佳击球手；当时男性收入若为 1 美元，女性则只有 63 美分。[6] 总统换了不少届，《飘》也上了有线电视，迪玛吉成为一个传奇，但妇女的收入却没有多少改变。今天，相对于男性所挣的 1 美元，女性才挣 64 美分（1985 年 8 月由人口统计局所公布的数字）。[7] 我们有女宇航员、女议员，整整 45% 的美国劳动力是女性，但男女工资之间的差距仍与半个世纪前一模一样。

1984 年，一名全天工作的女性平均年薪为 14479 美元，而同样在职的男性却是 23218 美元。[8] 一位念了四年本科的妇女所挣的工资，赶不上一位只读过高中的男性。

玛丽·恩格尔在新泽西彭萨肯市中心街发廊工作，是理发员。她单身，26 岁，毕业于新泽西哈杜弗尔德一所巴黎美容学校。她已在这个发廊工作了 8 年之久，连工资带小费，一年大约挣 1 万美元。[9] 这是平均数，是具有中专文凭女理发员的中等收入。男性则不是如此。

根据 1980 年的统计资料，年龄在 25—34 岁之间的女理发员，比同龄和具有同等教育背景的男理发员少挣 3677 美元；而年龄在 25—34 之间的女美发师，则比同龄的男美发师少挣 7603 美元。

理发业是如此，其他行业也是如此。年龄在 25—30 岁之间的男律师，年薪为 27563 美元，而女律师则只有 20573 美元。公共汽车男司机年薪为 15611 美元，女的则为 9903 美元。男性售货员每年挣 1300 美元，女售货员为 7479 美元。[10] 对于男女收入不平等，我们没有做任何努力，性别歧视之说似乎被我们忘记了。

男女收入差距，一直伴随人们进入老年。1982 年，全国有 1600 万年龄在 65 岁以上的妇女，她们的年均养老金为 5365 美元，而男性为 9188 美元。[11]如果你是个妇女，年老的时候，你有 60% 的概率变为穷人；妇女平均寿命为 79 岁，其老年阶段是很长的。老年男人和老年妇女收入之间的不平衡，主要是因为妇女退休前的工作不太好，不够格领取个人养老金；年龄在 65 岁以上的妇女，有资格领取养老金的，只占 11%。[12]

一个令人深感不解的事实是，美国的男女工资差距，比其他先进工业国家更大、更根深蒂固。英国经济学家皮特·斯隆说："现有资料表明，大多数国家在 19 世纪 70 年代期间，男女平均工资差距已大大缩小了，只有美国，男女工资差距好似有什么神圣法律的保护而不可改变。"[13]例如瑞典，在欧洲是妇女收入最高的国家，1980 年妇女所挣的工资是男人的 80%，比 1970 年的 71% 提高了不少。[14]英国在欧洲是妇女收入最低的国家，1970 年妇女的收入是男人的 54%，而 1982 年提高到 66%。[15]男女收入差距不断缩小，这在发达国家是普遍现象。在意大利，妇女的工资与男人工资的百分比，从 1968 年的 74% 增长到 1982 年的 86%[16]；在西德，从 1968 年的 69% 增长到 1982 年的 73%；在法国，从 1964 年的 76% 增长到 1982 年的 78%；在丹麦，从 1968 年的 74% 增长到 1982 年的 86%。在缩小男女收入差距方面，传统的天主教国家和斯堪的纳维亚的福利国家，比我们美国做得都好。

如果再考虑教育因素，美国在职妇女与在职男性的收入差距更令人吃惊。美国妇女受教育程度在世界上首屈一指。目前，在 4 年制大学生中，女生占 52%；全国一半的硕士生和 1/4 各种专业学位的学生，是女生。在职妇女所受的教育程度，平均要比男性高。女性平均受教育为 12.65 年，而男性只有 11.57 年。[17]在其他国家，妇女受教育程度仍低于男性。在英国，仅有 39% 的妇女上过高等学校；意大利是 41%，法国是 45%。[18]由此，人们可能会认为，这些国家的男女工资差距会大些，而不是小些。而这，更增加了人们对美国妇女的工资为什么会低于男性的疑惑。

更令我们吃惊的是，在较高层次的妇女中，她们的收入差距也没有缩小。有统计资料表明，现在有更多的决策和专业职位是由妇女承担的。1960 年，14.5% 的管理工作由妇女承担，1980 年则占到 28.9%。[19]然而，在这 20

年里，尽管有这些令人瞩目的变化，但男性管理人员与女性管理人员之间的工资差距却在加大。1960 年，女经理所挣的工资是男经理的 58%，而 1980 年则降到 55%。[20]而且，妇女还很难进入较高的管理岗位，大多处在公司管理者金字塔的下半部。根据底特律市场分析公司一位高级副总裁巴巴拉·埃弗瑞特·伯昂的分析，50% 的妇女在基层管理部门工作，25% 是在中层。1970 年代初，虽然商业部门不停地招工，极大地提高了妇女就业的人数，且有足够长的时间让女性提升岗位，但她们中间现在能够升到上层管理部门的却少之又少，估计只有 1%—2%。[21]在通向高层管理岗位的阶梯下，对妇女开放的似乎是一扇原地打转的旋转门。

最后，还有一个令人沮丧的情况是，近年来，男女起始工资的差距有增无减。人口统计局的统计学家戈登·格林发现，"尽管妇女的进取精神和教育程度不断增长"，但 1980 年参加工作的白领女性，比 1970 年参加工作的白领男性，工资还低三个百分点。[22]

在经济学家中，令他们最喜爱的一项室内运动就是讨论工资差距背后的原因。自由主义左派强调，妇女之所以工资低，是因为她们反对歧视；而保守主义右派则强调是妇女的家庭和家务责任压制了她们的挣钱潜力。[23]

劳动市场歧视妇女的现象层出不穷，并且表现形式多种多样。最为公开的歧视形式就是男女同工不同酬，或者基于性别，一位能干的妇女得不到她胜任的工作，提升到较好的岗位。自 1963 年《同酬法案》和 1964 年《公民权利法案第七条》颁布以来，这些歧视形式就已是不合法的了，但这并不意味着这些歧视就完全消失了。当然，现在也有一些进步，许多以前属于男性的领域已向妇女敞开大门。例如，在 1962 年至 1982 年之间，女性工程师的比例从 1% 上升到了 6%；女性邮递员从 3% 上升到了 17%；女性医生从 6% 上升到了 15%；女性公共汽车司机从 12% 上升到了 47%。[24]

另一种不太明显的歧视形式是，妇女往往被分配干一些接待性质的低薪工作。这些工作不需要什么技术，报酬总是很低。这有一系列社会原因和政治原因。首先，由于某些工作对妇女存在法定和社会限制，可供妇女选择的行业经常是人满为患。其次，工会组织往往忽视一些女性工作岗位，从而削弱了这些岗位的妇女争取利益的能力。再次，由于女性大多是家庭中的第二位挣钱者，雇主付给她们较低工资往往能够得逞。最后，妇女因怀孕和抚养孩子经常中断工作。所有这些因素，都使妇女工作的收入较低。这些因素影响之大，以至于不管在哪个行业，你只要是妇女，注定只能是低工资。美国有很多行业曾经是男人的天下，在妇女涉入之前，他们的薪水是很高的。

例如，19 世纪，美国大多数的办公室人员是男性，他们的工资是蓝领工人的两倍。今天，80% 的办公室工作是由妇女担任的，但平均工资却比蓝领工人的工资低得多。事实上，在当前的经济社会里，一名拥有 18 年工作经历的秘书，还不如一位停车场服务员的工资高。银行出纳员也是这种情况。在第二次世界大战以前，银行出纳员都为男性，他们的工作被认为有很高的地位并且报酬也很好。今天，正如我们所知道的，这项行业已由女性主宰，但银行出纳员既没有地位，挣钱也不多。

尽管近几年有所改变，但美国劳动市场仍存在大量的性别歧视。1982 年，美国劳动部登记的职业一共有 427 种，但在职妇女中有 50% 的人在 20 种行业里工作。全部就业妇女的一半以上，在女性占 75% 的行业里工作；另有 22% 的就业妇女，在女性占 95% 以上的行业里工作。[25]我们看到，秘书职业中 99% 是女性，打字员中 97% 是女性，护士中 96% 是女性。[26]

与普遍看法不同，妇女进入专业和蓝领工作领域后，并没有减少对妇女的区别对待。这是因为，进入男性主导行业的妇女毕竟是少数，大多数是在女性占主导地位的行业工作。换句话说，二者不成比例：每有一名妇女进入男性占主导地位的领域（如法律或汽车修理）工作，在传统妇女行业工作的则有好几位。

在过去两年里，根据同工同酬原则，人们对进入低薪岗位的妇女受歧视的问题进行了不屈不挠的斗争。原因在于：对妇女"按性别进行分工的结果，使她们的工资比那些以前做同样工作的男性雇员少，而这些工作需要同样的技能、付出和责任"。[27]斗争的策略是把……与每项工作的报酬联系起来。评估工作价值，并衡量不同工作对雇主的价值，并把每一项价值用数值表示出来。如果秘书和管道工对雇主同等重要，那么，这两样工作就应得到同等报酬。近来，一些州、市迫于公共职员联盟的压力，根据比值原则，增加了在低薪行业工作的妇女的工资。

第四章　工资差距

在加利福尼亚州圣何塞市发生的比值诉求，是最早的案例之一。1981年，该市工人举行了九天罢工，要求进行工作评估研究，结果证明某些以妇女为主的行业工资偏低。最后，该市拿出150万美元作为补偿，以减少这种群体歧视形式。

另一个早期案例发生在私营部门。1981年，"电力工人国际联盟"（IUE）起诉"西屋公司"（Westinghouse Corporation），原因是该公司把所有女工都纳入低薪档。联盟最后胜诉，公司进行了新的工作估价，把女工的工资与她们的工作效益联系了起来。[28]

1983年年底通过的法律裁决，可能是最重要的。当时，一项联邦裁决下令华盛顿州根据比值原则，支付该州女工8亿美元补偿和增加她们的工资。这项裁决名为《杰克·塔纳裁决》，裁决书认为：该州对女雇员的歧视"是直接的，公开的和一贯的"。[29]华盛顿州法院的裁决引起了很多纠纷，到1984年年底，全国的争论仍悬而未决。在许多州和自治市里，公共职员联盟正企图尝试彻底转变传统的歧视妇女的工资系统。

比值原则一直被视为1980年代的公民权问题，它已经演变为一场政治足球赛：支持方是自由主义者，反对方是保守派。在1984年的竞选中，比值原则受到门达勒—费拉罗的支持，但遭到里根政府的反对。众议院民主党领导层赞同"相同的社会比值，相同的工作报酬"，而里根的支持者美国公民权利委员会主席小克拉伦斯·蒙彭德尔顿则称比值原则是自《愚人龙尼·吐纳斯》上映以来最愚蠢的想法。[30]公民权利总助理威廉姆·布拉德佛德·雷伊诺尔兹，在参、众两院里一直反对比值原则。

自由主义者认为，比值原则对于在低薪行业工作的女工来说，是伸张正义的最好方法，他们坚决捍卫通过工作评估来决定工作价值。平等就业机会委员会前任主席艾利诺·赫尔姆斯·诺尔顿认为，"这是美国商业界和工业界每天都在做的事情"，她说，"正因为是妇女做这些工作，她们的工作价值才被低估了"。[31]

保守派评论家回应说，这个不像每个公司的工作评估，而是一种有用的把供求要素考虑进去的内部措施，比值计划，诸如像华盛顿州所采用的一种，对市场不能断定。但是许多人，包括卡特政府的劳工部部长和经济学家雷·马歇尔，也不能肯定市场的劳力在多大的精确程度上与内部的劳动市场会发生作用。"如果你把男性占主导地位的工程师行业与女性占主导地位的护士行业进行比较，你会发现两个行业都缺人手，但市场反应却不一样：工程师的工资往上升，而工资不高的护士则从国外引进。"[32]

给传统的妇女工作提高工资，花费巨大。华盛顿州的低薪补偿，若按照法院判决来执行，估计会达到 6.42 亿美元，另需 1.95 亿美元来支付年度涨薪。然而，在明尼苏达州，把妇女工资提高到与男性相当的水平，所需资金仅占薪水总额的 4%，这个数字并不算多。反对者提出的另一个问题是，如果比值原则在私营企业普遍推行，将会增加工资数额和产品成本，造成产品价格攀升，阻碍美国公司在海外市场上的竞争力。

这些争论，意味着比值原则不会在美国劳动市场很快或轻易通过。

如果说职业区别对工资收入影响很大，[33]那么，另一个关键因素则是大多数在职妇女所承担的家庭责任的重担。

无论妇女从事什么职业，她们的所得都比男的少很多。作为一名妇女，你不必非要去做一份收入不高的招待或秘书工作，甚至可以不必去当受歧视的反对者。你可以去上最好的职业学校；你可以到待遇好的公司去受聘；你可以与男人一比高低，找到比男人待遇还高的工作。但现实是，大多数妇女承担着照料家庭的沉重负担，如果你想在劳动市场与男人比挣钱能力，你就得付出比男人多的努力。妇女找工作，要有产假，要能照看孩子，要是弹性工作时间，特别是要适合自己干。

苏珊·费希尔（化名）在华盛顿一家私人基金会担任项目负责人。她 39 岁，每天 3/5 时间工作，年薪 2.3 万美元。她与丈夫和两个小孩子住在马里兰郊区，过着宁静的生活。这种生活看起来令人十分满意，但她心中的苦楚只有自己知道。

我第一次结识苏珊是在 10 年前。那时，她是单身，并且相当有抱负。她对工作的热情，以及她当时写的一本关于贸易政策的书刚获得美国经济协会的大奖。因此，她给我留下了极深的印象。苏珊当时梦想成为美国经济顾问理事会的第一位女主席，并且许多人都认为她有机会实现她的理想。

苏珊 30 岁时结婚了。5 年里，她生了两个孩子。她的工作选择逐渐变了。回想起来，苏珊认为有两大转折点。"我刚怀上安东尼（第一个孩子），卡特赢得了大选，国家安全委员会想招我负责东西方贸易问题。说实话，这项工作不是我所做过的最辛苦的工作。你可以想象到，置身白宫，每天接触当时最棘手的贸易问题，该是多么令人激动。但是，经反复衡量，结果是我不能接这项工作。我知道，当我第一个孩子出生时，我得请六个月的假。如果我接受那份工作，意味着要保证每周工作60小时，并且不能请假。"苏珊停顿一会儿，若有所思地接着说："你知道，我第一次怀孕不仅让我不可能到国家安全委员会工作，而且还使我失去了我正在做的工作。我的工作单位允许我请6个月不带薪产假，但不保证产假后还保留我的工作。结果是，我在休产假时，别人补了我的空缺。"苏珊回想起她的这段生活，表情非常痛苦："我告诉你，当你家里有个新生儿时，去找工作可不是好玩的事。但罗伯特（她的丈夫）仍在读研究生，所挣无几，我不得不去找一份新工作。"

"4年后，我又面临另一场艰难选择。当时我已改行，在一家研究基金会工作。上班时间很有规律，我发现这项工作比那些政府性工作对家庭生活更好。"苏珊微笑道，"但是，你是知道我的，我是有抱负的人，我也自认为能干；不久，我就成了副总裁。1980年上半年，该基金会总裁宣布他打算一年半后退休。这突然使我想到，如果我全力以赴的话，我可能会接替他的职位。但是，罗伯特和我刚决定要第二个孩子；于是，我不仅没有得到提升，而且还怀孕了，又请了10个星期的产假。"

"我这次只休了短假，以免失去工作。但我又遇到了另一个问题：找不到一家好幼儿园。我试图请一个全日制保姆。我甚至从欧洲请来了一位老保姆；但是，没有哪位保姆能干满一个月。我想，可能是因为我们住在郊区，离市区太远，留不住保姆。于是，我又试着找日托，但仅找到一个肯接受3—4个月婴儿的日托中心，并且离我们家有40英里之远。即使我愿用车接送孩子，但是还不能解决女儿日托后该如何办的问题。最后，我采取了一种麻烦的办法来照顾孩子，就是请当地小时工加上请一位住宿学生。尽管我做出了以上种种努力，最终还是失败了。不是女儿不愿意新保姆喂她，就是住我们家的学生要休假。紧张和内疚，快把我压垮了。每当工作时接到保姆的电话，我就双手发抖，不知会发生什么事。我无法集中注意力，感到难以做

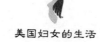
好本职工作。当女儿 8 个月时，我又想到每天工作 3/5 时间，这样，我至少能保证在适当时间里照顾女儿。"

"我知道，不上全天班的后果是严重的。我为什么先前要努力上全天班？原因是他们不允许副总裁只上半天班。由此，我只好做基金会的一名职员。看，我现在都快 40 岁了，又干起了卑微的项目主管工作。我想我已经在走下坡路了。"苏珊拉长了脸，不无幽默地说道，"那位被他们提升为总裁的人，现在一年挣 8 万美元。比一比我那微不足道的 2.3 万美元工资，我寻思着，我女儿生出来就是个昂贵姑娘！"苏珊的表情轻松下来，转而笑容满面地说："当然喽，她敬爱的妈妈认为值！"

接着，苏珊又说出了另一番感叹："有一天，我偶然思考到一个问题：等到我 45 岁时，我如何再继续做'我的光辉职业'梦？到那时，两个孩子安东尼和范赖莎都已自立，不再要我费那么多心了。但是，这只能是一个幻想喽！没人会要一个满头灰发的女士去当国家安全委员会的成员。这样的职位，只是为那些 30 岁上下有前途的人设置的。我得设法让自己面对现实：我已经落伍了；我曾经拥有的机会一去不复返了；我的事业已永远停止了！"[34]

在苏珊的故事里，令人惊奇的是，她生两个孩子，总共才请了八个半月的假，15 年间有 12 年都是全日制工作；然而，生孩子却严重影响了她的职业前途，削弱了她的挣钱能力。这就是说，一个女人的职业生涯要走下坡路并不难，请一两次产假，干一段非全日制工作，一切都完了！苏珊的故事恰恰反映了机械主义之害，它使素质即使再好、抱负再大的妇女，也没有用武之地。

在这个问题上，一些自负的研究（许多研究都是由保守的"人类资源"理论家所完成的）总是把挣钱能力与男女的工作经历联系起来。[35]根据这种观点，在职妇女承受着家里和职场双重负担，是产生男女工资差距的原因。家庭责任尤其是哺育孩子的责任，往往会中断和限制妇女的职业，彻底抑制女性的挣钱能力。用经济学家索罗门·波拉彻克的话说，妇女挣钱少归因于"家庭内部分工……妻子被套上了家庭责任的枷锁，工作机会受到了影响"。[36]

妇女不当劳动力的时间，一般是 9 年。[37]由于越来越多的幼儿母亲坚持工作，这个阶段现呈缩短趋势；但是，近来的调查数据表明，妇女中断工作的

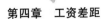

第四章 工资差距

概率是男性的 3 倍，仅有 36% 的职业妇女自离开学校后连续工作。[38]

人类资源理论家认为，妇女工作经常中断在很大程度上可以解释工资差距形成的原因。例如，波拉切克对以下两种工资差别进行了比较：一个是重新工作后的工资，也就是一名妇女离开一段时间后重又回到劳动市场所挣的工资；另一个是如果她一直不离开劳动市场所挣的工资。波拉切克认为，他的这种比较可以解释工资多寡的一半原因。他还假设了另一种情况，即妇女由于想到不会在劳动市场长期工作，他们也就不可能受到更好的职业训练。由此，波拉切克声称他找到了工资多寡的全部原因。[39]强调工作中断对妇女挣钱能力的不利影响，不止波拉切克一人。其他研究者也发现，工作的长期性对工资多寡占 25%—44% 的比例。[40]这种观点似乎认为，工作中断 1—4 年就会降低 13% 的收入，而中断 5 年会降低 19%。[41]经济学家艾利·金斯伯格的观点更离谱，他说："连续的工作履历近乎是高工资或取得成就的先决条件。"[42]

我们可以利用各种间接事实，支持把工资差距与妇女家庭责任联系起来的理论。首先，妇女的工资水平与家庭状况关系甚大。未婚女性与未婚男性的工资完全平等，而已婚男女之间的差距就拉大了。一般来说，已婚妇女只能挣到已婚男性的一半工资。孩子的数量及其年龄间隔，也同样影响着工资差距。拥有一个大家庭和孩子年龄间隔大的妇女，工资是所有其他妇女中最低的。

其次，在从事"男性"的专业、技术和管理工作的女性中，具有连续工作历史的单身和无子女者占有相当大的比例。的确，在高级管理职位上的妇女，50% 以上没有子女。相反，有孩子的已婚妇女，大都挤在低薪的"女性"的行业中工作。这些妇女在她们的工作历史上，都有很长的工作间断期。

再次，黑人男性在劳动市场上的景况，比无论是白人女性还是黑人女性都好得多。1981 年，白人女性的工资是男性工资的 60%，而黑人男性（他们比白人男性和女性少受两年教育）的工资是男性整体工资的 69%。[43]黑人男性的工资低可视为他们在劳动市场上一直受歧视所致，而女性工资低的原因，只能设想妇女承担的家庭责任给她们的压力太大，以至于超过了黑人男性的不利条件。在劳动市场上，性别差异似乎比种族差异影响更大。

最后，还有一个事实是，收入多寡与生命周期有关。下述"男女年龄收入图示"显示，生育孩子给女性收入带来了很大影响。妇女在二十岁左右参加工作时，收入虽比男性少一些，但以后几年里，她们的工资有显著增加。然而，在25—34岁年龄组（生育年龄），女性收入的增长远远落后于男性。如图所示，女性尤其是高中毕业的女性，她们的收入增长陡然停止了。换句话说，同龄男女相比，女性收入没有什么增加，而男性收入则在30—40岁期间有大幅度上升。在这最为关键的事业发展阶段，女性有了孩子（至少90%的女性有了孩子）；由于没有充足的（或根本没有）产假和拿不出足够的日托费，大多数妇女被迫牺牲了自己的事业和工作。有的离开工作长达数年之久；有的在家近的地方找些不需承担很大责任的临时工作。经济学家莱斯特·梭罗对此问题径直指出："25—35岁是一个人成功立业的关键阶段，你在此期间的付出可以得到最大限度的回报；这个阶段也是结婚成家的主要阶段，在此阶段完全离开劳动市场的妇女，可能会发现自己永远也赶不上别人了。"[44]

　　因此，由于受孩子拖累，大多数妇女包括受过高等教育的妇女，她们在30岁以后的时间里，也无法脱身全力以赴干事业。而当她们40岁左右能够重新全身心投入事业时，由于劳动市场的结构性变化，她们也难以适应了。

　　苏珊·费希尔的情况并非个案。有些妇女试图把事业和家庭结合起来，费希尔就是一个典型案例。这些妇女生完孩子后又去做小时工，但45%的人发现，"她们从事的工作比生孩子之前的工作，不仅报酬低并且更无趣"。[45]人们一致认为，女性中断工作即使时间很短，对她们的挣钱能力也有损害。

　　相比其他精英职业，法律职业现在更受女性青睐，但有意思的是，这个职业很能说明家庭责任对妇女的事业和挣钱能力的限制。妇女在这条路上走到今天，着实不易。100多年前，具体说是1873年，美国最高法院对一位名叫迈拉·布拉德威尔的年轻妇女从事法律工作的诉讼进行了裁决，认为从宪法角度说，妇女不能从事法律工作。法官约瑟夫·佩·布拉德的裁决词说，"女性天生羞涩和脆弱，有许多职业显然不适合她们做。女性的崇高使命和命运，是去完成作为妻子和母亲的高尚本职。这是造物主的法则"。[46]直到1928年，哥伦比亚大学才招收第一个法律专业女生；就是到1960年代中期，

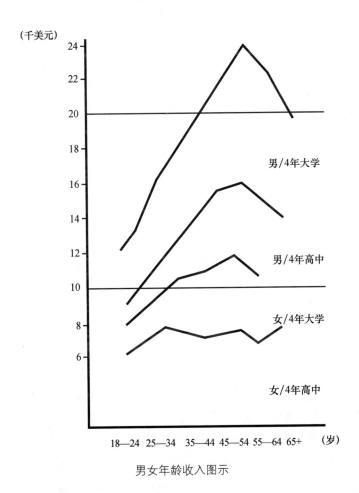

（千美元）

男/4年大学

男/4年高中

女/4年大学

女/4年高中

18—24 25—34 35—44 45—54 55—64 65+ （岁）

男女年龄收入图示

法律专业也仅有 5% 是女生。

然而到了 1984 年，法律学院的学生有 50% 是女生，私人律师事务所的助理律师有 30% 是女性。但是，在这些私人律师事务所里，仅有 5% 的合伙人是女性。[47]女性律师现在还没有使自己处在权力、金钱和地位的中心。

吉尔·阿布拉姆逊和巴巴拉·福兰克林通过对哈佛大学法律学院 1974 级的 71 位女性所做的调查，对造成这种状况的原因有自己的看法。[48]他们说，"她们参加工作时正值妇女运动高潮，她们拥有哈佛大学法律学位，比起全国其他女性群体可能更有成功的机会。她们当然希望像同班 478 名男生一样一展身手"。

　　然而，9年以后的结果让人吃惊，虽然他们开始工作时的比例大致相等，但9年下来，女性从事律师工作的只占23％，而男生占51％。而且，这些女律师还都在1981—1983年间成了母亲。两位研究者发现，对这些女律师来说，大多数都面临着家庭责任和事业发展之间的两难抉择。

　　卡洛林·露易斯·齐格勒在纽约一家律师事务所诉讼部门当助理，她就面临这样的两难抉择。齐格勒女士说，"当我30岁时，我对自己说，呀，轮到我了！"这是3年前说的话，不久，齐格勒便有了第一个孩子，是个女儿。现在，她又怀孕了。她只能做半职工作，一般是每周3天。自第一个孩子出生后，她就一直做半职工作，并表示一直做到第二个孩子满3岁。她认为，孩子小，没有办法每周工作54个小时。齐格勒不做全职律师，给她的事业造成了深远影响。至今，她还没有合伙人。她不能全职工作，谁都不愿与她合作。她现在的收入，只是她男性同事的一小部分。她的事业已停滞不前。

　　凯瑟琳·里德是另一个例子。1970年代中期，里德女士进入纽约一家公司工作。她并没有干多长时间，因为她觉得那里的工作节奏几乎让人没有私生活时间，更不用说谈恋爱和生孩子了。里德说，"那家公司没有歧视，每人每周都得工作80小时"。离开后，她到一家大公司的法律部门工作。她在新单位的报酬比以前低了许多，可以说人生走下坡路了。这个新工作单位的最大吸引力，就是工作时间是早上八点到晚上六点。

　　前述两位学者阿布拉姆逊和福兰克林，调查了1974级的46位女生，其中19位已有孩子。这些有孩子的女性发现，在涉及法律的各个工作领域里——私人律师事务所、政府、法律援助中心和实体公司等，"平衡产假和半职工作（为未来发展的需要），是一件很困难的事情；她们在谈到离开高收入工作的原因时，通常都提到家庭生活的需要"。此外，许多没有孩子的女律师，也都有自己的工作规划，为寻找伴侣和结婚成家准备条件。

　　上述两位学者的研究结论是："哈佛大学法律学院1974级女毕业生，没有几个成为女强人。她们发现自己不可能在事业进取与私人生活之间两不误。"[49]

　　传统观点认为，无数从事法律职业的妇女，正是因为没有时间让她们走到成为合伙人这一步。律师事务所的经纪人经常说，他们雇用了大量刚从法学院毕业的女生，她们在工作 7—9 年后，定会产生出一批女性合伙人。

事实似乎并不是这样。是的，现在确实有很多女性拼命工作，想成为合伙人；但是，与男同事不同的是，有许多女性在工作四五年后，就离开了这个高节奏的行业。[50]有些人是律师事务所"让走"的或"被放走"的；其他人如卡罗林·齐格勒和凯瑟琳·里德，则去干半职工作或要求不那么严的工作，如教学工作、政府职员工作或公司法律部的工作，以便把更多时间留给自己和家庭。

哈佛 1974 级法律专业女生的职业发展情形，有助于我们更好地理解前面图示所显示的内容：年龄在 25—35 岁的男律师，他们的年收入为 27563 美元，而女同行只有 20563 美元。即使是训练有素和最有抱负的职业女性，为了有个家，她们也不得不在地位和工资方面做出相当大的牺牲。

家务和孩子拖累造成的工作中断，至少可以解释男女工资差距的一半原因；经济学家对这种理论最有发言权。波拉切克进一步发挥了这种理论，认为妇女挣钱能力低不是由于雇主歧视造成的，而是"由存在于家庭内部的一些更隐蔽和更微妙的社会歧视形式造成的"。[51]用大白话来说就是，职业女性仍然被大量家务缠住，这严重限制了她们在职场上更好地发挥自己的能力。

照顾好一个家和一个家庭，目前仍要付出很多精力。根据一项研究，照顾好一个四口之家，每星期要花大约 60 个小时。[52]过去，家务活很累人，但不复杂。但在现代工业社会里，照顾好家庭是一种复杂的管理，不仅是干家务和看孩子，还要与商店、银行、学校、医院、政府机构打交道。这意味着要让一大堆人满意。五岁的孩子要玩具枪或化妆服才去学校玩；七岁的孩子去夏令营要填表，有时还要买磁带；孩子口吃的问题，要约好时间与幼儿园老师见面解释；还有三百张全家照片等着放进影集里去。有时候，还会与商店、学校或官方机构存在纠纷。如果新车有毛病，如果小学老师管不好孩子，如果社会保险金发迟了，如果信用卡丢了或被偷了，那么，"家庭主事人就不得不在家庭、市场和国家相关机构之间来回奔走"。[53]

在过去 15 年间，人们一直在热烈讨论男人承担更多家务的话题。各种期刊纷纷发文，掀起了一股"父亲热"；而《克莱默夫妇》和《妈妈先生》之类的电影，则试图让我们相信男人与孩子之间的亲密关系。事实上，现有许多男人承担了大量家务，也十分关怀他们的孩子。我曾经调查过一些白天照顾孩子、晚上工作的男性。我自己的丈夫就承担了照顾孩子的一半责任。但是，男性做家务还是不够。近期有调查表明，美国男人现在只承担了不足1/4的家务。现在，大量妇女已走出家庭去上班，但男人花在家务上的平均时间，近20年里仅增加了6%。[54] 还有一项调查证明，美国妇女每周要比男人多工作21小时。[55] 经济学家黑蒂·哈特门说，男人每星期所要求服务的时间，比他们贡献给家庭的时间，每周要多出8个小时。[56]

费利普·布鲁姆斯坦和派泊·斯瓦滋在1984年出版的《美国夫妇》一书中，对当前的情况做了如下总结：

> 在职妻子比家庭主妇所做的家务工作的确少许多，但她们仍然做了大量必须做的家务……尽管丈夫失业在家，但他做的家务事仍比每周在外工作40小时的妻子要少得多。即使是在声称持平等伙伴理念的夫妻之间，也存在这种情况。丈夫可能会说，夫妻应该共同承担家庭责任；但是，当丈夫没有花时间真正做到这一点时，共同承担家庭责任只是一句空话。[57]

约瑟夫·普莱克一针见血地指出，当代家庭生活的关键问题之一是，"男人很少干家务"。[58]

现在很多家庭没有男人，让男人多干家务等于废话。近几年在提高丈夫和父亲意识方面虽小有成绩，但由于受离婚影响，这些成绩也就被抵消了。在1980年代早期出生的孩子，大约有一半的父母离婚了，其中90%的孩子要与母亲生活一起。在第三章中我们说到，离婚母亲几乎承担了所有抚养孩子的责任，包括体力付出和经济负担。

罗娜·弗仑在《胃灼热》一书中，对妇女争取家务分担到底取得了多大进展的问题，持一种虽然有趣但颇为尖刻的观点。正如她在书中描述的那样，1970年代，流行的做法是妻子同丈夫一起坐下来，列出一系列平分家庭义务的清单。"无数家庭都这样做，结果也完全一样：许多丈夫同意擦桌子。他们擦完桌子，然后环顾四周，似乎想要得到一块奖牌；他们擦完桌子，再

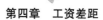

也不希望被分派干其他事情；他们擦完桌子，就以为万事大吉了。这就是家务分担！"[59]

弗仑在怀第二个孩子时，丈夫离开了她。这令她痛苦不堪。不幸的是，弗仑的经历并非独一无二。

男女间的家务分工似乎很难改变，这部分归因于妻子比丈夫挣钱少许多。已婚全职妇女的收入，仅是已婚男性工资的一半。当妻子不是全职时，其收入仅占家庭收入的26%。从这种不对称的收入比例角度说，男人做家务少也就不足为奇了。对一个家庭来说，把丈夫的工作放在首位，从经济角度上是可以理解的。当夫妻一方需要离开工作照顾小孩时，妻子在家带孩子比丈夫在家带孩子划算。但这是一个恶性循环。我们已证明，一个母亲的挣钱能力，往往因工作"中断"而大大下降。

仅仅提高男人做家务的意识是不够的。不少男人婚后很想好好表现，但经过一段时间后，这种热情往往被经济考虑浇灭。大约30年前，法国女权主义者西蒙·德·布伍沃指出，"许多新婚家庭看起来很平等。但只要丈夫承担全家的经济责任，那么，平等只是一种幻想"。[60]如果决定行为的经济基础不改变，行为也就难以改变。在《美国夫妇》一书中，布鲁姆斯坦和施瓦茨认为，"在夫妇关系中，金钱是决定权力的杠杆"。根据这种说法，夫妻谁该干家务，就不言自明了。[61]

对妇女来说，工资差距是一种令人愤怒、无法取胜的障碍。她们做家务是因为她们挣钱少，而她们挣钱少又是因为她们做家务。打破这种恶性循环的唯一办法，就是发展支持家政服务的公共政策，让妇女摆脱家务，在劳动市场上一显身手。要想让妇女在劳动市场上发挥自己的能量，我们就得尽量减少她们在工作上的中断；这样，她们的收入也就不会受到影响。如果有周到且有补助的保育服务，妇女在养育孩子时就可减少脱离劳动市场的时间；而且，当她们再出去工作时，也不会损失太多（请记住，工作中断2—4年，将降低平均收入的13%；而中断5年，将降低19%）。有充分保障的产假，可以确保妇女在养育孩子期间不受任何经济和工作资历损失。简言之，关怀和照顾妇女在其生儿育女期间的社会政策，可以逐渐缩小男女收入差距；而男女收入差距一旦缩小，那么，家务分工就会有很大的改观。在家庭经济中，夫妻收入什么时候相差不多，她们什么时候才有可能谈平等分担家务。

在过去二十年中，我们花了大量精力去计划如何改善妇女的经济地位。在 1960 年代和 1970 年代，我们的方针是要求取缔对妇女的公开偏见。《民权法案》第七部分和《11246 号政府令》规定，对那些不公平雇用员工的做法和同工不同酬的公司，可以提起诉讼。由此，大量阻碍妇女从事蓝领工作和专业技术工作的障碍被消除了。在 1980 年代，我们推行的主要政策，似乎是在利用比值观念去处理职业妇女只能从事低薪工种的偏见。但是，一切旨在反对歧视女性的努力，对提高妇女的挣钱能力都没有起太大作用。[62]

由于我们没有考虑妇女的双重负担，消除妇女在劳动市场受歧视的问题，只能是事倍功半。如果妇女不能从繁重的家务中解放出来，她们在劳动市场上就只能继续处于不利地位。妇女的解放，似乎是遥遥无期的事情。

令人羞愧的是，美国支持家庭的福利制度非常薄弱，并且还不断受到削弱。例如，自 1980 年代以来，儿童抚育津贴削减了 21%。在美国，生孩子被视为是一件纯粹私人的事情。享有产假福利的妇女，不足全部孕妇的 40%；产假福利本身，大都微不足道。[63]此外，我们还要看到，有 48% 的母亲在孩子不足一岁时，就到劳动市场工作了。

旨在充实《民权法案》第七部分的《1978 年孕妇失能修正案》（1978 Pregnancy Disability Amendment）对妇女产假的明文规定是：雇主不能仅仅因为雇员是孕妇而将其解雇。但是，"此法的基础是非歧视，它没有就生孩子列出特别福利"。[64]孕妇仅仅同那些失能工人一样，可以享受到一点微不足道的福利。似乎说到底就是，妇女在怀孕时只能享有短期的失能保险的权利。

不幸的是，这条规定也没能起多大作用，因为这项联邦法律并没有要求雇主提供失能保险。事实上，仅有五个州（加利福尼亚、夏威夷、新泽西、纽约和罗得岛）规定要有失能保险。这样说来，1978 年通过的这项修正案号称"解决"美国妇女的产假问题，但在联邦 45 个州里都是一纸空文。即使是在规定有失能保险的 5 个州里，产妇仍有可能享受不到失能保险。例如在纽约州，政府工作人员、农场工作人员和不足 15 个雇员的公司的工作人员，都被排除在失能保险之外。人们津津乐道的失能保险，到底能给我们带来什么？一个怀孕和分娩都正常的妇女，仅有几个星期（通常为 6—10 个星期）

部分工资而已！

如果说有40%的在职妇女在怀孕和生产期间享有残疾福利的话，那么，在孩子出生后的几个月时间里，母亲还能享有什么规定来照顾宝宝呢？"我们的法律对母亲或父亲希望待在家里照顾婴儿这段时间居然没有任何规定"，[65]这的确令人震惊，但这又是事实。

与国家的其他妇女政策一样，《1978年孕妇失能修正案》的不足之处显而易见。然而，这就是我们拥有的全部法规。与其他国家相比，美国孕妇在生育孩子期间，工作是没有保障的。因此，如果产妇休无薪产假，她们就没有工作保护权。即使产妇只请很短的假期生孩子，其雇主仍然可以解雇她们。华盛顿妇女权利保护基金会律师阿克·毕德的研究，"这种事每天都有发生……除了性骚扰以外，基金会处理的大量工作歧视案，都与妊娠有关"。[66]

此外，孩子出生时，美国不支付产妇和孩子的医疗费用。由于1/3单身妇女和1/4已婚妇女没有健康保险，因此，生孩子的花费很大，通常需要1000—3000美元。虽然有些妇女可以享受分娩的医疗费用，但报销项目有限。我采访过100名打零工的母亲，没有一个是享受分娩费用全报销的。

美国最好的产假政策，是一些大公司通过职工福利提供的政策。1981年对250家大公司做过一项调查，其中88%的公司给予产假。[67]产假时间平均为12周（6周带薪，6周不带薪），并且大多数产妇的工作予以保留。最慷慨的雇主是银行、金融机构和保险公司。最吝啬的雇主是零售部门。有些公司的政策很好（美国标准），例如安塔娜人寿保险公司给孕妇6个月产假，并付给60%—100%不等的工资。[68]

尽管有公司实行这样的好政策，但我们不可忽视的事实是：在这些公司工作的妇女，只占全美工作妇女的1/4，大多数在职妇女在生孩子期间都没有基本的权利和福利保障。在美国当下的社会里，孕妇都不敢轻易辞去工作。一方面，这是出于她们维持自己和家庭支出的需要，另一方面，不管休假时间有无工作保障，离开工作岗位和劳动市场时间的长短，也直接影响到她们未来挣钱多寡。要么失去工作，要么就把刚出生的宝宝交给不能胜任的保姆照顾，这对女工来说是一种"残酷无比的惩罚"。美国的女工，半数以

上都在经受这种惩罚；而在其他发达的工业国家，女性公民则不是这样。

卡门·桑图斯（化名）是一位医生助理，最近4年，她在纽约市一家较大的教学医院工作。我采访她时，她的第一个孩子是1岁零9个月，并又怀上第二胎6个月了。在生第一个孩子时，她得到了失能保险金，大约是她半年薪水的1/3。起初，卡门决定孩子满3个月就回去上班，她知道医院保留了她的岗位。然而，当卡门准备上班前的一个星期，她被解雇了。她所在的工会向她保证，一旦有新空缺，首先考虑她。5个月后，她在这家医学院另一个部门找到了相同薪水的工作。然而，卡门因工作变动失去了自己的优势，她在新岗位上只是一个"新手"。她生第二个孩子没有享受到6个星期带薪假，在以后的两年内没有权利享受公司的福利待遇。但她在前一份工作中资历很长，享有3个星期带薪假，每年都可享受公司的福利。卡门若有所思地说，"没有带薪假真遗憾，这钱够我们过半年的"。

卡门生第二个孩子时，计划休3个月假。她本想少休个把月，但帮她照顾孩子的邻居不愿照顾3个月以下的孩子。没有办法，卡门只能期望3个月早点过去，快点去上班。她的家庭经济太拮据，她与丈夫1年只有2.7万美元的收入。仅靠她丈夫的工资，不够支付食品、房租和交通费用。卡门必须去工作。

卡门又一方面感到比较幸运，这就是她的医保项目比较全（由她所在工会争取到的）。她生第一个孩子时，个人只花了300美元。她知道，许多夫妇生孩子时往往要花几千美元。我告诉卡门说，美国是唯一完全不承担孩子出生费用的发达国家。她不相信我说的话是真的。[69]

盖尔·托比斯（化名）是一位作家。最近6年，她一直为一家电视台编写肥皂剧，是主要写手之一。1983年年底，35岁的盖尔怀上了第一个孩子。盖尔的工作单位没有产假，经过与老板反复商量，达成如下协议：她一直工作到临产前，然后休假两个半星期；前一个半星期是带薪假，后一个星期是事假，工资付一半。然而，盖尔难产，最后不得不剖腹产。因此，孩子生下来后，盖尔就想到假期结束后返回工作岗位该是何等艰难。盖尔说，"我不知道最初几个星期是如何度过的。由于手术，我感到疲倦和疼痛，力不从心。最难受的是缺乏睡眠，每晚至少醒3次；一到中午，我困得要命。但不管怎么样，我不得不工作，不得不装笑，不得不面对老板装出一副我根本不操心家务的样子"。盖尔深知，如果她再多休几天假，她就会失去这份工作。"我这份工作竞争很厉害，我若不干，马上就有人填补。"由于她和丈夫最近买了房子，她如果不工作，丈夫就还不上债。她的生育保险金很少，不够支付医疗费用。她估计，她能得到的 1800 美元生育保险金，根本不够医疗开支。[70]

我采访过许多欧洲国家的妇女，她们的经历与卡门和盖尔相比，简直是天壤之别。苏珊·阿恩博姆在斯德哥尔摩干秘书工作，她有 3 个孩子，分别为 8 岁、3 岁和 2 岁。每个孩子出生时，苏珊都享有 9 个月产假。产假期间，除了可拿到90%的工资外，她还有 6 个月停薪留职产假。由于最小的两个孩子仅相差一岁，她把两个产假合并使用，连续休假两年半。不仅如此，她的丈夫还可与她一起休产陪产假，第一个孩子出生时，她丈夫就休了 4 个月假。[71]

我再说一说安勒特·莱伯的情况。安勒特在巴黎一家文化基金会工作，是一位项目负责人。安勒特婚后有两个孩子，一个 2 岁，一个 7 个月。每个孩子出生时，她都享有 3 个月带薪产假，外加 2 年无薪产假。但是，第一个孩子出生后，她未休满带薪产假就上班了；第二个孩子出生后，她也只休了 3 个月带薪产假就上班了。她说："我们有两个孩子，需要挣更多钱来养家；此外，这里的托儿所设施相当不错，就在我们家附近，日托一点也没问题。"[72]

只有美国这个工业化国家，没有法定产假。世界上有 117 个国家（包括其他所有工业化国家，以及一些发展中国家）都保证妇女拥有如下权利：离职休产假；产假后工作保留；休假期间的待遇相当于产妇的全部或大部工资。[73]

我们从苏珊·阿恩博姆的案例中看到，瑞典的母亲政策尤为慷慨。自 1975 年以来，斯堪的纳维亚国家就已明文规定，产假期为 9 个月，父母双亲中无论哪一方休假均可。在休假期间，工资最多可达到 90%；保留工作资历；保留固定薪水以外的福利；最为重要的是，保证休假后可返回原来的或类似的工作岗位。[74]

意大利在欧洲经济共同体国家中，是孕妇福利保障的典型代表。孕妇可以休假 5 个月，工资为 80%；如果再接着休假，仍可有 30% 的工资。在这两个阶段，孕妇的工作岗位是保留的。在小孩 3 岁之内，如果孩子生病，母亲可随时请假。此外，女工每次生孩子，都可享有两年的工作资历认可。[75]

如果用欧洲标准来衡量的话，英国就显得吝啬了。该国《就业保护法》（1975 年制定，1978 年和 1980 年两次加以完善）规定：孕妇享有带薪产假，假期为 6 个星期，可拿 90% 的工资；在孩子出生前 6 周，孕妇有权提出休产假；孩子 2 岁半以前，孕妇有权随时返回工作岗位；孕妇再次被雇用时，"如果她以前不曾旷工的话，她与其他合适人相比没有什么不同对待"。[76]英国的很多雇主尤其是公共领域的雇主，对女性雇员还给予额外的产假福利。

有意思的是，英国的产假待遇（在欧洲排名靠后），是在公共开支削减和保守政策趋强期间制定的。甚至连首相玛格丽特·撒切尔也不得不承认，现实世界是女性越来越多进入劳动市场的世界，是孕妇和新生儿需要得到保护的世界，是只有国家才能提供这种保护的世界。在这方面，私营企业的主动性远远不够。英国妇女极为看重孕妇福利。鲁斯·史拜曼是伦敦国家经济发展办公室工作人员，她对这一福利评价说："如果没有产假保障，我无法想象如何应付儿子出生后的几个月。对妇女来说，《就业保护法》就像妇女获得选举权一样重要，它让你既可以保持你的工作岗位，又不会亏待孩子。"[77]

1983 年秋，我给一位伦敦朋友朱迪打电话，想谈谈我们俩将参加的一个会议。她不在办公室，于是我就打到她家里，并且有点歉意；我想她既然病了，该在家里休息。但她轻松地对我说："哦，不用担心。我很好，我在家里是休产假。休到明年 6 月。我很高兴你打电话到家里来，我正好想与你谈谈我为这次人权会议所写的文章。"我一听，一下子没有反应过来。她在说什么呀！她的预产期还有 6 周，到明年 6 月份还有 7 个月之遥！尽管我对产假政策多有研究，知道英国与欧洲其他国家都有很长的法定产假，但我仍然无法接受的是：我的这位朋友那么敬业，竟然要休 8 个月产假，并且一点内疚感都没有，一副满不在乎的态度，认为这是理所当然的事情。朱迪说，"这是我的权利，也是每个妇女的权利"。她停顿了一会儿，然后若有所思地继续说，"这对雇主来说不算什么事。我能生几个孩子？一个，两个？我会为雇主工作大约 40 年，14 个月的产假算得了什么呢?!"朱迪的谈话让我意识到，我们美国妇女对雇主和政府的期望多么少，期望又是多么低![78]

过去的 15 年，大多数发达的工业国家都经历了重大的经济和社会变革，这使妇女就业人数急剧上升。1984 年，美国妇女就业率达 63%，英国是 59%，瑞典是 77%，法国是 55%。[79]在所有这些国家里，各种"推动"因素将妇女推上了就业岗位。不断上升的离婚率、通货膨胀、实际收入停滞，男性蓝领岗位越来越缺人手，以及现代妇女高涨的工作激情，都是将妇女推向劳动市场的因素。除这些"推动"因素外，还有行业变化产生的"拉动"因素，即发达国家的经济活动带来了服务行业的不断增加。商业服务（包括从文字处理到打扫办公室）、卫生保健服务（医院、托儿所和社会福利机构）和餐饮业，近几年在西欧和北美都在急剧发展。在这些新的经济领域里，2/3 的工作都是由妇女承担的。这个比例不令人意外。马温·哈瑞斯指出，妇女"是一支有素养的和温顺的"劳动大军，因此，她们适合做现代服务业中的咨询工作和人事工作。[80]

欧洲妇女就业的比例与美国一样高，就业的原因也大致相同。但两者之间有一个最大区别。在欧洲，有一套比较完善的（在大多数情况下仍在扩大的）家庭援助制度支持在职妇女，这是她们挣钱能力不断提高背后的一个主要因素。下述比较不能算是巧合：瑞典是为在职妇女提供福利和服务最多的国家，男女工资差距也最小；而美国是提供福利和服务最少的国家，男女工资差距也最大。

由于美国的家庭援助制度比其他发达工业国家都差，美国在职妇女承受着沉重的双重负担。不仅斯堪的纳维亚那些发达的福利国家提供产假、家庭津贴和幼儿照顾，就连传统的天主教国家如法国和意大利，以及保守党政府执政的英国，对在职母亲的资助和服务都比我们美国做的好得多。美国大多数妇女都很辛苦，既要照顾家庭，又要坚持工作。这种双重负担，造成了美国的高离婚率；而高离婚率，又导致男性对子女抚养少。这些事实是美国男女工资差距持续增大的根源。

对工资差距背后的原因，经济学家有争论，政府也有分歧。自由主义左派认为是歧视造成的，特别是妇女就业常被限制在低薪服务行业。而右翼经济学家则认为，是家庭责任限制了妇女的挣钱能力。

因政治观点不同，左右两派的争论往往十分激烈。左派坚持加强反歧视立法工作，而保守派则说妇女成家和就业范围都是个人"选择"，她们的工资低是个人"自愿"选择的结果，政府不应干涉（信奉自由市场的右翼一贯如此）。

但是，上述两种观点并不对立，而是互为补充。现在，妇女择业范围受各种条件限制，同时受结婚和育儿制约。正是这些限制和制约，让许多妇女只好选择低薪工作。女性做小学教员，的确是一种比较合适的工作，既能完成本职工作又能尽一个母亲的职责。如果妻子愿意跟随丈夫到一个新城市生活，秘书工作也不难找。读者朋友还记得第三章中我说到的罗斯·巴罗索吧？她认为做一名学校秘书对她这位单身母亲很好：孩子放学，她也正好下班。这份工作薪水很低，但她很珍惜，因为她不想孩子放学后无人照看。

从政策上说，要想让妇女大幅提高她们的挣钱能力，家庭援助措施和反歧视立法都是必要的。首先，家庭援助制度之所以需要，是因为它可使妇女在劳动市场上找到更好的机会。右翼保守派所讲的前述理由，显得有点愚蠢。妇女当然是"选择"成家的，但她们也不想"选择"把照顾孩子的责任都揽在自己身上，也不"自愿"做低薪工作。如果在职妇女有保留工作的产假、有日托津贴、有灵活掌握的休假时间，她们有能力找到高薪工作。其次，由于妇女在劳动市场的确受到了歧视，那就应该继续努力做好反歧视立法。尤其是在传统的低薪工作行业，反歧视特别重要。

关键的思路应该是，在职妇女仅享有平等对待还不够。1970年代，消除歧视、打破影响妇女充分就业的障碍，被视为人们的全部所想。当时的这些斗争对争取机会平等当然很重要。但是，这些表面文章并没有产生结果平等，因为女性现在承担了75%—85%的家务。工作场所的平等对待，再加上家庭支持体系，才能改善女性的经济地位。

1980 年代的女超人

"我们在哪里过感恩节？你爸妈那里？
还是我爸妈那里？"

"现代家庭"《纽约人》杂志，1979 年 11 月

The Saturday Evening
POST
April 1, 1953 · 75¢

The Bad-Check Passers—
YOU'D NEVER THINK
THEY WERE CROOKS
By Robert M. Yoder

SILVER SLIPPER
GRILL

西方怀旧的古典家庭：步行到教堂

1975 年 11 月，纽约市，支持《平权案》

1977 年 11 月，休斯敦，第一夫人们支持《平权案》

1977 年 9 月，在华盛顿哥伦比亚特区白宫外，菲利斯·施拉夫利
组织反对《平权案》的群众集会

1976 年 8 月，反对《平权案》的一名示威者

女铆工罗茜支持第二次世界大战

妻子的责任

第五章　受伤害的儿童

美国妇女生活艰难，也波及她们的孩子。因婚姻破裂，加上妇女挣钱能力有限，严重影响了那些跟随母亲生活的孩子。

高离婚率的结果之一是，有1/4的孩子由母亲抚养。而在1970年代后期出生的孩子中，有40%—50%是由母亲养大的。美国有越来越多的孩子是在贫困中长大的，原因主要在此。婚姻破裂不管是作为原因还是作为结果，都导致越来越多的妇女（尤其是母亲）进入劳动市场，但她们挣的钱都很少，很难支撑一个"家"。单身母亲的年均收入是9000美元，大多数靠母亲挣钱的家庭（57%）是贫穷家庭。[1]

在贫穷中长大的孩子，在很多方面都没有安全感：他们的身体状况一般较差；他们的寿命也短一些；他们的教育前程黯淡；比起那些长在蜜罐中的孩子，他们经常遭虐待和忽视。儿童受虐待，随着穷困儿童的增多有增无减；而儿童被忽视的情况，也让人痛心疾首。1983年，纽约市的一项调查报告显示：从1974年到1982年，虐童案件增加了140%。[2]而对45个州的调查表明，虐童案件均有增长；究其原因，这与大多数州削减了预防虐童项目不无关系。

由此产生的必然结果是：在今天以孩子为中心的美国，遭受虐待和忽视的儿童大约有100万，其中有4.4万多件是性虐待，每年有5000名儿童死于身体摧残。[3]今日美国并没有很好地解决儿童问题，我们的公共政策似乎使其变得更糟，而不是有所改善。1983年，生活在贫困线以下的美国儿童占22%，而10年前则只有14%。[4]这组比较数字，让民主党马萨诸塞州众议员巴莱·弗南克调侃说：罗纳德·里根总统似乎相信"生命始于受孕，结束于诞生"。[5]

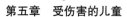

第五章 受伤害的儿童

1982 年 9 月 26 日星期天早晨，肖恩·莱斯利被活活打死。当时，他的哥哥还在一旁看着，楼上的一位邻居还听到了他的哭叫声。他只有 3 岁，打死他的凶手竟是他的亲生父母。

据伊塞克斯市的当地化验医师说，肖恩死于多处受伤，包括颅内出血、肝受伤和其他内部器官受伤。这位医师还发现，肖恩的右臂骨折是新伤，一根肋骨刚折断，三根肋骨早已折断，舌头出血，牙龈青肿；由于头部受多次打击，大脑一侧有轻微红肿；臀部、大腿以及背部伤痕累累。这些伤害，发生在一个小男孩身上，令人难以承受！肖恩死的时候，只有 36 英寸高，31磅重。

肖恩的父母双双被判入狱。母亲雷内·奈斯利被判为凶手，父亲艾伦·巴斯被判过失杀人。法庭宣判后，肖恩及其父母的故事才为人所知。肖恩的父母只有 21 岁，他母亲 15 岁就怀上了第一个孩子，从未结婚。在打死第二个孩子肖恩后，奈斯利在狱中给儿子肖恩写了这样一首诗：

> 我真想知道他是谁，
> 生命为何这般悲惨。
> 是谁把他带给了我？
> 为何让他遭此灾难！
> 我那样残酷对待他，
> 有谁能告诉我答案？
>
> 我盼望他能死而复生，
> 可阴阳两隔再难相见。
> 他得到了永远的自由，
> 可我依然经受着熬煎。
> 我痛恨他遭受的虐待，
> 这让我想起我的童年。
>
> 儿子啊，若你真的有灵，

你就再回到妈妈的身边。
请你不要怪罪妈妈心狠，
我也和你一样活得艰难。
我会真心赎回我的罪孽，
让你感受到妈妈的温暖。

我度过了童年遭受的苦难，
可你未能挺过自己的童年。
但愿你知道自己是幸运的，
上帝带你离开了痛苦人间！
我真想被打死的是我自己，
忘掉那永远难忘的星期天！

肖恩的母亲雷内·奈斯利的童年也饱受贫困、父母不和及体罚。由于她怀了第一个孩子，她不得不在高中时辍学；20 岁时，她已有了 3 个孩子，最大的不到 5 岁。她没有技能，没有丈夫，没有办法送孩子入托；她只能领到微不足道的失依儿童家庭补助（AFDC），靠此补助生存。在沮丧、无望和愤怒之下，她把自己的苦恼全部发泄到毫无抵抗能力的孩子身上，从而延续和加深了贫穷和虐待的恶性循环。[6]

美国现有 100 万名儿童受到虐待和忽视，而更多的儿童是遭受劣质幼儿园之害。无数的学龄前儿童和 200 万—500 万的学龄儿童，在父母工作日里大部分时间自己玩耍，要么无人照看，要么照看不周。[7] 结果是，这些孩子的身体和心理往往受到伤害。1984 年夏，全国幼儿园发生的多起震惊全国的性侵害丑闻，可以充分证明这一点。

今天，有 50% 以上学龄前儿童的母亲，都在忙于工作。现在，母亲在孩子不到一周岁就工作的，达到 48%；而 1970 年是 24%，1950 年则只有 12%。[8] 大多数妇女工作的目的都是经济需要，没有钱就无法让孩子得到高质量的照顾；现在的私人幼儿园，光是入园费，每个孩子每周就要 80—200 美元。研究表明，许多母亲被迫采取了一些非正常的方式来照看孩子，如求助亲朋好友，或雇用临时工。这些照看孩子的方式都不合适，对父母都形成了很大的压力和焦虑。

杰里米·蒙兹才 13 个月大，别看他这么小，生活可并不简单。他有两个哥哥，为了维持家里的基本开支，父母均在工作。母亲戴比在纽约市一所护士学校教书，工作时间比丈夫有弹性，杰里米的一天由她来安排。

每个工作日早晨八点，戴比把杰里米送到老邻居霍普金斯太太家，请她"照看"杰里米一上午，报酬是每周 30 美元。霍普金斯太太是一位 68 岁的慈祥老人，责任心很强，也有耐心。但由于她年纪大，很难跟在一个刚学会走路的孩子后面跑；她把杰里米放在有栏杆的婴儿床上，让杰里米玩这样那样的玩具，而不是让其在房间里来回跑动。霍普金斯太太解释说，"这样安全"。中午，戴比来接杰里米回家喂饭，然后把他带到学校去。戴比每天下午给一群 4 岁孩子上课，她觉得可把杰里米带到课堂上照看。然而，杰里米再次被限制在独自游玩的小围栏里，以免扰乱其他大孩子玩游戏。下午 2 点 45 分，戴比有时把杰里米放在朋友林达家，有时放在朋友南希家，然后乘公共汽车去干她的第二份工作，到一所私立学校教课。每周有 3 天下午，杰里米待在林达家，2 天下午待在南希家，与两家的孩子玩耍。下午 5 点 45 分，戴比忙着再把杰里米带回家。每到周六和周日，戴比则帮助林达和南希照看她们的孩子。

杰里米太小，对这样的生活说不出什么，但他母亲则不怎么高兴，尤其是对杰里米的上午时间多有遗憾。她说，"我知道，霍普金斯太太没有精力照看好一个初学走路的孩子；但你要知道，一个星期只付 30 美元，你能提什么要求？至少我知道他是安全的"。戴比认为，她这样安排孩子，完全出于无奈，是经济条件所限。她也很想少上班，多待在家里照看杰里米。但是，她若不去挣钱（尽管挣得不多），仅靠丈夫的工资就不够支付房租、水电和食物等花费。恰是因为经济原因，让戴比觉得自己的孩子未受到很好照料。"我知道，要让孩子得到较好的照料，每星期需花费 125—200 美元，我们根本承担不起。"戴比是一位有见解和受过良好教育的妇女，她不明白像她这样的普通工作家庭，为什么付不起托儿费。她所认识的每一个人，都被这个问题所困扰。"妇女运动似乎为同性恋争得了很多权利，这是可喜可贺的；

但我所接触到的妇女，她们的状况比十年前差多了。"[9]

杰里米有父母双亲，这比许多孩子都幸运。正如我们在第三章中所看到的，美国是世界上离婚率最高的国家。在1970年代末期出生的孩子中，有40%—50%的孩子将在单身父母家中度过他们的童年；而在1970年，比例则是11%。[10]"破碎家庭"的孩子，绝大多数与母亲生活在一起。下面，让我们说一说詹妮（化名）的情况。

早晨7点30分，詹妮得自己准备早餐。她要站在厨房的小板凳上，才能够到壁橱。她小心翼翼地把装玉米片的盒子从壁橱上拿下来。她得用两只手才能抱住盒子。她站在案台边干吃玉米片（家里牛奶已喝完了），并给自己备了一份果酱三明治作为午餐，塞进背包里。詹妮真希望能和母亲一起吃早餐，但这位8岁小姑娘说，"我妈妈到10点才上班，她昨晚上夜班，要让她多睡一会儿"。

詹妮踮着脚尖走进母亲的卧室，给个吻别。詹妮的母亲工作一天后，还要到当地一所社区学校上课。她睡眼惺忪地告诉詹妮，自己很晚才能回家。"你自己做一份三明治吃吧，我尽量赶在你睡觉前回家。如果我赶不回来，我会给你打个电话。"詹妮非常失望。想到她将独自一人度过整个下午和晚上，不免感到有点害怕；但是，她咬住嘴唇，没有抱怨。她知道，母亲在努力挣钱，一方面要买吃的，另一方面希望提前付清房贷。尽管詹妮害怕晚上一个人待在家里，但她更害怕家里付不起房贷而卖掉房子。詹妮看了看钟表，意识到有点晚了，便急忙走出家门赶校车。

詹妮以前并非独自起床吃早餐。她父亲在时，父女俩经常一起起床，一起吃早餐。早餐很丰盛，有麦片、鸡蛋和烤面包。那时，她母亲没有上班，总是会在前一天晚上做好詹妮第二天的午餐。更重要的是，每当放学回家，她母亲便在家等着她，给她做点小吃，并且帮助她温习功课，时刻陪着她。一天最快乐的时候，是她爸爸下班回家，一家三口共进晚餐的时候。但是，所有这一切，现在都过去了。她的父亲已经搬出，詹妮也不常见到他，也许一个月两次。即便是与父亲能够待在一起，时间也很短暂，而且常让她感到紧张：父母亲总是吵吵闹闹，争论孩子生活费到期未付等问题。现在，不仅父亲走了，母亲大部分时间也不在家。

第五章 受伤害的儿童

许多孩子在父母离婚后实际上就失去了双亲照顾。詹妮只是他们中的一个。父亲离开后，迫于经济问题，母亲只好把精力全部放在职场打拼上。[11]

离婚是一件让人遗憾的事情，而由此产生的经济问题更是雪上加霜。一位权威人士就此说道：一个没有男人而只有女人的家庭，最不利的"不是缺少男人而是缺少男人的收入"。[12]离婚出走的父亲，有1/3不支付孩子的抚养费，这迫使母亲不得不承担自己和孩子的所有经济开支。换言之，经济压力迫使离婚母亲无暇顾及孩子。

孩子也往往难以适应家庭巨变。经过广泛的调查研究，英国心理学家麦考尔·鲁特指出：孩子或许能够承受离婚这种风险不突出的单一压力，但如果再有其他压力，诸如迁移、转学、母亲外出工作和新的托幼安排（通常不完满），那么，离婚的不利影响就会成倍增加。[13]

劳娜父母离婚时她才18个月大，到她长到12岁，还是没有适应下来。她经常不上课，也不按时完成家庭作业。她对父亲也渐渐产生了敌意。就在上个星期六，她在吃午饭时怒气冲冲地离开家，拒绝回来，尽管这一天是她与父亲团聚的日子。劳娜的母亲一方面为她担心，另一方面也感到迷惑。不管怎么说，"劳娜对我们离婚的直接后果，一直持积极对待的态度"。几个星期后，劳娜终于对一位富有同情心的老师透露了她的心事。她说，不是父母离婚让她难过，而是她的新住处和新学校让她难以忍受。为了节约，她母亲卖掉以前的房子，搬进了小镇另一边的小公寓里。劳娜对新环境感到非常难过和羞辱。"我鄙视那些俗气的家具和狭小房间。最难忍受的是，我讨厌和母亲共居一室。"她激动地说道。劳娜也非常想念母校的同学和老师："我束手无策。由于我是7年级的新生，没有人认识我，也没有人想认识我。"劳娜把这些环境变化全部归罪于父亲，非常生气地说："他很有钱。他可以在圣诞节去佛蒙特滑雪，而我和我母亲，只能在这个狭小简陋的房间里待着。"[14]

如果离婚后母亲有足够的收入，可以避免发生许多不好的变化。但母亲收入不足，部分是因离异父亲不再支付孩子生活费。只有1/3的父亲履行约定，支付孩子的生活费；而另有1/3的父亲，一分钱都不给。[15]但更重要的原因，是在职母亲收入太低。1984年，有1/4的工作妇女尽管上全日制班，一年还挣不到1万美元。[16]对于这些妇女来说，找到一份工作并不能摆脱贫困。

正如一些天主教主教们对 1984 年年末的情形描述那样："成千上万的妇女尽管成天上班，但仍处于贫困状态。"[17]

解决孩子们面临的问题，不管是父母虐待、离婚还是母亲外出工作，关键是要提供优质的公共设施和能够付得起的日托。专家们认为，如果贫困父母能免缴入托费，孩子遭虐待的概率就会大大减少。6 岁以上的孩子受虐待致死的案例很少，这表明孩子若有一部分时间不在家里，那些手头不宽裕的父母就可能表现得好一些。我在前面曾引用过纽约市专门调查小组的数据，该数据表明有 60% 被虐待致死的儿童不满 2 周岁。[18]同样，如果社会能够提供优质的、有补贴的日托服务，那么离婚对孩子的不利影响就会减少许多。如何照看孩子成为单身母亲无法解决的主要问题，没有人替换她照看孩子，那么，她就难以去挣更多的钱来维持整个家庭。

凯伦是一位离婚的黑人母亲，我与她访谈时，她向我谈到她的两个孩子还是学龄前儿童时，她自己所经受的不堪回首的往事。

"当乔治离开我时，两个孩子一个是 18 个月，一个是 3 岁。我努力保持我那份工作，不仅仅是为了钱，还因为我喜欢我那份法律秘书工作，它是我离婚后重新树立自尊的生活方式。"不幸的是，凯伦三次失去了她的工作，一次因为迟到，一次因为旷工，还有一次是因为她两次带孩子上班。根本的问题是，她无法雇请私人保姆。"那时，我住在布鲁克林，我无法找到日托，没钱支付私立幼儿园学费。既然我有工作，我的孩子就不能享受日托补贴。"凯伦只好靠多种方式来照看孩子，包括她的嫂子（上午），一位邻居和当地一个十几岁的女孩（后二者平分下午）。凯伦付给那位邻居和那个十几岁的女孩一点钱，但对嫂子的回报则以周末帮助照看 2 岁外甥来弥补。后来，她嫂子搬走了，结果上午就没人看孩子了（这是她带孩子上班的缘故）；而那位邻居则经常生病，那个十几岁的女孩也因对孩子照看不周被辞掉了：她带孩子时，凯伦的 3 岁孩子爬出一楼窗户摔下来了。凯伦说，她在上班时接到医院急诊室打来的电话，说她孩子出事了；幸运的是，孩子伤情不算严重。自这次事故后，凯伦就放弃了工作，靠领社会福利生活，直到最小的孩子长到可上公立幼儿园。"这是唯一的办法，能保证我的孩子安全。"[19]

但是，日托问题并不只针对单身母亲。所有在职母亲，包括有丈夫和收入较高的母亲，若不想亏待孩子，都需要找较好的日托。对每个经济阶层的家庭，美国的儿童照顾设施都严重不足。纽约学龄前儿童协会主席安尼斯·普鲁斯特指出："现有的托儿所制度让许多人无可奈何。对低收入家庭的补助不足；中层家庭也难以支付全部费用；高价位的优质托儿所，也严重不足。"[20]

由于缺乏系统的全国统计数据，我们很难勾画出美国儿童托管的情况。但是，专家们一致认为，全国有成千上万的儿童没有得到很好的照顾，有200万—500万年龄在6—13岁之间的学龄儿童，由于父母上班，每天至少有好几个小时没人看管。[21]就婴儿和刚学会走路的小孩来说，托儿所最为短缺。这是因为，由于近年来开支剧增，年轻母亲们不得不出去找工作。孩子不满周岁的母亲，在岗者达到48%。由于这些母亲只有少数人享有产假，许多人不得不在孩子很小时候就去想其他办法照看孩子。

对年龄在6周到3岁的幼儿来说，有4种托护方式。第一种方式是家庭托护。目前有40%的在职母亲采取这种方式。[22]家庭托护通常存在一些非正规的做法，如一个女邻居在自己家看护好几个孩子。这种看护方式很少有执照（大概只有10%），得到政府补贴的也很少。[23]家庭托护需要的花费，每个孩子每周是40—70美元。这种托护的质量高低，没有标准。然而，这种托护方式是大多数父母能付得起费用的唯一方式。

请读者回忆一下第四章讲到的卡门·桑图斯的情况。卡门是一位医学院秘书，在一家纽约教学医院工作。当我采访她时，她有一个21个月大的孩子，并且又怀孕6个月了。当第一个孩子出生8个月后，她返回工作岗位，把孩子托护给一个邻居家庭照看。这家邻居在自家招了7个托护孩子，卡门很快对这种方式失去了幻想。当她来接孩子时，经常发现孩子坐在婴儿椅上看电视，又饿又脏。在一阵打听寻找后，卡门找到另一个托护家庭，招收的孩子少一点，看护标准似乎高一点。遗憾的是，这户托护家庭离卡门家有30分钟路程，离卡门上班的地方则要45分钟才能赶到。这意味着卡门上班时间被拉长了。但她想，只要孩子能得到较好的照顾，就是多跑些路也值得。卡门又做了其他调查，只找到了一家日托中心，但又满员了。如果请一个私人小保姆，花费要比家庭托护贵出3倍，这大大超出了她的经济能力。家庭托护费每周是 55 美元，这已占了她每周收入的 1/3。卡门现在天天担心家庭托护的质量问题。她最近每天做噩梦，都是涉及儿子的坏事。"不管怎么说，这些女看护都没有执业文凭，也没有经过任何培训，谁知道我的孩子会碰上什么疏忽。"[24]

第二种方式是送日托中心。大概有 10% 的在职母亲把孩子送到日托中心照看。日托中心有一半是为贫困家庭开设的，通常是为满足单亲家庭的需要，是靠社会资助建立的。里根政府实行的预算削减政策，对日托中心造成了严重影响。支持日托中心的"专项二十"（Title XX）基金会，自 1980 年以来已削减了 21% 的预算。[25]另有一半的日托中心，是为中上层收入的家庭建立的，每个小孩每周花费在 80—200 美元。

最近一年来，在全国各地，营利性幼儿保育连锁机构如雨后春笋般地发展起来。例如"幼儿—保育学习中心公司"是全国最大的公司，它在 40 个州里现建有 850 家分中心。[26]这类中心是为那些富裕客户（中产阶级和专业阶层）建立的，都是一些掠夺性的商业企业。它们经常受到批评，只想赚钱而不提高服务质量。但是，一旦这些幼儿保育企业降低费用，就只能降低教员的工资（现在的年薪平均只有 7000 美元），而这必然导致频繁更换教员，不利于孩子教育。根据全国犹太人妇女理事会的报告，全国有一半的营利性幼儿园对孩子照顾不周，整体上不如非营利性幼儿保育中心。[27]

第三种方式是雇用全职在家小保姆。这是一些专业和中上层阶级妇女（约占在职妇女的 5%）选择的方式，每周费用为 120—250 美元。这笔开销虽然很高，但毕竟高不出一份工资。这些私人保姆通常由那些缺乏技能、文化不高的新移民来做，原因就在这里。

最后一种方式是非正规的多种组合安排。父母将自己的时间与亲戚邻居的时间结合起来，在工作日相互帮助照看孩子。许多双职工父母因找不到高质量的日托服务，或者因为负担不起，就靠这种办法看护孩子。在不到 3 岁的孩子中，大约有 1/3 靠这种方式看护。本章开头提到的幼儿学校教师戴比和她三个月大的儿子吉里米，读者想必还记得吧？在戴比的托儿安排中，有霍普金斯太太（有偿帮助），有戴比自己，还有邻居林达和南希。把孩子交给多人看护，不利之处在于看护质量不一，并且需要家长兼顾好所有环节；

这种事只能由家长来承担，劳心费神。我们在前面所提到的单身母亲凯伦，就因不堪重负，最后被迫放弃了自己的工作，靠领救济金生活直到孩子入学。组合安排的方式，好处是开销少（戴比每周付给霍普金斯太太30美元；凯伦每周拿出40美元分给她的邻居和那个十来岁的少年），往往成为许多双职工父母的首选。在对威切斯特郡的调查研究中，谢拉·凯摩曼发现，最常见的幼儿看护方式，就是这种由亲戚邻居共同组合起来的有偿帮助方式。"超过一半以上的学龄前儿童，每周经历过两种或两种以上的照看方式；其中，又有一半儿童甚至经历过3种或4种照看方式。"[28]所有这些照看方式来回换，让父母和孩子都不胜其烦。

目前，多种组合安排出现了一种不花钱的变化形式，这就是父母倒班轮流照看孩子，同时依靠亲戚填补空白。

艾琳是一名注册护士，做私人护理，每周工作24—36个小时。我采访她时，她的女儿仅22个月大。在孩子出生之前，艾琳在一个较大的教学医院就职。她有三个月产假，但产假结束后她发现无法返回工作岗位了，原因是她尽管到处寻找，也未找到一家她能支付得起的保育机构。艾琳需要工作，她的收入对维持家庭正常生活水平至关重要。于是，她开始做私人护理，夜晚和周末上班。她把自己的工作时间和丈夫的上班时间，还有她母亲和公婆的休假日协调起来，保证家里总有一人照看婴儿。但她认为，这种家庭组合看护方式远不理想：孩子几乎不能同时见到父母，夫妻也难打照面。艾琳有时一连三天都见不到自己的孩子，因为孩子有时在奶奶或外婆家过周末，而此时她和她丈夫则轮班工作。另一个问题就是，此种安排可能会限制家庭只能生一个孩子。正如艾琳所说："再有一个孩子，我们谁也忍受不了这种令人发疯的时间表了。"[29]

为3—4岁儿童找到有质量的看护方式也容易，前提是要有足够高的收入，在负担幼儿园费用的同时，有能力再雇一位索价可观的保姆。在过去10年，上幼儿园的孩子翻了一番，现有35％的3—4岁儿童在上幼儿园。[30]但对低收入的双职工来说，事情就不容乐观了。90％以上的幼儿园是私立的，学费每年高达1500—3000美元。另一个大问题是，绝大多数幼儿园每天只开3小时，孩子在园时间不能覆盖父母正常的工作时间。对在职妇女来说，幼儿

园成了她们额外的烦恼和支出。

还有一个问题是，这些幼儿园仍倾向于招收无工作妇女的孩子，许多幼儿园坚持拒绝调整作息时间来适应现代在职妇女日托孩子。传统观念认为，幼儿园是最好的形式，而日托则是一种难以消除的无奈需要。我们的制度是割裂的：（有限的）公共日托是为低收入家庭服务的，私立的半天幼儿园是为富裕家庭开办的，"而那些不穷不富的家庭，只能东拼西凑想办法"。[31] 人们仍倾向于认为，日托是对贫穷孩子提供的廉价看护服务，不应与教育混淆或结合起来。

1983 年秋，我的儿子戴维进入幼儿园的时候，他在校的时间如下：

第一周：上午 9：00 至 10：00
第二周：上午 10：00 至 11：30
第三周：上午 9：00 至 11：00
第四周：上午 9：00 至 12：00

总之，这所特别的幼儿园，几乎用一个月时间每天只开园 3 个小时，让孩子适应自己的全面计划。这个时间表已实施 20 年了，它的假设前提是：进幼儿园是孩子与母亲首次分开，必须循序渐进地让孩子们适应幼儿园生活。这种假设早过时了。戴维班上有 2/3 的孩子，母亲都有工作，这种循序渐进的做法给我们这些在职父母带来了极大的麻烦，我们得想方设法找人填补早晨孩子无人照顾的那几个小时。戴维当时已 3 岁，早已过惯了集体生活，他也并不明白为什么每天中午那么早就被送回家。

我曾请求学校做些让步，让我在 8：30 到 8：45 之间把孩子送去，这样我和丈夫可在上班前送戴维到校。校方管理人员对此请求置之不理，彬彬有礼地说："幼儿园是从孩子利益出发来安排日程的，不能考虑父母的想法。"父母送孩子上学显然对孩子有益，这比找个临时保姆准时在 9 点把孩子送到学校好。由父母送孩子走进他们的第一所学校，好处多多。我的请求受到那样的对待，反映出我们的学校对千千万万在职母亲的希望无视到何种地步，以至于懒得把学校时间表与在职母亲的工作时间协调好。

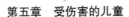

第五章　受伤害的儿童

最近两年，我记下了学校要求我到校的记录，原因有座谈会、特别集会和生日庆祝。学校要求家长到校的时间，经常是上午 10：45 和下午 2：30。在职母亲（或父亲）要抽出办公时间到孩子学校去，困难可想而知。

由于幼儿园学费昂贵，孩子在校时间短，许多在职母亲（几乎一半）不得不将孩子放在家里看护，直到他们能够上公立学校（幼儿园或小学一年级）。[32]在最近几年里，公立幼儿园开始普及起来，很受欢迎。但大多数幼儿园只开半天，这给在职父母造成的时间困难与私立幼儿园毫无二致。这让我们不得不从全盘考虑问题：我们学校的作息制度，应该与我们工作场所的时间衔接起来。

1983 年，国家优化教育委员会（National Commission for Excellence in Education）就美国的教育制度发布了题为《国家面临危机》（Nation at Risk）的著名报告，该报告对于美国教育为什么"日趋平庸"的问题解释说，部分原因在于我们的儿童在校时间太短；与其他发达国家比，我们的学年大约短25%。英国和其他工业国家的普遍情况是，高中生每年在校时间为 220 天，每天 8 小时；"而在美国，一般学校都是每学年只有 180 天，学生每天在校只有 6 小时"。[33]在 1950、1960 年代，学年这么短，国家也许不会遭受多大损失。当时，学校假期虽然很长，但母亲们有空闲时间监督孩子的家庭作业，指导孩子的课外活动和看护好他们。

现今的在职父母以为，孩子到了上公立学校的年龄，照看孩子的头疼问题可以解决了；然而，他们没想到又得花 10 年时间来应付孩子上学前和放学后的空闲时间（上午 7：30 至 8：30，下午 3：30 至 6：00），还有那些 9—12周的暑假以及杂七杂八的假日。现在，没有人知道在职父母如何应付孩子的校外活动，只是知道仅有极少数学校安排放学后或上学前的活动。据估计，现有 200 万—500 万名 6—13 岁的上学儿童，被称为"挂钥匙的孩子"。这就是说，这些孩子放学回家后，面对的是空荡荡的房子，他们的父母亲都还在上班。[34]他们有时候只有和小朋友或兄弟姐妹一起玩。在工作日里，孩子们经常有好几个小时处在没有大人监护的状态。最近一次对在职父母的调查中，有 23% 的父母承认，他们通常是让孩子独自玩。[35]

许多儿童都觉得，挂钥匙这件事一点也不好，时刻感到恐惧、孤独和难受。有一项研究表明，大约25%挂钥匙的孩子在独处时存在严重问题。"他们极度恐惧，往往引起躲藏行为、失眠和噩梦。孤独感发展到一定程度，孩子们往往变得消沉起来，有的则满怀抗拒情绪。他们承受的压力之大，使他们时常产生痛苦、憎恨和愤怒的情绪。"[36]

特蕾西是在康乃狄格州丹伯里市长大的，与她父母和姐姐住在一所漂亮的房子里，所在小区的安全一直良好。她5岁开始上学，母亲重返工作岗位。从下午3：15放学到她母亲5：30回家这段时间里，她得自己照顾自己。比特蕾西年长7岁的姐姐，在城市另一端的私立学校念书，回家比母亲下班还晚。

表面上看，特蕾西的生活平安无事。13年来，她都是自己照料自己，没有因任何事情叫过警察，连邻居也没有麻烦过。她举止得体，很听父母的话。尽管特蕾西身体上没有受到伤害，但心理上对自己的经历并不满意，她说："我觉得自己受了亏待。姐姐小时候，妈妈总是待在家里照看她，对我却不是。"

特蕾西在独处时也很害怕。"房子好像特别大，傍晚时到处都是阴森森的。还听到许多难以言状的细小声音。我总是把电视打开，盖住这些声音。"因为害怕，特蕾西经常躲在壁橱里玩，觉得这样安全。即使晚上爸爸妈妈都在家，特蕾西也常常害怕得不能入睡，遭受失眠和噩梦的困扰。[37]

我们的教育制度使在职父母的生活异常艰难。如何让学校时间与工作时间协调起来，我们的社会无所作为。在职母亲面临的种种工作压力，许多学校的管理人员熟视无睹。把学校的时间表稍作改动，这不是什么太难的事情。例如，延长学年和每天的学时，不仅能大大地减轻在职父母的重担，也能改善孩子的生活状态。延长在校时间既能提高教育质量，又可缩短孩子无人照顾的时间。

1960年代末70年代初，曾有一项为孩子提供日托服务的重大立法动议。发起者是美国教师联合会，领导人是艾伯特·桑克。桑克主张把日托服务和幼儿园都纳入公立学校系统。桑克指出，出生率降低使全国校舍闲置，优秀教师失业，现在有理由去启用这些资源来开设非常急需的保育机构。[38]不幸的是，1971年提出的这项"儿童综合发展议案"，被理查德·尼克松总统否决

第五章　受伤害的儿童

了；而 1975 年提出的"家庭服务议案"，也未获国会通过。桑克的理想破灭了。

在美国，工作领域与教育系统之间极不协调。美国孩子的在校时间，比欧洲国家的孩子在校时间少 25％；而美国雇员的假期，则比欧洲国家的雇员短很多。像法国和瑞典这样的国家，雇员每年有五周带薪假期，还有公共假日；联邦德国雇员一年的假期，平均超过四周。在欧洲共同体成员国中，最短假期明确规定为四周。[39] 相反，在美国，除公共假日外，雇员每年平均只有两周假期；此外，还有大约 20％ 的雇员（其中许多是妇女），无权享受带薪假。

这样的情况是怎么产生的呢？美国雇员假期有限，似乎是我们严谨的工作伦理和自由市场制度作用的结果，它不怎么重视社会福利，也不让国家干预私人领域。美国曾经是个"农场国家"，美国的学年时间起初就是根据农时来决定的。随着国家走向城市化，家庭（确切地说是母亲们）填补了工作日与学校时间之间的空隙。例如，家庭监护孩子玩耍、上钢琴课、"小联盟"活动和"童子军游戏"等。这些重要的教育活动，都落在了母亲身上。但是，这只有在大量妇女不当或不愿当主要劳动力的时候才有可能，这种可能现在已不复存在。在美国，上学时间与工作日之间的断裂比欧洲突出，它无疑增加了成千上万挂钥匙孩子的悲伤。

欧洲同样也经历过农业时期（在法国和意大利，现仍有 1/4 的人口种地），但现代欧洲国家的政府和公民，把教育视为很严肃的事情。教育必须在学校由专业人员承担，而不是在家中由非专业人员进行。尽管欧洲国家不及美国富有，无力负担二十五六岁的青年人还待在学校里，但他们对教育的严谨态度值得肯定。欧洲国家对中小学教育更严格，学时更长。

美国现在已不是经济领域的领头羊了，好几个欧洲国家的人均收入都比美国高。美国对教育再也不能马马虎虎了。在我们过去的教育制度中，家庭妇女承担了关键阶段的教育，这是千真万确的事实。

其他发达工业国家是如何满足在职父母和孩子的要求呢？在这些国家里，大多数即便很先进，其公共保育设施与需求之间仍存在差距。这是因为如同美国一样，这些国家的女性近年来加入劳动大军的比例迅速攀升，政府很难跟上社会、经济发展的步伐。但是，其他发达国家现有的服务机构，比美国要完善得多；而且，许多欧洲政府表示要尽快满足需求，比美国做得好。

在第四章中，我们曾说到苏珊·阿恩博姆的情况。苏珊在瑞典斯德哥尔摩从事秘书工作，是一位有 3 个孩子的母亲。孩子的岁数依次为 7 岁、3 岁和 2 岁。在工作日期间，苏珊的大孩子艾瑞克上公立小学，下午 4 点放学。放学后他就在该校参加课外活动。两个年幼的孩子上政府经营的日托中心。日托费用根据家长的收入而定，苏珊的两个孩子只需支付一个孩子的钱。日托中心位于苏珊所在的小区。从早上 7 点到下午 6 点全天开放。该中心有 12 个孩子，由 4 个大人看护。日托中心很明亮，通风好，设施完备。[40]

在瑞典，7 岁以下的儿童大约有 1/3 在公立保育中心照看。[41]家长可随意选择日托方式，或把孩子托付给市里认可的居家日托保姆（她们在家招收 3—4 个孩子，市政府发给执照和工资），或把孩子托付给其他各种日托中心。还有 1/3 七岁以下的孩子由私人照看，这些人通常是没有执照的日托母亲，他们将孩子带到自己家里照料。公共日托中心优先招收单身母亲和低收入家庭的孩子。[42]

瑞典公共日托中心照顾孩子的质量非常高。中心开放时间一般每周 5 天，每天 10—11 个小时。费用由联邦政府、市政府和父母分担，比例是 5∶4∶1。此外，个人承担部分还与父母的收入挂钩。如果家庭收入每月在 500 美元以下，孩子每周在中心看护 5 天、每天 9 小时，每月只需支付 16 美元；月收入在 1325 美元以上的家庭，每月支付 122 美元。这些费用包括一日三餐和小点心。[43]

在法国，家庭之外的幼儿保育被视为理所应当，部分原因是法国有相当长的集体保育历史，19 世纪初就产生了保育中心。在现代，免费公立幼儿园自 1950 年代就建立起来了。从那时起，几乎所有 3—6 岁的孩子都入幼儿园。但由于这些幼儿园开放时间短，半天日托中心应运而生，以弥补幼儿园开园时间和一般工作日之间产生的时间差。这种半天日托中心常常依附于免费公立幼儿园，父母可在中心花钱为孩子订餐，提出附带照管。

法国的日间托儿所，招收 6 个月至 3 岁的孩子。目前的费用是每个孩子每周 100 美元。根据家庭收入状况，个人负担 15—50 美元，其余部分由各种市政基金和国家基金负担。日间托儿所每周开放 5 天，从早上 7 点到晚上 7 点。这类托儿所保育质量上乘，需要排长队才能等到进去的机会。如果家长有额外需求，可把孩子托给领有公共执照的保育员照管，所需费用跟托儿所大致相同；也可以托给个体保育员照管，但费用很高。此外，在法国，祖父母现在仍发挥着照顾孩子的重要作用。

1980 年，法国教育部估计，35% 的 2 岁孩子、90% 的 3 岁孩子和 100% 的 4—6 岁孩子，都在上托儿所或公立幼儿园。[44]

在意大利，公立托儿所和幼儿园是在最近才发展起来的，但到 1980 年，大约 70% 的 3—6 岁孩子，都在上幼儿园。[45]虽然公立幼儿园的数量在不断增长，但现有的大多数幼儿园是由非营利的私人组织或教会组织开办的。公立幼儿园免费；私立幼儿园的收费依父母收入而定，最低开销由政府兜底。

为 3 岁以下儿童开办的托儿所，主要是私立的。国家开办的免费托儿所近来明显增多，现已能接收该年龄组 10%—25% 的孩子。在意大利，亲戚现也发挥着照顾孩子的重要作用。[46]

许多发达工业国家（福利国家如瑞典、丹麦；传统天主教国家如法国、意大利）对幼儿保育提供的公共支持或公共基金显著增加，这既减轻了在职家长主要是母亲的负担，同时也可保证他们国家未来的繁荣。例如，1970 年代末，法国用于补助幼儿园儿童的款项，占国民总收入的 4% 以上，这并不是因为法国热衷于妇女权利保护（法国对待妇女的态度其实非常传统），而是因为法国政策制定者认为这种花费是对国家未来的最好投资。[47]法国人的这种思考方式完全正确：如果政府忽视两三岁孩子的需要，以后可能会造成更大问题；对学龄前儿童的投入不足，很可能会导致对中小学的投入再多也白搭。许多政府认识到，本国人力资源的质量，与孩子最初受到的良好教育直接相关。现在，只有美国在不断削减对孩子的公共投入。自 1980 年以来，陷入贫困的孩子增加了 300 万，有 70 万贫困儿童被撤销医疗保险，有 20 万失去了日托补助。[48]

现有许多研究（具有讽刺意味的是，大部分研究都是在美国进行的）证明，"17 岁年龄的智力，一半以上是在 5 岁前形成的"。[49]幼儿园阶段的学习能力，比其他任何时期发展都快。心理学家本杰明·布鲁姆认为："如果幼儿园阶段培养不理想，以后的学习成绩也不会好到哪里去。"[50]马丁·德基在自己的著作中也持这种观点，认为：与小学一年级才进校学习者相比，高智商者一般都经历过幼儿园阶段。[51]最后，卡特瑞娜·德·赫斯奇的研究表明，许多"聪明但学习不好的儿童，如果他们的困难在更早的时候被认识到，也许就不那么让人费劲指导……早点发现，也就无须亡羊补牢"。[52]

关于儿童早期教育的积极效果，其中最有说服力的论据来自密歇根州易普西兰蒂市的《佩里幼儿园研究项目》。该项目始于1960年代，跟踪研究了123名贫穷黑人儿童的成长，他们中有一半人受到过1—2年高质量的学前教育。研究人员发现，这些受过学前教育的孩子如今已是青年，他们后来在校学习的时间也长，有较好的谋生前景，也较少卷入犯罪，女生怀孕比入学晚的女同学少。他们的人生在向好的方向发展，所在社区也是如此：犯罪率低，投入特别教育、福利和犯罪诉讼的费用少；社会从他们的收入中得到的税收也高。易普西兰蒂市项目的管理者，现已完成了对项目回报率的评估，预计该项目的收益率是支出的7倍。[53]

无独有偶，另一个较大项目也有同样的结果。在1961—1970年，纽约市有750名黑人儿童参加了早期教育计划。他们4岁入学，持续接受强化教育直至3年级。最近的跟踪调查表明，受过强化教育的半数获得了工作（是对照组的两倍）；大约有60%中学毕业（对照组为40%）。[54]这个项目表明，儿童早期教育对社会有益，可以培养出更有生产能力的公民，并可节省以后的公共福利开支。

该项目的结果令艾德·科奇市长深有感触，提议拟定一个全市学龄前教育计划，该计划于1986年9月开始实施。科奇在1985年施政演说中说："此项计划花费巨大，但不搞这个计划，以后花费的人力和财力将更多，并且没完没了。让我们的年轻人走正道，并且一直走下去！"[55]

孩子是我们国家的未来。在经济生活让我们感到高素质人力资源特别短缺的今天，这句话尤为正确。美国经济正进入一个国际竞争激烈的时代。进入1980年代后半期和1990年代，面对生产成本低的国家（日本、韩国、巴西和墨西哥）竞争，我们要维持国内和国际市场将会越来越困难。如果我们在生产增长率和产品质量方面没有提高，就难以保持我们的竞争优势（更不用说加强优势）；而这两个目标的实现，关键在于培养我们下一代人的才干。但是，在培养人才方面，我们现在做得并不够。

我国的教育制度现在是如此糟糕，以至于全国优化教育委员会忧心忡忡地指出，"如果有哪个不友好的外国势力硬说美国的教育情况一团糟，我们很可能将这一指责视为一种战争行为"。[56]今天，美国17岁的青年，有13%缺乏实用技能；而高中生在许多标准化考试中的平均成绩，比25年前要低。[57]所有这些，意味着我们未来劳动力的质量堪忧。当然，我们难以将所有问题都归咎于正式教育制度糟糕；相反，我国近年来对教育的投入显著增加，师生之比显著提高，对儿童的实际支出也明显增加（在1960—1970年代期间，年均增加5%）。[58]也许不是因为我们的学校缺乏资源而耽误了孩子，而是因为孩子在家庭教育方面的赤字没有得到弥补！我国有一半学龄前儿童是在家庭外受到某种形式照料的，原因是他们的母亲在工作；而在这些孩子中，至少有50%（占全部儿童总数的1/4）没有受到充分照顾。由此，这些儿童无论是后来入读学校还是最后进入劳动市场，都不易获得成功。美国并未忘记对年轻人的投资，按人均计数，美国花在教育上的公共预算要比许多西欧国家高得多；[59]但是，我们至今存在的盲点是，不重视对日托服务和幼儿园的投入，看不到对幼儿保育和幼儿健康的投入与对中学和大学的投入同样重要。

里根政府的官方立场是，育婴属于家庭和私营机构方面的责任，政府用不着"干涉"孩子的抚养。可是，正如我们所见，由家庭负担十分困难。至于私营机构，尽管有某些税收刺激使保育服务的收益颇具吸引力，但美国企业几乎无所作为，没有证据说明他们愿意在填补保育空白方面发挥关键作用。1983年，卡特莱斯特（Catalyst，妇女咨询组织）对374家公司进行了调查，仅有1%的公司报告它们有育婴设施，另有1%稍多的公司对育婴提供某种帮助。[60]前不久，保育专家唐纳·弗雷德曼估计，全国只有不到550个雇主设有保育中心。[61]这些保育中心有一半设在医院里，其他的主要设在生产高科技产品的大公司里。这两个领域都报告说，熟练女性很难招，设日托服务就是为了吸引她们。

公司对育婴事业是说得多做得少，一些公司甚至不屑一顾。例如，美国雇用妇女的最大行业之一食品工业，其管理部门认为一个公司不必知道或过问雇员的托儿安排。一位分析家说，"与雇主协商由雇主提供幼儿保育，想都不要想"。[62]由于大多数女工集中在一些无技术、低工资部门工作（如食品工业），她们的岗位很容易替补，雇主根本无意满足她们的需求。可以说，真正能为妇女提供育婴设施的公司，都是那些希望招收技术熟练妇女的公司。

现在，美国政府应该认识到下述事实：投资幼儿健康和生活改善不仅有经济意义，而且有人道主义价值。只有这样，一个国家才能最大限度地开发其最宝贵的人力资源。忽视儿童会产生直接的代价：福利支出；医院支出；法庭和监狱支出。近些年来，我们的政策是捡了芝麻丢了西瓜：从贫穷孕妇的食物补贴中省下几个小钱，然后花 4 万—10 万美元公共基金去护理重量不足的早产儿。这些早产儿的母亲，大多数是贫穷妇女。[63]除了这些直接代价外，忽视儿童还危及我国的教育水平和我国将来的生产力。在这一点上，我国面临的挑战比西欧国家都大。我国的离婚率出奇的高；我国的家庭结构比许多西欧国家都脆弱；我们继续对儿童漠不关心。如果我国政府真的关心儿童，真的在乎国家长远的经济健康，那么，我们的保育政策就要大改变。

妨碍改变政策的政治因素是：任何总统选举，儿童都不能投票；对一位政治家来说，满足无政治权利者的需求，需要拿出勇气和远见。回顾理查德·尼克松 1969 年在国会上的演讲，不乏慷慨陈词之情，他说："幼儿早期成长问题至关紧要，我们必须履行国家义务，为所有美国儿童提供健康的、助其成长的机会。"[64]可是，尼克松很快发现，支持幼儿保育工作是捞不到什么政治资本的。只是到 1971 年，他才提出《儿童综合发展议案》。这是战后提交国会的唯一议案。

虽然儿童不能投票，但他们的母亲和父亲可以。现在是父母们行动起来的时候了，他们可以向政府提出与他们的孩子有关的合法诉求，可以组织起来提出这样的诉求。近几年来，老人们通过组织起来，用集体投票迫使政治人物让步，改善了自己的经济状况，这是众所周知的事情。处于困境中的美

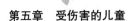

国父母们，也可以这样做。满足我们孩子的需求，应是我们国家议事日程的一部分。

令人奇怪的是，像我们美国这样的一个国家，为老年公民比为儿童投入多很多，尽管我们的未来要靠我们的孩子。1983 年，"生活在官方确定的贫穷线以下的儿童，几乎是需要资助的老年公民的四倍"。[65]与此形成对照，近年来联邦政府对老年公民的预算（主要是社会保障和医疗保险支出），却是对儿童投入的4倍。[66]我们的财政预算重点，难道不该重新安排吗？花在老年公民身上的支出，有1/4是花在年收入逾3万美元的家庭身上。比那些中产阶级的老年公民，遭虐待致死的肖恩·莱斯利和杰里米·莫伦西更需要帮助。

1985 年 5 月，里根总统对美国家庭生活深表关切，他说："我认为任何经济政策的价值，必须通过其对我们社会的基石——家庭的承诺力度来衡量……任何文化机构都无法代替家庭生活。没有什么机构比家庭对年轻人更崇高、更需要，两者也不可同日而语。"[67]但愿我们的总统，好好落实他对家庭和儿童所做出的承诺！

回想我们的童年，我们很少见到体罚、挂钥匙儿童和单亲家庭现象。我们的文化曾经被视为以孩子为中心的文化，我们的诗人和小说家曾把童年比作天堂，一派其乐融融的景象。约翰·贝奇曼把家庭形容为"黎明前的宁静之乡，那里没有白天开始后的尔虞我诈和伤心欲绝的哭喊"。[68]我国许多经典小说，都是从描绘一个理想家庭写起的，例如《铁路儿童》一书写道：

> 他们是一群普通的郊区孩子，他们和爸爸妈妈一起住在普通的红砖房子里。房门上镶着彩色玻璃，过道就是客厅；浴室有冷热水，屋里有电子钟，窗户是法国式的，室内粉刷成白色，"很现代"。母亲时刻在家里，天天与孩子玩耍，给他们讲故事，帮助他们做家庭作业。孩子们上学后，母亲她就为他们写故事……孩子过生日，家里有其他重要事情，例如给新猫咪命名，给洋娃娃盖房子，或孩子发烧痊愈了，母亲总能编写出滑稽可笑的诗句送给孩子们。
>
> 这三个幸运的孩子，什么都不缺：漂亮的衣服、温暖的壁炉、玩具成堆的幼儿园，还有印着"鹅妈妈"的墙纸……他们的父亲从不发脾

气，不偏不倚，随时随地和他们玩游戏。[69]

　　对我们大多数人来说，这样的家庭现在只不过是个梦想。回想 1950 年代，美国有一半家庭全靠丈夫挣钱，妻子操持家务，有两个或更多孩子。今天，这种"西方乡愁中的古典家庭"，[70]只占全部家庭的 6%。[71]这样的家庭，现在多在镶边镜框里见到，现实世界很少有。可是，我们的公共政策却认为，儿童在今天的家庭里长大，没有什么未满足的需求。

第二部分　妇女运动

美国妇女陷入了进退维谷之中，再也不能靠婚姻为自己和孩子提供经济保障；与此同时，她们在劳动市场上也不具备足够的挣钱能力。由于我们国家的家庭支持机制严重不足，这种双重缺失的后果日趋严重。

当越来越多的妇女不得不努力协调母亲和工作者这种双重角色时，问题就凸显出来了。过去，在传统生活支柱下（挣面包的丈夫、郊区牧场的房子、两个孩子、一条狗和一辆大货车），做一位"能干母亲"（supermom）还是很惬意的；现在的女人，只要有合适的教育文凭，路子走对了，并且选择不要孩子，想获得事业成功亦非难事。但是，当一位女性既想当能干母亲又想事业成功时，注定就要失败。

1970 年代中期，许多人和我一样都认为，在这个"美丽的新世界"里，妇女与男人一样，可以获得爱情和事业双丰收。但一觉醒来，都是黄粱美梦！即使是像我这样少数具有优越地位的妇女，失败也决非意外。相反，各种利害权衡，难以人尽其才，数不清的无奈让步，使你难免失败。而对大多数妇女来说，失败则归因于极端困穷的生活压力。道理很简单。女人婚姻破裂了，或丈夫失业了，传统的生活支柱也就随之倒塌了。这些妇女只好到极不平等的劳动市场去谋一份收入微薄的工作，没有办法照看孩子。

然而，妇女运动做了什么呢？激进的女权主义运动搞了几十年，为什么未能改善妇女的经济状况呢？

答案是：美国女权主义者强调形式上的平等，而且鼓励妇女进入男性工作领域。现代的解放的妇女，被设计为可与男性竞争的人，甚至要穿灰色法兰绒西装，系小领带。大多数女权主义者极力反对如下事实：在职母亲需要特别照顾，才能使她们得到工作机会的平等。瑞典现任劳工部部长安娜－格里塔·莱乔恩说，"妇女需要许多特别福利和设施，才能在劳动市场与男人平等竞争"。

40 年前，罗斯福总统夫人埃莉诺反对《平权案》，不是因为她赞同传统的妇女角色，而是因为她认为此法案可能会使建立家庭支持机制更加困难，而这种机制正是妇女承担家庭和工作双重角色所需要的。很难知道她是对还是错，因为直到今天，我们既没有《平权案》，也没有任何支持机制。

第六章 想象与现实

美国人经常自以为是地认为，本国妇女比其他国家的妇女过得好。

美国作家卡蒂·玛顿在 1983 年 12 月的《纽约时报》一篇专栏中，这样沾沾自喜地写道：

> 回到家里真好。在国外待了六年以后，我第一次颇有感触：作为一个美国女人真的不错。不要对我说什么性别差距。在过去四年里，我一直住在伦敦。现在我感到置身于一股新的生活浪潮之中，就像一个贫民区的孩子正在注视着出现在他眼前的一望无垠的绿色空间……
>
> 我刚刚离开的英国与所有这一切有着天壤之别；在英国，妇女就是过着一种消耗精力的生活。[1]

我们暂且不论英国妇女的生活是否消耗精力的问题，如果你想要提高你的挣钱能力或在职期间想要孩子，英国妇女的境况要比她们的美国女同胞好得多。

《纽约时报》记者 R. W. 艾普尔在海外生活多年回到美国后，对美国妇女的境况十分惊讶："在短短十年里，她们的角色已变化得认不出来了。"当他看到"女森林巡逻队员、女推土机驾驶员、遍布全国几百家律师事务所的女性合伙人"时，他承认自己被深深吸引住了。[2] 然而，艾普尔显然还没读到另外一些研究著作，这些著作记录了许多女性没能在遍布全国的法律事务中成为合伙人的情况和原因。

这些所谓新世界的妇女，人们都认为她们是世界上最解放的妇女；可实际上，她们面临着严重的经济问题。如我们所知，高离婚率让许多妇女面临经济压力，还有男女工资的巨大差距。在落后的"消耗精力"的欧洲，女性的体验是：如果只着眼于物质生活条件，她们的日子很容易对付。但在美国，妇女地位则是表面好看而实不至。

美国妇女很有权势，这种认识无疑是基于现代妇女运动而形成的。美国的妇女运动，比西方其他任何国家声势都大，都彰显。我们还记得 1969 年那些令人兴奋的日子吗？女权主义者云集亚特兰大的庆典，她们把加衬的胸罩、卷发筒、腰带、假睫毛、《花花公子》和《家庭圈》杂志，还有速记本，统统扔进了一个"自由垃圾箱"，并且将一顶美国小姐的桂冠戴在一只活羊头上，唱道：

> 谁说她不甜美可爱，
> 她靠肉体生产钱财。[3]

1970 年，"国际妇女地狱恐怖主义阴谋组织"（简写为"WITCH"，是"女巫"之意）的成员，通过唱歌捣乱了一场婚礼时装表演，她们和着婚礼进行曲唱道：

> 来啦来啦，一群奴隶上场啦；
> 可怜可怜，个个走向坟墓那！[4]

同年 8 月，一万名女权主义者沿着第五大道和凯特·米勒路游行，高呼道："今天是新运动的开始！今天是长期压迫的终结！"这年夏天，波士顿也发生了 1000 多名妇女上街游行的事情，旧金山的游行者则有 2000 多人。在迈阿密，妇女举行了一次"解放花园晚会"，大肆摔碗砸盘子；而在费城的雷顿豪斯广场上，女权主义者举办空手道演练，要准备战斗。再回到纽约市杜菲广场，在苏珊·B. 安东尼纪念会上，玛丽·奥罗万手画十字，念念有词地喊道："母亲，女儿，圣洁的孙女！啊，你们都是女人！啊，都是女人！"此时，人群手舞标语牌，上面写着：忏悔吧，大男人主义者！你们的世界末

日到了!

　　所有这一切都很激动人心。在某些重要方面，妇女解放运动在尽可能地重建本国的话语和意识形态。妇女的个人自由和性自由，已明显增加；精英妇女的职业热情也持续地提高，女律师、女医生、女经理的人数大大增多。但是，这个解放了的新时代，是否让妇女扬眉吐气了，她们是否有自由不生孩子了？事实依然是：她们与男性的工资差距没有任何缩小，许多妇女越来越难以把做母亲的职责与她们的职业热情协调起来。总之，女权主义者的宣传鼓动很少能生成具体政策，借以帮助妇女解决日常生活中的具体问题。对大多数妇女来说，主要问题是如何协调好母亲职责与工作。

　　欧洲人的经历与美国不同。从某些方面看，欧洲妇女似乎不如美国妇女进步快。卡蒂·玛顿正确地指出，伦敦市的女总裁比华尔街要少，大不列颠的绅士们仍然难以启齿说"Ms."（女士，不表明婚否。——译者注）。然而，不能忽视的事实是：欧洲社会虽然没有改造自己的意识，但许多西欧国家普遍实行了产假政策；在公共幼儿保育方面，欧洲也走到了美国前头；在缩短男女工资差距方面，也取得了重大进步。还有一个事实是，与美国相比，西欧国家有更多妇女在政府重要部门任职。

　　欧洲妇女的经历为什么与美国妇女有如此大的差异？这部分归因于欧洲女权主义运动的目标和目的与美国不同。

　　美国妇女运动的重点是权利平等和性自由。绝大多数美国女权主义者强调获得平等的法律权利和控制自己身体的权利，其理论假设是：一旦妇女拥有与男人同样的权利，能够选择不要孩子，她们就取得了真正的机会均等的权利，并且就能在与男人同等的条件下与男人竞争工作、收入和权利。

　　一个半世纪以来，美国女权主义者把大部分精力用在争取男女权利的形式平等。在19世纪和20世纪初，主要目标是赢得选举权；在现阶段，斗争的中心是《平权案》的通过与否。现代核心女权主义者还把堕胎权和节育权列入议事日程之中。爱丽诺·斯尔（1978—1983年为全国妇女组织主席，1985年再次当选）在1984年出版的《妇女们为何和如何选举下届总统》一书中着重谈到了这些问题，并把《平权案》和堕胎列为当代美国女权主义者最重要的事情。[5]

美国妇女的生活

在欧洲，各种社会女权主义组织对女性问题的看法与美国不同。她们认为，妇女的主要问题不是缺乏法律权利，也不是缺乏什么"生育自由"，而是她们承担的家庭和工作这种双重负担，使她们在社会上处于不利地位。因此，欧洲的社会女权主义者的目标之一，就是通过建立家庭支持制度来减轻妇女的负担（见第四章和第五章），让她们少受一点压力。她们的信念是：妇女是妻子和母亲，同时也是工作者和公民；如果妇女想在家庭之外的世界取得与男人一样的成就，她们需要特别的辅助政策。欧洲的女权主义者，只把平等权利视为妇女权利的一个小方面。瑞典现任劳工部部长安娜－格里塔·莱乔恩说："如果孩子在父母亲离家工作时不能得到很好的照顾，那么，工作权利对于大多数妇女来说就是幻想。"[6]

显而易见，这些有关女性问题的不同观点，必然反映对为人之母的重视程度不同。美国女权主义者一般强调男女应该平等，而不顾男女差异；这就难免她们把为人之母的问题导向歧路。当谈到妇女生育孩子这一特殊功能时，她们总是倾向于让人们在生育自由和不要孩子之间进行选择，认为这是让妇女可以和男人一比的条件。妇女要生孩子和当母亲的重大问题，就这样被忽视或淡化了。

而西欧的社会女权主义者，则把为人之母的问题放到首位。在她们看来，女性问题的本质在于要把生育和养育孩子，与工作和更广阔的社会责任协调好。她们相信，男人和广大的社会群众在承认妇女承担着为人之母和职业工作这一双重角色之后，应该会给妇女提供社会支持。这种观点的逻辑很简单，也很有说服力。90%的妇女有孩子，如果没有支持制度，妇女在抚育孩子的几年间里，就无法在工作上取得成就。在第四章，我们在研究美国经济活动中的工资差别时，发现25—30岁的男女之间，收入差距被大大拉开了；妇女们之所以在劳动市场落后了，是因为在这段时间里，她们不得不去生育和养育孩子；之后，她们很难再赶上去。

当然，并非所有美国女权主义者都热衷于平等权利，也不是所有欧洲女权主义者都专注于物质现实。社会女权主义者在美国所起作用不大，平等权利倡导者在欧洲也一直存在。但是，美国妇女运动的主要注意力，事实上都放在生育自由和平等权利上，而大多数欧洲女权主义者的中心关注点则一直

是物质条件，特别是关注必要的可以协调妇女的母亲责任与工作责任的支持制度。

女权主义者之间的差别，热衷平等权利和强调物质现实的差别，还不只是一个理论争论的问题，两者之间的政策议程也不相同。最近，在加利福尼亚发生的有关产假的激烈争论，使得两种女权主义之间的观念冲突更加凸显。

1984 年夏，在旧金山召开的全国民主会议（杰拉尔丁·费拉被选举为副主席）刚结束，《纽约时报》刊登了一篇题为《产假：是真的休假吗?》的文章，讲述了莉莲·加兰既要生孩子又要保住工作的故事。

加兰小姐是加利福尼亚联邦储蓄和贷款协会（在洛杉矶）的一名接待员。在 1982 年 2 月 12 日，她生下了凯克瑞·尤里·拉蒂克。由于是剖腹产，根据医生的证明和建议，她应该而且最好在 4 月 21 日返回工作岗位。但是，当加兰小姐回到银行，准备重新工作时，她被告知她的工作已有别人干了，没有她的位置了。

加兰小姐听后，"感到一阵头晕，全身冰凉。我从未想到，我会因生孩子而失去工作。我彻底惊呆了。我认为，一位妇女不应该在要孩子和要工作之间做出选择"。

加兰小姐在失去工作后情况变得很糟：她没有收入，被赶出了公寓，不得不睡在一位女友家的沙发上。她没有经济来源照顾孩子，失去了对孩子的监护权，孩子由父亲管。

最后，加兰小姐打电话给加利福尼亚公平就业和房管部请求帮助。律师告诉她，加利福尼亚联邦储蓄和贷款协会的做法是不合法的。根据该部门对 1979 年加州法律的一项条款的解释，因怀孕或生孩子带来了"医学伤残"，妇女有权享受 4 个月的无薪产假，而且不应因此失去工作。但是，加利福尼亚联邦储蓄和贷款协会决定利用加兰事件挑战法律，这是一个由加州商会、商人与制造商协会组成的团体，拥有 2900 名会员，雇用着 300 万名工人。

协会认为，要求雇主给孕妇这种丧失工作能力的人休假，等于是给

妇女特殊待遇，是一种性歧视的表现；如果失去工作能力的男子没有复职的权利，那么，刚生过孩子的妇女也不应该有这个权利。

联邦地区法官曼努尔·L.瑞尔，在3月21日的裁决中接受了这种辩解，并宣布加州法律无效。此案现已第九次上诉到美国上诉法院。类似加兰小姐这样的悬案，现有200多件，都是一些妇女因怀孕而失去工作的案子，都被冻结在公平就业部了。许多立法观察家相信，这种问题最终会直接提交到美国最高法院。

加兰一案在全国引发了一场激烈的争论……问题在于，要么法律时时处处对男女一视同仁，要么法律和职场应包容女工特有的生育能力。后一种观点冒犯了许多雇主。商人和制造商协会副主席理查德·E.布拉德利说道："我不认为挑出一小群人给予她们优惠待遇是件好事情。"

旧金山市长黛安娜·范斯坦支持这种辩白。在里尔律师事务所挑战这项加州法律成功后不久，这位市长说："*我们妇女一直呼吁的是受到平等对待，现在，我们又要大讲怎么养家糊口的问题了！我们被要求创造一种特别的工作者群体，说白了，这个群体就是孕妇和新的母亲。我是不同意这样做的。我不认为职场应让自己去适应有孩子的妇女。*"[7]（斜体为笔者所加）

大多数妇女权利组织站在加利福尼亚联邦储蓄和贷款协会一边，反对加兰小姐。美国公民自由联盟（ACLU）和全国妇女组织（NOW）最先表态，发表声明支持平等待遇。

范斯坦市长是否知道，美国是唯一不将带薪产假列入国家政策的发达民主国家？今天，有117个国家，包括英国、法国、意大利、联邦德国和加拿大等，都为生孩子的妇女提供便利。这些国家相信，让母亲从分娩过程中得到身体复原，让婴儿与母亲或父亲一起度过生命中的最初几周，并为在职妇女营造让她们想成为母亲的环境，这对社会有益，对经济有益。

布拉德利先生是否意识到，我们所谈的不只是"一小群人"？妇女占总人口的53%，占美国劳动力的45%。我们前面说过，90%的妇女将会生孩子，她们中的大多数只是要求在生育期间保住自己的工作，没有其他

要求。

　　莉莲·加兰小姐是否知道，有许多女权主义者认为，她休完产假后无权再回到工作岗位？这些女权主义者难道认为，加兰小姐可以因滑雪受伤而休假，却无权因分娩而休假？是啊，每个人都可能遇到滑雪受伤的事故，但只有妇女能生孩子！由此，平等待遇原则适用于滑雪事故，而遇到生孩子就不适应了！我想，如果加兰小姐早知道全国妇女组织在这个问题上的立场，她会放弃女权主义，会把平等权利和《平权案》一起扔到窗外去！

　　全国妇女组织是否意识到，妇女不是男人？人人都知道，只有妇女能生孩子：生孩子既是女性的特权，也是女性的责任。忽略女性生理上的不同，愚蠢之极；而许多美国女权主义者，恰恰如此。忽略女性特点，首先会使众多妇女成为职场上的二等公民。*如果没有公共支持的政策，妇女既想做个好母亲，又想事业不受影响，没有几个人能做到。*其次，社会必遭连累。生孩子不是买一辆新车，也不是享受一次度假，只要有钱就能如愿。生孩子既是私人的事也是社会的事，孩子是我们共同的未来。如果我们不能为孕育孩子创造适宜条件，如果我们剥夺了这些孩子与父母共度生命最初几周的权利，将来我们会为此付出巨大代价。我们在第五章中已说到，被忽视的孩子长大成人后，大都问题成堆、毫无作为。

　　为妇女提供产假，无疑是和男性区别对待了。这是题中之义。我们无疑应该争取机会平等，而不是死板地运用平等对待。

　　埃莉诺·罗斯福曾经说道："妇女不同于男人，她们的身体功能不同，民族的未来依赖于她们生出健康孩子的能力。"[8] 由于坚信为人之母的重要性，罗斯福夫人对妇女选举权很冷淡，并且一生都反对《平权案》。她认为，如果男女平等对待，这将会削弱她与其他社会改革家一直为在职妇女寻求的一些保护性法律——工厂安全准则、最低工资法规、每周四十八小时工作制、禁止夜班，以及回避危险工作等。

　　罗斯福夫人对美国主流女权主义者强调的平等权利非常气愤，以至于她拒绝认为自己是一名女权主义者。当然，她回避这种称谓并不意味着她在大多数时候不像一个女权主义者所为。她认为，妇女在各方面都与男人一样能干。格洛丽亚·斯泰纳姆在最近一篇赞颂文章中说，"在自己的一生中，在民主党内，在罗斯福政府中，埃莉诺·罗斯福都不遗余力地支持妇女"。[9]但是，也许我们应该从这位伟大妇女的生活中吸取一点教训，那就是女权主义不应与男女权利平等画等号；如果妇女既要做母亲又要工作，有时就应该区别对待她们。这种更宽泛的女权主义概念，在欧洲比在美国更受认可。正因为如此，欧洲的女权主义历来比美国的女权主义更有建设性作用。

第七章 平等权利与社会利益

平等权利是美国女权主义追求的主线，这可上溯到大约 150 年前女权主义运动兴起之时。从 1830 年代和 1840 年代妇女权利运动的发轫，到 19 世纪后期和 20 世纪初期的选举运动，再到 1960 年代和 1970 年代的妇女运动，始终贯穿着这根主线。在这 150 多年期间，每个阶段都突出强调男女权利的形式平等。

19 世纪和 20 世纪之间，存在着惊人的相似。最早的女权主义者要求一系列法律权利——财产权、孩子监护权以及离婚权。接着，从内战到 1920 年，焦点逐渐凝缩到一个单一的问题上：选举权。随着 1960 年代女权主义的再次兴起，焦点也得到放大，包括了性权利、公民权利和经济权利。但是，在 1970 年代和 1980 年代早期，美国女权主义者再次将她们的焦点缩小到一个单一的问题上：《平等权利修正案》（The Equal Rights Amendment，以下简称《平权案》）。正如前国会议员贝拉·阿布朱格指出的："《平权案》已成为当代妇女和平革命的核心和灵魂，因其追求平等和经济正义，它曾是一块承载着所有其他变革的法律基石。"[1]

1920 年，第一场战役打赢了，妇女获得了选举权。但是，与妇女们的期望相反，她们虽然能参与选举，但生活条件并没有改善。第二场战役输掉了，《平权案》至今没有被批准。这次失败主要归因于妇女们反对，她们相当准确地看到，《平权案》没有涉及她们生活中的中心问题。

女权主义活动的初期，正值工业化开始之时。在 1830 年代和 1840 年代，纺织厂、食品加工厂、鞋厂，以及东北地区其他新生的兴工业行业，吸引了大批女工，包括移民到马萨诸塞州洛厄尔城各家纺织厂的女工。历史学家威廉姆·查菲强调工业化的重要性，认为它是女权主义鼓动起来的触发器："尽管工业革命并没有直接产生女权主义，但它提供了向传统的妇女地位观念发起第一次进攻的场景。"[2]女工在新的工业制度中遭受的剥削，比以前在农业生产中严重得多。这批具有开拓精神的女工，并没有享受到与男工一样的平等待遇；在新的工厂体制下，女工经常干与男工一样的重活，但工资只有男工的一半。

与此同时，比较富有的妇女们开始对她们的二等公民地位不满。反奴隶制运动提供了催化剂。许多中产阶级的妇女，在废奴运动中十分活跃，她们视奴隶制为一种宗教劣行和国家耻辱。当时，奴隶们的状况如何？奴隶们不能拥有财产，他们实际上是被当作财产看待的；奴隶对自己的孩子没有合法权利；没有选举权；为主人干活不能得到应有的报酬；遭受虐待和暴力也无法得到补偿；无法受到教育；无法接近有技术的工作；没有任何独立的社会地位。所有这一切，都逃不过致力于废奴运动的已婚妇女们的眼睛。她们发现，除了自已有相对舒适的生活和安全感以外，上述种种问题也恰是她们的生活写照。1840 年在伦敦召开的"世界反奴隶制大会"，妇女实际上被排除参加，这是激发女权觉悟产生的开始。

妇女权利运动的正式发起，是在 1848 年纽约州塞内卡瀑布市会议上，领导人是伊丽莎白·卡迪·斯坦顿和卢克瑞蒂亚·莫特。会上通过的决议立足的原则是："女人与男人一样，这是上帝的旨意；人种的最大利益，要求女人应被认为与男人一样。"[3]这次大会和随后的公开辩论，为妇女争取到了广泛的新权利和自由。斯丹顿、苏珊·B. 安东尼、卢丝·斯通和其他活动家，要求妇女在教育、就业和政治上有平等权利。这些早期女权主义者言辞偏激，人数不多，因此，她们对公共政策产生的影响有限。

稍后一波的 19 世纪女权主义浪潮，赢得了广泛的支持，但其目标非常有限：就是选举权。自塞内卡瀑布会议以来，选举权已成为女权主义活动家们的核心要求。19 世纪最后的 20 年里，妇女参加选举的权利已变成受人尊敬、合法的政治话题了。女权主义者不再把选举权视为战胜家庭和战胜"女性地位"传统观念的结果，而是逐渐把选举权视为妇女的自然道义和精神关怀战胜政府的工具。给予妇女选举权的理据，已不是依照斯坦顿的自然权利理论，即男女平等，因此他们是具有相同诉求的公民，而是基于妇女的正直性要求选举权。妇女应得选举权，并不是因为她们与男子平等，而是因为她们品德良好，充满母性，做事投入，头脑清醒和受人尊敬。用珍妮·亚当姆斯的话说，这是让妇女成为国家管家的途径。[4]

斯坦顿本人对19世纪末女权主义运动的片面性和保守很不满意。她拒绝"一味地颂扬选举"，继续倡议建立女工工会，进行离婚改革和实行节育。[5]她甚至出版了《妇女的圣经》一书，抨击教会对妇女地位的传统说教。

斯坦顿为自己的另类行为付出了代价。主张妇女参政者们害怕斯坦顿的激进女权主义会毁掉她们成功的机会。为了避免沾上斯坦顿的晦气，她们开始孤立和忽视她。她们将安东尼的家变成圣地，并将《第十九次修正案》归于她的功劳，尽管斯丹顿早在安东尼加入女权运动的三年前就已提出妇女要有选举权，而且，安东尼也没有出席塞内卡瀑布会议。后来者不知道斯坦顿的作用，而是把安东尼的头像印在邮票和硬币上了。[6]

赢得选举权的战役，代价昂贵。女权主义者们抛弃了所有其他政策目标，接受了保守主义，并花了52年时间致力于一场无休止的运动。根据凯丽·查普曼所说，"这个国家的妇女被迫对男性选民进行了56次公民表决运动、480次促使立法机构将选举修正法案交给选民表决的运动、277次让妇女选举条款纳入国家党派章程的运动……"这些枯燥的名目还可列出许多。[7]1920年，妇女选举权获得通过时，妇女运动的活力几乎被耗尽了，以至于许多女权主义者都忘记了要选举什么。

那些认为拥有选举权就能提高妇女经济社会地位的人，对紧接着1920年胜利后发生的事情大失所望。如同艾莲·克瑞迪特所说，《第十九次修正案》曾被看作是对妇女地位进行实质变革的催化剂，"但在经济平等目标上几乎没有产生实质性的进展"。[8]给妇女选举权，结果是演变为一种政治花架子（a political non-event）。那些行使选举权的妇女（只占1/3），投票时往往与她们的父亲或丈夫相同。

部分问题是妇女运动内部的事情。在20世纪初期，平等权利拥护者与社会改革者之间存在着严重的分歧。平等权利的拥护者希望推进取得一项平等权利修正案，而社会改革者则希望保留和扩大在职妇女的保护性立法。这种分裂阻碍女权主义者达成一致的行动计划。当时的经济和政治气候也是这种僵局形成的原因。在1920年代期间，弥漫着一种红色恐惧症。女权主义者被怀疑是布尔什维克的同情者；而1930年代，正是经济大萧条的时候。在这些严酷的年月里，权利问题被经济问题所掩盖。这些情况使女权问题难以提到公共议事日程上来。时隔45年之后，妇女才又重新变得斗志昂扬起来。

1960年代和1970年代女权主义的复兴，又一次表现出对妇女平等权利持续上升的关注。在其最初阶段，这一波新妇女运动在组织和风格方面分为两大阵营。第一个阵营是1970年代早期兴起的很分散的"觉悟提高团体"（consciousness-raising group）网络组织。这些团体没有任何正式的组织结构，分分合合，主要关注人际关系和性问题。

第二个阵营由一些全国妇女组织组成，包括"全国妇女组织"（NOW），"全国妇女政治机构协会"（NWPC），以及"妇女公平行动联合会"（WEAL）。这个阵营有正式的组织，有选举产生的官员，有管理条例，有领导委员会。

当1960年代后期妇女运动全面展开时，觉悟提高团体的任务就是让个人生活政治化。但是，由于参与者都是一些特权阶层人士，她们所关心的问题过于私人化，各个团体的存在昙花一现，因此觉悟提高团体从未形成统一的政治声音。此外，她们的焦点集中在对个人的补偿上，而不是促进社会变革。总之，觉悟提高团体想促使人们的情感和行为变化，而不是动员人们采取政治行动。

1970年代我所参加的觉悟提高团体就很典型。从1975年秋到1977年春，这个团体有一些聚会，有时一个月举行两次，有时整个夏天都没有举行。成员也是流动的。1975年，我们一开始有7名成员；但到了1976年，有3名成员退出，另有4名加入进来。我们这个团体存在一年半时间，规模大体稳定，只是人员构成有变动。

如同其他许多团体的情况一样，我们的团体基本上是一个朋友圈。我们有三个共同之处：大家都住在曼哈顿，而且大部分人住在上城西边；全部是奋力拼搏，不怕困难，试图事业有成的专业人士；全部被妇女解放的精神感染，视自己为女权主义者。在其他方面，我们这个团体的成员也各不相同：

有的是艺术家，有的是编辑、教师；有些人结婚了，有些人还是单身，有1/3做了母亲；我们的年龄从28岁到53岁不等，有些人刚开始立业，有些人已功成名就。我们的宗旨是互相帮助，尝试协调好个人生活与工作的关系。

我们有一些规则。这些规则是团体刚成立时讨论决定的。聚会在各成员家中轮流举行，每次会议的主持人都不同，由团体成员轮流担任。主持人的工作是提出一个问题，然后主持讨论，保证每个人都有机会发言；我们不苛求别人的观点或妄下定论。总之，我们是通过互动来提高觉悟。

我们讨论的题目五花八门，从如何与配偶的前妻的孩子共同生活，到如何看待雄心壮志等。焦点集中在个人生活方面，探讨我们的周围关系，我们的童年，我们的内心世界，解释我们的生活问题。我现在还清楚地记得一次聚会的情形。

那是1977年1月中，聚会由莱拉（化名）主持。晚上8：30，我们都集中到她家吃点心喝咖啡。我们中间有几个人从未到过莱拉家，被其豪华的场面惊呆了。她和她相当成功的丈夫住在74东街一栋大楼里，离公园大道不远。室内有漂亮的壁炉和镶板，整套房子古色古香。给我们印象最深的是，莱拉和她的房子似乎占满了整个五层楼（那时，我住在上城西街一个不起眼的院落里）。我们在楼下的书房里开会。书房摆放着绿色的皮沙发，铺着价格昂贵的地毯，书架也很精美。向窗外望去，可看见一个宁静明亮的冬日花园。我今天仍记得这一景象，太漂亮了。

莱拉自己似乎无动于衷。她很漂亮，不怎么爱打扮。她简直与这幢华丽的房子不相称。在这个特别的晚上，她穿着一条旧裙子，一件皱褶的丝质衬衣；衬衣太紧，我们看出她最近怀孕了。我被她的衬衣吸引住了：整个晚上，衬衣扣子不停地脱扣，莱拉不停地扣。

这天晚上，我们讨论的主题是钱：我们挣多少；我们想挣多少；如何与我们的伴侣分享这些钱；我们是否感到焦虑，依赖或者脆弱；如果我们是，我们应如何对待。

乔安娜（化名）是当晚会议的主持人。她首先发言："谈到这个问题，我感到比以前谈论任何主题都不安。我想，现在的人对钱比对任何其他东西都要隐秘。"她清了清嗓子，非常犹豫地继续讲了下去："我想给大家说个实话。上个星期六，我在布卢明代尔购物中心购买一些日用品，如床单、毛巾之类的东西。我买完这些东西后，在二楼一个新款时装柜台上看见一件衣服，顿时一种冲动涌上心头。我不由自主地掏钱买下这件十分昂贵、缀着金属亮片的晚装上衣，而这在以前连想都不敢想。这还不让我觉得有多大错。我把这件衣服拿回家，藏在一间空房子的壁柜里，生怕鲍伯看到它。"乔安娜停顿了一会儿，然后叹了长长一口气，说道："怎样解释我这种不成熟和不负责任的行为呢？"

我们都非常同情地表达着我们的看法，也很能明白她所描述的事情，心中隐隐地感到有点痛楚。莫利帮助乔安娜分析了一下她的行为："你的收入不低，你把衣服藏起来不让鲍伯看，是你真买不起，还是因为你未经他同意？"

这番话击中了乔安娜的要害，她急忙回答道："这正是我一直问自己的。你知道，我能买得起这件衣服。我在哈伯－罗（Harper and Row）出版社做编辑，刚升了职；除了分担家用外，剩下的钱足够我偶尔奢侈一回。但是你要知道，鲍伯挣的钱是我的两倍，尽管他的职位与我相似（鲍伯在另一家出版社担任编辑工作）；我心里觉得，要买大件东西应该征得他的同意。我不时地反思，但最终像个孩子一样，把糖果藏在床底下。"

莱拉听得非常专心，决定加入讨论。"我也为比丈夫挣钱少而苦恼。里克近来相当成功，他现在挣的钱是我的 5 倍。我辛辛苦苦，一年就挣 1.3 万美元（莱拉在一所私立学校教音乐）。这点钱，连请保姆都不太够，更别说买其他东西了。里克讨厌我乱花钱买衣服，但我在商场里又控制不住自己；所以，去年冬天，我决心不进商场，免得受诱惑。"莱拉停顿了一会儿，带着得意的微笑说："挺管用的！我通过打电话订购所有家用物品，这样，我避免了在自己身上乱花钱的习惯。"

我惊讶地注视着莱拉。我打量着她那有明显皱褶且不合身的衬衣（一些纽扣又脱扣了），然后又看看她家里的那些豪华摆设。买任何一小块地毯的钱，就可以为莱拉买件貂皮外套。我问道："莱拉，你是在说，你和里克都没钱给你买衣服？"

莱拉难过地点点头。"你看这房子和孩子，差不多花掉了我们的全部工资。因为在公司担负职位的需要，里克必须穿得体面一点。我只能自己节俭一点。"

大家瞪着眼睛，你看看我，我看看你，决定不再让莱拉继续讲下去。我们让下一名成员发言。[9]

回顾这次觉悟提高会议，我现在想起了一些我们没有谈论的事情。例如，为什么乔安娜的丈夫鲍伯与她有着相似的工作，却比她多挣两倍的钱呢？为什么莱拉素质极高而她的教师职位的收入却那么低呢？为什么我们不着眼于这些问题，想出办法帮助乔安娜和莱拉提高收入呢？我们有这么多自责感和依赖感，似乎都是因为女人和丈夫的经济能力不相称引发的。但是，我们完全陷入了我们自己的内心世界和亲朋圈子里了，我们从未想到走出去，走到体制内和政治关系的公众世界中去解释我们的问题。

觉悟提高团体的存在，与1960年代后期和1970年代初期的妇女解放运动有着千丝万缕的联系。但实际上，对许多妇女来说，每周的"零星"聚会成了她们仅有的女权主义活动。而当觉悟提高团体试图将私人生活推向政治舞台时，又没能完成这个过渡。新的觉悟意识似乎自然而然地导致了感情和行为的变化。心理学家菲利斯·切斯特认为："有些妇女开始生活在一起；有些妇女开始单独生活；有些妇女离开了丈夫；还有些妇女开始和一位男人同居。妇女们停止了傻笑，停止了博取男士注意的竞争；有些妇女不再去美容院，开始珍惜自己的时间；妇女不再要很多装饰品把自己'打扮'得更女性化。"[10]可是，在动员妇女推动变革社会公共政策方面，觉悟提高团体几乎无所作为。

问题在于，觉悟提高团体趋向把变革视为单个妇女的努力，而不是整个社会的事情。觉悟提高运动鼓励妇女把自己或与自己有共同理想的一小群妇女，变成求得自己"解放"的道路。总之，觉悟提高是一种方法，它强调的是个人救赎，而不是广泛的社会行动。

科莱特·道林在她的畅销书《灰姑娘的情结》中，讲述了一个具有雄心壮志的女性，如何戏剧性地彻底丧失了抱负。主人公在纽约市度过了4年的单身母亲生活后，决定离开纽约市，准备带着3个孩子和新交的男朋友到哈顿逊河谷中的一个乡村小区生活。

渐渐地，主人公不再有抱负了。她洗衣服，做饭种菜，甘心做男人的伴侣。她原是一名作家，但变得越来越没上进心和创造力。一年后，她和孩子在经济上完全依赖她的男友。

道林将这种独立精神的瓦解，视为一种心理现象。她描述她的女主人公渴望回到一种婴儿式的依赖状态，"从而可逃避真实生活中的紧张和压力"。[11]书中没有提到一个自由作家生活在偏僻乡村的实际困难。在没有办公室、没有图书馆、与外界隔绝、远离一个专业作家赖以生存的各种网络系统的情况下，任何人（无论是男是女）都不可能写出多少作品来。道林也未说到收拾旧屋杂院和照顾三个孩子的实际负担，完全是由女主人公一人来承担的。

道林只强调女主人公的内心意识。妨碍女人事业成功的最大绊脚石，就是"深深依赖受到他人照顾"。[12]道林认为，今天，依赖他人是妨碍妇女向上的主要阻力。妇女像灰姑娘一样，"仍期待靠外部因素来改变她们的生活"。[13]道林认为，妇女只有一个真正解放的机会，那就是"自己解放自己"。[14]

道林强调，提高觉悟和个人救赎是美国妇女运动的特点。她鼓励妇女要保持清醒的头脑，把自己视为解放的力量源泉。至于物质生活条件或广泛的社会变革，在道林的妇女解放观点中没有一席之地。

虽然觉悟提高团体没有多少政治影响，但当代女权主义者仍通过全国性组织和其地方组织寻求政策行动。毫无疑问，这些组织优先考虑的事情，一直是为妇女取得平等权利。

由贝蒂·弗里丹（Betty Friedan）和一批妇女活动家在1966年10月建立的"全国妇女组织"（NOW），使19世纪追求平等权利的女权主义传统得到复兴和推进。该组织声称的目的是："现在就采取行动让妇女充分参与美国主流社会，并以真正的伙伴平等关系行使一切权利和责任。"[15]全国妇女组织有一个精英阶层和一种自由议程。该组织由中产阶级和中上层阶级妇女构成，这些妇女要求教育和工作机会均等，同工同酬，废除一切歧视妇女的立法。该组织最初的策略，是促使刚成立的"平等就业机会委员会"（EEOC）采取行动，把对性别歧视的控诉列入《1964年公民权利法案第七条》之下。而建于1970年的"全国女权主义组织"（WEAL），其目标是推进妇女参与政党和政府的事业。

第七章　平等权利与社会利益

这些团体声称，它们在职场和教育方面已为妇女成功争取到平等权利，这尤其体现在保证就业、教育机会以及获得信贷途径等方面。1960 年代，这些女权主义组织对上述领域的公共政策影响有限。例如，它们没有担负起把性问题列入《公民权法案第七款》中的责任。性问题是由一名南方议员加进去的，而且她还担心这一不太有理的添加，可能会破坏该法案连同自己的国会同僚的信誉。当此法案作为修正案通过时，连刚成立的"平等就业机会委员会"的成员，一开始都严正拒绝有关性别歧视的规定。

女权主义对联邦立法的影响，在 1970 年之后趋向明显。例如，在《1972年教育修正案第九条》和《1974 年平等信贷法案》的讨论过程中，来自妇女组织的压力起到了重要作用。女权主义组织最大的失败，是未能使《平等权利法案》获得批准。

如果说女权主义运动的最主要目标是平等权利，那么，它为实现这一目标的策略则是双管齐下。首先，女权主义领导人为了保持运动的纯洁性，一直避免与运动之外的其他有利害关系的团体如政党和工会等结盟。其次，她们给自己定下一个任务：团结独立的民众组织中的广大姐妹们，相信性别这个纽带足够使她们联系起来展开持续一致的运动。

这项策略有它的历史根源。在整个选举运动中，女权主义者们遵循着置身于主要政党之外的政策。例如，1890 年建立的"全美妇女选举权协会"（NAWSA），就是由无党派人士组成的，其目的是赢得妇女选举权；该协会拒绝与任何政党联盟，力保"纯粹的非党性"。[16] 1913 年，虽然全美妇女选举权协会曾支持同情妇女事业的伍德罗·威尔逊，但与此同时，该协会也分别于1914 年和 1916 年组织了两场运动，挫败了民主党国会议员候选人，表示对民主党控制下的国会感到失望。

赢得选举权之后，女权主义者对下列问题展开了辩论：妇女是否应该朝一体化迈进，建立政党或保持她们作为一支独立政治力量的身份。在"妇女选举联盟"（League of Women Voters，源于全美妇女选举权协会）中，有些著名的女权主义者督促妇女成为共和党和民主党内的积极分子；然而，也有独立的女权主义者建议妇女们反对加入任何政党，认为党派政治实质上是一种腐败、令人厌恶的游戏，它将迫使妇女放弃她们的改革思想，从而摧毁她们对政治的独特贡献。1922 年，有一位评论员认为，"一名妇女若加入某个政党，她就会变成一个模仿男性的人，也就是说，她会变成一只猴子。加入后的身份，就是一架破机器上的无名齿轮，其唯一作用就是去维护一群担任公职的恶棍"。[17]

最终，妇女选举联盟建议妇女要么成为无党派，要么拥护所有党派。这似乎是在说，拒绝参加政党是表达妇女诉求的一种合适的方法。女权主义者中最活跃的一支政治力量，是"妇女联合会议委员会"（Women's Joint Congressional Committee），它的职责就是协调各种妇女组织加入女权主义者的游说活动，但它置身于政党体制之外。

这种独立主义策略的有效性在于，如果一个政客对妇女的要求置之不理，那么，妇女就可能在投票时进行报复。这种威胁在 1920 年代初期还有些优势，但后来，一旦人们发现这种来自妇女的选举报复只不过是一种无用的威胁时，女权主义者对政治家们的影响就迅速下降了。

1920 年之后，美国妇女并不急于参与选举政治。当男政治家很快认识到妇女投票权只是一个神话的时候，女权主义者对政策的影响几乎消失殆尽。由于妇女运动的独立主义策略妨碍女权主义者打入党派组织中，妇女在党派组织中所能施加的内部影响微乎其微，其结果是女权运动的声音变得软弱无力。1925 年，一名民主党女委员在《哈伯杂志》上感慨地写道："我不知道有哪位女性领袖身后有其他妇女追随。我也不知道有哪位政治家在哪个问题上担心妇女选票。"[18]

1960 年代，随着女权主义的复兴，独立主义传统再次显现。许多现代妇女解放的支持者表达了"一种公开的女性独立主义观点，号召妇女与男性分开，以认识自己作为女性的真正意义"。[19]黑人权利运动曾使用"黑色真美丽"的口号，妇女解放运动依瓢画葫芦，也创造了一条标语："姐妹有力量"。这两条标语，都在刻意表达一种群体认同感。"姐妹"这个词语，一直被用来促进"女性团结，妇女要尊重妇女，妇女要支持所有妇女"。[20]

因此，当今的女权主义者选择了一条不与任何政党、工会或其他权利集团建立任何持续合作的道路，而是自己组建一系列无党派的利益组织。其中最重要的组织是"全国妇女组织"（NOW）。1978 年，该组织通过一项决议，重申了自己的独立主义立场："全国妇女组织和它的分支机构希望保持独立，不受任何政党压力，自己决定支持个别赞同全国妇女组织立场的候选人；因此，本组织决定禁止任何政党利用全国妇女组织或其分支机构作为推进各自政治目标的工具。"[21]支持个别候选人的政策，执行起来并非顺利有效。譬如，由于不满意卡特总统对《平权案》的许诺程度，全国妇女组织迟迟不表态，直到1980年选举的最后时刻才支持他；结果是，尽管全国妇女组织人数多、影响大，但没有积极动员妇女反对里根，而里根是不屑于保障妇女权利的人。

避免与党派结盟的决定，与全国妇女组织所声称的宗旨有直接联系。该组织的宗旨是：为所有妇女谋利益，而不论她们的阶级、种族、宗教背景、党派倾向以及性倾向。而且，基于妇女权益不可分的原则，全国妇女组织同样欢迎女同性恋者加入，尽管它认为这只不过是表示一种政治义务。该组织之所以欢迎女性同性恋者加入，其思想前提是：无论女同性恋者在其他方面有多么不同，但她们都面临因是女性而具有的共同问题。基于自己的考虑，如果一些政党或其他利益集团的成员构成和目标不如自己全面，全国妇女组织的领导层就避免与其永久结盟。

如果女权主义者只是寻求公众对妇女问题进行持续的公开辩论，这种雨伞式策略可能是一种好策略。全国妇女组织和其他女权主义者组织的全国代表大会，常常成为妇女们激情投诉的讲台。但是，如果全国妇女组织的目标是对政策变革施加影响，那么，最大限度地发挥妇女联盟的策略也只能对那些基于性别问题起到团结妇女的作用。追求平等权利，最接近满足这个条件。可问题是，从《平权案》之战可以看到，追求平等权利并非是一个万无一失的策略。毕竟，妇女们的经济地位、宗教背景或文化传统不尽相同，不可能构成一个具有凝聚力的阶层，其团结起来为共同目标形成统一运动的能力有限。对于那些不如平等权利涵盖面大的权益事项，雨伞式联合根本形不成什么有效的压力集团。

全国妇女组织奉行妇女就是姐妹的原则，但它在促进某些仅仅对妇女群体有益的方案时困难重重，譬如孕妇、需要日托服务来照顾孩子的妇女，或退休妇女。于是，这个雨伞式组织不得不同时在许多方面做出努力以满足其不同成员的需要，其结果是分散了人力和物力。另外，该组织还花费大量精

119

力来维护自身的存在，而不是用于实现自己的目标。努力维护该组织的团结，成了其领导层的主要任务。

在 1975 年召开的"妇女与美国经济"全国大会上，贝蒂·弗里丹对女权主义孤军奋战的策略提出了质疑。她的看法是，她帮助创办的妇女解放运动只是万里长征的第一步："……我们现在面临的问题，单靠妇女是解决不了的。"妇女现在需要与"老年人、青年人、公司的执行决策人物、工会的会员、黑人以及和其他少数民族发展经济同盟"。[22]弗里丹特别指出，独立主义策略已经走到山穷水尽的地步，妇女运动的根本出路是拓展更多的职能领域，并与其他组织和机构结盟。

这种趋势正在开始。1970 年代末期出现了一种主张堕胎合法化联盟，它把一些女权主义组织与其他利益团体（如"计划生育组织"，"美国公民自由联盟"）联合起来，共同抵制那些要求国会限制对堕胎给予医疗补助基金的团体。最近，由埃莉诺·古根海默在 1983 年发起的"儿童关爱行动运动"，寻求把女权主义组织与其他群体团结起来，共同致力于解决美国当今最紧迫的儿童保育问题。这些群体包括信教妇女、青年盟友、工会会员以及儿童发展专家。不过，现在谈论这种联合是否能有效地促进其政策目标的实现，还为时尚早。

靠团结姐妹单打独斗来争取权利平等，并非是实现妇女解放的唯一途径。在瑞典，当社会女权主义者在 20 世纪早期成为一股强大力量时，平等权利的原则就让位于其他更具体的问题了。

瑞典社会女权主义者认为，把平等权利作为当务之急是不对的。发展对妇女的支持体制，让妇女参加工作、当好妻子和母亲两不误，一直是瑞典社会女权主义的焦点。瑞典社会女权主义者认为，妇女在职场上的待遇，应该是不平等的。瑞典劳工部部长安娜－格里塔·莱乔恩指出，"妇女在很多方面应该得到更多补偿，这与平等并不矛盾"。[23]她特别提到，瑞典政府为减轻妇女工作和家庭双重负担，努力为妇女设置了津贴和服务设施。

美国女权主义者与瑞典女权主义者另一点不同是：瑞典社会女权主义者不相信靠改变个人觉悟可以改变社会地位，而 1970 年代早期美国运动恰恰特别强调个人觉悟。一位瑞典女新闻工作者对我说："如果一名妇女因为劳动力市场的工作机会状况或因为缺少社会幼儿保育服务而找不到薪水丰厚的工作，那么，提高她个人的觉悟又有什么意义呢？如果物质条件影响她协调工作和家庭生活的能力，仅有正确的思想是不够的。"[24]在许多瑞典女权主义者看来，个人觉悟和生活条件的因果关系是：先有生活条件而后有个人觉悟，反之则不成立。也就是说，如果物质现实允许妇女不但在家能成为出色的妻子和母亲，而且在外也能成为多产的工作者，他们就可以开始提高觉悟并充分发挥女性的潜力。

瑞典社会女权主义者认为，提高觉悟不仅无效，而且适得其反。道理在于这种观点将责任从社会转给个人，它倾向于支持个人努力，而不是强调政治行动。这种自助解决问题的办法（即便毫无作用），减轻了政府为妇女问题寻找集体解决办法的压力。记得乔安娜和莱拉吗？她们提高觉悟的经历，是在个人人际关系中而不是在更公开的场合里寻求解决问题的办法。

瑞典妇女们指出了靠觉悟提高的第二个消极影响：它孕育着分歧。妇女组织试图重建其成员意识，使得那些不愿意重建的妇女产生敌意。由于美国女权主义者要求妇女改变她们的价值观和认同，因此，她们在很大的程度上疏远了传统妇女。制造"解放的"世界观和"传统的"的世界观之间的冲突，会阻挠采取实际政策的举措。下面我们会看到，由于意识形态以及许多实质性分歧，致使为批准《平权案》的斗争只能陷入停滞状态。

美国女权主义者和瑞典女权主义者之间的最后一点不同是美国妇女运动的独立主义策略。与美国不同，瑞典女权主义者在各个方面都开展工作。几乎在每个政党、工会、专业团体、社会组织和宗教组织内，都建有妇女工作部门。其典型模式是：女权主义者团体不是联合妇女作为一个阶层而奋战，而是分布在这些较大的利益群体中发挥作用，为女工人、女律师、退休妇女或女学生要求更好的条件。这种策略成效显著。例如，社会民主党中的妇女部，说服了这个强大的政治力量认识到了妇女的特别需求。该党对经济平等的承诺，变成了许多育儿假，并建立了与现代瑞典相关联的许多优质儿童保育设施。

访问瑞典的人常有这样的看法：尽管你可看到妇女问题在媒体和公众辩论中经常出现，但访问者很难觉察到妇女解放运动。瑞典女权主义者刻意保

持低调，不像美国独立主义运动那样唱高调。瑞典女权主义渗入几乎所有的社会、政治和经济组织之中。

瑞典女权主义的这些显著特点，源于 19 世纪末期。当时，妇女政治活动出现了两个分支：平等权利活动家关注提高妇女的合法权利，特别是财产权；另一支是一群社会活动家，她们试图改善在职妇女的生活条件。

在 19 世纪的瑞典活动家眼里，选举权没有同时期美国女权主义者看得那么重。这似乎有两个原因。第一个原因是，瑞典女权主义者的当务之急是改善妇女的物质条件。对于许多 19 世纪瑞典女权主义者来说，赢得选举权远远比不上赢得平等财产权和在工厂挣得一份维持生计的工资重要。

另一个同等重要的原因是，在瑞典，妇女选举权从属于普选。因此，妇女的利益是与那些争取普选的较大组织联系在一起的，如成立于 1889 年的社会民主党，代表着产业工人阶级；1902 年创立的自由党，代表着中下层阶级和城市知识分子。这样一来，选举战役就成为跨越性别并由全国两大政党领导的运动。在瑞典，男性选举权于 1909 年立法，妇女在 10 年后也得到了投票权。[25]

这样，瑞典妇女争取选举权的斗争是在主要政党内进行的，而不像在美国是在党外体制下进行的。[26]在瑞典，当成人选举权成为首要政治问题时，妇女选举权运动就自然消失了。这样，女权主义进入了大众政治的舞台。这种较早的一体化，即妇女活动家和妇女问题进入了主要政党之中，有助于克服原来妇女运动中的一种独立主义的偏见。

随着 20 世纪的历史进程，社会女权主义者在瑞典妇女运动中渐获优势，超过了平等权利活动家。具有重要意义的是，她们不仅借助政党，并且还通过工会发挥作用。例如，1960 年，全国雇主联合会（SAF）与全国劳动联合会（LO）达成一致协议，妇女应同工同酬，所有低薪工作都应该提升。[27]自那时起，这项名为"团结政策"的举措，一直主导着工资制订的进程，并且是瑞典大幅缩小男女收益差距的主要原因。自由党曾认为，这种在管理层和劳动者之间的集体谈判协议，并不具有保障妇女平等权利的国家法律效力；而社会民主党认为，这种法律补救措施只适合那些职业女性精英，对普通的在职女性则无效，这些女性应该关注集体谈判过程，才能更好地体现她们的利益。社会女权主义者继续对这种靠团结起来集体谈判争取工资政策抱有信心，继续对我们在第四章和第五章所描述的那些已经令人印象深刻的瑞典家庭扶持政策的提高抱有信心。1984 年春，安娜 - 格里塔·莱乔恩告诉我说，尽管瑞典经济衰退，大量削减预算，但"瑞典政府打算继续推进幼儿保育设施的迅速普及；对我们女工来说，没有比这个更重要的问题了"。[28]

其他欧洲国家也有这种传统，即社会女权主义者团体通过在政治力量中心发挥作用，从而提高妇女生活的物质条件。在有些国家，这些团体还没有自称是社会女权主义者。的确，她们中的许多人感到，她们与美国式妇女解放如此格格不入，以至于她们像埃莉诺·罗斯福一样，干脆回避"女权主义者"这个词。但是，不管是什么标签，这些支持妇女的团体做了大量工作，给妇女带来了巨大的实际利益。在与瑞典社会女权主义者同样的精神指导下，她们都专注于提供妇女所需要的支撑机制，以使她们能够履行家务和工作之双重角色。

听听英国议会保守党成员女娜·麦柯莉是怎么说的："我当然想要平等机会，但是我不喜欢在'妇女问题'这个事务中操之过急……我讨厌那些尖叫的女同胞。我确实憎恨二等公民的理念，我将尽一切努力，确保推翻这个理念。立法并不是要保持各种旧的传统角色。这就是我到这儿要做的事情。我并不想对堕胎和性骚扰袒露我的心扉，我感到那样非常乏味，我也不介意公开谈论它。"[29]在 1983 年进行的这次会谈中，麦柯莉对美国式妇女解放流露出一种嘲笑的态度，但是她的政策立场似乎与许多欧洲社会女权主义者非常近似。

在英国，具有戏剧性的一幕是，妇女问题的大多数成绩不是通过那些"尖声叫喊姐妹们"取得的，而是通过那些在既有权力堡垒中默默高效工作的妇女团体。这些团体中的大多数妇女并不视自己是女权主义者，尽管她们拥有一段很长的并且引以为自豪的争取改善妇女生活条件的历史。

在这些团体中，最早并且也是最有影响的团体是"妇女合作协会"。该协会创办于 1883 年，至今也只有 2.5 万名成员。[30]该协会的最初宗旨是致力于教育和社会，鼓励妇女成立研讨小组和合作自助团体。到 20 世纪初，该协会已发展成为一个生机勃勃的政治组织。

1911 年，该协会在争取英国第一个产假政策方面发挥了作用。该政策给予工作妇女 30 先令的怀孕津贴，每次产后有四周带薪假。该协会也致力于婚姻法的改革，是第一个通过（1934 年）赞成合法堕胎决议的妇女组织。尽管该协会的主席是受过教育的中产阶级，但成员则是工人阶级（劳伦斯的小说《儿子与情人》中，那个有魄力的工人阶级的母亲，就是该协会的积极分子）。正如一位历史学家指出的，"该协会是改革者，其成就对工人阶级妇女而言，比其他女权主义团体的那些不切实际和较为激进的目标，更有实用价值"。[31]

在 20 世纪初期，另一个重要的组织是"妇女劳动同盟"；该同盟成立于 1906 年，专注于妇女问题的经济方面。[32]在 20 世纪的前二三十年期间，该同盟解决了许多问题，其中有：校餐的强制性规定，学童的医疗检查和治疗，婴儿诊所的设立，以及向孕妇和哺乳母亲实行免费供应牛奶的规定。

上述协会和同盟，在上述领域对政府产生了极大影响。1908 年的一份政府报告，即已指出母亲对其孩子生存进行照顾的重要性，强调政府对母亲和婴儿的责任："这个国家的孩子就是这个国家的事务；如果忽视这项事务，其代价将无法估量。"[33]

在最近的二三十年期间，英国的妇女压力团体继续保持强劲势头，继续专注于物质生活条件的改善。但是，在 1960 年代后期，在这些妇女压力团体中，有许多妇女解放运动的激进女权主义者加入。在英国，有些激进的女权主义者，通过国际社会主义运动和工人革命党，与社会主义有了联系。而激进阵营的其他女权主义者，则从美国女权主义新潮中得到启迪，把焦点放在平等权利、思想觉悟提升以及性问题上。然而，英国不像美国，英国妇女运动的新声并非首先来自激进的知识分子，而是来自工人阶级。[34]

1968 年初春，一群渔民妻子开始在赫尔城港口城市组织起来。她们在一位渔民妻子利兹·比洛卡的领导下，成立了一个委员会来改善拖网渔船上的安全条件。中层阶级的妇女加入了该项活动，由此，一个妇女解放组织产生了。在同年的 6 月，达格南的福特发动机厂的女缝纫机械师举行了 3 周罢工，要求同工同酬；在伦敦，公共汽车的女售票员持续罢工，要求拥有成为公交车司机的权利。在工业女工之中发生的突发事件，也震撼了自鸣得意的工会运动。[35]一个称作"全国妇女平等权利联合行动委员会"的组织成立了，它提出要采取更积极和更有力的行动。不久，一项平等工资法案在众议院通过试行。该法案受到"工会代表大会"（TUC）和工党的支持，并于1970年成为法律。

当美国的激进女权主义者忙于著书立说，通过让妇女问题成为关注焦点的方式来调教英国的辩论时，那些在英国政治体制内建立的妇女团体已经带来了具体的变化。这些组织，如"全国劳动妇女委员会""儿童贫困行动小组""全国公民自由委员会"，以及"工会代表大会妇女代表委员会"，已经承担起解决大多数法律和平等权利问题，而这些问题在美国则需要独立的和更专门的女权主义压力团体来承担。[36]与瑞典的情形相同，在英国，最有效的妇女支持团体是嵌入既定的政治权力中心，特别是嵌入政党和工会内部的团体，而不是在独立的女权主义组织内部。

成立于1973年的"全国公民自由委员会妇女权利部"（NCCL），是一个特别有效率的组织。该组织中有一批女性，她们有的是全日制工作者，有的是零工和志愿者，都可以利用委员会的律师和一些研究设施。妇女权利部拥有一大批工会和工党的会员，并在许多地区建有分支机构。近几年来，妇女部对同工同酬、工作场所的性歧视，特别是有关兼职和家政人员（大多数是妇女）等问题特别关注。比起其他国家，英国现在提供了较多的训练课程，旨在鼓励妇女进入男性占主导地位的行业。[37]

工党内的"全国劳动妇女顾问委员会"，是英国另一个非常活跃的妇女团体。工党努力吸引妇女选票，乐意被看作妇女的政党。1974年，工党与工会代表大会一起，起草了影响巨大的《妇女宪章》，该宪章最终被并入《1975年性别歧视法案》。[38]1983年冬，工党抛出了性别平等法案，提议产假也是所有初为人父的一项权利，并试图为兼职劳动者和家政人员实行责任比例，同工同酬。[39]此法案在议会上以微弱票差被否决，但工党试图再次将它提出。

玛格丽特·撒切尔和保守党，也一直是合格的妇女权利支持者。例如，撒切尔支持1970年同酬议案；1980年，她的政府增加了产假福利（见第四章）。然而，不应忘记的是，在撒切尔执政期间，大量公共设施被削减，一些有益于妇女和儿童的支持机构也减少了。

对于妇女问题，意大利的做法与英国类似。长久以来，妇女支持团体一直在工会、政党以及教堂内进行运作。这是该国的一个悠久传统。例如，早在1902年，女工就被准许在产后休假，并且保证她们在上班的时候有空给孩子喂奶。[40]但在意大利，一些法律权益来得比较慢；意大利妇女在1945年才获得选举权，直到1970年离婚才变为合法。

自第二次世界大战以来，意大利有两个最重要的妇女支持组织：一个是共产党的半自治的"意大利妇女联盟"（UDI）；另一个是"意大利妇女中心"（CIF），该组织与基督民主党有关联。这两个政治压力团体从事了一系列的改革，以改善妇女生活的物质基础。《1971年在职母亲权利法》就是一个很好的例子。按照此法，如果妇女在怀孕期间或在她孩子出生的第一年里被开除，就视为非法；产假延长至5个月，并可领80%的工资；孩子生病时，只要孩子还未满3岁，其母亲就有权离岗；每生一次孩子，母亲可得到两年各种资历权利的奖励。[41]

《1971年在职母亲权法》的通过，意大利妇女联盟和意大利妇女中心起了很大的作用。由于这项立法，3000所公立幼儿园和广泛的公共日托网络中心得以建立起来。但也许最重要的是，这两个组织对《1975年家庭宪章》的支持，给予妻子们广泛的经济权利。这项法律规定：夫妻共同拥有全部家庭财产，不论是继承还是分居或离婚，无报酬的农务劳动和家务劳动都是对家庭收入的经济贡献。[42]（我们在第三章说到，纽约的公平分配法并没有把妻子的无偿劳动看作对婚姻的一种经济贡献。）

与英国一样，意大利的妇女压力团体并不是自觉的女权主义者。这些团体积极争取妇女的具体权利、福利或设施；她们以物质需求为动机，政治上倾向保守。在意大利，她们不仅引人注目，而且非常活跃。阿比·拉伯尔生活工作在费拉尔城，在谈到这个北意大利城市（有15万人口）对在职妇女所提供的支持服务时说："起初，这里有意大利妇女联盟的地区分支。它给我们提供了一个藏书丰富的图书馆，一份关注妇女问题的女权主义报刊，一项帮助妇女戒毒的计划，还有一间三人法律顾问办公室；它在各方面向妇女提供帮助，如离婚、虐妻、孩子领养和堕胎等。"阿比停顿一会儿，接着说："奇怪的是，负责这一分支机构的安塞达·赛罗利不喜欢被称作女权主义者。

她告诉我说，她有正常的生活和一个家庭。这样，可以排除一种对男人的好战态度，避免陷入一种实验性生活方式。我认为，在意大利，大多数女权主义者会被认为过于激进。"

据阿比说，其他对妇女有价值的服务设施是由健康诊所提供的（对妇女提供免费的妇科、产科和儿科医疗）。但其中最为重要的是有补贴的日托中心和幼儿园。"这些自1970年代初期就已经迅速普及"，阿比说，"这些服务设施真好，对在职妇女提供了巨大的便利。该城市的1/4婴儿和50%的3—5岁的孩子都入托了。这些服务设施大受欢迎"。[43]

在意大利，"女权主义者"这个术语指的是1968年后的妇女解放运动，该运动是受1960年代末期政治上的激进主义和美国女权主义新潮的启发而产生的。"妇女解放运动"（MLD）组织和"女权主义斗争"（Feminist Struggle）组织在1970年代有声有色，相当活跃，但现在逊色多了。妇女解放运动组织特别关注性和个人自由问题——离婚、堕胎和非性别歧视教育。这些激进的女权主义者对改善妇女生活物质条件的立法不感兴趣，有时甚至反对。正如丹尼尔拉·歌伦博在一次会谈中所说："女权主义者运动对堕胎和性问题比对工作、家庭问题更感兴趣。"[44]举一个例子来说，女权主义者没有支持《家庭宪章》，一是因为她们不喜欢立法语言，二是因为该宪章不是她们高度关注的中心问题。然而，一位意大利教授对我说："与意大利近代史上的任何一项法规相比，《家庭宪章》为更多的妇女提供了更多的安全保障。"[45]政党和教会中的妇女很难与这些激进女权主义者有一致的认同，这也就不足为奇了。

有一点似乎很清楚，在三个不同的欧洲国家，女权主义都强调物质现实，而美国却对它不屑一顾。瑞典的社会女权主义者，英国和意大利的妇女支持团体，都把最大精力投入提高妇女生活物质条件上。这些在权力中心（政党、工会以及教会）运作的团体，有效地提高了妇女所需的权益和服务，使妇女能够协调好母亲与工作责任之间的关系。

西欧也发生过美国式女权主义。热衷平等权利者在瑞典自由党中保持了相当的影响力。注重提高觉悟和性解放，一直贯穿于意大利和英国的激进女权主义活动之中。但尽管存在这些典型的美国式的重点强调，欧洲女权主义的核心仍集中在妇女生活的具体条件上。这种社会女权主义的传统，在美国

几乎完全不存在。没有比产假问题更能说明问题了。在欧洲，产假一直是社会女权主义者最优先考虑的事。意大利在 1902 年颁布了它的第一项产假政策；英国在 1911 年，瑞典在 1939 年也通过了产假政策。正如我们在第四章所说，到 1983 年，世界上有 100 多个国家实行强制性的产假政策，在职妇女平均享有 5 个月的带薪假权利。

美国与此截然相反。美国是唯一没有全国产假政策的发达工业国家。有权享受产假的覆盖面是如此之小，以致 60% 的美国在职妇女在生孩子时没有任何形式的休假权利。正如我们在第六章所说，在近期的一桩加州案子中，女权主义者实际上是一致反对因生孩子而休伤残假，最后导致失去工作的妇女。这是一个多么突出的例子！它反映出美国女权主义根本没有把为人之母与物质生活方面联系起来。

在 1984 年 2 月底，"危机中的妇女组织"召开了第五次全国会议。这次名为"妇女和权利"的大会，是在纽约市希尔顿中心召开的，开幕式会场爆满。纽约市议会主席卡洛·贝拉米是大会主持人，主要发言人是国会女议员杰拉尔丁·费拉罗和克劳丁·施奈德。

在开幕式致辞中，费拉罗和施奈德都谈论到了妇女到底有多大的经济和政治力量，并且差距何在。然而，她们又谈及自己在国会为帮助妇女所做的一些事情。费拉罗是《经济平等法案》的积极支持者。此法案于 1981 年首次被提出，其主要内容涉及养老保险权益、子女抚养费的实施、保险的公平性、家政人员的个人养老退休金，以及更大幅度地减免幼儿保育费的税收。这是一个非常重要的需求目录，不幸的是，它在国会上并没有多少人理睬。

费拉罗的发言着重谈到养老保险权益问题，而施奈德则重点论述妇女平等受教育的权利。当贝拉米以一种非常悲观的情绪把妇女所面临的种种问题列出一个清单时，听众都起立鼓掌。她列出的问题包括：低工资、低流动性的工作以及在政府和企业的高层中的低代表性。她的结论是：当今对妇女做得还不够，妇女没有发生翻天覆地的变化。贝拉米没有继续提出解决这些问题的办法。事实上，她甚至没有谈及补救这些问题的任何措施，接着就转向了现场提问。

在大会就养老保险、同工同酬、价值的可比性、实施机会均等、消除歧视法规等问题进行提问和作答时，前后不到 30 分钟。我认为，我们的讨论离题太远了。无人提及在职妇女生活中或许是最基本的问题：如何协调工作与家庭生活？最接近该主题的谈论，也只是关于受抚养者的税收减免问题，其讨论的时间也非常简短。

于是，我提了一个问题："如果没有像产假、幼儿津贴和公立日托诸等家庭支持机制，妇女怎样取得经济平等？美国仅有 40% 的在职妇女享有产假，国会为何没有采取行动去扩大这一权利呢？成千上万的美国学龄前儿童都在过度拥挤、十分危险的日托中心度过每一天，有没有任何对公立幼儿园进行高质量的扩展计划？"

施奈德和费拉罗似乎都不急于作答。在停顿了好长时间以后，施奈德主动发言了："我们有对受抚养者的税收抵免，我们正努力最大限度地提高税收抵免。"我心想：这有什么大不了的?！如果在你住的社区附近找不到幼儿园，那么，对受抚养者的税收抵免就毫无意义；再者，如果你没有赚到足够的钱，你就不必支付大量的税款，税收抵免也就变得毫无意义了。但我想听到对幼儿保育问题的回答，我决定促使这位女议员再谈谈产假福利问题。于是，我列出了一大串提供法定产假的西方民主政体国家，并强调他们的产假是多么慷慨，受益面是多么广。然后我问道：美国这个世界上最富有的国家，为什么成为不给在职妇女提供产假福利的国家？我等待着答复。但讲台上出现了一阵难堪的寂静。最后，费拉罗哀怨地说："我所能说的就是，关于产假问题，联邦政府尚无行动。"然后，她表现出准备回答下一个问题的样子，并且很轻快地进行了解答。观众席提出的这个问题涉及堕胎，即《罗伊诉韦德》（Roe v. Wade）案，我们对该案如何看？两名女议员都热切地回应了这个问题。她们对该案的辩论很了解，很熟悉并轻松地列举出了近期法庭的裁决和法律行为。

会后，当费拉罗急匆匆往外走时，我赶上了她。我试图告诉她"经济政策委员会"顾问组关于家庭政策专题的一些情况。她向我点头致谢，然后朝大门走去。她又回头，正好与我的视线相遇，说道："产假？我学到了一点东西。"

第八章　妇女解放与为人之母

　　女人迟早会当母亲。绝大多数美国妇女在其生育年龄末期当上了母亲。1980 年，仅有 10% 的 40—45 岁的妇女没有孩子。与从前相比，妇女生孩子更少更晚；但许多妇女至少有一个孩子。[1]

　　这个趋势唯一的例外是那些职业妇女精英（她们只占妇女总数的极少部分，几乎不影响平均数字）。这些妇女多数独身或离婚，大部分没有孩子。对女总裁和高层专家的调查表明，她们中有一半以上年逾四十还未生孩子。[2]人口调查数据也显示，20% 受过高等教育的妇女（研究生学历）没有孩子。[3]虽然这些职业妇女精英没生孩子，但对大多数人来说，这并不是她们所乐意选择的。

　　詹妮·温德勒（化名）今年 45 岁。一年前，她曾是纽约市一家制衣公司的副经理。她是公司的第三把手，年薪 7.5 万美元。1983 年，为了领养一个孩子，她放弃了自己的工作。

　　詹妮是这样解释她的决定的："我一直想要一个孩子。我 30 多岁结婚，期间很不幸福，和约翰的感情不稳定。再者，约翰也不想要孩子。于是，生孩子的最佳年龄错过了。我那时只想埋头工作。"

　　"我们在 1978 年离了婚。那时我已 38 岁了。我多么渴望有个孩子啊！于是我自己策划，准备要个孩子。我决定苦干两三年，筑好一个巢，到那时我就可以腾出时间与孩子在一起。接着，我就去了儿童领养机构。我那时已四十出头，不可能再去应付怀孕的事了。"

　　詹妮叹了一口气，无不动情地说，"哎，你不知领养孩子有多难！"1980 年，詹妮准备领养孩子时，已 41 岁，不再是领养孩子的最佳监护人。此外，她还是单身。基于这两点，儿童领养机构对她的条件不太满意。许多人甚至不认为她以后能成为母亲。詹妮不得不降低条件：她愿意领养一个东方孩子或南美孩子。她情愿领养一个较大的孩子，也愿意多花一点钱。但是经过两年努力，詹妮仍未领养到孩子。绝望中，她登上飞机，飞到了印度北部。在那里，她被告知可从难民营领养到一个孩子。办理领养手续花了 4 个月，经过无数次的与法庭和政府官员交涉，以她的恒心，终于领养到了一个 3 岁的女孩。

我问詹妮，在如此艰难的时期，她是如何应付本职工作的。詹妮说："我是请假到印度去的。但回来后，我发现孩子托比很不适应环境，需要我随时在她身边。于是，我辞掉了工作，眼下靠以前的积蓄生活。"詹妮笑着又说，"我放弃工作是件好事，否则我不可能应付过来。这一年里，我还没有单独上过洗手间呢！领养一个 3 岁孩子，麻烦事太多了！"但詹妮似乎不在意这些麻烦，看上去很满足。[4]

阿弗顿·布莱克是单身女人，30 多岁。她是一位心理学家，住在一个安静的街区，房间里摆满了书和艺术品。在 1981 年，她决定以人工授精的方式要一个孩子。"是要孩子的时候了，"她说，"我在感情上是可靠的，但就是无法与一个男人保持稳定关系。"她最初想请一个朋友与她生个孩子，但害怕这样会变成难堪的三角关系。于是，她只好选择人工授精。

她在加州的精子库旁转来转去，终于进入"生殖细胞选择库"。在仔细研究了捐献者的简况（特征、品德，以及她赞赏的性格等）后，她选择了 28 号。简况是这样描绘 28 号的："具有优良的智力和音乐才能，性格有魅力，相貌英俊。"当阿弗顿读到这里时，心想"他是我可能会嫁给的男人"。

阿弗顿接受人工授精后，幸运地怀了孕。但是两个月以后，她流产了。数月后，她又进行了人工授精，如期怀孕。一年后，阿弗顿生下了一个健康的男孩，取名多伦。[5]

美国自 1960 年开始允许实行人工授精，通过这种方式生产的孩子至今有50 多万，多伦是其中之一。据估算，到 2000 年，将会有 150 万美国人是通过人工授精生出来的。[6] 接受人工授精的妇女，有 2/3 是单身。[7] 她们想要孩子，但找不到"合适先生"（Mr. Right）。

当代妇女运动中的女权主义者犯了一个极大的错误，自以为妇女不想受孩子拖累。结果是，她们一直不把生育和养育列入自己的解放的生活观中。这个"错误"造成了严重影响。

在19世纪，女权主义者极其尊重母亲之地位。正如伊丽莎白·凯迪·斯坦顿在1885年向全国妇女选举权联合会致辞中所说的，"母性无疑是人类心中一种最柔情的动力和活力，而不是一种限制"。[8]因此，这些早期活动家不认为要把为人之母列为女权主义的重点问题之一。她们认为自己的母性职责是理所当然的。她们之所以持有这种态度，是因为那时在富裕家庭中，大多数家务都由仆人来承担，她们自己则是有特权的人。因此，她们不曾认真想过，如果妇女既要成为母亲又要成为劳动者，她们会需要什么样的支持机构。

在现代时期，情况走向了另一个极端，以致有些新一代女权主义者公开反对当母亲和生孩子。她们将家庭和母性的生理功能，视为男人为自己利益而役使妇女的关键机制。[9]激进女权主义者甚至设想出一种乌托邦：分娩不需母体主宰而靠科学。[10]当代女权主义者不但不去帮助妇女解决她们的双重负担——家务和职场工作，反而鼓励她们不要结婚生子。

1848年组织塞内卡瀑布大会的五位妇女——伊丽莎白·凯迪·斯坦顿、柳克丽霞·莫特、马莎·科芬·怀特、玛丽·安·麦克林托克和珍妮·马斯特·亨特，后来都结了婚，并且都有了孩子。斯坦顿后来就这个小组成员写道：她们"并不像报纸所宣称的那样，她们既不是乖戾的老处女和没孩子的女人，也不是离婚的妻子"。[11]即使是最著名的女权主义者苏珊·B.安东尼，尽管她未婚未育，对孩子也很温柔。1857年9月，她在给斯坦顿的信中写道："生育是生物体最高级和最神圣的功能……做母亲，做父亲，是人类最好和最高的愿望。"[12]安东尼经常是自己抱着孩子，搅拌着沙拉，以便给她的朋友和合作者伊丽莎白·凯迪·斯坦顿腾出时间，让她为女权主义事业写讲演稿和散发传单。

这些早期女权主义者不认为做母亲是一种负担。斯坦顿可能是个例外。她觉得生养7个孩子确实妨碍了她的政治活动。拥有中产阶级的地位、足够的仆人、不用事事操心，她们当然不会被她们的母性角色困扰。她们生孩子本身可能有危险，但孩子一旦出世，她们就有仆人照看孩子。正如我们在第十一章将要读到的，在1940年代以前，谁都不会去想孩子出世后要靠母亲照顾好几年的问题。埃米莉·戴维斯在1870年代写道："一个活泼、生活有方、受过教育的妇女，如同一般主妇一样，在能干的仆人帮助下，每天用1小时处理家务绰绰有余，不用花太多时间。"[13]

因此，尽管19世纪的女权主义者非常看重家庭和孩子，但她们并没有感到有必要去减轻作为母亲的负担。她们认为，母亲和妻子理应是保姆和厨师，只是更繁重的家务通常由仆人阶层来做。这些早期的女权主义者，可能是把孩子作为生活的娱乐项目来看待的。"一名职业妇女在婴儿保育室里待上一段时间，享受着与她孩子交流的快乐，会发现这是一种休息和恢复精力的方式。"[14]

在女性主义萌生的这一早期阶段，也有一小部分女权主义者将家务和照看孩子视为妇女不平等的基本原因之一。这些社会女权主义者在19世纪和20世纪之交甚为活跃。那时，在夏洛特·铂金斯·吉尔曼的领导下，她们在妇女家庭生活中设定了一个"宏大的家务革命"。她们为妇女的家务劳动要求工资，提出美国家庭设计的改造。她们成立家庭主妇合作社，设计一种无厨房的房子、日托中心、公共厨房、小区就餐俱乐部。吉尔曼的建议包括了为职业妇女和她们的家庭特地建造的公寓式房屋：

> 今天，在我们任何一个较大的城市里，如果为职业妇女和她们的家庭建有宽敞、设备齐全的公寓，就会被立即住满。这些公寓将不再有厨房，但会有一个属于整栋楼的厨房。在厨房里，家庭成员可以把饭端回自己的房间去吃，或就在一间公共餐厅吃。这依据个人选择。这将成为一个大家，清扫工作由高效的工人来做，由房管经理来安排，而不是由家庭单个雇人来做；有屋顶花园、日托点和幼儿园，有受过良好训练的保育员和教师，他们可以保证孩子受到合适的照顾。[15]

吉尔曼为社区孩子的抚养问题进行辩论，认为一个孩子"如果每天有一定时间与其他孩子一起玩，知道他是其中的一员，这对孩子非常有益，孩子长大后就不会那么害羞"。至于对母亲，"她也会爱孩子，也许更爱；当她不

是每小时都与孩子待在一起时，当她在孩子的生活和自己的生活之间来回转换时，那种高兴和力量会每日俱增"。[16]

吉尔曼的新颖观点受她个人经历的影响。她经历过离婚，在条件十分艰难的情况下拉扯大一个女儿。由于她的生活不像 19 世纪其他女权主义者过得那样舒适，因此她对如何把家庭责任与职业生涯完美结合所存在的困难有较深的理解。吉尔曼生活在 19 和 20 世纪之交辩论激烈妇女选举权的时期，她坚持认为，与提高妇女经济地位相比，选举权并不重要，更重要的是发展减轻妇女家务和养育义务的扶助设施。依她看，如果妇女要完全加入社会的主流，此种服务的存在至关重要。以下是吉尔曼的雄辩词句：

> 我们的既成生活是这样的：男人有一个家，有家庭，有爱，有友谊，有家务和为人之父的生活，但他还是时代和国家的积极公民。但另一方面，我们还面临这样的生活，即一个妇女必须进行如下"选择"：要么单独生活，没有爱，没有伴，没人照顾，无家，无孩子，在世界上只有工作是她的唯一安慰；要么为了爱的欢乐，做母亲的欢乐，以及做家务的欢乐，就必须放弃所有其他的一切。[17]

但是，谁也不应夸大这一另类群体的影响力。这些早期的社会女权主义者人数很少，很难影响当时的社会观念。在 1920 年前的半个世纪中，只有大约 5000 名男女参加了这种旨在改革家务劳动的实验，与此后 20 年妇女选举权联合会人数一下子增加到 200 万形成鲜明对照。在 20 世纪初，女权主义活动主要是为争取选举权而斗争。

然而，尽管美国的社会女权主义者形象不太高大，但她们却提出了妇女解放的另一种见解，这种见解使她们更像欧洲的社会女权主义者，而不是像美国主流运动那样强调平等权利。

在 1920、1930 年代，这些观念大都被女权主义者放弃了，特别是社会女权主义者受到了直接的政治打击。在第一次世界大战后的几年里，社会动荡不安，到处是失业和罢工。当时的政治境况十分脆弱、紧张，妇女组织受到猛烈攻击。人们认为，妇女们是在利用刚取得的选举权，试图实行一些不受

欢迎的社会变革。在 1919 年和 1920 年，隶属美国国防部的战争部首先发难，设计出一张臭名昭著的网络图，把女权主义者的活动和组织列为"红色网络"的一部分，说她们企图用和平主义和社会主义搞垮美国。所有温和的妇女团组，包括青年妇女基督徒联合会、美国家庭经济联合会、妇女选民联盟等，都受到了污蔑和丑化。但是，社会女权主义者蒙受的罪名更大，非议更多，说她们是"自由爱情主义"（free lovism）、"不自然的母性"（unnatural motherhood）、"未来的婴儿养育者"（futuristic baby raising）。[18]

早在 1920 年代，政策制定者们就在考虑一种策略，即以长期抵押的方式为男性提供购买郊区小住宅的机会，从而促进社会经济的和谐。这样既可平息男性的不满，又可确保妇女不受危险的女权主义观念的诱惑。正如当时一家出版刊物所写的，"普遍拥有家庭住宅，长期以来被认为可以培育稳定和保守的习惯……男人拥有房子，在某种意义上说，也是房子拥有他，可阻止他的轻率行为"。[19]如果男人被定义为房主，那么，妇女就是这个新时代的住宅管理者和消费者。这种新哲学是在 1931 年开始流行的；当时，赫伯特·胡佛总统召开了关于房屋建造与房屋拥有权的全国会议，旨在使男人赋有"良好的性格和勤勉的习惯"。[20]

尽管那一代新社会保守党人有这样的大计划，但由于经济大萧条的来临和另一场世界大战的爆发，他们不得不一直等到 1940 年代末期，才有条件让人们接受他们的思想。正如我在第十章将要描述的那样，第二次世界大战后，涌向郊区成为趋势，妇女更被牢牢地固定在各自的家中从事繁重的家务劳动。在 1960 年代末期，当妇女开始反叛时，她们已习惯于生活在三室两厅和设施齐全的房子里了。她们对前一代的社会女权主义者毫无所知，质疑她们为什么把"独户住房"（single-family home）视为妇女解放的理想状态。

与 19 世纪的女同胞们相比，现代女权主义者不知什么是为人之母。那时的妇女解放运动绝不忽视儿童，而当代许多女权主义者则对为人之母和孩子都不屑一顾。

有些女权主义者讨厌孩子，有些则看轻或贬低孩子，只有极少数人把孩子视为一种充实和平等生活的一部分。贝蒂·弗里丹在 1963 年发表的《女性的奥秘》一书中，就把主妇们面临的各种苦恼视为"无法定名的问题"（the problem that has no name）。人们甚至可以说：*为人之母是现代女权主义者无法面对的问题。*

我自己在巴纳德学院的经历很能说明这一点。巴纳德学院拒绝实行产假政策，对协调职业和母性责任漠不关心，这显然有违巴纳德学院享有的女权堡垒之名。我的同事中有许多是积极的女权主义者，反对产假政策，并指责我想"搭便车"。那时，我感到迷惑不解，有一种被出卖的感觉。不知什么原因，在巴纳德学院争取享受产假政策，比在其他以男性为主导的地方还要困难。如果我那些解放的女同事认为我不应该因流产或生产未足月婴儿而休假，她们也许是对的，而我则可能是自我放纵。后来我发现，她们对我的反应是全国趋势的一部分。现代妇女运动不只反男人，也反孩子和母亲。

在妇女运动的早期激进阶段，一些书名颇能说明问题：吉尔·约翰逊的《女同性恋国》，宣称异性恋是一种不忠的女性形态；杰梅因·格里尔的《女阉人》，在为女性的性无能寻找解释；凯特·米利特的《性政治》，把人的问题变为政治问题，性被定义为权力之争；凯瑟琳·佩鲁茨的《婚姻是地狱》，认为婚姻就是如此；埃伦·佩克的《婴儿陷阱》，论证婴儿如何和为何与解放不兼容。那个时代的口号令人瞠目结舌，如：婚姻是地狱；性是政治；交媾即是谋杀；已婚妇女是娼妓；婴儿是陷阱；性交是强奸；爱是奴役；家庭是监狱；男人是敌人。

"剁碎男人协会"（Society for Cutting up Men）1972 年的宣言，可以说反映了当时的极端思想：

> ……摆在具有公民意识和具有责任感的女强人面前的使命，就是去推翻政府，消灭金钱制度，建立完全的自主，毁灭男性……现在，技术已使无须男性帮助（也可以说无须女性帮助）就可生育，还可以只生女性。我们必须立即开始行动。男性只是一种生物学偶然：Y 基因（男性）是一种不完整的 X 基因（女性），也就是说，男性有一套不完整的染色体。换句话说，男性是一个不完整的女性，是一个会走路的堕胎，其在基因状态就被堕了。[21]

第八章　妇女解放与为人之母

许多激进女权主义者团体如"红袜子组织"，也发表过类似的声明。

众所周知，激进女权主义的首要靶子就是男人。《红袜子组织宣言》说，"所有男人都从男性霸权中得到了经济上、性上以及心理上的利益。所有男人都压迫妇女"。[22]男子是头号敌人，但家庭、婚姻和孩子也受到直接攻击，因为孩子是使母亲长期成为二等公民的原因。"不废除婚姻，妇女就得不到自由。"[23]然而，自从妇女们既做妻子又做母亲在家庭所有方面都起重要作用以来，她们也成了女权主义运动攻击的重要靶子。做一个精心养育孩子和对孩子无微不至的母亲，做一个充满爱意、支持丈夫的妻子——1950年代成熟妇女所追求的至高目标，被看作脆弱、无能的标志。在这个到处活跃着解放妇女的新世界中，这些角色将被统统消灭掉。作为女人面临的问题，不可能用消除压迫甚至毁灭压迫者来解放；妇女问题，是包含在"妇女就是有女性特征"之中的。在1960年代末期70年代初期，大量年轻的女权主义者将婚姻、为人之母及孩子都视为妇女生活的糟糕选择，一味地加以摒弃。要想得到解放，就要消灭所有女性特有的特征，只留下作为抽象人的阴阳躯壳。卸下男人这个包袱，卸下作为女人的包袱，就成了没有羁绊的妇女，她们就能够加入社会主流之中，并在劳动市场成为与男性竞争的对手。

一些新潮女权主义者，都想逃离1950年代那种极端家庭化的世界。贝蒂·弗里丹就很典型。当她撰写《女性的奥秘》一书时，她努力地想把自己从那种做了15年家庭主妇的生活中解脱出来。在那些年里，她带着3个孩子，并且婚姻也非常不幸。她的拯救办法是解除家务。在她看来，那些家务事只是一些"由无能女子和8岁孩子就能完成的任务"。[24]直到20年以后，她才重新审视作为一个母亲的身份。在1982年写的《第二舞台》一书中，她写到了自己当祖母的快乐，承认孩子和家庭在妇女生活中的重要作用。于是，她得出结论说："妇女运动的失败在于忽视家庭。家庭成了我们反对妻子—母亲角色的极端反应。"[25]

格洛丽亚·斯泰纳姆是另一类人物，是一位选择不要孩子的现代女权主义领袖。不要孩子，无疑受她个人经历的影响。在她那非常具有感染力的文章《鲁斯之歌》中，她描述她的母亲鲁斯"是一个朝气蓬勃又富有冒险精神的年轻妇女，她努力走出工人家庭，上了大学，找到了她所喜爱的工作"。

但是，所有这一切都是在"她放弃自己的事业全力以赴帮助我父亲以前的事"。[26]鲁斯首次精神病的发作，是由于"在那好几年里，她试图照看好孩子，又摊上了一个虽然好心但经济上不怎么负责任的男人"。[27]作为鲁斯的女儿，格洛丽亚显然想尽量避免这种婚姻和孩子的陷阱，这也反映到她的女权主义观中。在1983年出版的《强暴行为与每日反叛》一书中，她收集了自己的27篇论文，包括《生殖器割除的国际罪行》和《女性身体的赞歌》等辛辣文章。除了描述她母亲的生活之外，没有一页讲述为人之母、家庭以及孩子方面的问题。

在1960年代和1970年代末期，大多数站在妇女运动边沿的妇女们，都试图忘却1950年代那些快乐的家庭主妇——母亲们，忘却她们的"独特女人味"以及她们对养育孩子的献身精神。她们对"上帝特别赐予妇女穿裙子的独特能力"，[28]毫无兴趣。但有许多例子表明，1950年代的女人们穿着并不怎么样。在1960年代反主流文化的反叛期间，成千上万洋娃娃似的女人被他们的丈夫弃之一边，成为令人同情的"流离失所的家庭主妇"；还有一些妇女，天天靠酒精和安定药来医治"空巢综合征"。

如果我们母亲的生活少一点造作（或多一点务实），现代妇女或许不会这么激进反叛。不论怎样说，当代女权主义者"是把婴儿和洗澡水一起泼掉了"。25岁女性的魅力和一种使人联想到印度妇女的生育力，所有与母亲形象沾边的东西，都成为现代妇女运动诅咒的对象。

我们常常听说，那些"解放者们"夸夸其谈，一般妇女都不搭理她们。她们烧掉自己的乳罩，称一些可敬的男士为"沙文主义猪"，平常百姓见到她们都躲着走。我认为这种解释没有说服力。每一次革命，既然压迫者对于理智之声常常装聋作哑，那就需要大声疾呼。比妇女运动的语言更消极的，往往是这样的事实：广大妇女为人之母的共有经历（性之外），常常被否定、反对和排斥。这样一来，妇女运动就疏离了自己的主要支持者。绝大多数妇女在其人生的某一时期都有过孩子，少有妇女不爱儿女的。对大多数母亲来说，孩子构成了她们生活中最富有激情的一面。当你想排除和贬低妇女生活中最深厚的情感时，绝不可能组织起团结一致的女权主义运动，更不用说组织一种分离性的女权主义运动。把妇女运动搭建在反男性的平台上很难，但也有可能搭建起来。在这个世界上，毕竟生活着一些离异女性、寡妇、同性恋者和单身主义者，她们中间有许多人憎恨男性。但是，若把群众性的妇女运动搭建在反孩子和反母亲的平台上，则是不可能的。

现代女权主义者无视这个逻辑，不能善待有孩子的妇女。女权主义者朱利叶·米歇尔的观点就很典型。在《妇女庄园》一书中，她将有家庭的妇女描绘为"心胸狭隘、量小善妒、感情用事、滥施暴虐、依赖性强、异常自私、占有欲强、消极被动、缺乏远见、倾向保守"。[29]这里有必要提醒读者注意，这幅肖像不是由一位仇视女性的人画的，而是出自一位女权主义者之手。米歇尔进而写道：如果家庭中的妇女是可鄙的话，那么家庭本身"从本质上来讲……将阻碍未来"。[30]

舒莱密斯·费尔斯通运用她基于性本身的历史理论，提出了一种主体女权主义观点。费尔斯通认为，如同消灭经济阶级需要无产阶级的反抗、掌握生产资料一样，消灭性别阶级也需要妇女的反抗、抓住生育控制权。她说，不仅必须消灭特权，也要消灭阶级差别和性别差别。在她的解放纲领中，孩子对母亲的依赖将由一小群成年人来承担。

由此，费尔斯通提出了一种社会框架，在这个体系里，"生物家庭的枷锁将被打破"。[31]但她设想的体系，意味着妇女的自由只能靠废除为人之母才能做到。这是一种乌托邦式和不切实际的建议，问题不可能有效解决。尽管像费尔斯通这样极端的女权主义者是少数，但把为人之母的问题抛在一边的倾向，始终存在于现代妇女运动之中。

人们不难看到，女权主义者对堕胎、强奸、女性性高潮、女性同性恋权利以及第三世界的女性割礼等问题喋喋不休，但很少思考为人之母的问题。在一部探讨妇女解放运动的畅销文集中，74篇论文中只有《咱们姐妹有力量》这篇文章涉及为人之母的问题。[32]在这部文集中，我们可读到《性高潮之术》一文，可欣赏到诗歌《野鸭交欢之歌》，但就是找不到有关生育或抚养孩子的只言片语，而这恰恰是大多数妇女生活的中心议题。

值得一提的是，讨厌孩子不限于女权主义运动的激进派。妇女运动的主流对为人之母和家庭问题也持冷漠态度，有时甚至是憎恶。在最近15年里，全国女权主义组织（如NOW和WEAL）优先考虑的问题，是《平等权利修

正案》和堕胎问题。而其他问题，如获得信贷、教育机会平等、妇女参政等，则被放到了第二位。而幼儿保育问题，则被排在最后一位。我们在第六章和第七章中说过，女权主义者还没有把产假列入自己的议事日程。

妇女运动的各种纲领，一般都包括幼儿保育，但从整体上说都是敷衍塞责。例如，在 1977 年休斯敦国际妇女大会上，几乎没有谈及幼儿保育。大会的热点问题是《平等权利修正案》、堕胎、性倾向。[33]在大会通过的 30 页《全国行动计划》里，幼儿保育仅占半页。[34]在其他会议上，幼儿保育都与生育自由和自我控制问题混合在一起。例如，团结妇女大会（Congress to Unite Women）号召"消灭所有强迫妇女违背其意愿生孩子的法律和做法"。[35]该大会还强烈提倡"子宫外妊娠的研究"。主流女权主义者通常将母亲问题视为大多数妇女应避开的事情。

在一次会谈中，幼儿保育专家达纳·弗里德曼向我谈到了她在华盛顿的 6 年经历。她说，她四处游说，试图使国会通过几项幼儿保育立法。达纳指出，"女权主义组织从不把幼儿保育看作头等问题，并不是说她们坚持不把幼儿保育放到优先地位，而是说她们从未对此投入任何真正的努力"。达纳停顿了一会儿，然后若有所思地说道："她们似乎想树立好形象，不想被指责不支持政府对幼儿保育提供资金。但是，她们把幼儿保育看作一个与母亲身份紧密相连的问题，是为人之母应尽的问题。在休斯敦大会上，幼儿保育问题被列入了所有 15 个议题的第 14 个议题。我认为，这正好反映了女权主义者对幼儿保育的重要性认识——它是第十四项优先考虑的问题。"[36]

弗里丹在《第二舞台》一书中说到，有许多女权主义者认为，1970 年"白宫家庭问题会议"不值得参加。她还谈到 1979 年秋，她在请求妇女运动认真对待家庭实际问题时，得到的反应极为冷淡。[37]妇女对自身支配权的问题，使得有些女权主义者既可讲为人之母的问题，又可避谈这个问题。自然分娩问题，就是这种变戏法的一个好例子。1970 年代，自然分娩是那些想帮助母亲的女权主义者热衷的话题，但她们同时又特别关注女性经验。分娩与其说是生孩子和成为母亲的时刻，更不如说是妇女为其身体和自我实现而自豪的时刻。

1971 年在加州建立的首批生育中心宣称的宗旨是："基于分娩及其过程，

姐妹应结成联盟……我们认识到妇女的自然能力……我们应有我们自己的分娩权、自由以及为我们自己决定分娩方式。"[38]热衷于自然分娩运动的人坚信"医生历来是妇女的敌人","大多数产科医生尤其如此。产科医生迫使妇女成为无助、愚笨、可笑的角色，而他们则被选来扮演他们病人的上帝"。[39]

这样，分娩（像强奸和堕胎一样）被演绎成另一种争取妇女主宰自身权利的斗争，或像性功能一样，是妇女的一种宝贵经验。有些主张自然分娩运动的见解是正确的。在 20 世纪中期的几十年里，在医院分娩也许已变得太技术化，分娩过程很少征求孕妇的意见，然而，自然分娩运动给自己套上了枷锁。我自己在生孩子时就发现，所有强调女性要通过分娩过程来证明自己是女性的办法，任何大谈伟大的"分娩体验"的论调，都容易让女性产生失败感。自然分娩运动对亲情的核心问题，几乎总是起妨害而不是促进作用。

1977 年，当海伦怀上第一个孩子时，她已 31 岁。她和丈夫十分热衷于自然分娩。海伦说，"我们十分理想化。像我们的许多朋友一样，我们相信妇女的解放运动，我们认为要忠实于这个运动，因为它可以使我们自己支配自己的身体，体验一生中的伟大时刻。这种念头对一对夫妻如此美好，如此温暖，如此具有诱惑力，让我们决定自然分娩"。

海伦和丈夫吉姆决定去上产前培训班"拉玛泽"（Lamaze），得知分娩不会带来伤害，只要做一些呼吸练习，选择一个备有"雷波"（Leboyer）分娩的产科医生就可以了。雷波是自然分娩的重要条件，意思是分娩将在一间安静黑暗的房子中进行；要使用分娩椅；脐带不立刻剪断；新生儿放在母腹上，可马上哺乳；婴儿随后的体验之一，就是将其漂浮在一盆温水中。海伦和吉姆有幸找到了能提供这种分娩方式的产科医生和一家医院（华盛顿中心医院）。

海伦和吉姆满心喜悦地准备一切，精心策划，仔细安排；但女儿的出生过程却给他们留下了深刻的心理创伤。

海伦经历了难以言状的疼痛和长达 30 小时的生产过程。根据她的嘱咐，产科医生没有施用任何药物，并且全力避免剖腹产。在经历 29 小时阵痛后，海伦陷入难产状态，婴儿生命陷入危险之中。婴儿心跳开始变得不稳定，并且停跳了一会儿。产科医生使用产钳，通过手术才把婴儿取出来。劳拉出生

时，嘴唇发紫，面部铁青，毫无生机。医生来不及告诉他们孩子是男是女，立即把孩子送进了急诊室。海伦说，她将永远记得产后那一阵侵袭她全身的可怕感觉："我感到被宰杀似的，痛苦难耐；我感到，我被我生命中那最伟大的体验骗了，失败感一下子袭上心头。"奇怪的是，在产后那一阵，海伦坦白说，她几乎没有想到劳拉。她如此相信自然分娩的说教，然而她的亲身经历却击垮了这种说教。她一辈子也忘不了这个教训。

后来，海伦深陷对劳拉的担心。她被告知婴儿有心脏病，6个月后要接受矫正手术。医学专家告诉海伦和吉姆，他们孩子的心脏病是先天性的，与难产毫无关系。但是，海伦对此将信将疑。"劳拉的出生那么费力，显然对她的心脏会产生巨大压力。"她继续不无后悔地说，"如果我不是那么理想主义的话，不那么尽力避免剖腹产的话，我们就可能避免在劳拉出生后连续数月的焦虑。"

海伦对自然分娩一事的回顾性评价非常中肯："我现在认为，自然分娩会阻挠良好的医学实践。自然分娩无论多么时髦，如果我再生孩子，我会变得现实一点，无论如何，不再让自己受罪。"[40]

海伦和吉姆心中都有痛楚，他们共享的分娩经历已被疼痛、创伤以及失败感"破坏了"。但是在很大程度上说，他们又是幸运的：他们的孩子现在发育良好，活泼可爱。生个健康的孩子，毕竟是怀孕和分娩的最终目标。

即使在现代社会，身心痛苦和悲剧仍会伴随分娩过程。当我因流产而失去怀孕6个月的双胞胎时，当我面临早产而带来的身心问题时，我想我就是受苦的命。我感到我应该提醒上帝，这是20世纪下半叶，妇女应该是带着喜悦和轻松的心情经历怀孕和分娩。我想，那只有在19世纪的小说中，妇女生孩子时才受罪。尽管如此，但怀孕和分娩的奇迹仍是妇女向往的。

的确，现代妇女通常不会因生孩子而送命，孩子通常也能经受住出生的考验（尽管美国的婴儿死亡率比欧洲高）。但是，生育、流产以及分娩本身可能带来的问题，仍使妇女感到害怕。

在现代生活中，具有讽刺意味的是不育率陡增。在近20年里，性病急剧增加，在子宫放入一根聚乙烯棍（IUD）的避孕方式也不断增多。这两个因素促使妇女骨盆炎发病率上升，导致不育率升高。[41]人们大讲性革命，这可不是令人愉快的副产品！

阿兰·伯克利是纽约医院的一位产科医生，对高危产妇非常熟悉。他这样说道："有15%的夫妻面临着不育的严重问题，不育的概率是随着年龄增大而上升的。妇女的不育率始于30岁；一位40岁的妇女有40%的概率不能生育。"现代医学只能使不育率下降5%；而且，医疗过程包括步骤和手术都不那么舒服。按照伯克利医生的经验，大多数夫妻不经过2—3年的治疗，是不会放弃就医的。

流产也是一个大麻烦。今天有15%—20%的怀孕妇女最后会流产。流产让许多妇女遭受痛苦。贝克利医生指出，"流产令人心烦意乱，特别是对于一个30多岁的职业妇女，她们等待好多年才成家。流产以后，这些妇女更想要孩子，以至于她们愿意重新规划自己的生活，有些人甚至辞掉了工作；有人甚至愿意在床上躺9个月，就是为了能有一个孩子"。[42]他的话，令我想起了我失去双胞胎时的绝望。我也是这样，为了再怀一个孩子，我暂时放弃了其他生活。

最后，分娩本身也不是简单的事。在美国，有30%的分娩是剖腹产；尽管有些剖腹产可以"斟酌"，但大多数家庭为了母亲或孩子的安全选择剖腹产。对那些想要自然分娩的妇女来说，许多人经历了剧烈的生产疼痛，无法达到所谓的理想境地。我在第二章里说到过，在我上的产前培训班里，12位妇女中仅有3位感受到分娩带给她们的轻松和喜悦，与她们在课堂上所学到的情形相符。

因此，对于成千上万的因不育、流产或自然分娩失败而遭受痛苦的妇女来说，妇女运动所推崇的"伟大经历"似乎是一个残忍的笑话。当我们这些在职妇女终于能生孩子时，我们所需要的是对我们所面临的问题给予具体支持，而不是让我们上提高思想觉悟课。靠保持清醒头脑是不够的。当今时代的妇女需要支持。当她们遇到生育困难时，当她们需要昂贵的医疗护理时，当她们需要给予明确回答的产假时，她们多么需要支持呀！美国的妇女运动，至今没有提出其中任何一条要求；这些支持，还没有摆上女权主义者的议事日程。

美国妇女运动对当母亲和生孩子不屑一顾。天天照看孩子，被形容为

"无异于同一个大小便失禁的有心理缺陷的人生活在一起",[43]而怀孕,则被说是"为了留种,不得不毁掉个人形体"。[44]甚至是比较温和的贝蒂·弗里丹,对 1950 年代的妇女也多有微词,说她们"与孩子之间有一种病态的和令人悲哀的爱"。[45]

所有这些言论,不仅使男人(被称为妇女的头号敌人),也使妇女做出了迅速强烈的反响。妇女也许渴望自由,但并不是说不要家庭。如果参加"姐妹同盟"就意味着抛弃丈夫、孩子、家庭、爱情和抚养责任,那么,她们情愿不与她们的姐妹结盟。

如果安妮塔·布赖恩特和马拉贝尔·摩根成为女性卡通人物,他们的对手一定会是女权主义者卡通;而且,如果二者必选其一的话,许多妇女宁愿选择那充满女性味的卡通。这是因为,在半真半假的夸张中,施拉夫利对女权主义形象的评论,使人们对女权主义的市场产生怀疑。妇女运动对许多重要问题的忽略,损害了自身的形象。如果仅仅通过藐视成千上万的妇女,试图把家务劳动与市场价值联系起来,操持家务就可能会当成一种行业而受到玷辱。而那些女权主义者,总是与许多妇女唱反调,她们始终在贬低而不是提高家务劳动的价值。婚姻可能会产生新的束缚,但它也产生了新的自由方式;而解放者和离婚者所吹嘘的独立,往往带有孤独和贫穷的意味。孩子需耗费大量精力,但也带来欢乐和充实;孩子不是使妇女的生活天地变小了,而是扩展了其生活境界。至于职业,尽管它可能赋予妇女在劳动市场中某种地位,但对大多数妇女来说,职业都是一些单调乏味的苦差事,是限制而不是增加了她们的生活乐趣。

在 1970 年代,所有这些思想意识上的困惑,造成了对家庭主妇和职场工作者、对为人之母和反为人之母的两极分化,这种分化一直贯穿于争取《平等权利法案》的始终。

第九章 《平等权利修正案》：一个判例

当我开始研究美国妇女运动时，就知道我得接受《平等权利修正案》（以下简称《平权案》）的惨痛失败。1970 年代和 1980 年代初，我加入东海岸的自由派，振臂支持批准《平权案》的运动，捐钱请愿，游说拉票，倾听专家的讲演。专家们称《平权案》是一项措施，"将会完全彻底地、肯定无疑地、旗帜鲜明地确定这样一个主张：法律面前男女一视同仁"。[1] 坦率地说，我当时不能理解《平权案》为何引起如此激烈的争议，简直无从解释《平权案》为何被击败，尤其是民意测验告诉我，《平权案》得到绝大多数美国人的支持。

与每个人一样，我也听到了许多关于菲利丝·施拉夫利的谣言。有人说，尽管她似乎对《平权案》的失败负有责任，但事实上，她只是一个挡箭牌，掩盖着美国政治中疯狂的右翼分子策划的一场肮脏的富人阴谋。

我一点也没有想到，在完成本书的案头工作之前，我会对施拉夫利的运动抱有极大的同情。确实，再别指望我投一票了。一位伤心的支持者悲哀地然而一针见血地指出："好像是《平权案》越受人欢迎，人们对它的了解越少……争论拖得越长，流露出对《平权案》实质的怀疑和恐惧就越多。"[2] 这正是对亲身经历者的写照，我对这项立案越了解，就越不支持。

呼吁通过一项《平权案》并非是 1971 年才有的新鲜事，自 1923 年起，修正案就提交到每届国会，并且至少有三次得到了认真的考虑，分别是 1946 年、1950 年和 1953 年。1970 年，由密歇根州国会女议员马莎·格里菲思领导的一群女权主义者，成功地推动《平权案》通过国会小组委员会进入国会辩论。鉴于《民权法案》通过不久，大家都以为通过《平权案》的时机到了。支持者认为，任何一个相信简单平等的人都一定会支持《平权案》，因为它的内容只是："（1）美国及其各州不可以由于性别的原因，否认和剥夺法律规定的权利平等；（2）国会有权通过适当的立法，实施这一条款的规定；（3）本修正案在批准之日的两年后即可生效。"

正如卡罗尔·菲尔森塔尔在描述争取批准《平权案》的斗争中记述的那样，[3] 美国众议院于 1971 年 10 月，以 354 票对 23 票通过，参议院于 1972 年 3 月以 84 票对 8 票通过，对此没人感到意外。《平权案》的反对者只是极少数。赫伯特·汉弗莱支持它，乔治·华莱士也不反对；贝拉·阿布朱格高呼拥护，斯皮罗·阿格纽也不唱反调。

当国会将《平权案》送交各州批准时，各州都立即通过。在参议院批准后的几小时内，夏威夷州一致通过；内布拉斯加州急于争当第二名，隔天就全票通过；特拉华州更急切，竟在参议院批准前的 1 小时 40 分，就提前通过了，这致使法院对该州的通过程序提出了质疑。3 个月内，就有 20 个州批准通过，一年内达到 30 个州。再有 8 个州，就能使《平权案》获得美国宪法规定的 2/3 绝对多数，而且，在 1979 年前获得另外 8 个州的支持，也不为迟。

1973 年 3 月，离《平权案》批准时限到期还剩 6 年，女权主义者预计，在 2 个月内，就可得到另外 8 个州的批准；然而，有一个因素她们没能预见：菲利丝·施拉夫利和她指挥的"阻止《平权案》"草根运动。

施拉夫利是一位右翼政治活动家，曾因成功地推举巴利·高德华特作为 1964 年共和党总统提名人而蜚声全国。1972 年年初，她决定反对《平权案》。[4] 作为传统主义者，她认为该案极大地威胁到家庭生活和现有的男女分工。作为保守分子，她发现《平权案》极其危险。西拉弗莱是小政府理念坚定的信仰者，认为《平权案》的第二款与第一款一样糟糕。第二款给予了美国国会执法的权利，第一款规定了严格的法律权利平等。根据她的看法——许多法律界的专家也有这样的看法，第一款会要求各州大规模修改法律条文，例如涉及婚姻、离婚、儿童监护和收养方面的法律条文，而第二款则给予华盛顿这样的权力，即一旦州法律条文不符合，华盛顿就可加以修改。

当《平权案》1970 年提交到国会时，提案人删掉了海登的修正附加条款，这一条款 20 多年一直作为悬而未决的修正案的一部分。此附加条款指出："本条款的规定不可构成危害法律赋予女性的任何权利、福利和豁免。"[5]参议员卡尔·海登认为，妇女为了取得平等地位，需要更多不同于男子拥有的权利。1970 年，当《平权案》在参议院辩论时，参议员萨姆·欧文提出 9 条修正款，重申了这些限定条件，因为这 9 条修正款明确具体地保留了对妻子、母亲和丧偶妇女的优惠法律条款，免除了妇女服兵役和作战的义务。但是，欧文的限定条件无法为众议院所采纳，故 1971 年最终在国会通过的文本中不包含任何例外条款。

施拉夫利尤为忧虑的是，送交各州批准的《平权案》文本要求绝对的平等。她甚至还说，如果国会保留了海登的附加条款或欧文的修正款，她是会支持《平权案》的。删除这些附加条款就意味着，一旦《平权案》被通过，各州就得一视同仁地对待男女。举一个例子来说，要求丈夫赡养妻子的法律条文反倒违宪了。1975 年 6 月，施拉夫利在电视上与耶鲁大学法学院教授托马斯·埃默森对此问题展开辩论，据施拉夫利说：

> 我问他，依照《平权案》，纽约州要求"丈夫有义务赡养妻子"这一简洁明了的赡养法会怎么样呢，他回答说："不能一成不变。"我又问依照《平权案》会怎样改呢？他回答说，依照《平权案》，会改成义务是双方的，或者是相互的，配偶一方"在他或她丧失能力的情况下"有义务赡养另一方。
>
> 我看着他说："可是，我是家庭主妇，当然没有丧失能力。"他回答说："对的，你没有。"
>
> 保护家庭主妇权利的措施就这样被《平权案》一笔勾销了。家庭主妇作为妻子始终享有的合法赡养权，被削减为只有在她可能被认为是"丧失能力"的那段时期内才能享有的赡养权。[6]

在《积极妇女的力量》一书中，施拉夫利满怀激情地介绍了法律的成套布局，保证给予一个妻子"在家里做全职妻子和母亲，照顾孩子的合法权利"。[7]她引用了俄亥俄州的一条法律规定："丈夫必须用其财产，或通过其劳动来赡养自己、妻子及未成年的孩子。"并且，她强调说所有这样的法律会

被《平权案》一笔勾销。[8]

因此，施拉夫利宣传这样一个看法：《平权案》会削弱家庭关系，使妇女更容易受到伤害。身处危险的大多数人是没有独立的收入来源的中年家庭主妇，她们在1950年代结婚成家，那时理所当然地认为妻子养孩子看家，丈夫挣钱养家。施拉夫利也正是从这一群家庭妇女中得到了大多部分支持。

施拉夫利意识到《平权案》的一层重要含义：如果《平权案》被批准，那么，免除妇女兵役和不准许妇女参加军事战斗的联邦法就会变成违宪。大多数专家在这一问题上同意她的观点。众议院司法委员会认为，依照《平权案》，妇女，其中包括母亲，不仅要服兵役，而且，军方还被迫无奈地安排她们与男人并肩参加战斗。[9]在施拉夫利看来，这样的话，会置两性之间的天然差异而不顾，又会削弱国防力量。五角大楼的研究表明，妇女平均只有男人60%的体力，她用这一成果作为辩论的子弹。

施拉夫利强调了《平权案》的其他影响，提出接受联邦资助的女子学院（大多数都接受）将不能只招收女性，因为这样做就是有"性别"歧视。她还指出，蓝领妇女的劳动保护法，例如，免除妇女强制性的加班、准许妇女有额外的休息时间和更好的休息室的法律条文，也会变得违反宪法。正如许多修正案的呼吁者后来发现的那样，这正好击中了劳动阶层妇女的脆弱神经。我的经历就是一个典型例子。

1979年，美国经济协会（AEA）在乔治亚州的亚特兰大召开年会。我们许多自由派的经济学家对会议的地点表示不满，乔治亚州是一个还没有批准《平权案》的州，协会把会议放到这样一个落后的州，使我们感到无地自容。

为了"弥补"我们专业组织如此昏庸的判断，我们许多人都划出部分时间在亚特兰大的街上宣传《平权案》。我和两位同行去郊外的一家小纺织厂向倒班的工人进行宣传。星期五的一大早，出租车将我们送到厂门前。这是12月的一天，阴冷的天空喷着刺骨的小雨，我们紧紧地挤在一起，时髦的冬装和高跟皮靴既不挡寒，又与周围的凄冷背景格格不入。

终于听到汽笛的一声尖叫，几分钟后，夜班工人三三两两地走出厂门，我赶紧拿着传单走上前去，大声呼喊老一套口号："请读读《平权案》，它会改善所有美国妇女的生活条件。"

第一批妇女用怀疑的目光瞪了我一眼，然后毫不客气地一冲而过，我又惊异又胆怯地向后退。这些妇女的样子让我十分惊恐：臃肿的身躯，饱经忧愁的面孔，充满血丝的疲惫眼睛。这一切都使我想起我童年时在南威尔士到处都能看见的大人的模样。这些妇女的心事显然在《平权案》之外的其他事上。

　　"你今天能带一下小克里丝吗？我妈又病倒卧床了，还是背痛的毛病，我得带她去诊所。"一位妇女一边对同伴说，一边穿上塑料雨衣。她的朋友叹口气说："我想行，不过，送她来时，带些牛奶和食物。我那老头又没完没了地喝酒了，我们也没有多少东西……"她的声音渐渐消失。这两位妇女也许在工厂上完了班，但是，她们又得马上去开始干另一份工作——应付捉襟见肘的家庭生活需求。

　　最终，我引起了一名黑人妇女的注意。她比其他工人年轻，接过了一些宣扬《平权案》的传单，然后，怀有敌意地看着我。

　　"是的，我听说过你们这些（解放者）和你们的《平权案》。我在电视上见过施拉夫利，她说妇女的平等权利不是一笔好买卖，因为我们会失去许多。比如，我们这些女孩子现在有额外工间休息，厂方不能像逼男人那样逼我们去加班。"

　　谈到兴头上，她的声音也越来越高，"你应该在这样肮脏的工厂试试，一连工作几周，我敢说你就想要你可以得到的一切福利了"。

　　我试图加以反驳，"你知道《平权案》并不一定会夺走妇女的工作保护，有成效的保护还会扩大到男人的身上。如果说妇女需要特殊的福利，男人也需要"。

　　这位工人真的发火了，"如果你认为生活是公平的，那么，你一定是疯了"。她劈头盖脸地说，"我有两个不到五岁的小孩，我的丈夫啥事都帮不上忙，还有什么公平可言的呢？我为什么不应该有工间休息呢？"她把传单扔到水沟里，大步朝车站走去，在刺骨的雨中等候回家的汽车。

　　我感到被抽了一鞭，很不舒服。这是我最后一次上街宣传《平权案》。[10]

　　施拉夫利通过说明《平权案》有哪些事办不到，也赢得了支持。她指出

《平权案》只适用于政府行为，对私人业主的决定无关紧要。哈佛大学法学院的保尔·A.弗罗英德持同样的观点："除非平等被公共机构剥夺，或因某一法律条文而被剥夺，否则，《平权案》就其条款本身而言，是没有什么用途的。如果我们希望在法律公司、医疗行业和内阁中看到有更多妇女的话——不管别人怎样，我的确是这样希望的——我们必须把目光转向别处，而不是现在提议的修正案。"[11]

施拉夫利得出结论说："《平权案》将不会增加任何一项新的就业权利，不会在1972年通过的《平等就业机会法》规定的权利基础上增加任何新的权利，因为此法禁止在招工、工资和提级方面的一切性别歧视。"[12]许多法律界的专家同意她的意见，认为现有的立法，如《民权法案》的第七条和《平等就业法案》，都给予妇女与修正案一样多的就业保护。在一次采访中，一位著名的劳工和民权方面的律师对我说："《平权案》在这方面没有任何增加，说句实话，第七条在某些方面是一个更有力的法律工具。"[13]

因此，施拉夫利最后摊牌，表明自己的立场，称《平权案》是"男人解放的修正案"，其理由是修正案会夺走妇女已有的主要权利，交给男人，而又不给予妇女新的权利。她一定要使自己的观点得到法律上的有力支持，在她的促使下，芝加哥大学的法律教授菲利普·B.库兰德，打电报给伊利诺伊州的立法机构，电文如下："总体上，它（《平权案》）被错误地认为是妇女权利修正案，而事实上，受益者将是男人。我反对批准。"[14]像这样的电报有许多，最终使伊利诺伊州议会鼓足勇气，拒绝了《平权案》。

1972年秋，菲利斯·施拉夫利建立了"阻止《平权案》"的组织，自己出任全国主席。在随后的十年间，她单枪匹马，力挽狂澜，挫败了《平权案》。她如何做到这一点的，真是一段令人惊叹不已的故事。

这段故事表明施拉夫利是一位善于处理公共关系、富有灵感的活动家和战略家。她一发出号召集会，就有成千上万的妇女前来参加。例如，在伊利诺伊州，她只要通知一声59名主要干将，设在该州59个立法区的主席，就能召集自己区内1000名妇女举行一次常规游行。她通过电话网和在《鹰论坛通讯》上发通知，与他们保持经常性的联系。

只要进行有关《平权案》的辩论和投票，她的"队伍"——彬彬有礼的家庭妇女，就仿佛从天而降，个个身着镶有褶边的服装，手持刚烤好的面包或其他可口的食物。[15]她的队伍一见自己有可能成为媒体的新闻，往往会更加来劲。有一次，"妇女投票者联盟"主席鲁思·克卢森在斯普林菲尔德讲演，宣布联盟将出资15万美元支持伊利诺伊州争取批准《平权案》的斗争；这时，约翰·佩克牧师装扮成猩猩开始在讲演台边跳来跳去，然后交给施拉夫利一个牌子，上面写着"不要跟宪法捣乱"。接着施拉夫利宣布，《花花公子》刚刚给支持《平权案》的组织捐献5000美元，随后领着她的队伍唱起她编的歌"《花花公子》白尾兔来了"。[16]

但是，有组织、有眼光并不一定能够赢得战斗，菲利斯·施拉夫利面临着顽固的抵抗：从吉米·卡特、特德·肯尼迪，到贝蒂·福特、简·芳达，整个现有体制似乎做好准备，利用自己的影响和神通为《平权案》游说。

卡特总统在任职期间，利用自己的职务威望为《平权案》做后盾。就像贝拉·阿布朱格指出的那样，卡特想让人记住他是为妇女争取到平等权利的总统。[17]在1976年12月当选后，他亲自打电话给伊利诺伊州摇摆不定的立法委员，试图打破该州的僵持局面，结果是无功而返。卡特在北卡罗来纳，利用其总统的神通，说服国会议员拉马尔·格杰尔为《平权案》投关键的一票，以换取联邦160万美元资金修建阿西维尔机场。格杰尔得到了他的机场，可是，施拉夫利组织起她的"祈祷链"队伍，使《平权案》在该州又一次败下阵来。[18]

1979年10月，卡特在白宫召开《平权案》最高级会议，几百名支持《平权案》的领导人和来自尚未批准《平权案》的各州官员们参加了会议。正如《纽约时报》指出的那样，在会上，"卡特发誓政府将全力支持，包括采取具体行动……如明确地提醒那些尚未批准的州政府，告诉它们联邦政府在决定拨款和贷款时将考虑《平权案》的因素"。[19]与此同时，在1979年9月，包括《女士》和《时尚》在内的36种杂志刊登文章，讨论《平权案》将如何对妇女有利。这些杂志的总发行量，达6000万份。

现有体制对《平权案》的支持达到新高潮，到1982年在伊利诺斯受到了检验。"全国妇女组织"主席埃莉诺·斯米尔称伊利诺伊州的运动是"《平权案》历史上规模最大的一次"。[20]她组织过一次大型支持《平权案》的集会，拉拢了一大批影视明星，给政治家加油打气。吉米·卡特邀请伊利诺伊州的立法成员到白宫，许诺"将做任何有帮助的事情"，简·伯恩市长和詹姆斯·汤普逊州长为批准《平权案》积极活动（据说汤普逊拿工作、道路和桥梁来换取选票）。[21] 这是一场乱七八糟的运动。有人指控说《平权案》的支持者施加不正当的压力，至少有一条指控有真凭实据。[22] 然而，尽管有这样的压力，伊利诺伊州还是没能通过《平权案》，这已是第九次了。

回顾过往，事情似乎很明显：施拉夫利一开始反击修正案，公众对此案的支持就马上开始减退。1974 年仅有三个州批准；1975 年仅有一个州批准，16 个州反对；1977 年有一个州批准，9 个州否定。这样，一直拖到 1979 年最后时限。《平权案》创造了美国宪法上的历史，成为第一个达到 7 年时限而没有被批准的法案。然后，国会采取了前所未有的步骤，将原来的 7 年期限延长到 10 年。但延长期又到期了，还是没有被批准。给《平权案》支持者釜底抽薪的是，有 5 个已批准的州又改变了初衷，投票推翻了原来的决定。

投赞成票的州是否允许改变主意，这个问题最后由国会决定；国会拒绝被称为"公平游戏"的做法，这种做法会使各州在 1979 年至 1982 年的延长期内改变主意，从赞成转变成反对。国会的拒绝，意味着伊利诺伊这个已九次投票未过的州，到 1982 年 6 月之前还有时间投赞成票；而像堪萨斯和内布拉斯加这样投过赞成票的州，就不允许改变主意再投反对票。在一篇题为"平等权利修正案的不平等权利"的社论中，《芝加哥论坛报》指出："如果这样的政策用在妇女身上的话，那么它一定会被谴责为男子沙文主义的极端性别歧视。"[23] 然而，在游戏的这一阶段，国会是《平权案》的坚强后盾。

在解释"阻止《平权案》"运动成功的原因时，一些《平权案》的支持者把矛头指向右翼反堕胎分子约翰·伯彻的信徒们和死而复生的基督教徒们，甚至指控"阻止《平权案》"运动与"三 K 党"、"全国州权利党"（National States Rights）或纳粹党有重要联系。[24] 另一些支持者则热衷于将责任归咎于男人身上。正如贝拉·阿布朱格在描述争取《平权案》的斗争时说过的那样，"一帮死硬的政治家控制着这些州的立法，大多是在南部的州，他们一次比一次恶劣地阻挠对通过《平权案》的讨论"。[25] 女权主义者则倾向于将菲利斯·施拉夫利看成仅仅是保守的男人手中的一个工具，"就算没有菲利斯，也会有另一个右翼的芭比娃娃"。[26]

不可否认，宗教和政治右翼势力在背后为施拉夫利的立场摇旗呐喊。从斗争早期，她就拉拢天主教徒、原教旨信徒和正统犹太教徒，结成了一个看似不可能的强大联盟。他们的共同之处是害怕联邦政府干预自己主持教会的方式。但是，直到斗争的后期，施拉夫利在政治上的靠山才出现。请记住，直到1980年，共和党都在支持《平权案》；1970年代末，贝蒂·福特还是《平权案》的积极鼓吹者。同样的事实是，至今也没人能够确定施拉夫利从公认的右翼势力那里接受了多少经济资助，连大多数《平权案》的支持者也承认，"《平权案》的反对者花的钱比支持者花的钱要少得多"。[27]施拉夫利"阻止《平权案》"的组织活动，显然没有银元运动的特点；她的总部就是她在伊利诺伊州阿尔顿的家，她一般都是亲自接电话，并且自豪地说："我没有什么可以给予为我工作的人……我没有任何付酬的工作人员，哪怕是一名公关人员、一名新闻秘书、一名职业募捐员。"为我工作的人，"不会得到《平权案》支持者提供的免费旅游，或在华盛顿得到一份付酬职员美差"。[28]

"阻止《平权案》"运动之所以取得了胜利，不是因为比支持《平权案》的队伍得到了更多的资助和更有力的支持，事实似乎恰恰相反，而是因为普通的美国人相信施拉夫利的游说后面有现实的实质内容。上百万的妻子和母亲渴望保留所剩无几的维系家庭生活的法律。她们清晰地听到施拉夫利的高声呼喊："妇女解放运动太过头了，不但不给妇女自由，相反，却让男人推卸做一家之主应尽的责任。"[29]她们惶恐不安，害怕她们做妻子、当母亲应有的权利和特权被人进一步吞噬。

《平权案》的支持者说，该案将废除许多限制妇女在婚姻存续期间和离婚后权利的过时法律。可是，许多中产阶层家庭主妇却心有疑虑地认为，这对传统的家庭妇女来说并非是好消息。相对于在许多州严重地损害了妻子赡养权利的无过失离婚法和财产平均分配法，她们倒觉得这些过时的法律更有利于妇女（见第三章）。许多家庭妇女并不想要平等对待，却渴望过去的那些保证和保护。施拉夫利号召的对象就是这些"成千上万的惶恐不安的妇女，她们担心修正案会破坏美国家庭，使强奸合法化，派母亲参战……强迫心满意足的家庭主妇就业，去干她们不想干的工作"。[30]

蓝领女工已是忧心忡忡，如果再让她们有理由担忧会失去得来不易的保护性福利，那么就会有一个强大的选民群体站出来反对《平权案》。没有必要又拿男人压迫作借口来解释"阻止《平权案》"运动的胜利，有理智的妇女，无论是主妇还是工人，都有自己明智的理由促使自己去反对《平权案》的通过。

施拉夫利确实在某些具体问题上借用了右翼的能量，州权利的焦点和妇女参战会削弱国防的焦点，都对保守派具有吸引力。当她大谈性变态者（例如同性恋者）会赢得收养孩子的权利时，就是利用游离的右翼分子对此的妄想症。但是，倘若施拉夫利不是替许许多多普通的美国人说话，那么她也不会成功。这些美国人要么是不问政治的工人，害怕失去保护；要么是上百万的母亲（和父亲），她们在家庭生活中得到了深深的满足，害怕《平权案》会破坏自己的满足感。

施拉夫利在这些问题上的立场有许多不足之处，她看到了《平权案》构成的威胁，并且想要阻止它成为法律；可是，她没能提出建设性的政治方案来充实自己的立场。不过，家庭妇女毕竟极其容易受到伤害。1960年代给美国的性道德和家庭生活带来了翻天覆地的变化，到1970年代末，家庭生活开始崩溃，离婚率上升到每两个家庭就有一家离婚的地步，而对离婚妻子赡养费和儿童抚养费提供的安全保障却是千疮百孔。总之，施拉夫利誓言挽救的、可保证做全职妻子、当母亲的合法权利的法律网络，至少是不完善的。正如莉萨·沃尔1974年在《女士》杂志上的文章中正确指出的那样，"妇女往往醒来发现，这种权利给她们的保护，就像皇帝的新衣一样，自欺欺人"。[31]

至于女工，她们也没有得到足够的保护。1980年代初，40%的女工没有健康保险，60%的女工没有休产假的权利。

如果《平权案》被批准的话，可能会加快传统家庭安全网的破裂，一笔勾销女工所剩无几的一点保护性立法；而《平权案》，显然不能对岌岌可危的妇女生活状况负责。所以，否决《平权案》也不可能改变社会的大趋势，神奇般地再创造出1950年代盛行的"西方恋恋不舍的古典家庭"。[32]

一句话，如果施拉夫利要想使妇女在扮演妻子和母亲角色时感到安全，那么她要做的不仅仅是阻止《平权案》（禁止堕胎也一样）。当今妇女，无论是传统的还是非传统的，都需要一套新的权利和福利：更严厉的离婚法、儿童抚养费、产假、独立的健康保险、完满的退休福利。她们还需要更好的工作，更高的工资。正是在这方面，施拉夫利的怀旧观点对妇女是有害的，因为她没能抓住这样一个事实：绝大多数的妻子和母亲现在都参加了工作，且大多数人是因为不得不参加工作。施拉夫利没有帮助妇女在劳务市场上争取体面工资的斗争。事实上，由于她出面反对工资平等或等值的概念，使得自己的队伍经常发生相互冲突。

施拉夫利使用1984年1月整期的《菲利斯·施拉夫利报告》，讨论等值的问题。她提出将妇女的工作与（一般都是养家的）蓝领男人的工作相比较，是不合理的。她忘记了那些同样也养家的"红领妇女"。在工作和收入这两个重要方面，施拉夫利没有很好地替妇女说话。

无论她的立场怎样不全面，怎样有缺陷，但施拉夫利的支持者却正确地认为她与她们有着相似的价值观。她们相信她是真正地重视家庭，诚心诚意地想维护罗曼·洛克威尔版本的美好生活。

自由派势力从来就看不上"阻止《平权案》"运动中举足轻重的基本力量，对施拉夫利的队伍总是潇洒地嗤之以鼻，视她们为呆头呆脑的芭比娃娃（受疯狂的右翼邪恶势力一手操纵）。她们不配有自己的任何观点，更不用说有明智的观点。可是，施拉夫利在10年间，在一个又一个州取得了胜利。倘若《平权案》的支持者能够更好地体谅施拉夫利的草根选民忧虑，也许会考虑到美国中产阶层的恐惧，进而提出建设性的方案，以避免在争取批准《平权案》的斗争中浪费巨大的时间、人力和财力。

如果《平权案》的支持者更好地理解了这些问题，也许能够给自己塑造一个更好的形象。施拉夫利从来不嘴下留情，称女权主义者是"一帮反家庭的极端分子、女同性恋者、精英主义者"。[33]妇女运动也好像是千方百计地证明她的话是对的。

1977年在休斯敦召开的"国际妇女年大会"就是一个佐证。大会本来是要讨论从退休金到保育等一系列妇女问题，可是这次大规模会议的主要成果却是通过三个"热门话题"的决议：平等权利修正案、堕胎和女同性恋者权利。对许多人来说，这些问题纵横交错，无法厘清。

《时代》杂志对大会主要讨论同性恋者权利表示忧虑。[34]乔治亚州的代表及该州修正案策略家多里斯·霍姆斯警告说："如果将《平权案》与女同性恋者的诉求联系在一起，那么在保守的州就会更难通过《平权案》。"[35]尽管如此，《同性恋权利纲要》还是在休斯敦大会上以绝对多数通过了。随后出现的场面受到新闻媒体的极大关注。女同性恋者在走道里为纲要的通过大肆欢呼，"姐妹们，谢谢你们!"她们炫耀徽章，上面写着"女人没有男人，就像鱼儿没有汽车"。[36]她们放飞了几百个红色和黄色的气球，上面密密麻麻地写满这样的字眼："我们无处不在。"与此相呼应，密西西比的代表一起站起来，转身背向主席台，低下头，好像是在祈祷。

《华盛顿星报》的一篇社论指出，国际妇女年大会的首要议题，"正如越来越多的惊恐的反对者担心的那样，将许多令人感情冲动的问题联系在一起。是的，有求必应的公费堕胎、同性恋各方面的平等、儿童日托、有保证的收入、单方面裁军等，这些问题全搅在一块了"。[37]报纸专栏作家和《平权案》支持者尼古拉斯·冯·霍夫曼评论说："人们会始终以为，妇女运动将用烧烤的胎儿，设宴庆祝修正案的通过。"[38]

人们幡然猛醒地认识到，挫败《平权案》的不是巴里·戈德华特、杰里·福尔韦尔，或者任何一帮纠合在一起的男子沙文主义猪猡，而是女权主义运动疏远的妇女。女权主义运动所提倡的价值观似乎是精英主义的价值观，脱离了普通人的生活。最糟糕的是，许多妇女怀疑女权主义者鄙视她们以家庭生活为中心的价值观和抱负。

当代围绕《平权案》展开的斗争，在历史上有先例。在1920年代，平等权利的倡导者与女工保护性立法的支持者就结下了世代怨仇。回顾历史，发现早期的斗争就像是这一次斗争的一次枯燥乏味的彩排。像今天的恩怨一样，那场斗争的焦点也是集中在妇女需要什么才能改善生活命运的问题上，双方的看法大相径庭。

在20世纪初，许多社会改革者，其中包括劳工部和妇女工会联盟（WTUL）中主要的社会女权主义团体，都坚信由于妇女当母亲、做妻子的职责，再加上天生体弱，所以就要求国家进行干预，在劳动中保护她们。正如路易斯·布兰德斯在"穆勒诉俄勒冈案"中争辩的那样，妇女的"特殊的身体构造"，特别是生产哺育的功能，要求对其劳动时间有所限制。[39]全国妇女党的艾丽斯·保罗拼命反对，该党的立场是：如果通过的法律只适用于妇女而不适用于男人，那么该法律就会歧视妇女，妨碍她们在挣钱维生方面与男人展开竞争。[40]基于身体差别的论点被逐条推翻，"这是一套因个别妇女体弱而惩罚所有妇女的哲学"。[41]这样，一场令人身心俱疲的消耗战就此开始了。

1920 年代初就实施的保护性立法体系，恰似一个什锦袋。出于种种原因的考虑，有些保护性法律对妇女所能从事的工作加以限制，禁止妇女进入某些行业。例如，在酒吧工作可能使妇女受到下流男人的欺辱，玷污她们的清白；抛光打磨金属可能使她们肺中积聚尘灰；地下采矿可能伤害她们文雅的天姿。在这一时期，开电梯、查表、送信、开出租车都在妇女禁止从事的工作之列。

其他保护性法律，又试图规定妇女可以在其中工作的劳动条件。大多数州通过了最长工时法，限定妇女一天内可以工作的时数，最初是 10 小时，但到了 1920 年代减少到 8 小时。另外，还规定要求更卫生的劳动环境，尝试限定最低工资，依法限制强迫妇女加班和上夜班。

尽管有数不清的官方委员会开展了调查统计，目前又进行着一场热烈的辩论，但依旧难以估计保护性立法给女工福利带来的实际效果。总的来说，已婚成家的妇女好像是支持那些缩减工时和创造更舒适工作条件的规定。全国消费者联盟和美国劳工部妇女局进行的采访调查表明，那些珍惜有更多时间照料孩子和家务的就业妇女普遍抱有感激态度，一位女工说："妇女有家务活要干，这占去许多时间。我孩子很小时，我深夜一点才把衣服晾出去。"[42]但是，其他就业妇女，特别是工资低的单身妇女，却宁可工作时间更长，以换取更高的收入。

美国保护性立法有一个有趣的方面，它一边保护性地限制妇女带薪的工种，但又很少支持女工。1916 年，当美国劳动立法协会主席提出一项计划，给产前和产后离开工作的妇女支付住院费和现金补贴时，这项计划被枪毙了。[43]批评此项计划的人抗议说，这样的慷慨给予，会鼓励那些有潜在工作可能性的母亲参加工作，故收回该计划。

对照一下欧洲。在欧洲，保护性立法在 20 世纪初就包括有产假、产期医疗费、妇女和孩子的某些额外健康保险。在 1920 年前，英国、意大利和德国在这些方面就有了周密的辅助政策。

　　有一件事情，保护性立法确实办到了，那就是分裂女权主义的队伍。因为这种立法给予妇女特殊的待遇，所以，就从根本上与争取妇女平等的持续斗争产生了冲突。人们觉得妇女不可能既是有权得到特殊保护的国家监护对象，又要争取与男人平等。从 1920 年代初开始，艾丽斯·保罗的全国妇女党就领导开展了一场斗争，推动一项保证平等的宪法修正案；1923 年，《平权案》正式提交到国会。此案基于 1848 年在塞内卡瀑布提出的有关妇女权利的最初论点，即妇女与男人平等，因此，享有各种人权。正如保罗说的那样，"你要求平等，就必须接受平等"。[44]

　　许多社会女权主义者对《平权案》极为紧张，认为它会将几十年来为改善就业妇女劳动条件的斗争所取得的成果化为泡影。最初，妇女党采取妥协，主动接受对《平权案》的某些修改，以便不损害"8 小时工作制和其他社会改良立法"。妥协也难。当时，美国最优秀的法律专家们，包括费利克斯·法兰克福特在内，都认为不可能起草一份既不危及社会改良立法又照顾方方面面的联邦宪法修正案。1921 年，法兰克福特在了解到修正案的内容后道出了他的"震惊"：修正案"威胁到上百万挣工资妇女的福祉，甚至她们的生活本身"。[45]

　　在这样的情况下，劳工部妇女局、全国消费者联盟、妇女工会联盟以及塞缪尔·冈珀斯本人，都全力以赴地进行一场挫败《平权案》的战争。国际女装工会的报纸《正义》，对修正案的反应具有典型的代表性，"仅仅因为没有为男人设立产业法就反对妇女产业法……这就如同因为妇女过去没有选举权而要去剥夺男人选举权的逻辑一样"。[46]就连菲利斯·施拉夫利，也不能把理由说得如此贴切。

　　随着时间的推移，妇女党的立场越来越强硬，直至收回对保护性立法心照不宣的支持，转而试图不惜一切代价通过一项修正案。妇女局局长玛丽·安德森变得越来越怒火中烧。她从制鞋工开始自己的职业生涯，对妇女的保护性立法有着深厚的感情。她指责妇女党的"女权主义理论家们在高谈阔论那些她们既无体验又不了解的情况"（她一定理解芝加哥制革厂的女工为什么敌视《平权案》）。她接着敦促说："给妇女解释权利必须具体切实，从今天的社会实情出发……"安德森最后说："我认为自己是一个十足的女权主义者，但我认为自己是一个讲究实际的女权主义者。"[47]

妇女党的选民队伍越来越小，最后的支持者只剩下全国商务联盟、职业妇女俱乐部和由受过良好教育的事业型妇女构成的其他组织。埃莉诺·罗斯福与玛丽·安德森及其他社会改良女权主义者站在一条战线。1922年，罗斯福加入妇女工会联盟，为女工争取一周48小时工作制、最低工资标准和建立组织的权利。她与艾丽斯·保罗及妇女党势不两立，用约瑟夫·拉希的话说，"她认为，妇女党基于平等权利而反对妇女保护性立法，是彻头彻尾的反动行为"。[48]

女权主义队伍中出现的分裂，大大削弱了其运动的实力。1923年后，《平权案》年年提交给国会，但都无疾而终。所有的派系——平等权利的倡导者和社会福利的拥护者，都因冲突而声名扫地，实力遭受到削弱。

欧洲的女权主义者在20世纪初的几十年中似乎避免了这样的局面。例如，在1920年代和1930年代的英国，关心扩大平等权利的女权主义者，通过像法塞特协会这样的组织来开展活动，而关心福利措施的女权主义者则加入妇女合作会、妇女劳动联盟及其他社会改良运动。但是，这些组织之间没有尖锐的冲突。原因之一是，对福利措施的要求明显成为主流，并且随着时间的推移，平均主义的呼声逐渐偃旗息鼓，而趋向逐项落实社会改革。原因之二是，"新生的工党起着伞形组织的作用，将不同的团体召集到其麾下，开展有效的行动。政治家……顺应改革的潮流，福利改革取得了实质性的成果"。[49]这些努力的最终成果，是在1948年通过了《儿童法案》，这一法案给儿童和母亲提供了一个周全的安全保护网。

相反，美国的女权主义者在这一时期内却在痛苦中挣扎。正如历史学家艾丽斯·凯斯勒—哈里斯描写的那样，甚至在第二次世界大战期间，女权主义者之间仍然存在着分歧，"商界和职业界妇女继续支持修正案，对托儿所这样的世俗琐事不闻不问。她们认为重要的事情，一如既往，不是去解决那些可能使所有妇女就业机会平等的家务和家庭问题，而是提高她们自己的相对经济地位"。[50]当女权主义在 1960 年代再次兴起时，平等权利的倡导者占主导地位，能够决定运动的议程。

倘若目前的《平权案》支持者更通晓女权主义的历史，那么，她们也许会更尊重她们的反对者。1920 年代，对平权案的反对来自改良运动内部、行业工会、像玛丽·安德森这样的社会女权主义者。对自由派的反对之声，我们不能置之不理，将其斥为右翼的歇斯底里了事。如果埃利诺·斯米尔或格洛丽亚·斯泰纳姆当时知道女权主义者会遇到合法性问题，目前争取《平权案》的运动就不会弄成今天这个样子。

近 150 年的美国女权主义历史给我们留下了什么遗产呢？最深的印象是：该运动始终如一地将最大精力用在争取妇女的平等权利上，而这些平等权利又被致力于在各种群众组织中大讲姐妹团结的独立主义策略打败了。在女权主义的近代阶段，平等权利问题中又掺入了性自由的问题，但是，即使当代女权主义运动把《平权案》视为基石，上面仍可再刻上其他所有权利。

甚至按她们自己的话来说，美国女权主义者只取得了有限的成果。撇开其他诉求不说，女权主义者确实在 1920 年使妇女有了选举权。但这是一个有限的胜利，因为妇女后来没能用手中的选票达到任何有用的目的。独立主义的女权主义组织没能给妇女任何左右权势的力量，并且，在赢得选举权后又不能达成切实一致的行动方案，这就使女权主义运动在 1920 年之后难免分崩离析。

在当代，女权主义运动的失败更具戏剧性。争取批准《平权案》的斗争（女权主义者要求的核心），极不光彩地输在妇女自己手上。这场斗争使女权主义运动的错误暴露无遗，表明存在着理解上的失误。全国妇女组织中潇洒新潮的女士们，大多不理解上百万美国妇女喜欢做妻子、当母亲，想加强而不是削弱传统的家庭结构。对她们来说，做母亲并不是自投罗网，离婚也并不是翻身解放，其中许多人认为现代生活中的个人自由和性自由具有极大的威胁性。女权主义者从根本上脱离了普通美国妇女的需要和抱负。

《平权案》的斗争也暴露出战略上的失误。独立主义的女权组织不愿与政党、工会和职业组织长期结盟，因此就依附不上政治权力的中心。女权主义者不听从埃利诺·罗斯福的忠告："要打进去并留下来，在外面再用力也无济于事，从里面营造则事半功倍。"[51]另外，女权运动的伞形组织特点，意味着不可能排除激进分子的要求；女权主义者争取批准《平权案》所需要的广泛联合，不必要地掺杂进了一些沾不上边的性自由问题。

当代女权主义者没能达到她们自己确定的核心目标，很显然，她们还错失了另一个目标，这就是没能建立起由实惠福利和服务构成的支持体系，而这种体系在欧洲社会女权主义者看来是极为重要的权益保障。

忽视物质现实，是美国女权主义不同于欧洲女权主义的核心所在。美国的运动将妇女问题界定为一个获得一整套法律的、政治的、经济的权利问题，以及取得对自己身体的控制权问题。其设想是：一旦妇女拥有与男人一样的权利，能够选择不要孩子，那么，她们就拥有了真正的机会均等，能够与男人在同等条件下得到权力、地位和金钱。

在欧洲，社会女权主义者对妇女问题则有不同的设想。在她们看来，对妇女构成主要障碍的问题，不是缺少法律上的权利，甚至也不是缺少"生育的自由"，相反是家庭和工作的双重负担，这导致她们成为二等公民。因此，欧洲社会女权主义者的目标是要通过建立家庭支持体系减轻这一负担，其信念是：因为妇女既是妻子和母亲，又是工人和公民，所以，如果她们要想在家庭之外取得与男人一样的成就，那么就需要特殊的补偿政策。平等权利仅被视为斗争的一部分。

对于妇女问题截然不同的看法，导致了对母亲地位不同的重视程度。美国的女权主义者强调平等而将妇女与男人的区别抛在一边，甚至包括生孩子的区别。这不但不能吸引公众，实际上还妨碍了建立家庭妇女和低收入女工迫切需要的支持体系。很难想象莉莲·加兰——一位因休产假而被解雇的加利福尼亚妇女，会有耐心去听戴安娜·范斯坦和全国妇女组织大放平等权利的厥词。她在难产后急需工作保护，可女权主义者却联合起来反对她（和她的孩子），因为她们不想歧视男人。我认为加兰不可能会投修正案一票，出于同样的原因，埃利诺·罗斯福更不会。

1959 年的美国家庭

1950 年代高中足球比赛的场景：硬汉与美女

1957 年美国的郊区

1940 年代还是 1980 年代的解放了的职业妇女
——琼·克劳馥（John Crawford）在 1945 年拍摄的电影《欲海情魔》中
扮演的形象

1949 年，凯瑟琳·赫本（Katharine Hepburn）

在电影《亚当肋骨》中扮演一名检察官

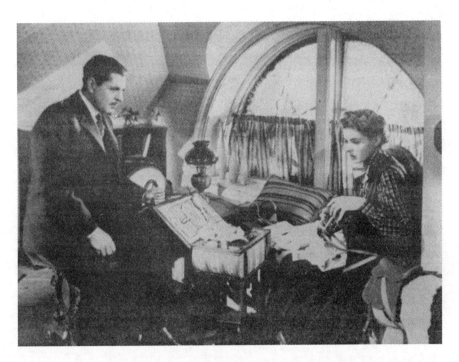

顺从的女人——1946 年的电影《亚当的四个儿子》
中的扮演者英格丽·褒曼（Ingrid Bergman）

1950 年代的家庭主妇。1960 年的电影《请不要吃雏菊》
中的扮演者多丽丝·戴（Doris Day）

1950 年代的性感小猫——1953 年的电影《七年之痒》

电影中的扮演者玛丽莲·梦露（Marilyn Monroe）

第三部分 一反常态的
五十年代

第十章　居家生活至上

1983 年 5 月，我在白宫采访了费思·惠特尔西。她时任总统公共联络助理，负责妇女和儿童政策方面的事务。我对她说出了自己对这个国家里就业母亲的忧虑，生动详细地讲述了她们在没有家庭支持政策的情况下，生养孩子是如何艰难。她仔细地听了我的讲述，试图给予答复。她告诉我说，罗纳德·里根十分关心儿童的抚育问题，事实上，在这方面已经有了一项政策。该政策是消除通货膨胀，刺激经济的发展，这样男人又能为家庭挣到一份工资。我有所困惑不解，便问她这有何用。"哦，"她笑着说，"剩下的就好办了。一旦男人又能够为家庭挣到一份工资，所有这些妇女都能像我做小孩时那样回家看孩子。"[1] 看来似乎所有的问题都会迎刃而解，只要我们回到 1950 年代那样的美好岁月——妈妈是持家的干将，爹爹是挣钱的能手。

奇怪的是，里根本人生长在 1920 年代，其母亲有工作。她在鞋铺工作，一周挣 14 美元来贴补随时可能断炊的家庭经济。[2] 你也许会因此而想象他会关心当代就业母亲所面临的种种困难。其实不然，他念念不忘 1950 年代的母亲角色，这种角色不仅 1920 年代不曾有过，今天也不存在。

事实上，1950 年代是一个一反常态的例外。这一时代的标记是生育率居高不下，推崇居家相夫教子，反对妇女工作，大肆渲染母亲的角色。这不但与现代的价值观背道而驰，也与先前的潮流不合。

只要回顾一下这段时间，我们就会对自己说："多么神奇呀！""多么古怪呀！"好像是我们在描述某个异国他乡的部落风俗。我们常常忽视了这样一个事实：从战前社会的角度来看，1950 年代也是光怪陆离的。在 1930、1940 年代的电影中，琼·克劳福德和凯瑟琳·赫本都扮演奔放聪明的妇女，她们与 1950 年代乖巧呆滞的小女人毫无共同之处。《热情似火》（玛丽莲·梦露主演的电影）中的对白，足以使现代妇女——或 1930 年代的妇女——咬牙切齿；梦露一个劲地对托尼·柯蒂斯说，她那可爱的小脑袋瓜一点头脑也没有。

1950 年代似乎不是美好的过去，它与之前的岁月不同，也与之后的岁月不同。千真万确，我们需要了解这一时期，因为它孕育了决定我们个人和政府对待母亲和儿童态度的意识形态。

1949 年夏秋时节，美国大众媒介都热衷于报道英格丽·褒曼的丑闻。这位好莱坞漂亮的瑞典电影明星，抛下丈夫和女儿，跑到意大利，投入与电影导演罗伯托·罗塞利尼的疯狂热恋之中。谣传她怀上了罗塞利尼的孩子，她丈夫又不同意离婚。后来，她于 1950 年 2 月 2 日在罗马生下了一个男孩，取名罗伯蒂洛。由于褒曼没离婚，也就谈不上再结婚；所以，罗伯蒂洛的出生证上，写的是罗塞利尼与一位不知姓名的母亲所生。

私生子一事，在美国掀起一场公众抗议的风暴。正如电影评论家约翰·罗塞尔·泰勒描述的那样，"所有自命为美国道德的保护者都义愤填膺"。[3] 风暴达到了高潮时，就连科罗拉多州的参议员埃德温·C. 约翰逊，都在参议院讲台上对褒曼发起了令人诧异的攻击。他带着一种显然被人出卖的语气悲叹道："她是一个温柔和体贴的女人，有一种能够征服银幕里外每一个人的迷人个性。"[4] 同样的声音一次又一次回荡着：她怎么能对我们做出这样的事呢？仿佛是美国所有的男人都娶了她，所有的女人都因她的"道德堕落"[5] 而感到脸上无光。

尽管在法律允许后，英格丽·褒曼立马就与罗伯特·罗塞利尼完婚了，接着在婚后又给他生了一对双胞胎，但是，美国有权有势的人还是对她声讨不休。这位瑞典电影明星三番五次被美国国务院拒签，直到 1957 年才允许她重返美国。直到 1972 年参议员查理·珀西发表讲演赞誉褒曼，改正国会档案，她才在政治上获得平反。珀西的讲演有效地将参议员约翰逊二十年前的谴责一笔勾销。

回顾这场喧嚣，令人费解的是，这种小题大做究竟为什么。20 世纪中叶，好莱坞算不上是保持妻子贤德的堡垒，像梅·韦斯特和丽塔·海沃思这样的电影明星，多年来一直在藐视传统道德。可褒曼的问题是，她在 1940 年代末已成为强势回归的居家贤德的化身。她在《亚当的四个儿子》中扮演恬静可人的姑娘和温顺的女人；在《卡萨布兰卡》中扮演目如秋水、充满理想的女英雄；在《圣玛丽教堂的钟声》中扮演热心冲动的修女。战后的美国观众（和政治家们！）将她当作邻家可爱的、白玉无瑕的女孩来爱慕，结果，她却成了一个放荡不羁的女人，这让他们怎能无动于衷。

战后对"妈咪和苹果馅饼"的强烈向往，不仅毁掉了英格丽·褒曼在好莱坞的生涯，也猛烈冲击了默默无闻的妇女们的事业抱负。这是因为在这个时期，千百万的美国妇女被连推带打，直至被赶出工作和公共事务的广阔天地，成为贝蒂·弗里丹在《女性的奥秘》中生动形象地描写的玩偶人物。她们成为"有真正的女性端庄，有十足女人味的女人，因为那超凡脱俗的、上帝恩赐的、令人疯狂的独一无二的穿裙子的能力，让男人羡慕不已"。[6] 她们庆幸自己的长相打扮、言谈举止比 1920 年代，甚至比 1940 年代"解放了的"[7] 姑娘更有女人味。

贤德持家的复兴，违背了历史的潮流。至少一个世纪以来，美国妇女就在家庭之外的大千世界里享有自由和独立，这为世人所称道，她们也引以为豪。

在 1880 年代，英国贵族落德·布赖斯对美国妇女的世俗地位印象极深，他说道："与欧洲任何地方相比，美国妇女更容易找到职业，获得一份知识型或商业性的工作。"[8] 他的看法似乎反映出新世界和旧世界在如何对待妇女方面的区别。瑞典女权主义者弗雷德里卡·布雷姆纳在她 1856 年出版的小说《赫莎》中，将美国描写成"妇女之乐土"，[9] 颇有力度地论证了 19 世纪中叶瑞典妇女与美国的姐妹们相比，是如何更被家庭束缚手脚，是如何不够解放的。西格蒙德·弗洛伊德在 1938 年逃出维也纳后，选择去了英国而不是美国。在他的眼里，"美国女人对男人不那么服服帖帖"。[10] 他还没有做好准备去抛弃欧洲人的这一价值观。

在 19 世纪，美国妇女没有受到像她们欧洲姐妹那样的保护。在开荒拓疆的背景下，她们在经济上的作用太重要了；她们人数很少，也没有更多权利给丈夫。在东海岸定居的移民中，妇女往往比男同胞更容易就业。在 20 世纪

的头 30 年中，她们的相对地位弹指之间迅速提高，早早就取得了选举权
（1920 年；而英国则是 1928 年，法国是 1945 年，意大利是 1946 年，瑞士是
1971 年）；经济的发展，工业技术的突飞猛进，让她们看到最大限度减少家
务劳动的希望；妇女教育比欧洲发展得更快；离婚和避孕一般都行得通。

开荒拓疆的漫长历史，是美国妇女获得更大自由的原因。在向西部开拓
处女地的过程中，许多家庭努力在荒野里谋求生存，故生活极为艰苦。因为
妇女平等地参与家庭谋求生存，所以赢得丈夫、孩子和社会的尊重。正如历
史学家乔安娜·斯特拉顿描述的那样，"开荒拓疆的家庭是一个自给自足的
单位，为能够自给自足，在艰难痛苦面前不折不挠而引以为豪。男人和妇女
如同伙伴那样一起劳动，集中他们的力量和才能去给自己和孩子提供衣食。
因此，妇女发现自己站在一个更平等的地位上"。[11]

妇女人手短缺的现象，更加凸显开荒拓疆妇女的重要性。在整个殖民时
期，男人的人数超过妇女的人数，直至十九世纪末，美国西部的妇女人数仍
然很少。1865 年，在加利福尼亚，男女人数之比为 3∶1，而在科罗拉多，这
一比例高达 20∶1。[12]妇女在经济上的重要性和稀缺价值，使得妇女在西部各
州较早地得到解放。俄勒冈 1850 年的一项法律允许分土地给单身和已婚的妇
女；西部几个州较早地允许妇女有选举权（怀俄明州在 1869 年，犹他州在
1870 年）；在许多西部城镇里，妇女当选担任政治职务，例如，截至 1900
年，肯萨斯城先后有 16 名妇女出任市长。[13]

美国经验的另一个重要方面，是较早地将教育扩大到妇女身上。美国高
等教育的大门更早、更快地向妇女敞开。1860 年代出现了突破，成立了瓦萨
和史密斯这样的女子学院；密歇根和康奈尔这样的大学成了男女同校的大
学。对欧洲妇女来说，这一过程却是姗姗来迟。在英国，我的母校剑桥大学
的格顿学院于 1869 年才成立，第一批学生只有 6 人，是在伦敦大学于 1879
年招收女生之前唯一招收女生的高等教育学府。在欧洲大陆，进步更为迟
缓。例如，海德堡是德国第一所招收女生的大学（1900 年）。而在此时，美
国有 1/3 的大学生是妇女。

直至第二次世界大战，在妇女高等教育领域中美国保持明显的领先。事
实上，到 1930 年代中期，妇女占高校学生人数的 40%。就在希特勒上台前

不久，女大学生的人数在德国不到 10%；同一时期，瑞典仅占 17%，英国占 22%。[14]

总之，1930 年代之前，美国妇女在缓慢地通向政治和经济解放的道路上，远远地走在欧洲妇女的前面。在第二次世界大战期间，这一自由和独立的过程得到进一步推进。

在 1942—1945 年战争高潮时期，美国有 1400 万男子参军入伍，因此，社会急需女工来替代男工生产民用必需品，补给规模不断扩大的军工厂里的劳力。为应对这些压力，有近 500 万妇女在战争年代被吸收就业，使参加工作的妻子人数翻了一番。[15]妇女不仅加入食品和服装等传统的妇女行业中，而且还去填补化工、橡胶、石油、钢铁、飞机和军火行业中男人刚刚留下的空缺。在这些行业中，她们被证明是战争资源中不可缺少的一部分。妇女在男人行业的工资比在妇女行业中的工资高出 50%—100%。

"铆工罗茜"成为爱国热忱的象征，当时流行一首关于她的歌曲唱道：

> 罗茜有个男友叫查理，
> 查理是一名海军，
> 罗茜保护着查理，
> 加班加点开动打铆机。[16]

在战争达到高潮时，诺曼·罗克韦尔画了一幅罗茜的画，登在《星期六晚间邮报》的封面上（1943 年 5 月 9 日），将她描画为高贵华美式的妇女——信心十足，肌肉发达，但又不失女性的魅力。她手拿工具，涂着指甲油，显然是那种你在任何紧急之时都能依赖的女人。

政府的政策鼓励妇女在新的工作中扮演角色。战争人力委员会雇用瓦特·汤普逊广告公司开展招聘女工的宣传；1943 年 9 月，政府花 150 万美元制作广播节目，鼓动妇女参加战时工作。[17]号召进工厂的口号不用女性化的修辞包装；公告生产岗位的标语牌向妇女许诺"干男人的活，拿男人的工资"；战争宣传画上妇女操纵着重型机床；《女工家庭》杂志封面上刊登女飞行员的形象。战争结束之前，记者们都在宣扬妇女完成各种"男人"工作的能力，其中一位资深编辑祝贺女性经受住了男性般的体力、耐力和敏捷的考验。甚至，有人不情愿地承认，由于3/4的新工人是已婚妇女，儿童保育的诸多问题可能会影响战时的生产。1942年，联邦政府拨出40万美元帮助地方社区资助托儿所；至1945年，联邦政府资助的托儿所招收了10万儿童。[18]

1945年，美国妇女比以往任何时候都强大。然而，在第二次世界大战后的岁月里却出现了一个奇怪的现象。美国这个强大与独立的妇女堡垒，陷入居家生活的狂欢之中，千百万妇女拥抱完全以家庭为中心的生存方式。有史以来第一次，期望和鼓励受过教育的妇女将她们最美好的年华和最佳的精力投入家务劳动和为人之母的角色中。

战后的这些年，非常明显地出现了一系列的倒退潮流，使1950年代成为一个令人费解的反常时期。首先，妇女结婚生子比以往任何时候都要早，从而缩短了教育和工作的时间。平均结婚年龄，从1920年代和1930年代的23岁下降到20岁。[19]1950年代，其他任何工业国家都没有如此低的平均结婚年龄。出生率逐步攀高，至1950年代末，美国人口增长率是欧洲的2倍，紧随非洲和印度之后。在持续到1960年为止的生育高峰期内，"生3胎的增加了1倍，生4胎的增加了3倍"。[20]在这一家庭膨胀时期，甚至连离婚率也有所下降。

同期，妇女在教育和事业上节节败退。在1950年代早期，妇女占大学毕业生的35%，较1930年代的40%下降了5个百分点；获得博士学位的人数占博士毕业生的10%，而在1920年代和1930年代则占到17%；获得法律专业学位的人数从1930年代的6%下降到1959年的3%以下。[21]

最明显的倒退标志，是成就卓著的妇女人数比例下降。在1902年出版的《名人录》中，收录的妇女人数为8%，可在1958年的版本中却只占4%。1961年，社会学家约翰·帕里什相当沮丧地写道："以这样的速度下降，再过一代人左右的时间，相对男人的人数而言，谈不上有杰出的美国妇女了。"[22]

对照一下欧洲。在欧洲，妇女在1950年代却在扩大阵地。在这10年中，英国和法国的医生有16%是妇女，瑞典是13%，而美国是6%。法国是一个特别有趣的例子。正如社会学家阿尔瓦·米尔达和维奥拉·克莱恩在1954

年评论法国的情况时说的那样："孩子多少，给职业妇女追求事业的影响程度如此之小，令人刮目相看。"[23]这时，法国职业人员中21%是妇女，有3/4获大学学位的妇女参加工作。

美国的情形则截然不同。1950年代，获大学学位的育龄妇女就业率低于任何其他年龄组的妇女。正如米尔达和克莱恩说的那样："在结婚更早、家庭更大的潮流冲击下，高水平的智力活动遭受重创。"[24]赤裸裸的事实是，获大学学位的妇女往往嫁给事业发达的男人，而且，在1950年代的美国，只要家庭无经济之忧，妻子就当家庭主妇。

总而言之，美国妇女毕业后继续从事职业工作（如律师、医生、大学教授）的人数比例，在1950年代比战前时期要少。美国妇女与欧洲的姐妹们相比，越来越不向事业型妇女的方向发展，就连名牌大学女生的心胸大志也是在毕业时戴上订婚钻戒，而不是获得优异的学业成绩。妇女越来越多地是在生孩子前和孩子上高中后找"一份差事"，而很少追求"一项事业"。[25]1950年代的妇女将她们的最佳精力投入家庭和孩子身上。

自相矛盾的是，当美国妇女步入战后时期时，她们是世界上受教育最好、地位最平等的妇女。那么，她们为什么要放弃独立自主的雄心壮志回归家庭呢？

战后居家生活的狂欢，很大程度上归咎于政府为应对大萧条和第二次世界大战的余波而制定的公共政策。这些政策提供各种奖励刺激，极力鼓励妇女扮演传统角色。

1945年，美国人不仅正在从一场大战的危险和混乱中走出来，而且，对于在美国持续时间比在欧洲更长的大萧条，他们仍然怀有刻骨铭心、痛苦不堪的回忆。我们现在已经淡忘了1930年代的痛苦，并且，我们很难领悟到大萧条不仅对经济而言是一次死里逃生，而且对我们自由资本主义社会的凝聚力而言，也是一场劫难。1930—1939年间，到处都是一片受苦受难、饥寒交迫的惨状。正如威廉·曼彻斯特描写的那样："成千上万的人过着动物般的生活，苟延残喘：在宾夕法尼亚的乡村里，他们吃着野草根和蒲公英……城里的母亲在码头上游荡，等待将要扔掉的变质的水果和蔬菜，然后与无家可归的狗争抢……全家人都扑上垃圾堆找骨头和西瓜皮。"[26]在纽约，托马斯·

沃尔夫看到无家可归的男人在餐馆附近四处觅食，"揭开垃圾箱盖，在里面寻找腐烂食物"。[27]

大萧条尤其给美国男人带来重大的心理创伤。他们一连几年失业，不能担当起挣钱养家的角色，无力把握自己的命运。约瑟夫·普莱克在《男性的神话》中指出，大萧条是一件载入历史的大事件，"它对男人是家庭经济支柱这一传统角色，造成了最大一次危机"。[28]

10年大萧条之后，又紧接着发生了一场血腥的、毁灭性的世界战争，40万美国军人阵亡，数十万人身负重伤。终于等到1945年了！人们爆发出压抑多年的对正常生活的强烈渴望：一个家庭，一幢房屋，一份体面的工作。这成了战后美国梦的主要内容。

但是，如果要想满足回国士兵的期望，1945年指导美国政策的男人，不敢保证他们能够变戏法似的变出急需的工作，因为他们十分担心，随着和平的到来，战争年代的经济成果会烟消云散，国家会再次深陷萧条，出现庞大的失业队伍。1940年代中叶担任美国经济协会主席的经济学家阿尔文·汉森认为，提供工作是战后最大的挑战，可他又担心很有可能出现经济停滞和失业大军的场面。[29]对经济计划的制定者来说，一项显而易见的策略是：鼓励妇女离开战时的工作岗位回家。工作岗位一定会稀缺，可回国的士兵又需要工作。正如一位评论家说的那样："国家对回国士兵负有巨大的责任，曾承诺过退伍军人回到原来的工作。现在他们就要回去。"[30]

未曾想到，战后却是一派繁荣景象。至1940年代末，经济一直以令人惊叹的速度增长；1945—1955年，美国国民生产总值增长了一倍多。在1950年代早期，即朝鲜战争年代中，美国经济的发展更是让人惊叹不已。[31]可是，政策的制定者原来并没有预料到这种战后的繁荣。按照历史学家理查德·霍夫施塔特的话来说："我们十分惊异，战后没有出现我们这些成长在1930年代的人都以为不久一定会到来的一次大规模萧条，相反，我们却迈进了一个历史上经济最繁荣的时期。"[32]当时的政策行为是基于对战后时期的悲观看法，所以，当务之急就是打发妇女回家。1946年2月，《纽约时报》上的一篇文章宣布："向女工的求爱已经结束啦。"[33]同年年底，妇女就业人数比战争高峰时期减少了400万。在高薪的重工业中，人数下降尤为突出，因为回国的退伍军人特别急于收回这一行业中的工作。战争结束后，没有几个妇女保留住技术性工作。妇女事务局发布的一份文件结论可悲："仅有极少数妇女还可以继续在她们新加入的行业中工作，继续使用她们在战争期间学到的技能。"[34]

利用软硬兼施的手段，诱逼妇女离开她们的工作岗位。传统主义者大张旗鼓地恢复妇女的女性形象，而这一形象与几年前铆工罗茜显示出的能干强壮的形象格格不入。1946 年，巴纳德学院院长玛格丽特·皮克尔在给《纽约时报杂志》的一篇文章中庄严地宣告，可以斩钉截铁地说女工不如男工。不仅体力上不如男人，而且"人到中年时，男人正处在最佳状态，而一名爱岗敬业的女工也往往会变得婆婆妈妈"。[35]与此同时，各种横加指责如同洪水一样冲向仍想工作的母亲。阿格尼丝·迈耶在《大西洋月刊》中指出，母亲需要待在家里，给我们不安全的世界恢复一种安全感。她号召中产阶层的妇女，顶住去工作的压力，唾弃主妇与母亲之外的任何工作。她问道："是什么让这些有意或无意撇开孩子的妇女心里隐隐作痛呢？……穷人家的孩子看到自己母亲非得去工作，内心总有些不安，因为他知道母亲是为了他的生活而牺牲了自己的幸福。富裕家庭中被忽视的孩子，会本能地意识到母亲喜欢工作胜过喜欢他，因此常常会情绪激烈地仇恨自己的母亲。"[36]阿什利·蒙塔古在《星期六评论》上有分寸地宣布："做好妻子，做好母亲；总之，当好主妇是人世间最重要的职业……我认为这是一条颠扑不破的真理：任何一位有丈夫和孩子的妇女，不可能既做全职工作又同时当好主妇。"[37]

有些妇女听说战争结束后应该回家，感到十分高兴。一位工会女领导表现出小姑娘般的热情，宣告了她下岗后的计划："战争结束后，我要修剪指甲，穿上我能找到的最美的带褶边的衣服，从头至脚泼上一瓶香水，然后高高兴兴地将工会职务让给……某位凯旋又胜任的小伙子。"[38]可是，当说服行不通时，便用强制手段。许多妇女在战争结束时并不是体面地辞去工作，而是遭人解雇。在紧接着日本投降日之后的两个月内，每 1000 名工人中有 175 名妇女遭解雇，解雇率高出男人的一倍。在重工业行业中，解雇妇女的现象尤为厉害，因为她们想抓住此行业的高薪工作不放，在战争结束时没有主动辞职。[39]

官方明目张胆地使用的高压手段是，关闭政府资助的托儿所，使得有年幼小孩的妇女不再可能参加工作。妇女抗议政府停办托儿所，但无济于事。在纽约州，当州长托马斯·杜威中断州政府对儿童计划的支持时，愤怒的妇女上街游行，组织纠察队，其中还包围州长在波林的私宅。[40]但这样的行动一无所获，联邦政府于 1946 年 3 月终止了对保育设施的资助；到 1948 年，所有的州也终止了资助。终止公共保育服务，是一场全国运动的一部分，旨在将孩子送回母亲身边，将就业母亲送回家中。"妇女不久前还是国家工厂里的宝贝，现在却一锅端地被遣散回家，一去不返。"[41]

政府不仅依靠棍棒将妇女赶出就业队伍，还利用萝卜引诱妇女回到炉台和家庭。其中最甜滋滋的萝卜是《美国大兵议案》和《公路法案》。[42]

乍一看，《美国大兵议案》和《公路法案》与妇女毫无关系。《美国大兵议案》的正式名称是《1944 年军人重新适应法案》。法案给 1400 万回国的退伍军人提供免费的大学教育、生活津贴（有赡养对象的增加 50%）和价格极低的抵押贷款（担保贷款期为 30 年，利息为 3%—4%）。《1944 年公路法案》注入 13 亿美元修建城市内和城市间的公路网。可是，这两项立法的实际效果，却是补贴了一种特定的家庭——由挣钱养家的丈夫、操持家务的妻子和一个以上的孩子构成的家庭，每户每年得到多达几千美元。这到底是怎么回事呢？

首先，通过《美国大兵议案》，男人接受了免费教育和培训，故在就业市场上胜出一筹，能够成为顶用的养家人。既然妻子未经培训而缺乏竞争力，那么两口子也就没有必要再投资培训妻子的技能了。其次，既然赡养对象由于《美国大兵议案》的规定，至少得到部分补贴，那么，这项立案就鼓励早婚早育。谁不会顺手去取这意外之财呢？最后，《公路法案》带来的公路和《美国大兵议案》的低成本抵押贷款带来的低息融资，使得成百万美国年轻夫妇更有可能住到市郊。仅 5 年的时间内（1950—1954 年），城市周围的郊区人口增加了 35%。[43]移住市郊成为美国历史上最大的内部人口流动，使得妇女搬到偏远的地方，远离大多就业的机会。所有这些因素都促使美国妇女居家过日子。

如果说回国的士兵在饱受了多年的经济萧条和战争的挫折后，渴望老婆孩子热炕头的家庭生活的话，那么，《美国大兵议案》和《公路法案》就为大肆吹捧这样的幻想大开绿灯。人们鬼使神差似的幻想城郊有一幢漂亮的房屋，家里有一个善于持家的、玩偶式的妻子，培养出一群成就卓著的孩子。这样的幻想成为战后梦的内容，从而诞生了"西方怀旧的古典家庭"。[44]可是，孕育这一场梦的是远比希望和幻想更实实在在的东西。这场梦的根基是战后的特殊政策，政府巨大的补贴给这场梦火上加油，史无前例的经济增长更让人沉迷于梦中不能自拔。如果美国的经济在1945—1960年间不是如此迅速地增长，无论政府的补贴多么慷慨，那些受到良好教育的军人也不会挣到足够的钱维持那个时期的大家庭。棍棒加胡萝卜的公共政策，只有在经济增长和繁荣的背景下才能很好地发挥作用。

这一时期充斥美国人脑海的家庭生活理想，在艺术家诺曼·罗克韦尔的作品中也许得到了最完美的体现。多年来，他的作品都是描写美国生活的景象，刊登在《星期六晚间邮报》的封面上。[45]他在1940年代末和1950年代必然赢得赫赫声望，因为他对欢欢喜喜的居家生活煽情的歌颂，对美国中产阶层城郊生活方式难掩的喜悦，正好吻合了当时的情绪。

旨在将妇女赶出劳动大军、回归家庭的公共政策，有强大的新思潮给其打气撑腰。其中之一是产生于1930年代和1940年代的冷酷政治，视国家资助的儿童保育为极权主义的产物。另一种思潮是弗洛伊德的理论，认为妇女无知低能，除非放弃自己独立的工作，适应做妻子当母亲的角色，否则，就没有获得幸福的前景。

第二次世界大战一结束，对儿童严厉的家教、严格的作息时间和集体保育，就变得完全过时了。[46]这些做法当时让人不舒服地嗅到第三帝国和斯大林俄国的气味。那个时期的气氛是让自由世界的儿童享有更大的自由（当然是在母亲的适当监督下）。1940年代末开始的冷战，说到底是一场市场和领土的战争，也是一场生活方式的战争。在战后的岁月中，有些人通过对比家庭生活的种种刻板印象，从中获得大量的政治资本。

右翼法西斯主义和左翼共产党的育儿模式都被视为极具威胁性。自从1917年布尔什维克在苏联取得胜利之后，美国的领导人一直怀疑共产党哺育婴儿的方法。1920年代初，亨利·福特曾指控要求产假福利的美国妇女是

"在接受来自亚历山德拉·科伦泰的命令"（科伦泰是布尔什维克主要的女权主义者）。[47]在同一时期，肯萨斯州参议员里德以同样的态度描述说，一项"毒害计划在苏联已到了登峰造极的地步：在那里，每个儿童都被视为国家监护的对象，生儿育女和节育都有法律确定，孩子从母亲怀中被夺走，交给公共官员"。[48]

第二次世界大战后，这种来自右翼的歇斯底里的反动立场被更有系统地加以利用，使之屈从于冷战目的。反共情绪被加以利用，当作妇女为什么应该回家亲自抚育孩子的又一条理由，成了钉在埋葬公共托育的棺木上的又一颗铁钉。1947年，《纽约世界电讯》指控国家资助的儿童保育，是那些活动在共产党的"社会工作细胞"外围的左派分子的主意。《纽约世界电讯》说道，争取儿童保育运动有"红色运动的一切特征，包括传单、信件、电文、请愿、抗议游行、群众集会、公开募捐"。[49]深得《纽约世界电讯》赞扬的纽约州州长杜威，拒绝屈服于妇女团体的压力，反而称劳动妇女是共产党分子，指责她们污染了我们的自由社会，于1948年年初终断了州政府对儿童保育的资助。

直到近期，这些敌意的情绪还一直笼罩在我们周围。当尼克松总统于1971年否决《儿童全面发展议案》时，宣布联邦政府不应该不顾一切地支持儿童发展计划，因为这样做"会使中央政府倾向于社会办儿童保育，反对以家庭为中心的途径"。[50]为此，他受到保守派的欢迎。保守派认为，该议案"是迄今为了使美国青年苏联化而策划的最大胆、最具有深远影响的计谋"。按专栏作家詹姆斯·J. 基尔帕特里克的说法，如果尼克松签了议案，那么他就"放弃了自己支持美国中产阶层的最后那点微弱的主张"。[51]

弗洛伊德的理论，在这一时期席卷美国中产阶层，给妇女回归炉台和家庭的潮流注入了更多的能量。许多弗洛伊德的信徒们都是德国和奥地利的犹太人，他们在1930年代和1940年代初逃离欧洲定居美国。海琳·多伊奇、保罗·费德恩、爱德华·希契曼和汉斯·萨克斯都是逃离希特勒控制的欧洲地区的难民，成为在美国迅速发展的心理分析界的成员。[52]"至1962年，国际心理分析协会的会员有64%在美国。"[53]战后时期，弗洛伊德的思想充斥严肃的学术研究和大众的心理学。

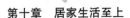

第十章　居家生活至上

　　1947 年，费迪南德·伦德伯格和玛丽尼亚·法纳姆的《当代妇女：迷惘的性别》成为最畅销的书，就是一个恰如其分的例证。该书宣称："事业造成女人男性化，随之给家庭，给依赖家庭的儿童，给男女获得性满足的能力造成极其危险的后果。"[54]伦德伯格和法纳姆的观点是，妇女要是重新找回她们历来表现出优势的职能，那就太好不过了。这些职能从总体说是围绕家庭抚育孩子。对于那些有意迈入"专属男人的功名和权力领域——法律、数学、物理、商业、工业、技术——的妇女，政府应该明确表示这些追求对妇女一般不宜"。如果妇女违背天性，坚持步入这些领域，那么，伦德伯格和法纳姆认为，她们受到歧视是罪有应得。那种让妇女离开家庭的心理误导，也使她们自然成为办公室可悲的危险因素，因为她们情绪不稳定，爱争吵，容易在工作中结仇，尤其缺少"便于协调研究的团队天赋"[55]。作为专业人员，她们优柔寡断；作为工会会员，她们心怀异志。最糟糕的是，她们对工作的兴趣分散了她们的精力，从而忽视了她们本应该首先关心的家庭和孩子。

　　有个令人好奇的现象是，抨击妇女追求事业的人几乎都是职业妇女。因此，当海琳·多伊奇在 1944 年出版的两卷本著作《妇女心理分析解读》时，她将妇女对自己女性角色的不满归咎于"恋男情结"。根据多伊奇的看法："通过自己在各种领域中的活动而取得功名的妇女，之所以取得了功名，是因为她们不惜牺牲女性满足感。"那么，药方是彻底放弃自己的目标，通过丈夫和儿子的活动与目标来认同自我，实现自我。如果妇女不得不去工作，建议她们去"为自己的男性上司的发明发现做基础研究"这样一类的事情。女儿将一生奉献给父亲，也是在完成令人满意的女性升华。[56]

　　当然，多伊奇不准备用别人的而是她自己的名字来发表学术成果，她亲自给自己的孩子雇个保姆，以便孩子不妨碍自己的事业发展。"她儿子一出世，多伊奇医生就雇了一位名叫葆拉的保姆，将保姆和儿子马丁安排在她办公室隔壁的空房间里。"[57]尽管根据弗洛伊德的学说，母乳喂养很重要，但是，海琳·多伊奇在发现这是一件令人筋疲力尽的事情后，就买来两只羊给马丁提供奶水。这两只羊在她工作的诊所院子里吃草打斗，给就诊的人带来无穷的乐趣。

　　多伊奇提倡女性应有的行为与她自己选择的事业之间相互矛盾，似乎让人见怪不怪。战后的美国一心强调妇女履行她们"天然的"家庭角色是如何必要，如何惬意，多伊奇的书只是为这一崇高理想添砖加瓦而已。

今天的人们，很难理解美国妇女在 1950 年代回归家庭的程度有多彻底。

1957 年，为准备撰写《女性的奥秘》一书，弗里丹对史密斯学院 1942 级的学生进行调查，了解她们成年生活的状况。她发现这些受过良好教育的妇女，完全沉浸在为人妻为人母的居家生活之中。在 189 名回答了她调查问卷的妇女中，179 人结婚成家，6 人单身，1 人寡居，3 人离异。平均有 2.9 个孩子，其中 52 人有 4 个以上的孩子，仅有 11 人没有孩子。这些史密斯学院毕业生中的绝大多数是全职家庭主妇，甚至那些孩子已上学的妇女，也没有什么家庭之外的雄心抱负。她们全盘采纳 1950 年代的传统理念，认为不可能既有家庭又有事业。正如一位 37 岁的家庭妇女在答案中写到的那样："受教育程度高、进过职业培训的妇女如果在智力上与男人竞争高低，就必须克服婚姻中的烦恼和感情上的困惑。"[58]

189 位妇女中，只有 12 人有固定工作，仅有 1 人从事正经的专业工作。还有屈指可数的几个人干些临时性的工作，如"指挥唱诗班"，"教授钢琴"或"替丈夫打字"。

翻开这一时期的杂志，尽是些神采奕奕、笑容满面的家庭母亲的形象。她们珍惜自己"独特的女性特征"、"自己性本能中隐含的感受性与被动性"。[59]1956 年刊登在《瞭望》杂志上的一篇文章欢庆这一新出现的居家生活：

> 美国妇女就要赢得性别之战。像少年一样，她们在成长，令评论家们大跌眼镜……她们工作时漫不经心，不是奔着"一番大事业"，而是为了装满嫁妆箱子或者是为了买一台家用冰箱而工作。她们不失风度地将顶尖的工作让给男人。这些神奇的女性要比 1920 年代，甚至比 1930 年代的"解放的"姑娘结婚更早，生孩子更多，衣着打扮和言谈举止更富有女人味。无论是做钢铁工人的妻子还是当青年女子协会的成员，她们都是自己做家务。今天，如果她们做出一个守旧的选择，满怀爱心地料理花园和照顾一大堆孩子，她们值得获得比以往任何时候更大的赞

第十章 居家生活至上

美声。[60]

《时代》杂志称市郊的家庭主妇为：

　　美国梦的守护者。当在市内上下班的丈夫不在家的时候，她们首先是家庭和儿女的管理员，此外，还是一个腰系围裙的活动家……她们一边心里装着儿女，一边儿女绕膝，做饭洗衣，打扫房间，刷盘洗碗，买菜种花，回答儿女的十万个为什么，裁决他们的争执，惩罚捣乱的小孩。如果她们没怀孕，她们自忖自己是否怀了孕。她们午餐忙得站着吃花生奶油三明治，老是心里惦记着自己的样子很吓人，（定期地）留心自己的体重，与隔壁邻居打起短途电话喋喋不休。[61]

1950年代，媒体对女权主义者——昔日的解放型"职业女性"大加讥讽。反女权主义的攻击波及妇女教育的观念。高中和大学开始开设配偶选择、婚姻磨合、家庭生活教育这样的课程。史迪芬斯学院院长大力推举室内装饰、家政学、化妆、衣着等课程，声言对于妇女来说，"大学必须是重大表演的彩排期"——当然是婚姻的彩排期。在另一所学院，"卤味肉串的理论与制作"，取代了课程计划中的"康德哲学"。[62]

这样的教育方式是自我验证的。随着妇女教育越来越掺杂水分，就越来越容易预见成年女性的命运。妇女之所以成为家庭主妇和母亲，至少部分是因为她们所受的教育使她们没有能力去干别的事情。1950年代的女律师、女工程师、女教授与1930年代相比还要少些，也就不足为奇了。

1955年，在史密斯学院作的一次毕业典礼讲演中，阿德莱·史蒂文森潇洒地承认："妇女，尤其是受过教育的妇女，有一种得天独厚的机遇去影响我们男人与男孩。"[63]这种话对现代人的敏感神经不啻是一种刺激。不仅是今天的大学生对此恼羞成怒，就连史密斯学院的创始人也会如此。可是，在1950年代中叶，这种话却被人信以为真，被看成是一种至高无上的恭维。

弗洛伊德学说的理论家们并不只是停留在表面现象上。他们重新界定妇女性爱的本质，认为妇女回归家庭是这一本质的一个方面。

187

性行为本身就构成了女性幸福的模式。女性的性快感只能来自于阴道的性高潮和男性的阴茎勃起。基于这样的理念，妇女在性交过程中的角色是被动性的、感受性的、接纳性的。性满足的前提是妇女"内心极其情愿地接受性交的最终目的——受精怀孕"。[64]做母亲的愿望构成了性快感的核心，性行为真正达到高潮之时正是母亲呵护受孕怀上的孩子。对于1950年代的母亲来说，母乳喂养给生儿育女锦上添花，给她一种升华的满足感，让她"参与到一个女人希望能够达到的近乎完美的关系之中"[65]（对母乳喂养大唱赞歌就这样开始了，这也给我在1970年代末造成了如此的痛苦和悲伤）。

因此，弗洛伊德学说的普及化，最终成为战后年代里妇女心理学常见的观点。想要得到完全满足的妇女们，只有将性交过程中表现出来的特点延伸到生活的其他方面。被动、依赖以及养孩子的愿望，构成了女人满足的方程式。你猜猜，这时的女权主义被视为什么？一种由于对阴茎妒忌而引起的严重疾病！"阴茎勃起的阴影黑乎乎地笼罩"在那些仍然想要事业的、男性化的妇女头上。[66]

就连电影业也反映了正在变化中的文化习俗。正如电影评论家莫利·哈斯克尔指出的，1930年代盛行各种体裁的"就业妇女电影"，细致刻画就业妇女和她们的工作、工资及办公室发生的故事"。[67]在这10年中，"事业型的妇女深受女演员的欢迎，凯瑟琳·赫本、罗莎琳德·拉塞尔、贝蒂·戴维斯、琼·克劳馥都扮演过广告设计师、作家、记者、律师和商人"。[68]在《米尔德里德·皮尔斯》中，琼·克劳馥扮演一位厌倦的中产阶层的家庭主妇，她"选择走出自己的小天地，成为一名自由经纪人，一位成功的商人"。[69]当年，贝蒂·戴维斯为了扮演更有分量的角色而与华纳兄弟公司打起官司。这件事情更进一步强调了她扮演的电影女主角给人的启示："一个人的身份，不管是什么性别，都来自自己的工作，而不是来自自己的配偶或孩子。"[70]

1950年代的电影明星则截然不同。玛丽莲·梦露扮演的形象都是有着湿润鲜红的嘴唇和丰满诱人的胸脯，在绝望中呻吟，毫无廉耻地迎合"一种虚假的、任性的、幼稚的性爱想法……永远也不可能成熟为一个温暖活泼的女人"。[71]在《彗星美人》中，她是一个性对象，一个头脑简单的傻瓜；在《车站》中，她扮演一个心灵手巧会过日子的女人；在《男士更爱金发女郎》

中，她扮演一个爱交老男人的荡妇。德比·雷诺兹扮演的"未婚职业妇女"和多丽丝·戴扮演的"幸福家庭主妇"，更加丰满地勾画出了1950年代的妇女形象。

多丽丝·戴的影片中津津乐道的情节往往是这样的：一个魅力四射的性感女人，影片开始时使男人自愧不如而痛苦万分；最后，她终于发现了真正的爱情，经历一段痛苦的转变，成为一个温顺的家庭主妇。对于数百万看过《巴黎的四月》（1952）、《灾星珍妮》（1953）、《睡衣游戏》（1957）和《老师的宠儿》（1958）等影片的人来说，影片的启示振聋发聩：妇女可以与男人一样自由与聪明，可是她们真正的命运和幸福在于为人妻为人母。深受大众喜欢的电视系列剧，进一步强化了这一欢快的居家生活的形象。《我爱露茜》（1951—1957）是第一部有一千万家庭收看的电视节目；《奥茜与哈利亚特》（1952—1966）是播放时间最长的情景喜剧，两部电视剧都描写傻气但又可爱的家庭主妇的万千生活场景。德比·雷诺兹在《温柔的陷阱》（1955）中概括道："难道你不认为男人是世界上最重要的吗？女人只有等到结婚生子才算是女人。"[72]

因此，战后的社会历史令人好奇。1940年代末和1950年代，世界上受过最好教育、最具备独立性的妇女成为极端恋家的生灵，生活以家和家庭为中心。这样革命化的转变是政府的政策与某些强大的思潮相互作用的结果。

1940年代中叶，美国政策制定者急切地希望妇女离开战时的工作岗位回归家庭。回国的军人理应收回他们的工作。此外，经济学家坚信萧条和失业就在眼前，不应该允许妇女与男人争夺有限的（甚至正在减少的）工作岗位。《美国大兵议案》和《公路法案》，助长了将妇女赶出就业队伍的行为。这两项立法给男人提供免费的教育（这增加了他们挣钱养家的能力），给受赡养的妻子和孩子提供津贴，给地处城郊远离更多就业机会的家庭提供补贴。总之，政府的政策是棍棒加胡萝卜，鼓励妇女扮演全职持家的角色。

在这样的经济背景下，弗洛伊德学说的妇女观——被动的妻子和全心全意的家庭主妇——风靡一时，因为它有助于使当时出现的现象变得有理有据。如果要想妇女最终成为战后美国梦的守护者，那么就得重新定义1930年代和战争年代风风火火的解放型妇女形象。

从独立的女性转变成家庭玩偶并非易如反掌。如果没有另外一个因素，这一过程是不会完成的。这另外一个因素就是：当时出现了一股可谓是母亲崇拜的热潮，这股热潮卓有成效地说服每个人相信，抚养孩子才是妇女真正应尽的本分。我们还要记住，在 1950 年代，持家和做妻子之责是有界限的。鉴于城郊家庭有了省力的家用电器，挣钱养家的丈夫长时间在外上班，所以，操持家务难以让受过教育、精力旺盛的战后妇女生活充实。于是，当时就重新设计和规定了抚育孩子的内容和方式，直至为人之母的责任不堪重负。正如我们在第十一章将会看到的那样，为人之母成了一个可能无限膨胀的职责。

战后妇女一窝蜂地转变成了全职家庭主妇。她们阅读各种育儿手册，有本杰明·斯波克写的，有塞尔玛·弗雷伯格写的，有贝里·布拉泽尔顿写的。主妇们时刻"担心孩子某一表现是神经病的先兆，诸如夜间尿床、吸手指头、多食拒食、不爱交往、缺少朋友、不能独处、好斗、胆怯、读书慢、读书太多、缺乏自律、呆板压抑、暴露癖、性早熟、缺乏性兴趣"。[73] 在现代专家的众目睽睽之下，为人之母成了一项终生的事业，甚至是一种崇拜。正如《星期六晚间邮报》在 1962 年指出的那样，为了使一个妇女完全满足，"就得有一个男人，但是，她生活的首要目的是为人之母"。[74]

第十一章　母性崇拜的兴起

这是 2 月一个星期五的下午，时近黄昏，我们每周一次的"娱乐小组"（play group）聚集到莎拉（化名）在曼哈顿西 81 街的家。两年来，7 个又是朋友又是邻居的妇女，每到周末就将自己蹒跚学步的孩子带到一起玩上几小时。

娱乐小组对我们这些有工作的人来说特别重要，它代替了公园的长凳（我们谁也没有时间去公园），提供了一个安抚的支持网络。在紧急情况下，我们毫不犹豫地相互打电话，或是让对方到学校接生病的小孩，或是在钟点保姆没来时去接一个或两个小孩到自己家。对我们大家来说，娱乐小组已发展成一个无比宝贵的论坛，大家可以相互倾诉训练小孩大小便时的窘境，查理最近喉炎或咽炎引起的焦虑。1984 年前，所有这样的话题在体面的社交中是忌讳的，在聚会上和办公室谈论自己 3 岁小孩子是一种最大的失礼，这会让人怀疑你"只是个家庭主妇"——当代一个可有可无的人。

这个特别的星期五，我们坐在莎拉的餐厅桌周围，桌上摆着茶杯和一大壶格理伯爵茶。妇女们如饥似渴地交谈起来，孩子们则溜进菲力普的房间（菲力普是莎拉三岁半的孩子），几乎都被人遗忘了。

贝思（化名）两天来心里一直挂念着一件事，"喂，"她急切地说，"有谁看过星期三生活版上的一篇文章吗？那些专家们在文章中讨论如何教蹒跚学步的孩子识字。有谁试过他们讨论的新方法吗？"[1]

琳达（化名）在《纽约时报》上读过这篇文章，马上插话说："别跟我提那篇文章。太让我气愤了，我都要把它给撕碎了。"

看见琳达的反应如此强烈，贝思大吃一惊。贝思还想让她接着说下去，就温和地问："你是什么意思?""你们是知道的,我不喜欢那一套方法,说什么母亲应该努力引导孩子走上学知识的快车道,这让我讨厌透了。想想看,让3岁的小孩承受那样的压力!"她停了一会儿补充说,"另外,谁有时间去折腾那些多媒体的方式,教孩子一些上学后总会学到的简单技能呢?"琳达平静下来。她发火显然与她的事业有关。琳达是娱乐小组中最事业型的妇女,担任一家大出版社教材部的高级编辑。尽管有两个蹒跚学步的小孩,但仍然全日制工作,上班时花在孩子身上的时间有限,所以,只好赌一把,不把那些专家的话太当真。

贝思试图反驳一下:"但是,琳达,有些方法并不需要很多时间,却真的是行之有效!"说到兴头上,她就接着说:"艾利克2岁时,我给他买了一套卡片和磁性字母。尽管我每天下午都教他,可那时他太小,似乎不感兴趣。但上个月峰回路转,他终于问我要那些词汇游戏卡片。现在,我们每天学一小时左右的字母拼写和发音。你看,这只是个持之以恒的问题。"

看到琳达仍然没被说服,贝思拿出自己当样板,想说服她的朋友改变看法。"如果我们的孩子上幼儿园之前就识字,难道你不认为这很了不起吗?如果我能让艾利克有这样优势的话,丢掉这几年的事业我也会心安理得。"

我正想张嘴支持琳达,但决定还是闭上嘴。我意识到交谈变得有些沉重。如果贝思(小组中两个没工作的妇女之一)有自己的难言之苦决定待在家里,发现教艾利克识字能让自己待在家里理直气壮,那么,我凭什么去干涉呢?另外,贝思的一番话也的确中肯,触动了我堆积在心中的母亲内疚感。我的孩子从来没有得到过识字卡片,莉萨和戴维也确实不会认字。不过她们的老师安慰我说,两个孩子表现都不错,到时候会很容易学会的,可是,我内心深处老是犯嘀咕,总觉得这是我有负于孩子们的一个方面。他们与钟点保姆在一起的时间太多,与我在一起的时间不够。

玛西娅(化名)替我开了口,挺身而出拿证据支持琳达"顺其自然"的方针。"贝思,我曾有一次听过一位儿童心理学家讲到这个问题。他说鼓励你的孩子过早地识字是错误的,因为孩子这时也许会一门心思识别字母和单词,丧失集中精力观察图画、色彩和形状的能力。我在爱米尔4岁时就催促她认字,她学得很棒,可是,一旦她会认字后,她的美工就变得拘谨呆板。

就好像是拼命认字扼杀了她的想象力，她再没有剩余精力去干别的事情了。"玛西娅咯咯地笑了，"但是，我必须承认，我在汤姆斯（她的第二个小孩）身上修正了自己的理论，反倒捡了个大便宜。现在我有工作，没办法找时间去教他认字。"她停了一会儿，然后更加深思熟虑地说："我但愿那些育儿专家们能让母亲们摆脱困境。表面上，我对自己做一名在职母亲的决定能够理直气壮，但在内心深处，对没有像对爱米尔那样为汤姆斯牺牲自己，我深感内疚。"她停下来，推敲一番后说："似乎我以为，妇女没有权利既要孩子又要实现自己的抱负。"

玛西娅的话似乎引起了琳达的共鸣，她脸色阴沉下来，压低嗓门说："就我个人而言，我老爱拿自己与我的母亲相比。她有4个孩子，然而，她总是那样耐心，不急不躁……我猜想她真的是为做母亲、当家庭主妇而感到自豪。"

我们小小的聚会蒙上了一层阴影。几人若有所思，几人唉声叹气，坐立不安。我们都陷入了沉思，交谈触痛了一根集体的脆弱神经——母亲的内疚。无论我们个人的选择如何，我们都认识到没有轻而易举的方法可以甩掉社会对我们应该如何生儿育女的奢侈期望。可是，为什么要如此满腔热情寄予我们期望呢？期望我们成为孩子的无所不予的、面面俱到的母亲呢？为什么我们要担当起塑造完美人类的直接个人责任呢？我们毕竟是现代的解放妇女，有其他急切目标来充实自己的生活。这些疑虑可以从我们的传统遗产中找到解释。我们不仅承担着正常的母亲职业——我们爱自己的孩子，毫无理由地、失去理性地爱，而且，我们（许多人不知不觉地）还继承了这个世界声势最大的母性崇拜。[2]

战后对居家生活至上的狂热，孕育了做"全职母亲"的理想。这一理想至今还在我们脑海里挥之不去。像琳达一样，我们许多人生长在这个时代，却往往拿1950年代的为母之道作为标杆衡量自己做母亲的表现。这也是权衡我们公共政策的标准。因为母性崇拜使许多政治家相信，孩子就只应该由母亲抚养，没有什么能足以取代母亲的关爱。对于这一代人，育儿专家们宣告："从长远来看，最糟糕的生母也比'托育'妈妈好。"[3]难怪，日托服务最终被视为下策，只适合弱势家庭，不适合"正常的"美国家庭。

奇怪的是，"全职母亲"在1940年代末还是一个新概念，当时，人们头脑里很少有将一天大部分时间用来照料孩子这样的想法。在有史以来的各种文化中，其中也包括我们自己的文化，母亲总是忙于其他任务，抚育孩子只是其中一项并行的任务。在1930年代，甚至还劝母亲离开孩子，利用日托、夏令营和学前班培养他们的独立性。战前时期的通常观念是，"母爱是一种危险的东西，往往会妨碍儿童培养自食其力的能力"。[4]但是，时过境迁，再加上战后时期新出现的心理分析理论的观点，抚育孩子被神化为母亲的专业职责，成为只有母亲才能干的事，比她们可以干的任何其他事来说是更重要的事。受西格蒙德·弗洛伊德和琼·皮亚杰的启发，战后新一代育儿专家们鼓励母亲担负起培养孩子心理和认知的责任，塑造他们完整的性格，开发他们未来的全部潜力。任何成年生活中的缺点，都被认为是母亲在孩子童年时期抚育上有过失造成的。当时这是一种引人注目的育儿观点，后来对公共政策有着严重的影响。这一观点是如何在战后的美国站住脚的，背后还真是有一段传奇的故事。

19世纪前，保证孩子的成活是育儿的首要问题。当时的父母对孩子的生死离别不像今天这样难舍难分，主要是因为活过婴儿期的孩子不多。

三百年前，每两个新生婴儿，只有一个可活满周岁。可怕的死亡率，在17世纪和18世纪的任何一个教堂的院子里，都可见一斑。以殖民时期科顿·马瑟的家为例。他有14个孩子，其中7个出生不久就死了，一个2岁时死了。在6个活到成年的孩子中，有5个在20岁左右死了。在一次流行麻疹中，科顿·马瑟无可奈何地失去了妻子、一个女佣和两个女儿；但是，他的另一个女儿小杰鲁撒之死，甚至对这个清教徒来说也几乎难以承受。"在夜晚9点至10点之间，我可爱的杰鲁撒的生命终结了。她两岁零七个月左右，我祈求又祈求，不要让我咽下那可爱孩子死亡的这杯苦酒……就在她死之前，她求我与她一起祈祷；我以一颗悲伤而又万般无奈的心灵，答应这样做了。我把她托付给上帝，就在她离去的那一刻，她说她要去见耶稣基督。主啊！我是多么不幸呀！"[5]

尽管父母万分悲痛，但孩子的死亡却极为普遍，以致在父母身上形成了一种无可奈何的甚至是超然的态度，特别是对幼儿的死亡也是如此。菲力普·埃里斯提醒我们，在 18 世纪的法国，埋葬一个死去的孩子就像埋葬一个宠物猫狗那样随便，因为"他是这样一个不重要的小东西……还没有真正深入我的生活"。[6]

在这一时期的英国，类似的态度也不新鲜。1770 年，约翰逊医生的一个亲密朋友赫斯特·思拉尔，是一位有 13 个孩子的尽心尽职的母亲，她对一个较大孩子的死亡极为痛苦，可对几个婴儿的死亡却没表现出多大伤心。事实上，有个婴儿一生下来她就不喜欢，还说道："她是一个如此可怜的生命，以致我几乎不忍看她一眼。"后来，当另一个新生儿死亡时，她这样说道："对她的死不可能太悲伤，我此刻还有其他的事情要考虑。"[7]很难想象一位现代的母亲会表达出这样的感情。

如果婴儿死亡率高，使近代父母产生出一种超然的态度，那么，当时的社会和经济结构则进一步鼓励了这样的超然。例如，至 18 世纪，大多数富家子女都送去给奶妈喂养到两三岁，然后接回家让家佣照顾，到了 7 岁往往又送走，或去学徒，或去上学。19 世纪初，不再用奶妈了，但是，直到迈入 20 世纪后很久，家佣和寄宿学校仍然严重地限制了中上阶层家庭的父母与子女之间的接触。在中产阶级职业家庭中既有奶妈又有保姆，是司空见惯的。19 世纪尽职的母亲会监督孩子的护理，保证他们吃健康的食物，冬天衣着暖和，举止有礼，做祈祷，但母亲与子女的接触常常限制在一天一小时左右。孩子由保姆和她的帮手洗头洗脸，喂奶喂饭，天黑之前才容许与母亲（也许还有父亲）一起在客厅坐上短短的一段时间。偶尔，个别上层家庭的家长，由于下狠心要培养出一个天才，也会花上无数个小时有意教小孩学希腊文，或在钢琴上弹巴赫的赋格曲，但这都是些罕见离奇的个案。大多数 19 世纪富裕家庭的母亲，都乐于对孩子抚育问题采取撒手不管的方式。

温斯顿·丘吉尔回忆他母亲时这样说道："我母亲在我眼里永远是一位天仙般的公主，光彩夺目，拥有无尽的财富和无限的权利……她像启明星一样为我照亮方向，我满心爱她，可她总是那么遥不可及。保姆才是我贴心的人。"[8]丘吉尔的母亲是一个美丽的社交名流，正如 19 世纪末她那个圈子里所习惯的那样，她很少看自己的儿子。

家佣并非旧世界独有的。20 世纪初生长在纽约的沃尔特·李普曼记得，

童年大部分时间是与家佣一起度过的，与母亲的接触极其有限。[9]斯隆·威尔逊（1950 年代的畅销书《穿灰法兰绒西服的男人》的作者）描写了他 1920 年代在一个中上层家庭成长的过程："我主要是由一位名叫安妮的苏格兰保姆带大的，大多数时间是在厨房里与她和来来去去的其他爱尔兰家佣一起度过的。在早年的时候，我很少看见我母亲。"[10]

在 18 世纪和 19 世纪，劳动阶层的母亲只能用一部分时间来照看孩子，因为她们必须从事艰苦的生产活动，并且还指望孩子搭把手，至少不要碍手碍脚。

在美国开疆拓土的家庭中，"对于不同年龄的孩子来说，每天的工作负担既费力又费时；对于更小（3—6 岁）的孩子来说，每天有家务活要干，挑桶打水，捡拾牛粪，采摘野果。随着年龄的增长，他们开始干更繁重的活，耕田种地，修建栅栏和木屋，捕捉小动物，家里家外帮忙"。[11]在东部城市的合租屋里，母亲将孩子安置在拥挤的房间一角，自己则一针一线地缝衬衣卖钱。5 岁以上的孩子都被期望出把力，要么做些家务，要么做些挣钱的简单活计，例如，计件贴火柴盒。许多孩子被送到工厂干活，直到 1900 年，在工业劳动力中估计还有 200 万名儿童。他们小巧的手特受欢迎，不幸的是，下午稍晚时他们往往犯困，常常"将小手绞入机器"。[12]

当我们迈入现代，对孩子的态度发生了急剧的变化。19 世纪末 20 世纪初，医疗水平大大提高，开始使父母摆脱上个时代许多健康方面的忧虑。该是更自觉地关心孩子抚育的时候了。19 世纪后半叶出现了第一个关于育儿方式的学派，说到该学派就会想到的人名有卢瑟·霍尔特、特鲁比·金、约翰·沃森。直到 1930 年代末，他们都成了统领育儿领域的权威，决定了我们祖父母和父母是如何培养长大的。人们震惊地认识到，他们对于儿童的看法及他们给父母关于如何培养孩子的建议，如同约翰逊医生的朋友思拉尔太太的想法一样，对于斯波克医生来说都是天方夜谭，对于当代的通常观念来说也都是旁门左道。

一位纽约儿科医生卢瑟·埃米特·霍尔特，于 1894 年出版了一部影响深远的著作《儿童护理与哺育》。霍尔特一门心思研究清洁卫士——在儿童疾病仍然可能致命的时代，这也是一个合乎情理的当务之急。该书的大部分篇

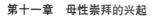

幅都在介绍如何处理奶嘴和奶瓶、消毒除菌的种种细节，鄙视母乳哺育不讲科学。霍尔特讲究卫生到了极致，规劝母亲不要亲吻婴儿，因为这有传染肺结核、白喉、梅毒和其他疾病的危险。不鼓励母亲抱婴儿，以免伤害他们的脊椎和大脑，相反，孩子应该放在护栏里。霍尔特写道："2 尺高的护栏，加上周围的垫子，是小家伙的上等包厢。"[13]

在英国，与霍尔特有同样做派的人是特鲁比·金。他也满腔热忱地推崇适当卫生，认为在尽可能无菌的环境中抚养儿童是儿童护理中最重要的方面。他不重视母爱，认为如果母亲会传染给孩子致命疾病的话，那么，母爱对孩子毫无好处。

特鲁比·金制定了一套严格的 4 小时定时喂奶制，盛行大西洋两岸。不管婴儿哭得多厉害，差一分一秒也不给喂奶。尤其是在夜间不要给婴儿喂奶。婴儿要学会该睡觉时睡觉，不容许用自己的要求来摆布和支使母亲。大便的规律性被认为非常重要的。金提倡从婴儿出生 2 个月就开始训练按时大便，辅以灌肠——如果婴儿不按时大便的话。他规劝母亲不要与孩子过多的身体接触，特别是就寝时。[14]

约翰·B. 沃森是继霍尔特之后在这个时期最有影响的育儿专家，他对于"母亲依恋"的态度更加严厉。他在 1928 年出版了重要著作《婴儿和儿童的心理关怀》，题词献给培养出幸福儿童的母亲。他警告说，溺爱的母亲拿过时的价值观来捆住孩子的手脚，将他们的交往限制在家庭范围之内，这可能会延误孩子的成长。他始终认为，过分的母爱会使孩子踏入成年生活时不能自食其力。"当你不由自主想宠爱自己孩子时，请记住母爱是一种危险的东西！这种东西可能造成永远不能愈合的伤口，而这种伤口又可能使幼年期变得不幸福，青春期成为一场噩梦。"[15]因此，爱的表达要加以限制，"如果必须时，就在孩子说再见时亲吻一下额头，早上与他们握手就行了"。[16]

让沃森痛心疾首的是，母亲没受到足够训诫，做不到每天大部分时间远离孩子。"我有时祈愿我们能够生活在一种家庭共同体中，给每家配一个受过训练的保姆，这样我们就能够每个星期换一个保姆给婴儿喂奶洗澡……不知怎么地，我禁不住会祈愿有可能偶尔轮换一下母亲。"大多数现代专家一定会强烈不赞同这样的规劝。[17]

在日常琐事上，沃森也追随霍尔特和金，建议按照严格的时间表喂奶（用奶瓶，而不是乳房），早早训练孩子按时大小便，通过让孩子适度地经受冷热和疼痛的手段来磨炼筋骨。这些严格管控的目的，是要培养孩子的独立性，然后再利用学前班和夏令营加以强化，使得孩子在感情上断奶。

第一个现代育儿学派的专家为何强调细菌的危险性和卫生的重要性，这不难理解。在19世纪与20世纪之交，婴儿死亡率大幅度下降，但仍然足以构成一个现实的威胁。直至1940年代出现抗生素之前，父母不得不费心防范感染，保证后代的身体健康。这一学派提倡的僵化的作息制、严厉的家教和感情距离，难以让人认同。他们的教义让人产生不了共鸣，因为这些教义蔑视现代母亲被教导应该相信的精神和宗旨。

在战后时期，育儿理论经历了革命性的变化。对母亲而言，天平从一个极端滑向另一个极端。在1930年代，人们告诉她们保持距离，避免用母爱这样危险的手段伤害孩子；而在1940年代末，专家的规劝恰恰相反。这时母亲被认为应该让孩子在无微不至的母爱之中茁壮成长。1948年，埃里克·弗罗姆说道："孩子在具有决定性的人生初期阶段，（应该有）切身经历感受母亲是生命之源，是全方位的保护和养育的力量。母亲是粮食，是爱，是温暖，是大地；被母亲爱护意味着生命有源，扎根有土，回归有家。"[18]弗罗姆显然不同意沃森、霍尔和金的观点。

1930年代，在弗洛伊德的思潮启蒙之前，母亲认为如果孩子身体健康，举止有礼，那么，她们的工作就干得十分出色。如果孩子不聪明，缺乏想象力，那么，一般也只能怪罪基因或性情这些因素，母亲可以庆幸地申辩她们无法控制，不负任何责任。战后，育儿却成了一件更加苛刻的工作，因为"斯波克引导母亲从心底相信，如果她们工作干得出色，所有的孩子都会富于创造力、聪明、善良、慷慨、幸福、勇敢、随性、能干——当然，每个孩子都以他或她特有的方式表现出来"。[19]

弗洛伊德对改变育儿方式的贡献，在于他十分强调母亲与孩子之间的联系和儿童早期经历（特别是创伤性的经历）对成年人格形成的重要性。[20]弗洛伊德尤其关注儿童早期心理成长过程中的口腔期、肛门期、性器官期，以及与之相随的肛门滞留、阴茎妒羡、阉割焦虑、恋母情结等具体问题。战后的

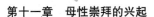

一代育儿专家对此如获至宝，并以此转化为对母子分离、保姆育儿、大小便训练、性角色认同、兄妹相争等问题的极大关切。人们担心如果儿童早期有任何处理不当，那么"这个放任自流的阶段就会给孩子打下终身的烙印，随之他在性格上一生都会带有容易受到伤害的弱点"。[21]

斯波克和弗雷伯格等人号召母亲要付出无限的精力去保护儿童免受许许多多的担忧和焦虑，不然就会在将来留下感情不健全和神经疾病。错走一步，一次创伤性的经历就可能导致孩子在以后的生活中出现失眠、阳痿和同性恋表现。在遭受创伤到随后发生神经症期间，可能被视为一个看似正常的童年，这种情形令人更加不安。正如长期潜伏的病毒刚侵入人体时只引起轻微的症状，而 20 年后导致多发性硬化症一样，父母的失算、失误、误解和错误经过长期潜伏后也可能导致意想不到的后果。

我的女儿莉萨 3 岁时，我曾想象她有神经质行为的早期征兆，我对此记忆犹新。

1981—1982 年秋冬是一段艰难的日子，我们家搬进一套新公寓，我又换了工作。我十分喜欢我的新工作；但这份工作时间更严，孩子们不能像从前那样在傍晚和早上经常看见我，她不得不调整自己适应这一变化。

11 月，莉萨开始抽搐，但她似乎并不知道她在做什么。她的左脸每隔 6 秒钟（我记过时间）就不自觉地抽搐一下。我不想给她一个什么"综合征"的结论，对此我闭口不谈，希望抽搐会自然而然地消失。

12 月，莉萨开始爱吸鼻子。她好像没感冒，可就是吸鼻子；在抽搐时，每隔 60 秒就吸一次鼻子。我开始担心了，担心这些症状是某种深层的神经质的早期迹象。莉萨的感情成长方面出现了问题，通过抽搐和吸鼻子流露出来了。也许是钟点保姆在大小便训练方面太专横了吧？也许莉萨不能与我"亲近"而出现分离问题吧？我肯定，无论问题的具体原因是什么，一定与我决定继续自己的事业，不当一名"全职母亲"有关。除了这些大问题外，还有面子要考虑。莉萨 1 月要参加幼儿园的测试和面试，我很想她在此之前不再有那样的现象。另外，其他母亲会怎样想呢？尽管我不愿承认，但我感到那些没工作的母亲不会赞同我的看法；我敢肯定，她们还会拿抽搐和吸鼻子综合征作武器打压有工作的母亲。

　　我鼓起勇气，试着与莉萨谈谈她抽搐和吸鼻子的问题。莉萨看起来不明白我在说什么，而且，在几次谈话后，她抽搐和吸鼻子反而更厉害了。理查德根本就不愿把家里的这一紧急情况当回事，有时说"算了吧，西尔维亚，别拿这事自寻烦恼。莉萨很可能是想引起更多的注意。如果你不再把这事当一回事，她会改掉的。你就别管她了！"有时，当他发现我在房间里偷偷跟踪我那抽搐和吸鼻子的女儿，试图找到这种那种神经质的蛛丝马迹时，他就哈哈大笑，这让我十分懊恼。那时，他很难认真对待弗洛伊德儿童培养学说的理论家们，并且，由于他不送莉萨上学，所以，他永远也不会看见那些没工作的母亲如何讥笑别人有个抽搐和吸鼻子的孩子。

　　圣诞节来临之际，我的忍耐已达极限，发现自己需要咬紧牙才能控制不出手，避免在家庭餐桌上看见莉萨抽搐和吸鼻子时会对她大喊大叫，打她耳光。

　　你瞧！抽搐和吸鼻子综合征在那年冬天真的就消失了（就在幼儿园测试后不久）。有一天，莉萨就不再那样了。回头一看，家庭儿科医生将综合征怪罪于轻微的上呼吸道病情，理查德坚持他的"引人注意"的理论，而我则暗中怪罪自己。在内心深处，我认为其他母亲们是对的，这是我的新工作一手造成的。如果我在傍晚那些关键时间里不上班，如果我没有接受这份令人羡慕的新工作，如果我不是"把事业放在第一，孩子放在第二"，莉萨就永远不会出现那样令人苦恼的综合征。当然，只有我认真对待莉萨的情况；可是，母亲的内疚无处不在，所以，无论你是做什么还是不做什么，都很难避免。

　　在3年中生了两个孩子后，我再回头看这件事时，不得不承认理查德说得有道理。这真是太可笑了！可是，当时我确实相信莉萨也许有某种重大的感情上的问题。斯波克和弗雷伯格的书我读得太多，所以会对任何异常行为表现得非常紧张；因工作关系，我内心堆积了太多的母亲内疚，所以动辄就焦虑不安。

　　弗洛伊德在儿童人生的感情方面有什么样的影响，那么，皮亚杰在儿童的知识认知技能方面就有什么样的影响。在1920年代和1930年代，皮亚杰提出了关于儿童认识发展的理论，将童年分为几个不同的发展阶段。婴儿在头两年内，语言尚未出现，这是"感觉运动"时期；儿童2岁至6岁经历"前运算"时期；6岁至12岁是"具体运算"时期，儿童可能开始逻辑思维和数字运算；最后是"形式运算"时期，青少年可能潜在地具备了成年推理的所有特点。[22]

第二次世界大战时期的育儿专家利用甚至大量地滥用"发展阶段性"的概念。像伯顿·怀特这样的权威给母亲提出了一大套新的任务，如怎样与婴儿玩耍说话，怎样鼓励婴儿加快认知技能的培养，推动他们进入下一个发展阶段。例如，一个5岁的小孩子能被说服去完成具体运算，就被说成是有6岁或7岁的智力年龄。在培养孩子成为卓有成就的成人的诱惑下，母亲从不怀疑孩子超出正常"适龄"发展阶段的好处，从不介意神童成长为天才明显缺少证据（事实上，已有的证据恰恰相反，绝大多数早慧儿童没有实现他们早期给人的希望）。正如"人类潜力开发学会"主席格伦·多曼正确猜测的那样，成千上万的母亲不遗余力，想让孩子进入认知发展的快车道。1975年，他在费城的"佳宝学院"开办了住读强化班，洛伊丝·里德是他的学员之一。

1982年，洛伊丝·里德的女儿朱莉娅刚满9个月时，在费城的"佳宝学院"听了为期7天"如何增长你宝宝智力"的课程。她想学习如何最大限度地开发她孩子的潜力。洛伊丝付了500美元的学费，外加伙食费和住宿费。

在上午的课上，学院院长格伦·多曼，一位蓄白胡、戴眼镜、长相和善的人，给80位聚到一起的母亲讲授本学派的哲学。根据他的看法，小孩有无限的学习潜力，"他们在成长过程中能学会好几种语言，流利地阅读最复杂的语言，做速算数学题，游泳骑马，画油画，拉小提琴"。所有这一切在两三岁前就能做到，但前提是母亲要给予足够的爱心、欢乐、尊重和训练才行。多曼让母亲铭记在心的事情是：如果她们的婴儿上不了快车道，那是她们的过错。

接着，其他教员又详尽阐述如何培养一个"更好的宝宝"的过程。小孩的大脑像一台待编程的计算存储器，需要输入数据，越早输入，越容易输入。"接受原始数据的能力为年龄的反函数。"婴儿一出生就应该马上给他刺激，如母亲对着他的眼睛一开一关地闪射灯光，在他头的后面拍打木块，或许甚至在他的舌头上放点芥末。一旦婴儿不出意外地做出了反应，表明他获取了这种输入，下一阶段就是给他编入程序，将黑色卡片剪成三角形、圆形等形状，放在灯光与他的眼睛之间让他认识。这样的训练，保证他到几个月时就能做好准备学习基础识字。尽管洛伊丝错过了这两个阶段，但挽救她小孩的潜力还为时不晚。经过特别努力和与朱莉娅一起做些补习，她能够马上进入第三阶段——识字。

教婴儿识字，要求大量使用写有字母和简单词汇的识字卡。如果母亲 1 天 6 次在孩子眼前兢兢业业地变换识字卡，那么，就可能教会大多数正常的婴儿在 2 岁之前认识简单的单词（至少也走了个识字过场）。学院下午的课用于传授方法和进行示范。为了证明学院的方法是行之有效的，便将受过正确训练的 1 岁和 2 岁的孩子带到课堂上，表演他们的学习成果。

培养一个"更好的宝宝"似乎需要花费的时间之多，仅这一点就让洛伊丝垂头丧气。训练婴儿识字 1 天，就需要 6 次强化课程，且识字只是学院认为孩子为未来生活做准备所必需的技能之一；然而，母亲的人生难道没有其他所求，只是最大限度地开发孩子的潜力吗？女儿朱莉娅将来又会怎么样？如果朱莉娅在 20—25 岁调转方向，又把自己的最佳精力投入她自己的孩子身上，那么，培养她充分发挥自己的潜力又有什么用呢？当洛伊丝在课堂上提出这些问题时，多曼博士说这与本课程无关，而且，在后来的课程中，博士还将她贬到后排去坐。很显然，只有男孩长大后才应该在外面的世界发挥最大的潜力。

成千上万的母亲聆听过"佳宝学院"的课，买过课本和教具。她们把写有字母、涂有点点、记有其他"信息"的红色学习卡片展示在婴儿眼前，虔诚地希望提高婴儿的能力。有些母亲听课时，甚至还没怀孕……这样，她们就能做好准备，等孩子一出生就用学习卡片教他们数学、识字、音乐和外语。[23] 尽管现在尚未清楚这些方法是否增加了美国天才的产出，但增加了美国母亲的内疚和苦恼则是毫无疑问的。

洛伊丝由于没能在朱莉娅 2 岁前，甚至 5 岁前教会她识字、做代数，现在仍然感到对不起女儿。"所有这些练习使我们母女易怒、焦急。我猜想是我没能唤起足够的喜悦热情，后来就慢慢地完全放弃了这件事"。她由于不

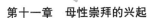
能给予女儿那种"佳宝学院"允诺的"特殊的卓越优势"，使得自己感到没能尽母亲之责。[24]

因此，弗洛伊德和皮亚杰的理论，经过本杰明·斯波克、伯顿·怀特以及其他战后专家的过滤筛选，留给当代母亲的尽是沉重耗时的责任。怀特在其十分有影响的著作《生命之初三年》中，甚至插入表格（科学地）表明，母亲在育儿最佳阶段的艰苦努力，到几岁后才能开始显现成效。儿童成长上的差异在9个月就开始有典型的表现，在母亲调教下成长良好的儿童呈现出一种特殊的曲线，显示出他或她始终超出同龄组的能力。[25]只是存在一个问题：没有可靠的科学证据支持怀特的看法，即9个月的神童将在儿童阶段始终保持他们的优势，直至进入成年阶段。根据哈佛大学心理学家杰罗姆·卡根的观点，育儿方法上的微小差别，"对于5年或10年之后儿童之间的差别没有多大的预示性后果"。[26]家庭的教育、职业、收入等，才是预示成年时期成就更有力的因素。尽管缺少这样的证据，任何一位拜读过伯顿·怀特书的母亲（正像我在莉萨出生时那样），都有一种要快干、大干的紧迫感。

斯波克也许是一位最让人不存戒心的战后专家。他的建议是如此具体、如此务实，而且他本人也是一位和蔼可亲的人！这一切都是事实。不过，斯波克在做儿科医生前接受的是心理医疗的培训。全书666页的宏著《婴儿和儿童抚育》（三个版本），都基于弗洛伊德学说关于母亲的育儿作用的严谨假设。母亲应该监督自己的行为，以便提供一个适当的环境，让孩子通过"自我发现"和"自我激励的行为"来达到"自我实现"。事实上，所有培养的任务全都界定为母亲的工作，因为正是她必须负责抓孩子如厕守则、克制侵犯、与同龄人相处的教育工作。至于训练孩子大小便，斯波克医生教导母亲去观察蹒跚学步的孩子——如有必要，应观察18个月——看他或她处在哪个准备到位的阶段。观察时要考虑是干预还是不干预，引导孩子坐便盆时要决定应该采取多大的强硬态度，因此，这样的训练既花费时间又充满风险。正如斯波克指出的那样：

（大小便训练）实际上是打基础，培养儿童终生爱双手清洁，爱衣服干净，爱家里整洁，爱干事有条不紊。正是从大小便的训练中，儿童得到某种感觉这样做是对的，那样做就不对。这帮助他们形成一种责任感，成为有条不紊的人。因此，大小便训练在形成儿童的品格和建立他们与父母之间的信任方面发挥着作用。[27]

塞尔玛·弗雷伯格在《神奇的年龄》一书中，给弗洛伊德这一经典主题更大分量。她用15页的篇幅来描述母亲训练孩子坐便盆时如何会犯错误。排泄被赋予近似神秘的意义。弗雷伯格描述孩子看待"此行为的方式，如同较大的孩子看待一份送给所爱的人礼物的方式"。[28]麻木不仁地将大便冲下马桶，是"接受如此宝贵礼物的一种奇怪方式"。[29]再则，抽水马桶本身也造成了20世纪的全新问题："这一龇牙咧嘴的瓷器怪兽在这个时代并非完全博得人的友情和信任。通过最表面观察就能看出，马桶怪兽随着一声震耳的吼叫吞噬物体，使它们消失在神秘的深处，然后，又饥渴无比地涌起水来，准备吞噬下一个受害者——可能是任何一个人。"[30]应付这样的大问题显然是一项复杂的任务，很难托付给钟点保姆。这几乎足以使在职母亲向往沃森的简单训诫方式，因为他在谈到大小便训练时，建议将8个月的婴儿绑在一个专门的马桶座上，单独关在浴室里半个小时左右——不管他或她要多久才完事。

20世纪最初的几十年中，传统观念总体上对母亲更为宽容。霍尔特和沃森等专家的建议，通过儿童局渗透到平民百姓之中。儿童局于1914年开始出版一本名为《婴儿抚育》的小册子，最早的几版引起了成千上万的母亲来信要求更多的指导。一反华盛顿的官僚传统，小册子的作者玛丽·韦斯特本人和儿童局的其他工作人员都回复这些来信。最早几个版本的宗旨和对来信的回复都表明，通常最为关心的是母亲的便利和需求。

《婴儿抚育》顺应当时的潮流，大力鼓吹严格定时喂养、不理会哭闹和进行早期大小便训练，劝告不要摇婴儿睡觉、胳肢婴儿发笑和逗婴儿玩。而且，《婴儿抚育》认为这些条条框框主要是为了保护母亲，"婴儿护理一蹴而就，简化为一个系统……这个系统以对婴儿终生有益的方式训练婴儿，不仅有助于保证婴儿健康成长，而且还能将母亲的工作减少到最小程度，让她们得到有保证的休息和娱乐时间"。[31]例如，使用婴儿护栏不仅是出于对孩子的考虑，而且是出于对母亲的考虑，因此，"应该教较大一点的孩子在醒着的时间里学会坐在地板上、护栏里或小床上，不然，就会让母亲太费精力"。[32]
韦斯特太太在她的一封回信中很有同感地说道："没有尝试过的人认识不到，
'照看'一个到处会爬会走的幼儿，必须一刻不停地留神防止他磕磕碰碰，
这会消耗多么大的心力；所以，照顾这一阶段婴儿的母亲需要保存全部的力
气，一点也不能浪费在无用的活动上。"[33]

让我们对照一下伯顿·怀特的观点。他极力鼓动母亲不要用护栏，因为
"无法让大多数孩子不厌倦"。[34]怀特一切都从孩子的角度看问题，对护栏的问
题反应激烈："经常使用护栏，让孩子天天都感到厌倦，这从孩子的教育需
要上看是一种不良的育儿做法。"[35]更有甚者，他还将这一原则扩大到使用婴
儿小床、推车、高椅、饭桌的问题上。这种禁令的必然结果，就是母亲一天
中绝大部分时间都得跟在孩子屁股后面忙个不停。

韦斯特女士在《婴儿抚育》一书中提倡晚上6点就寝制，主要理由同样
是出于母亲的便利，因为"如果你没有尝试过在6点钟安顿孩子睡觉，你也
就体会不到这对你是一种什么样的解脱。这是能做到的。我对自己的3个小
男孩就是这样做的。如果一位母亲体会到了在晚饭前就安顿孩子睡觉所带来
的满足，晚上家里一片宁静所带来的安逸舒适，那么，她就会不失时机地开
始训练孩子，使这一切变为可能"。[36]面对如此忠告，有哪位母亲会无动于衷？
我在收集资料时发现这一段话后，停下来一连读了几遍。这样的忠告，现代
母亲听起来就像听音乐一样美妙。我们都习惯于读当代以孩子为中心的忠
告，这些忠告因为我们的自信程度不同，要么可能使我们感到内疚，要么可
能使我们感到生气，但很少让我们感到抚慰。

斯波特告诉我们这些当代母亲，我们在就寝时应该担心的中心问题，是
保证让孩子感到"愉快和幸福"。"不论你多忙，也不要急匆匆地逼孩子睡
觉"，不要"将睡觉弄成一项令人不愉快的任务。"最重要的是，"相信孩子
该休息时自然会休息"。[37]可是，母亲跟在孩子屁股后面忙碌一天（或辛劳工
作一天），其身心交瘁的程度为何一字不提？

鉴于第二次世界大战后育儿专家们给母亲布置的培养任务，我们对于这
些专家大力支持母亲不参加工作便可更好地履行母亲职责的观点，就不会大
惊小怪了。

30 年来，斯波克（他仍然是读者最多的专家，他的《婴儿和儿童抚育》一书销售了 3000 万册）一直在告诉我们，在职母亲的孩子在成长过程中可能被忽视，没有良好的调教。除非母亲绝对必须工作，不然，没有道理"花钱请人把（自己的）孩子抚养得更糟糕"。[38] 在 1976 年的版本中，斯波克试图与时俱进面对许多母亲工作的事实，称呼婴儿是"她"，而不是"他"，并插进一些关于妇女解放的语言。可是，他对此并未上心，依旧倾心于"总会有男女觉得照顾孩子和料理家务至少与其他任何活动一样重要、一样令人心灵满足；把照顾孩子和料理家务作为自己的主要职责，没有任何男女会感到不妥"。[39] 他对替代照看孩子规定的条件是出生后头 3 年里一直不换人，这个条件排除了大多数妇女就业的可能性。

儿科医生巴丽·布拉柴尔顿也一脉相承，对非母亲抚育表达了否定观点，提出了不可验证的论点：与母亲分隔对孩子产生的诸多影响，"是不可能在可观察的行为中测定的"。[40] 心理学家李·莎尔克告诉我们："当然，如果母亲一定要工作，谁也不能取代她。"[41] 塞尔玛·弗雷伯格强调孩子在 8 个月前与母亲分隔的可怕后果。[42] 伯顿·怀特的语气更加坚决。1981 年，他拿自己作为哈佛大学学前教育计划主任的身份仗势压人，对母亲们提出了措辞严厉的告诫："20 多年来，我一直专门从事成功育儿方法的研究……我有幸能够对许多起步良好的儿童与那些不这么幸运的儿童的日常经历进行比较……我坚定地相信，大多数儿童如果在醒着的大部分时间中得到父母的关照，就会有一个更好的人生开端。"怀特进一步说："政府……应该抵制为所有人提供婴儿免费全托的呼声。"[43]

有趣的是，伯顿·怀特是如此敌视在职母亲，以致他根本不重视产假。鉴于他坚信出生后头 6 个月是绝对关键的时期，孩子"在这一时期的需求一定要全力满足"，[44] 那么，你一定会以为他会敦促政府保证在职母亲至少有同样长的产假。事实并非如此。怀特一心一意地告诫母亲不要参加工作。正如他 1983 年 3 月对我说的那样，"我对提倡产假不太感兴趣，因为这可能鼓励年轻的母亲继续留在工作岗位上"。[45] 不幸的是，1980 年代中期，孩子不满 12 个月的母亲中，有 48% 人已经在工作岗位上，其中大多数人参加工作是出于经济上的需要。这些母亲需要的只是一个体面的产假和高质量的婴儿托育，而不是又一次的负罪旅程。

母性崇拜在 1950 年代或许有某种意义，但是，美国经济与社会在此之后已发生了翻天覆地的变化。今天，学龄前儿童的母亲中有 56% 的人参加了工作，而 1950 年只有 12%；离婚率在过去的 30 年中已经翻了两番。罗曼·洛克威尔式的家庭——西方怀旧的古典家庭，已成往事。现在，只有 22% 的家庭能够炫耀妻子留守在家（1950 年有 61%）；丈夫挣钱养活妻子和 2 个以上孩子的家庭，只占美国家庭的 6%。[46] 1985 年，人们可在麦片包装盒上看到"古典式"的家庭，而在现实生活中却很少存在。

尽管时过境迁，流行的育儿手册依旧绝望地抱住战后的设想和处方不放。心理学家克莱尔·埃陶奇发现，在 1970 年代出版的 20 种最具影响的育儿书中，仅有 7 种勉强地赞成孩子尚小的母亲参加工作。在她看来，流行的育儿书籍往往是"要永久保留非母亲抚育方式对小孩有害的信念"。[47] 医学杂志《儿科》的研究也得出类似的结论："流行的文献仍然视在职母亲为大逆不道。"[48]

1980 年代初，又涌现出了一大批育儿书籍。但同样的是，在职母亲要么又是被完全忽略，要么又被隔离在"特殊问题"的章节中。例如，在 1984 年，（继斯波克之后）第二本最流行的育儿书，是佩内洛普·利奇著的《儿童时代》。尽管考虑周全，单独设有母婴依恋的章节，但对在职母亲绝对只字不提。[49]

尽管育儿"专家们"对在职母亲如此这般敌视，但在这一领域严肃的学术研究还是对在职母亲抚养出的孩子会不够幸福、不够有成就的观点提出了怀疑。在一项受人高度重视的研究中，杰洛姆·卡根、理查德·B. 基尔斯利和菲力普·R. 泽拉佐发现，"母亲依恋和认知发展的速度——这两个美国父母关心的关键问题——看起来没有因为儿童日托的做法而改变……对语言能力、记忆力和观察分析能力的评价，并没有揭示儿童日托有明显优势或劣势……所有的儿童喜欢母亲胜过喜欢任何其他成年人的差别系数为 7"。[50] 在全面复查证据的过程中，埃陶奇发现"高质量的非母亲抚育方式似乎对孩子依恋母亲、智力发展或社会感情行为并没有不利的影响"。[51]

只要母亲和孩子在一起的时候经常与孩子互动交流，只要替代母亲看护的各种安排稳定，激发孩子成长，那么，年幼的儿童似乎能够与在职母亲和不在职母亲形成同样牢固的依恋关系。这一领域研究的重大结论是，"生活如意的母亲，无论在职还是不在职，都能调教出最好的孩子"。[52]关于母亲工作的另一个研究发现是，在职母亲的孩子与不在职母亲的孩子相比，前者被认为更具有竞争力。同样地，在职母亲的女儿与不在职母亲的女儿相比，前者对自己有更大抱负。[53]所有这一切的直观意义是：一旦人们不再把目光集中在出生后的头3年，而是从长远来看，考虑到以后生活中的其他影响，那么，就会发现妇女给自己孩子树立的行为榜样变得极其重要。

政策的制定者不必因为本杰明·斯波克（或伯顿·怀特）而束手束脚；托儿所未必会伤害儿童。当然，有些事情也要避免。如果对儿童身体的忽视，如果受委托照顾孩子的人经常变动，如果日托环境中的成人与孩子的比例太小，使孩子得不到个体的关注，那么年幼的儿童就会出现不良的发展。但是，"孩子上托儿所本身并不应该严重地影响孩子的成长，只要父母对孩子抱着肯定的态度，托育员对孩子关心体贴，专心致志，尽心尽职"。[54]还没有证据显示"从长远来看，最差的生母比最好的日托保姆要好"。[55]

具有讽刺意义的是，这个国家对日托问题重视不够，投入的人力物力不多，以致现有托育设施中许多都未达标，这往往加重我们对家外日托产生意识形态上的偏见。"（在美国），我们今天已有的营利性托儿所大多像狗窝，"康奈尔大学的欧文·拉扎尔博士说，"在狗窝里没有学习的机会。"[56]拉扎尔博士说得一点都不错，我们想给孩子的不应是狗窝。不幸的是，在我们政府决定大规模补贴儿童托育之前，数百万的美国儿童还得被迫在狗窝里度过一天又一天。这不是因为我们不知道如何管理高质量的日托中心，与其他任何国家相比，美国做了更多的儿童早期培养方面的研究。这仅仅是因为我们决定不把公共资源拨给小孩子们。

在战后时期，西方其他国家是否形成过类似的母性崇拜呢？有过，但远非到美国这样的程度。在许多欧洲国家，可以察觉到育儿潮流出现了类似的转向：从1920年代和1930年代强调家教和严格作息时间，转向到战后重视心理和认知的培养。如同在美国一样，这在欧洲也导致母亲更多献身于孩子的抚养（主要是由于这时恰巧遇到保姆和家佣难寻的问题）。不过，在欧洲还有一些旗鼓相当的对立倾向，使母性崇拜的狂热未形成气候。

首先，与美国的情况不同，大多欧洲国家没有经历持续的生育高峰。比如，1955 年，美国的人口出生率达到 25‰，而法国为 18.5‰，英国为 15.4‰，德国为 15.7‰。[57]欧洲出生率较低，伴随而来的是妇女就业人数的稳步上升。1957 年，美国妇女就业人数只有 37%，而德国是 44%，法国是 50%。[58]就业人数上的差别意味着：欧洲国家不得不更早费心处理好产假和替代看护的问题，使母亲不担负那么多的责任。

其次，与欧洲相比，美国历来更多是以儿童为中心，因此，就很可能给母性崇拜提供最肥沃的土壤。在这个人口长期不足的国家里，孩子稀缺，当然就十分看重，另外，对个体重要性还存在根深已久的尊重。确实，"欧洲人总是觉得美国父母对孩子的需要重视有余，而对成人的社交要求重视不足"。[59]

最后，美国父母有一种明显的倾向，认为孩子至少与他们自己一样重要，论前途也许还要重要。英国一位人类学家曾说过，别的国家教育孩子敬仰父母，无论父母在社会中客观地位的高低，孩子都尊父母为最好的人；而美国父母则会对孩子说："如果你不比我干得更好，我会看不起你的。"[60]

对孩子步步高升的期望与另外两大美国特色相辅相成，这两大特色是：一是人们四处搬迁；二是缺少牢固的阶级结构。在许多欧洲国家，父母从家庭传统中，通过身边祖父母指点与帮助，来领悟育儿的目标和方法。在美国却缺少这些点拨，大量移民和频繁搬家（为了寻找更好的经济机遇而在城市之间和地区之间流动），意味着美国父母常常是远离亲人千里之外，在与自己父母可能完全不同的社会经济环境中抚育自己的孩子，因此，他们更多的是从职业顾问、从书本、从时兴的理论中寻找他们需要的帮助。这样，任何一种新育儿模式的提出，立马就会产生影响力。在意大利，我发现大城市书店里很少有育儿书籍，这一点令我印象深刻。我采访过的意大利母亲，都主要是借鉴家庭传统。

克劳迪娅（化名）生长在意大利北部，作为一名学生来到美国，后嫁给纽约的一位商人。她现在按"美国模式"抚养自己的孩子，明显地意识到两种文化之间的差别。

"在意大利，年轻的新婚夫妇应该享受美好时光，大部分时间将婴儿交给家人照顾，这一点问题都没有。我住在热那亚的朋友们，似乎大多数周末都去滑雪或划船。祖母和未出嫁的小姑子就住在附近，很乐意接孩子去玩。"克劳迪娅停了一会儿，接着不赞同地说："这对父母倒是很方便，但这确实意味着育儿方式依旧落后得可怕。当索丽娅（住在热那亚的一位妻子）第二个孩子出生时，我给她买了一本斯波克博士的书，我肯定她连书都没翻开过。她说她不喜欢现代的观点。我想，既然有家里人在照顾孩子的一切，她不可能调过头来告诉他们应怎么做。"

我问克劳迪娅对传统的意大利育儿方式有何看法，她承认有喜有忧："我认为喜的是有优点。孩子从亲人那里得到许多抚爱，可以很晚才睡觉，从许多方面来说，童年生活在意大利是一段愉快的时期。但是，说真的，忧的是对于如何培养孩子的情感成熟与认知技能，态度十分原始。"我请克劳迪娅给我举个例子，她想了一会儿说："我的一个朋友在米兰开一间小铺子。孩子三个月时，她请了一个保姆。去年夏天见到她时，孩子一岁左右，她对我夸耀地说，'小孩一点也不让她操心，保姆可以成天将他放在护栏中，他给谁也不添乱'。"克劳迪娅笑着说："你能想象一位美国中产阶层的母亲会夸耀这种事情吗！在美国，人人都知道孩子需要不断的刺激，绝对不会把孩子成天都关在护栏里！"克劳迪娅认真地读过所有美国著名的育儿手册，认为塞尔玛·弗雷伯格和伯顿·怀特的观点特别让人心明眼亮。她这样说："弗雷伯格的《每个儿童的出生权利》一书，使我相信在约翰出生时我应该放弃自己的事业，使我认识到谁也不能取代我。"克劳迪娅停了一会儿后，犹豫地补充说："奇怪的事情是，如果我留在意大利，我就看不到这些书，因此，也就不会为了孩子们而放弃自己的职业。"[61]

所有这些区别，促成了战后时期欧洲政策气候和美国政策气候不同。例如，1940 年代后期，法国推出了一整套福利和服务去辅助家庭。建立家庭补贴制，首次公共补贴托儿所，大规模扩大公共学前学校网，至 1950 年代，大多数 3—5 岁的法国儿童都招入学前学校。[62]这些家庭辅助政策的一个明确目标，是让母亲自由选择是操持家务还是出门工作。

与之对照，美国形成鲜明的反差。美国战后政策中始终回荡着一个声音：母亲应该留在家中照顾孩子。肯尼迪 1960 年刚刚执政时，在白宫召开了一次会议，商讨对在职母亲和儿童服务的事项。会议产生的主要建议是：

　　——为了维持母婴之间的重要关系，3 岁以下的儿童应该留在自家中，除非有紧迫的社会或经济原因要求家外托育。
　　——在母亲就业前和就业之间，提供社会工作者服务和其他咨询服务，以帮助父母明智地决定母亲就业是否比留在家里更有利于家庭的经济状况。[63]

　　这些建议原本直接从斯波克的书中摘录就可以了。他在《婴儿和儿童抚育》一书中说道："如果母亲清楚地认识到这种抚育对幼儿是多么至关重要，就会更容易地断定她挣的那份钱⋯⋯也就无足轻重。"[64]不用说，这次会议没有促成公立日托方面的重大行动。1962 年，联邦政府对保育拨出少量专款（400 万美元），这是第二次世界大战以来的第一次；但在 1965 年的财政预算中，这样的拨款又被砍掉了。[65]越南战争逐渐开始造成财政压力，保育拨款是最容易砍掉的一项。

　　至 1971 年，美国有 1/3 学龄前儿童的母亲加入了就业行列；同年 12 月，国会通过了《儿童发展综合议案》（由参议员沃尔特·蒙代尔和众议员约翰·布拉德马斯提出），但立刻就被尼克松否决。尼克松在意识形态上立场坚定，他满怀深情地希望"巩固家庭作为我们文明基石的正当地位"；[66]毫不含糊地说："好的公共政策要求我们加强而不是削弱父母的权威和父母与儿童的骨肉亲情，尤其是在形成社会态度和良知的那些幼小年龄之时。"[67]

　　按尼克松的说法，"穷人家孩子"入托"可以使父母不再被列入救济名册中"，这样做是可以的，但是，"鼓励或支持中产阶层的母亲离开家庭"，是"无法接受的"。[68]尼克松似乎不知道，或者不在乎这些中产阶层的母亲中有 1/3 的人走出家门参加工作，而且大多数是迫于经济压力。他的否决并没有恢复 1950 年代风靡一时的为母之道，只不过是使"成千上万的儿童得不到监护，还有成千上万的儿童受到不适当的、有时甚至是有伤害的监护"。[69]

　　尼克松本着自己的意识形态，用强硬的语言表达了他 1971 年对《儿童发展综合议案》的否决，将其打入死地；他成功地再次确立日托服务是非美国式的作为。1975 年，蒙代尔和布拉德马斯就此议案又提出了一个减缩版，但参议院和众议院对此没有采取任何行动。

我于 1983 年在白宫采访费思·惠特尔西时，美国有一半学龄前儿童的母亲已加入就业行列。然而，惠特尔西对此趋势视而不见，向我保证说罗纳德·里根满怀信心，一旦经济复苏，"所有妇女就能像我儿时看到的那样，回归家庭照顾孩子"。[70] 好像是要鼓励回归"全职母亲"，里根行政当局精心地进一步减少国家对保育微不足道的承诺：自 1980 年以来，旨在补贴贫困家庭育儿的专项基金（编号为 XX），已削减了 20%。

在某些方面，1950 年代的文化现在似乎让人感到既陌生奇怪，又事不关己。重新上演《我爱露茜》不会让我们人人自危，因为我们大多数人把影片中的生活方式和价值观看成来自另一个时代的遗物。但是，当谈到 1950 年代对为母之道和育儿方式的态度时，那就不是这么回事了。母性崇拜仍然挥之不去，1950 年代的"娇生惯养"仍然是我们的标准，完整的、无所不予的为母之道仍然威力无比，足以让就业妇女深陷母亲内疚的无底深渊。无数个星期五的下午，正是这种内疚回荡在我们 81 街的"娱乐小组"中。

我的孩子分别出生于 1977 年、1980 年和 1984 年。在过去 10 年的大部分时间中，我一见到育儿手册就积极购买。每隔两三年，我都身心疲惫地逛一次书店，我发现斯波克、布拉泽尔顿、怀特著作的最新版本与利奇、索尔克新出的畅销书继续装腔作势：要么以为母亲没有工作（利奇），要么以为母亲能够在婴儿午睡期间处理工作。震耳欲聋的高调仍然是：母亲在孩子出生后的头 3 年要一心扑在孩子身上，负责开发孩子的全部潜力，全日制工作与当个好母亲水火不容。在 1980 年代母亲眼前，拿出 1950 年代的诱惑："她只要专心致志，警惕感情问题，时刻守在孩子身边，就能够提供一个环境，从中涌现出出类拔萃的人物。"[71] 正如南希·韦斯贴切形容的那样："育儿手册不妨重新命名为育母教义。"[72]

在当代世界里，育儿"专家们"的建议既不负责任又无积极意义。说他们不负责任，是因为没有证据证实母亲事必躬亲的育儿方式是抚育儿童唯一的好方式；说他们无积极意义，是因为阻碍这个国家制定明智的保育政策。

绝大多数母亲参加了工作，然而，认为政府不能、也不应帮助提供母爱替代的错误观点，一直阻止我们建立高质量的保育设施，结果是让数百万儿童每天在"狗窝"里度过，他们的母亲（和父亲）承受高度的紧张和压力。从对1950年代的妈妈和1950年代的育儿方式的极力美化中，不难找到以儿童为中心的美国为什么会如此忽视儿童的答案。

还有一个问题需要回答。如果我们能够透彻地看待多丽丝·戴和露西尔·鲍尔，认识到在1980年代做一个花瓶式金发女郎或空心大萝卜是没有前途的，那么，我们对待本杰明·斯波克和伯顿·怀特，为什么不能同样地做到这一点呢？他们的价值观和方法，毕竟与我们时代的需要南辕北辙。

1981年春，亚当出生后，我捧起伯顿·怀特的书《生命之初三年》，又一次读到了为了让孩子在人生中抢占先机，母亲应该担负起的种种任务。我一边读，一边心里升起越来越大的焦虑。我能看清一些问题，但显然是不够的。亚当毕竟是第三个孩子。我对育儿问题已经做了这么多研究，知道我祖父母遵循特鲁比·金的建议。我父母受到的家规家教不少，但得到的母亲关心不多，结果也不错。既然如此，我为什么对孩子不该如此呢？但是，不知何故，我不能像对待多丽丝·戴和1950年代关于女性的看法那样，将母性崇拜撇在一边。

这是因为，现代妇女运动帮助我们改变了妇女的形象，尤其是在职妇女的形象，但是，当代妇女运动未能应对好为母之道的问题。正如我们在第八章中看到的那样，妇女运动时而忽视母亲，时而辱骂母亲，这使得女权主义者不能站在一个正确的立场上理解或应对好母性崇拜的问题。是的，当代妇女运动一直关注重新赢得对生育过程的控制和无性别歧视地抚养孩子，但是，这种女权主义的纲领起到的作用不是减轻母亲负担，而是增加了母亲责任。

妇女运动没有做到与为母之道和家庭问题挂钩，这带来了严重的影响，使得现代母亲很容易受斯波克和怀特的观点之害，因为我们没具备可选择替代的为母之道。女权主义者给了一些替代多丽丝·戴的选择。无论是杰拉尔丁·费拉罗还是简·芳达的品位如何，我们大多数人都明白当今最好做一个有成就的、独立的妇女不是一件坏事情。但是，在做母亲方面，我们只不过

是在 1950 年代的负担基础上给自己增添了新的负担。正如一位著名的纽约妇产科医生说的那样，"现代女超人理所当然地认为她们能够稳坐曼哈顿大通银行副总裁的交椅，自然分娩、母乳喂养，没有多少人能够认识到，这是一堆不可能达到的要求"。[73]

假使为母之道是女权主义的中心任务，那么我们或许会削减 1950 年代为母之道膨胀的意象，还其本来的面目；我们也或许会获得一些具体的帮助，解除母亲的一些责任。因为妇女运动没能触及为母之道，这在公共政策上留出一片真空地带让传统主义者有机可乘。对 1950 年代"全职母亲"的理念，这些男人（和妇女）感到舒适惬意，发现很容易就能自欺欺人，假装我们不需要产假和日托服务。像尼克松一样，他们美化其乐融融的家庭，相信"鼓励或支持中产阶层的母亲走出家门是无法接受的"。[74]我们不应该低估 1950 年代对美国人思维的影响：许多美国主流社会的人——不只是杰西·赫尔姆斯和菲利斯·施拉夫利——最希望的就是回到那黄金年代。他们的向往当然是一种怀旧的情结，与当代美国毫无关系，然而，这种情结左右了我们的公共政策。妇女运动本来应该是一股与之相抗衡的力量，提出更接近适合当代家庭需要的政策，可是，妇女运动却在其他领域忙得不亦乐乎。由于女权主义者放弃了她们对这一重要领地的权力，家庭政策就成了怀旧的传统主义者的保留地。

当然，由于没有公共保育服务和就业保护的产假，真正的受害者是工人阶层的妇女和她们的孩子。曼哈顿大通银行的一位副总裁，如果试图母乳喂养同时又把工作做得井井有条，这恐怕是很难的。但是，这家银行有体面的产假政策（说它体面，是按美国的标准），而且，她还有幸花得起钱按市价请一个全职保姆。对于快餐店的女招待和零售店的售货员来说，缺少辅助政策的后果就更为严峻。她们中大多数人没有休产假的权利，又花不起钱请人白天照顾孩子。如果你对她们说，美国是一个尊重母亲和儿童的国家，那么，你从她们那里听到的是另一个不同的故事。

第四部分　反抗与应对

恰恰因为 1950 年代的"家居生活至上"是一种反常的、人为的现象，所以，汹涌的反抗浪潮也随之产生。至 1960 年代初，住在城郊，挣钱赡养一家妻小这样一成不变的老套生活，开始让许多男人心生厌倦，至少有些男人无疑认为是被人忽悠了。男性的反抗是一个缓慢积累的过程，但是，随后 20 年间，数百万勤劳本分挣钱养家的人步入了晚年，家庭责任随之不复存在。

在 1960 年代和 1970 年代，新一波女权主义者加入这一反抗潮流，抨击 1950 年代所倡导的一切。新女权主义者著书立说，《婚姻是地狱》《婴儿是陷阱》等书籍蜂拥而出，宣告生物家庭的专制应该被打烂。曾经的家庭主妇被 1950 年代的母性崇拜所激怒，因为她们通过亲身的经历知道，母性崇拜中固有的责任不利于任何形式的两性平等。一气之下，她们往往被迫否认孩子与解放的妇女人生有切身关系，这样做使许多人对她们敬而远之。

最后，由 1950 年代母性崇拜孕育出的传统妇女，到 1970 年代突然发现自己孤立无援，腹背受敌，这时，轮到她们开始口诛笔伐，目标对准解放的妇女，指责她们破坏婚姻和家庭。

因此，赞美炉台和家庭的 1950 年代远非代表着一个黄金时代，而是成为一个在历史上和文化上都极为反常的时期，以致我们今天仍然还生活在其余波的影响下。

第十二章　挣脱五十年代的束缚

　　1968 年春，当我还是哈佛大学一名硕士生时，我到旧金山参加一个为期两天的会议。回麻省剑桥市的途中，我遇见了南希·巴雷特（化名）。她的故事凸显出消除 1950 年代影响之痛苦。

　　我比预计时间晚几个小时才离开会议，结果错过了去波士顿的班机。下一个直飞航班已满员，而我又急于回家，于是订票飞往芝加哥，再转飞波士顿。我登机后马上坐下来，手里拿出一大堆会议论文，正打算认真看看。这时，我突然意识到坐在旁边的一位妇女在轻声哭泣。她是一位漂亮的金发女郎，40 岁左右，身着一套新春装，佩有匹配的饰物，那衣装打扮就好像刚从《好当家》杂志中活生生跳出来的一个人。起初，我以为她落泪是由于刚在机场与丈夫或孩子道别，可是，渐渐地，遮遮掩掩不失端庄的抽泣变得一发而不可收，从她捂着脸的湿纸巾后开始传出轻声的悲惨呻吟。我递给她一块手绢，支支吾吾地同情了几声，她为之所动，开始向我敞开心扉。一开始，她说了一大堆的话，主要是发泄心中的痛苦，但过了一会儿，她终于将我看成一个潜在的盟友，使她觉得我是另类，是伤人心的一代人中的富有同情心的一员。

　　南希·巴雷特是在旧金山逗留一周后返程回家的。在旧金山，她见到了自己的三个孩子，他们都辍学住在反文化的圣地黑特—阿什伯利。大孩子法妮 19 岁时就从大学退学，两个儿子马克和罗伯特，年龄分别为 16 岁和 17 岁，最近也从中学退学。他们都染上吸毒的恶习，参加了时髦的革命运动。南希尤其担心法妮，认为她正被同居的嬉皮士玩弄。南希有苦难言地这样说道："在去年一年中，法妮就两次非法堕胎，至少其中一次时间太晚，十分危险。因为她那个追时尚的男人根本不管事，所以她不得不来找父母要钱堕胎。"这些心思不时地勾起她又一阵流泪，从中流露南希的问题远不止孩子表现出的反文化叛逆。

正如南希看到的那样，她的整个世界——1950 年代安全的、可预知的世界，就要轰然坍塌。当年十几岁时，南希是一位出类拔萃的学生，一名天资很高的小提琴手。但是，她赶战后的时髦，大二就结婚，然后退学，找了一份文秘工作，资助丈夫读完医大。

孩子尚小时的岁月一直十分艰难。丈夫约翰临床见习后，入伍服役，然后在东海岸多所教学医院工作。他们的钱不多，平均 18 个月搬一次家。由于约翰上班工作时间长，又十分辛苦，所以，料理家务和抚养孩子就全靠南希一人。他们男主外女主内，努力工作，8 年前终于获得回报。约翰在西北大学得到一份高级职位，开了一家利润颇丰的私人诊所；南希住进了艾文斯顿城郊的一幢高档房屋，爱上打网球，积极参加家长老师协会活动，甚至在当地的业余乐队开始拉小提琴。

但是，城郊的田园梦很快破灭了。首先是孩子出现叛逆。不知为何，不知从什么时候开始，三个孩子都学会鄙视父母，交上一些不三不四的朋友，头发留得又长又脏，对父母出言不逊，吸毒逃学，成绩一落千丈，最后偷偷跑到黑特—阿什伯利。约翰的反应一直是厌恶和失望。如果我得到的回报都是忘恩负义，我这些年来为什么要拼死拼活挣钱养家呢？他反反复复就是这句话。南希认为约翰现在对孩子完全是敬而远之。最近法妮和儿子们找他要钱，他一口拒绝。他说不想见到他们，除非他们"改邪归正"。

至于南希，她仍然在努力穿针引线，弥合两代人之间的隔阂。她又开始哭了起来，"当我看到孩子是多么容易受人伤害，多么迷惑彷徨时，当我读到少年吸毒过量致死的消息时，我感到如此心痛，只好试着帮助他们"。结果是，南希在黑特—阿什伯利不是在看望孩子，而是不请自到，试图带他们回家。她对丈夫谎称是去拜访住在马林县的姐姐和姐夫。如果约翰知道她是去看"不孝之子"的话，就会阻止她去（约翰可以轻而易举地做到这一点，因为南希自己没有钱）。

南希总算找到了法妮和马克的下落，跟他们谈过话，可一点儿作用也没有。法妮对她说，她不打算做一个像母亲一样任人摆布、通情达理的城郊妇人；马克更是铁了心，跟她胡乱瞎扯一通。至于罗伯特，她连人影儿也没见着。她着急得不行，因为他的一位朋友告诉她说，罗伯特在墨西哥贩毒。"我可怜的孩子呀！谁知他是死了还是关在墨西哥的某个监狱里？"

如果说南希的麻烦起先是孩子离家出走的话，那么，当前的危机焦点则是她丈夫。他对家庭生活如此失望，以致在近几个月内至少有 3 次外遇。全是跟更年轻的女人，两个是研究生，一个是大学秘书。约翰最近给自己买了一辆阿尔法·罗密欧跑车，爱上了看《花花公子》和穿喇叭牛仔裤。南希十分恐慌，害怕他会向她提出离婚。这样的前景，令她惊恐不安。正如她说的："我没有技术，只会给小孩上小提琴课，这能有多少收入呢？也许一年挣个一千美元！"

没等飞机飞抵欧海尔机场，我与南希就彼此十分投缘。我被她的故事深深吸引。她也十分激动，能在 1960 年代同辈中找到一个乐于倾听她的经历，甚至同情她的经历的人。南希一时兴起，邀请我到她家过周末。我没有转机飞往波士顿，反而与大吃一惊的约翰握手，坐上宽敞豪华的小车去艾文斯顿。我们的交谈十分勉强。南希在飞机着陆前，重新上了妆。现在与丈夫在一起，她兴致勃勃，红光满面，一路上尽在讲她姐姐家的新房子，她姐夫的新工作。约翰客客气气，但不够亲近。他从车上搬下行李，倒好饮料，就马上钻进他的书房"赶做工作去了"。

我在艾文斯顿的周末充满了奇怪的、莫名动人的经历。有些情形我至今记忆犹新。在芝加哥环形路一座新建的摩天大楼第 40 层，我与南希喝着鸡尾酒。当时，黑人在听到马丁·路德·金遇刺的消息后，正在进行暴力反抗。我看见下面的街道上黑烟四起，到处都是怒气冲冲、东奔西跑的人影。那天晚上的骚乱变得如此惨不忍睹，以致调动了国民卫队，在市中心实行宵禁。不管怎么说，这些暴力和挫败的场面，倒是给我们的交谈提供了一个恰当的背景，因为我们交谈的中心是价值观之间的冲突，是两代人之间的冲突。

那天夜晚，南希说了个痛快，说得筋疲力尽，早早地就上床睡觉了。可我却没有一点睡意，头脑还在加班加点，思绪万千。大约在半夜，我下楼去

厨房，给自己弄了一点茶水。突然，一只手放到我的肩头，吓得我魂不附体。原来是约翰，他现在想谈谈，向我倾诉他那一半故事。没人理解，在他那个职业里要混出个人样是多么不易，他从妻子和孩子那里得到的心灵支持是多么少。他们的理解，就是"如何去花我的钱"。我记得，我当时很想听听，更好地理解这种苦恼和孤独的男人是怎么来的。可他却又轻轻地拍拍我，嘟囔了一些性革命的话，我知道，该是赶快撤退的时候了。我拿起茶杯，咕哝地说了一声再见，就退回到楼上的房间。

周末过后，当我回到剑桥市，给南希寄去了一些鲜花，对她的好客和信任表示感谢。她打来电话回谢，并告诉我说，她决定上学攻读教育学硕士学位。她在为延误的教学职业和孤独的中年做准备。她伤心地解释说："鉴于我这个年龄，我猜想教学是我能干得最好的工作，但我永远也挣不到约翰1/4的工资。"

南希的故事包含了战后社会历史的许多内容，勾勒出一个与1950年代完全不同的世界——男女过着各自的生活。一边是南希料理家务，抚养孩子；一边是约翰行走在事业成功的独木桥上。南希的人生经历，迎面遭遇1960年代反文化的爆发。1960年代的许多青年人摒弃了父母的生活方式，摆脱了常规的约束。法妮、马克和罗伯特搬到黑特—阿什伯利，染上吸毒，追随时髦的激进行当，所作所为与成千上万个同龄人一样。

在我1960年代末遇见南希之前，她和丈夫身处重大生活变化的边缘。她丈夫准备挣脱缰绳。他受够了套着缰绳辛勤劳作，养活一帮忘恩负义的孩子。他准备把钱花在自己身上，尝试一下更年轻的性解放的妇女。连他的孩子都在收获性革命的成果，为什么他不应该呢？南希自己也正面临着一个与她想要或期望的不相同的未来。她确实坚持完成了研究生学业。而约翰于1968年秋离她而去，与一名研究生开始了黄昏之恋。南希的经历并非异乎寻常，美国的离婚率在1965年至1975年之间增长了一倍，数百万"离异家庭妇女"人到中年为生活而挣扎，每况愈下。我最后一次与南希联系是在1970年，我从欧哈尔机场给她打电话，我又是在那里转机，有30分钟的空闲。听到的消息很不好。她最近一直没见过孩子，法妮和罗伯特加入了新墨西哥的一个团体；马克在印度与某个宗教派别勾结在一起；约翰停止付给她赡养费，律师连他的下落也找不到。南希负债累累，尽管她有资格当老师，却找不到一份工作。生活中唯一的亮点是她加入了一个提高觉悟意识的组织，找到了一些撑腰的妇女，心里觉得好受点。

为什么战后的美国如此凸显出两代人之间激烈的冲突和两性之间的残酷战斗呢？因为在我们当代社会中，到处躺着战争的幸存者：我们每个人都至少认识一个南希或巴雷特；我们25岁以上的人，大多数是经历了几场战争的老兵。

从安逸和压迫的战后世界里，可以找到大部分答案。1950年代，美国成功地以极端狭窄的方式界定了男女角色，两性从此一直都在花费大量精力拼命挣脱束缚，更好地履行个人职责。常常令人不理解的是，在战后规范角色的年代里，我们的社会是多么离奇反常。1940年代末和1950年代，美国人创造了一种与历史相悖的夸大的角色分工；正如本书前几章中描述的那样，我们的传统是基于独立和平等，男女都珍惜自强的名声。可是，在战后这一时期里，两性之间的关系被极大地扭曲了，我们现在仍然在饱受这种扭曲的苦果，因为随之而来的许多冲突和斗争，都可以解释为是对一种极其人为的社会景象的反抗浪潮。

1950年代的美国，与其他发达的民主国家的步调也不一致。与其他国家相比，美国似乎更加精细费心地打造求婚礼仪、持家和养家的角色；正如戴维·鲍什耶说的那样，"巴洛克式地精心打造全面的美国城郊生活"，是欧洲人没有经历过的。[1]当我1950年代生长在英国一个落后的角落时，关于美国男女扮演的出奇烦琐、遥远陌生的角色的传说及其形象，随着电视、电影和小说从大西洋彼岸漂洋过海而来。在那个国度里，谈情说爱的礼仪似乎早早地开始了，一想到12岁的年龄约会（"只是个孩子"，我父母会喃喃地说），穿着粉红色薄纱连衣裙和晚礼服参加高中舞会（就像皇家舞会！），就让英国少年愤愤不平：当时的我们，好不容易才能穿上白短袜和深绿色制服，拖着沉重的步子上男校或女校。

1960年代中期，我在剑桥大学读本科时，认识了几个美国青年。我记得，当时他们似乎在花大量时间围着汽车打转转，给四肢健全的年轻女子开车门；大多数人强人所难，急于在几乎不认识的女孩身上大把大把地花钱。

不过，我告诉自己说，他们只是一些过于讲究的超级富有的美国人，走错了门来到英国上大学罢了。

1960年代后期，当我来到马萨诸塞州的剑桥城，进入哈佛大学读研究生时，我在美国本土遇到当地人后，发现自己以前放大的印象在身临其境的观察中倒是千真万确的事实。美国的男男女女都忙于复杂和独立的求爱礼仪之中。男女形成两大对立的阵营。社交生活内容是精心协作，偷袭敌方的阵地；在敌方阵地上，你理所应当得分，成为"受人欢迎"的人。作为局外人，我无意地违反了规则，曾引起巨大的混乱。有些简单的姿态，如邀请一位男士分享音乐会门票，或者主动到餐馆赴约而不要对方来接，都可能在一个有教养的异性成员那里引起恐慌。我花了很长一段时间才认识到，约会主要不是为了罗曼蒂克式的爱情，不一定要有友谊。与人之常情相反，"美国式的"求爱实质上是一种针锋相对的商务关系，因此，更饥饿的游戏一方（妇女）必须"知道行情"和"敲定一笔最好的交易"。

1950年代末，大学教授巴巴拉·内文总结出了这一时代的真谛："男孩是你的对手，你们始终在'谈判'。即使你不想要他，你也惹不起他；他说不定会说你的坏话，这些话（不管是真是假）说不定会降低你在婚姻市场上的身价。相反，即使你确实喜欢他，你也得步步留神，保证不到'火候'决不委身于他，因为那样不仅让你在他眼里掉价，而且在其他男人眼里也掉价。尽管他也许不能够完全毁掉你婚姻的前途，但他胡说八道，可能大大地缩小你'结婚对象'的范围——英俊、聪明、认真的男孩（上医学院之类的男孩），他们会挣大钱，能供你赶时髦。如果你名声被玷污，这些男人就不会要你。"

"童贞是件大事。如果你没有童贞奉送给你未来的婚姻伙伴，你就没牌可出了。我记得有这样一个女孩，她与一个男孩睡过觉，然后嫁给了他。我们都大为震惊，心想这太了不起了！可我们不能理解，为什么他已经与她睡过觉还要娶她。毕竟，他弄到手了（她的童贞），而且不用为此'付出'任何代价。"

"即使是当你俩交往稳定时，你们也是一种对手关系。他应该在你身上花钱，你应该以某些礼节式的方式给予身体回报。你认为他是可以接受的第一个信号，是当你让他抓住你手的时候。第一次约会绝没有亲吻，但是，如果第三次约会你不让他吻你，那通常是让他放弃的信号，不过，一个真正受人喜欢的女孩，能够使小伙子前来四次或五次约会，即使你没吻过他一次。这好像是你通过若即若离，使他三番五次地前来赴约，给自己加分。你应该尽量使他发疯似的渴望你，自己又不为之所动才是，因为你毕竟还是'童身'。你只不过是展示将来可出售给一个'如意郎君'，换取一份'竞价最高'的婚姻嫁妆。"

"在这种全输全赢的性爱赌博中，怎么才能判断谁亲密到了哪一步呢？学生兄弟会的别针是一条线索。这种别针大多数是分两半，一半吊在另一半上。女孩子总是将别针戴在胸部，这样别针悬吊的一半一直叮叮响。如果你炫耀地戴上订婚戒指，稍重一些的拍摸是允许的，即可以拍拍皮带以下的部位。但是，待嫁的新娘不应该'一发不可收拾'才是。"

"为了保持你在婚姻市场上的身价，你不得不在周六晚上忙忙碌碌，这是你很抢手的证明。如果你无所事事，你就躲到寝室的房间里。我认识的一个女孩甚至关掉灯，在一片漆黑中听收音机，这样没人会知道她没有约会。如果乐意留在家里，你就会被认为是一个怪物。无论你那天晚上是更乐意静心看本书，还是你没有情绪出去，还是你不喜欢约你出去的那个小伙子，好歹都不行。你出去了就好。"

"当我在大学上高年级还没有主时，父母绝对恐慌。如果到毕业时还没有结婚，我显然会成为一个老姑娘。那一年，我排队似的相亲，甚至有一次与犹太教学者相亲。一个周六的晚上，当我住在家里时，我遇上一个一路赶到皇后区的相亲对象。他有小车，我们开车回纽约吃饭和看电影，然后，他又一路开车送我回皇后区。自然，我拒绝与他吻别。我弟弟行使了他男人的特权，整个晚上留在家里看书。我进门后，我们两人坐到一起，为了寻开心，开始计算那个可怜的家伙在我身上花了多少钱：电影票、昂贵饭店的晚餐、路桥费和停车费，总共加起来是一笔可观的钱。"

"自然，一旦你设法嫁给了某人，那么，如同你先前'如愿以偿得到'

他那样，你就要同样的专心为他幸福，毕竟，他是你的养命人。"[2]

　　1950 年代精细的角色分工，从根本上讲与美国文化的平等主义根基相悖。正因如此，才掀起汹涌的反抗浪潮，男女双方都寻求逃离这一严苛的、人为的时代之樊笼。

将孩子交给保姆看护

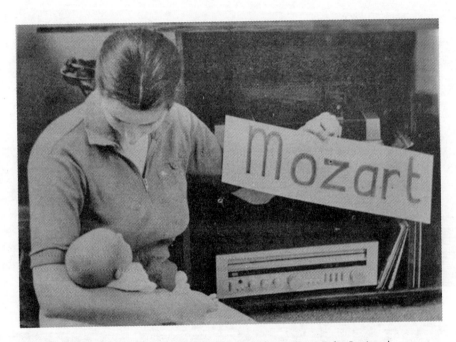

迈好人生第一步——1983 年"佳宝学院"（Better Baby Institute）
采用格伦·多曼教学法，以增长婴儿的智力

成长之痛

"我的上帝！埃塞尔，他缩小了！"

"保罗，我担心他。他不再理睬麦片了。"

"在斯波克的书里，没有提到任何关于
这方面的东西。"

"不要打电话给我，我给你打电话。"

英国人取笑斯波克博士——载《潘趣》(*Punch*) 杂志，1960 年 8 月

养家糊口的艰难——载《纽约人》（*The New Yorker*）杂志，1963 年 5 月

"天哪，我真佩服你们今天的年轻人！你们能揭穿我们的虚假和伪善，打破我们的成就和毫无意义的成功的神话。让我赏你一点钱！"

——1960 年代的反叛。载《纽约人》(*The New Yorker*) 杂志，1969 年 5 月

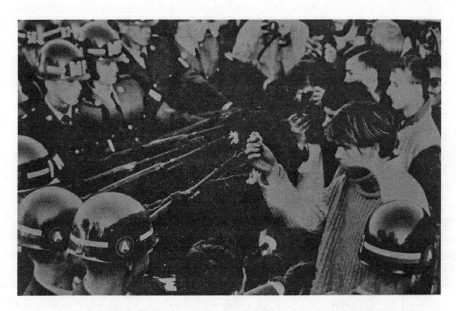

1967 年 10 月，在华盛顿哥伦比亚特区的五角大楼前，
手持小花的儿童面对军警的场面

1967 年 10 月，在华盛顿哥伦比亚特区五角大楼前，妇女抗议越南战争

成千上万的人们于 1969 年在纽约北方的伍德斯托克镇庆祝爱与和平。

第十三章 男人造反

1950 年代的男人，终于感受到担当挣钱养家角色的压力，至少，他们中的一些人试图逃出一种狭隘人生的牢笼，因为这种人生受挣钱给妻室儿女买好东西的需要所支配。像皮特·潘恩一样，他们认定一个成年男人生活中包含的乐趣少得可怜：

> 皮特："你会送我上学吗？"
> 达林太太："是的。"
> 皮特："然后送我去办公室？"
> 达林太太："我想是的。"
> 皮特："很快我就该是个男人了。"
> 达林太太："非常快。"
> 皮特："我不想上学，不想学正儿八经的东西，"他情绪激动地说，"我不想做个男人。哦，妈妈，如果我一觉醒来发觉有了胡子，那可怎么办啊！"
> "皮特，我会喜欢长胡子的你。"达林太太伸出手臂去拥抱他，可儿子一把将她推开。
> 皮特："别靠近我，女士，谁也别想抓住我，让我成为大男人。我想永远当个小男孩，想有乐趣。"[1]

美国文学中尽是男人成功的黯然形象，《小贩》《镀金的棺材》《推销员之死》，仅听这些名称就不言自明了。正如 C. 莱特·米尔斯认为的那样，男人在戏剧和小说中常常被描写成表面上成功的人物，可是，在外表下面，他们是"一些良心不安、劳累成疾、饱受折磨、自我悲惨挣扎的人"。[2]问题部分在于，大多数工作的性质让人窒息。《推销员之死》（1949）中的比弗，发泄出典型的男性不满："这是一种可怜巴巴的生存方式：夏天炎热的早上坐上地铁；一生都投入堆货码货，打电话，叫卖叫买；一年受罪50个星期，就是为了2个星期的假期，到那时，你真正的愿望就是脱下衬衫待在户外。"[3]

20世纪的文学还讲述了一个双重标准。男人常常在巨大的压力下做牛做马，而他们的妻子和儿女却享受美好的生活。在霍曼·沃克1955年出版的小说《玛卓娅的启明星》中，父亲8月还留在曼哈顿继续工作，而妻子和女儿则动身住进长岛上名为普拉多的一家豪华度假宾馆：

> 摩根斯坦先生继续留在城市，夏季是他最忙的季节。她们（他的妻子和女儿）在他服装区的办公室停留片刻，取了一些现金；无窗的小办公室弥漫着呛鼻的墨水、陈咖啡、商店里成捆堆放的皮革和干草的特有的灰尘气味，以至玛卓娅几乎要晕了过去。尽管炎热得要命，摩根斯坦系着灰领带，穿着灰外套，挂着一张似乎同样灰色的脸，祝愿她们玩得开心。[4]

她们驱车来到普拉多宾馆，看见"青绿平坦的草坪，一条白色碎石车道，宽阔的露台，几片红土网球场重新刷过纵横交叉的白线，巨大的蓝色游泳池里尽是古铜色皮肤的青年人，跳水游泳，戏水酣笑"。[5]

如果说挣钱养家有其不利之处，那么，男人的角色有其他同样禁锢的特性。沃伦·法雷尔在《解放的男人》中描写了1950年代男人在感情和性爱方面的束缚。大家都认为男人是刀枪不入，有极大的心理承受能力，所以他们压抑自己的恐惧，控制自己的感情。大家都期待男人没有解决不了的问题，所以他们从不寻求帮助，坚强独立。他们有雄心壮志，体魄和性爱都表现得咄咄逼人。最主要的，他们在性爱关系上和其他所有的关系上掌握主动，主动做爱，想要什么时就能得到什么。法雷尔清晰详细地记得他是如何开始认识男人性爱的价值观的："集体手淫——这是我第一个记忆。我们站成一个圈，说些女孩的事情，或者摩擦阴茎直到勃起，然后射精。目的是看谁射得远，射得最远的家伙是'最粗的男人'，是真正能够'给小妞那个'的人；而对不能射精或精液丁点的家伙，那好，我们就嘲笑他一番。"[6]

在经济和性爱的竞技场上要成功、要作为、要控制，这样的一些压力几个世纪以来早已框住了男人的生活。为什么这些压力在战后年代变得尤为尖锐呢？答案部分在于这样一个事实：1950年代的男人承受到特别的精神压力，面对着一连串独有的失望。

1950年代初，消费社会大行其道，造成你如同在跑步机上无休无止地跑着，玩命挣钱。《穿灰法兰绒西装的男人》的作者斯隆·威尔逊这样说过："对我们几乎所有的人来说，捞钱如果即使不是让人斗志昂扬，那么也是紧迫必要的，因为钱总是不够用，要钱养家，要钱建那种圆我们梦想的、至少是我们妻子梦想的房屋。"

1950年代的男男女女对物质富足向往已久。对随后要到来的美好生活产生的种种憧憬，使得大萧条和第二次世界大战的长期痛苦变得多少可以让人忍受。在美国，战后岁月确实带来了令人难以置信的繁荣。经济以前所未有的速度增长，1945—1955年间，国民总收入增长了一倍多。报酬丰厚的工作岗位、梦想的房屋、新款汽车、齐全的家用电器，这一切都没能使男人的心灵感到满足。相反，琳琅满目的商品只是吊起人们追求更为铺张、更美好生活方式的胃口，全国上下"马不停蹄、气喘吁吁地攀爬在一条漫长的追求物质的高坡上……从高坡上的任何一个地方，人们都能够看见别人拥有的东西比自己多"。[8]

许多男人觉得他们"被人算计了"。期待已久的普遍富裕的时代到来，并没能带来满足感。20多年来，男人一直渴望物质上的富裕，期望做一个"养家能手"，在劳务市场上证明自己的本领，但是，梦想并不像人们吹嘘的那样美好。1950年代和1960年代高速增长的经济，榨干了男人的血汗，不节制的消费主义造成他们精疲力竭地拼命工作。正如查尔斯·A.瑞奇在《美国的绿化》中描述的那样，终极结果是变成了"一个空虚的男人"。[9]这个时代的目标——地位、升迁、社会认可、在外人眼里的正确形象，就个人满足而言都是空洞的。男人在可怕的压力下工作，这使他们找不到生活的真正意义，逼得他们身患溃疡，心脏病发作，躺倒在心理医生的病床上。在1950年代，"自由到头来却意味着消费自由……购买任何东西和去任何地方旅游的自由。另一方面，工作本身根本没有自由这一说"。[10]

幻想破灭的男人，在困惑和愤怒中开始了反击。目标之一就是否定城郊生活，因为战后大规模迁住郊外生活造成天天长途穿梭上下班，增加了他们为事业成功付出的代价。这个时期一个长途穿梭上下班的人说："我很快就讨厌起一天要行程几乎100英里的生活方式。"[11]这一时期杂志的标题，表明了男人对城郊生活的严重不满："豪华贫民窟的生活与爱情"，"城郊杂草丛生"，"乘5：19的地铁去溃疡城"。[12]在一本全国畅销书《落地窗的裂痕》中，约翰·济慈虚构一对夫妻，他们先是搬到一座"起伏山"，然后搬到"马里兰谷"。济慈描写这两个小区时说："一排又一排一模一样的火柴盒，像人身上的坏疽一样遍及各处。"[13]小说中刻画的家庭患有"金钱病"，由于爸爸长途去城里上下班而削弱了家庭关系，最后崩溃成了一个放任自由的、以孩子为中心的母系家庭。

但是，尽管城郊生活遭到尖锐的批评，可是，人们普遍认为这是一种病症而不是病根。男人不满的病根，被认为是有"女性奥秘"的寄生虫似的妇女，以及她的一窝越来越多的孩子。毕竟，大多数男人寻找城郊宽敞的房屋和好的学校，不是为了自己，而是为了妻子和孩子。

1950年代的男人家庭责任沉重。男人最普遍的结婚年龄为23岁，空前的低龄，平均有2.8个孩子，创造了20世纪的纪录。因为大学成为中产阶层教育中所期望的一部分，有史以来第一次需要抚养孩子到20多岁。

当时的社会风气毫不含糊地要求男人长大成人，结婚成家，养家糊口。任何偏离此道的个人都属社会异类。菲力普·罗斯在《我作为男人的生活》中指出：对于"在1950年代达到成熟年龄的青年男人来说……娶妻意味着很高的精神威望"。[14]不仅如此，男人没胆量藐视婚姻，因为如果这样做了，那么，即使不遭人指责为"隐性的"或者明目张胆的"同性恋"，也会遭人指责为"不成熟"。[15]在这一时期，没有什么比这更让一个正经男人心惊肉跳的。

1950年代的男人，生活遵循着苛刻的规则。按摩里斯·迪克斯坦的话来说，他们属于"从童年直接迈入成年的一代人"。[16]他们从十七八岁到二十出

第十三章　男人造反

头都在攀登事业的悬梯，然后就马上找妻子，买房子，生儿育女，以后的40年都在努力填满妻子和孩子需求的无底洞。不只是有吃、有穿、有住的问题；买第二辆车、镶牙矫牙、滑雪度假、参加乡间俱乐部，这一切都成了这一富裕时代里中产阶层家庭生活的标配。做牛做马的男人，60岁左右就过世了，足足比其一生清闲的妻子过世早7年。妻子在地下室练习理家的本领，周六晚上在后院做牛肉香肠，抵不上丈夫一生不停息的辛勤劳作。

1950年代一些大逆不道的人梦想成为伟大的艺术家或作家，抛下一切，逃往巴黎。理查德·耶慈的小说《革命道路》中的主人公弗兰克·威勒，"是为数不多的反潮流者"。[17]尽管他是罗克斯商业公司的低层官员，他一直梦想在人文科学中追求一项终生的工作，使他早早地抽身定居欧洲——他认为世界上唯一值得居住的地方。让他后悔莫及的是，这样一个自我标榜是"热情奔放、浑身烟味、萨特式的男人"，[18]与其他人一样最后到城郊落脚了。他之所以搬到城郊，还是为了给妻子和孩子创造更好的生活。

1950年代幸福家庭的主妇也许是厌倦无聊透了，老是吸食镇静药，可是，牢骚满腹的男人却常常把这些妻子看成是吸食辛勤工作丈夫生命的血吸虫。对"这些像吊在脖子上的榨油机的女人"，[19]男人越来越厌恶。让我们好好看看这一时期一份杂志上描写的一位得克萨斯州家庭主妇：

> 贾尼丝·克拉特利住在得克萨斯州格瑞维因市，房屋位于一条最好最新的街上，是一幢漂亮的粉红色独门独户砖房。她34岁，年轻漂亮，头发乌黑发亮，牙齿平齐洁白。一大清早，9点不到，她就搽胭抹粉化好了妆，身着一套无可挑剔的清新夏装，宁静地坐着享用第4杯咖啡，听着唱机气势磅礴地传来贝多芬第五交响曲庄严的弦乐声。
>
> "朋友们好像总是对我十分惊奇，"贾尼丝说，"到8点半，最小孩子也上学去了，整个房间干净整洁，我穿好这天的衣服。我自由自在，可出门打桥牌，可参加俱乐部聚会，可待在家里看看书，听听贝多芬和其他什么音乐。"
>
> 她是怎样做的呢？用她丈夫比利的话来说，她每天早上7点闪电般地开始干家务。她穿着睡衣睡袍满屋子奔跑，迅速利落地收拾好四张

床，挂好睡衣。她擦净浴缸浴盆，挂好毛巾，然后可能铺上钢琴布罩，用吸尘器清扫地毯。没到 8 点，她一切都收拾完毕。

在家打桥牌的上午是最忙的，因为贾尼丝必须摆好桌子，拿出扑克和筹码，烧好新鲜咖啡，准备好午餐。冬天，她可以一周玩 4 次，从早上 9 点到下午 3 点。贾尼丝很小心，总是赶在孩子下午放学之前回到家里。

"有时我感到自己太清闲，太满足了，"贾尼丝一边说着，一边深情地凝视着她戴在手腕上的家传大钻石手镯。"但是，我很感激自己福气好，身体好，信仰上帝，拥有两部小车、两台电视机、两个壁炉。"

她最心爱的家产是有粉红色塔夫绸顶罩的四柱大床，"睡在那张床上，我觉得自己像伊丽莎白女王，"她幸福地说。由于丈夫打鼾，她就睡在隔壁的房间。[20]

如果你是一位挣钱养家的人，厌倦了公司生活中无情的压力，或烦透了组装线乏味的单调工作，那么，这样一幅画面或许会让你肺都气炸了。毕竟，是你在支付这种清闲的生活、粉红色的砖瓦房、豪华舒适的大床、两个壁炉，可你却是被打发到一张备用床上睡觉的人。

1950 年代，男人对养家角色的造反开始聚集能量。《瞧》和《花花公子》等杂志连续刊登辛辣文章，指出男人如何被吃人的妇人绑架勒索。鲍勃·罗曼对离婚赡养费的攻击抓住了这一时期的要害——"我们被算计了"。

一对青年结婚了。他们相亲相爱或自以为如此，但是，由于这样或那样的原因，婚姻失败了。也许是男人的过错，也许是女人的过错，可能谁也不怪——两个好人彼此确实不适合。

你或许以为夫妻在发现这一错误后，能做到互不相欠，不再有瓜葛，去别处寻找幸福。不是这样的。

当分道扬镳到来时，年轻女士如果有此意的话，从那一天起她从有名无实的"丈夫"那里可宰到一大笔钱。这个不幸的落单男人没权享受一点丈夫的特权，却还要好像是丈夫那样为此付出。

第十三章　男人造反

　　婚姻触礁该怪谁，这无关紧要。妻子可能是个荡妇，有爬上丈夫朋友床上的可恶习惯；她可能是一个挥霍无度的人，丈夫供不起她昂贵的雅趣。没关系。当法官签发离婚证时，他还会签发给这个小姐一大笔补偿，供她日后胡作非为，奢侈挥霍。

　　现代的离婚赡养费也不单单是个原则性问题，对许多男人来说，这是一个能否有钱活命的严重问题。

　　一位年轻电视导演，在事业的初期被一位三围是37、25、37的浅黑皮肤女郎所征服，幸福地相互发誓，保证婚姻美满幸福，白发到老。5年后，他那位三围变为37、30、37的妻子上诉离婚。在提出解约费的诉求时，她说自己激励了丈夫，每天晚上为他现在享有的所有成就都做出过贡献。

　　法官听了这段温柔的美国爱情故事，判决被告交出现在工资的50%，外加未来任何收入的50%给原告。男人被职业强盗抢劫了。[21]

　　一小部分男人不只是抱怨家庭负担。1950年代末期，"垮掉的一代"和其效仿者披头族开展了更为全面的造反。在杰克·科路克和艾伦·金斯伯格这样极具风采的人物引领下，造反运动在充斥着诗歌、爵士乐、毒品和暴力的地下世界里蓬勃壮大。"垮掉的一代"唾弃稳定的工作和家庭责任，但是，由于他们始终是微不足道的少数派，所以，主流社会对他们的造反行为只是震惊，并未感到威胁。

　　1960年代，反文化革命席卷全美，掀起一股更大的造反浪潮。在1960年代中期，数十万青年人摒弃他们父母的价值观和生活方式。有些人弃学，留长发，穿奇装异服，搬到黑特—阿什伯利或东村居住，他们在那里同床共眠，买卖毒品。截至1967年，多达7.5万青年人生活在黑特—阿什伯利的吸毒迷幻群体中。另一些有理想的青年人，在南方举行自由大游行，参加"和平军"，抗议美国卷入越南战争。大多数都是中产阶层的子女，自称鄙视城郊父母因循守旧的、受束缚的、干净卫生的生活。像南希·巴雷特的三个孩子一样，他们要自由，要摆脱琳琅满目的消费品，要摆脱家庭的义务。

　　如此众多的人最后卷入反文化的主要原因之一，是越南战争。近300万美国男人参加了这场导致国力衰弱的失败战争，还有 1 亿人在电视上观看了这场战争。在每天的晚餐之前，电视首先招待大家欣赏一幅彩色画面——丑恶无能的美国用技术实力猛打营养不良的农民。对付这种无端的残暴和迫在眉睫的军事失败，以及被征兵参战的风险，方法之一是首先抛弃造成这场战争现有的一套完整的和制度性的价值观。冷战军事、资本主义制度、争强好胜的男子气概、婚姻、一夫一妻制、核心家庭、郊外生活，等等，这一切都被 1960 年代愤怒的男青年一并归入辜负他们期望的价值体系之中。1967 年，当林登·约翰逊总统将征兵对象扩大到大学生时，反叛进一步深化扩大。特权阶层的青年尤其反对参加这一场徒劳的、不光彩的战争。有谁非要去死在南亚热带丛林中呢？国人也不会认为你是英雄。1967 年 10 月，数十万青年叛逆者参加了声势浩大的反战游行，向五角大楼进军。罗曼·梅勒称他们为"夜间部队"（The Armies of the Night）。在大麻和催泪弹的迷雾中，他们将鲜花扎在军警的刺刀上，发誓要做爱，不要作战。

震动反文化嬉皮士们的问题——消费主义、责任义务和征兵入伍，主要是男人的问题。攀爬事业阶梯的紧张、挣钱养家的压力、到越南打仗的危险，主要是男人的难题；否定这一切的合法性，对男人有利。当然，反文化革命中也有妇女，但她们被当成随军的，而不是并肩作战的战友，"解放的男人需要能够按照他们的新生活方式寻欢作乐的时尚小妞"。[23]可是，上帝禁止小妞的脑袋想到要求在反叛中扮演平等角色，或得到某种过时的回报承诺。如果她这样要求，那她就是"放不开"、"神经质"，或者遭到"真是败兴"的骂声。小妞应该为运动装信封，印传单，还应该服避孕药，接受性病检查，以免拖累她的伙伴。

1960 年代的叛逆男青年，似乎很有选择性地摒弃 1950 年代"正统的"价值观，排除那个年代对事业成功、婚姻家庭的传统期望，但他们保留同样传统的理念：女人应该屈从于男人。斯多克利·卡米切尔有一句评论准确地反映了 1960 年代反叛的实质："妇女在学生非暴力协调委员会（SNCC）中的唯一地位，是俯身的地位。"[24]甚至这一时期的歌曲中，也"充斥着对妇女的冷嘲热讽"。[25]米克·杰格的一首歌《玩于股掌之上》，就是一个例证："玩于股掌之上的你，曾是让我跪倒在石榴裙下的姑娘；玩于股掌之上的你，曾是对我吆五喝六的姑娘。"[26]

随着小妞更加成熟，更加聪明起来，她们发现自己被人耍了。在1969年对反文化中的性与政治的揭露文章中，玛吉·皮尔西描写说："男人与一个女人睡觉就能让她加入组织，不再与她睡觉就能将她开除出去。男人能够清除一个女人，原因不外乎是把她玩厌了，把她的肚子搞大了，或者又要去追求另一个小妞了。这样的清除，都风平浪静地接受了。"[27]罗宾·摩根在1970年写道："我们遇到了敌人，他却是我的朋友……让人明白后心痛的是，在伍德斯道克或阿尔塔蒙特，一个女人如果不愿让人强奸，则被宣判是放不开和小气。"[28]她认为，青年男性革命者"本该致力于建立一个新的、自由的社会秩序，但他却摇身一变，漫不经心地命令他的'小妞'老老实实给他做饭洗袜子"。[29]

反文化的性革命显然是不对等的。鼓吹单一的标准，但性自由的负担却是不平等地分摊。1960年代的妇女越来越多地发现自己"被人买卖，被人结伙绑架，被人收容，被人集体占有，被人视为物品，被人变成黄色淫秽的热门对象"。[30]一位苦闷的女权主义者将此描述为一场不给妇女自由的性革命，目标是"给予男人不受约束地使用妇女的自由"。[31]不用说，妇女成为这一新的性准则受害者，最显见的方式是怀孕。在1960年代的中期和末期，堕胎仍然是非法的，卖花姑娘们也"不想割掉自己的心头肉，也不想花钱让人割掉"。[32]但是，在没有丈夫没有家的情况下生养孩子，这种选择似乎并不让人心动。

妇女既是反文化运动的理想主义者又是受害者。她们推动崇高的事业，将自身的利益搁在一边。尽管她们不像男人那样有生命危险，但仍然反对越南战争。她们学会鄙视消费文化、残酷的竞争和传统的家庭，然而，这样的反叛却危及她们自身的安全和孩子的安全。她们参加了一场使自己处境险恶的性革命。标志着这一时期特点的浮想翩翩的理想主义和虚无缥缈的雄性化意象，曾一时间模糊了反文化仅仅是要实现男人的目标这一事实。至1960年代末，妇女已经为男人崇高的事业受尽了苦头，她们开始蜂拥离开男人，组织自己的自治的妇女运动。

妇女运动加快了男人造反的步伐。极端的女权主义者视男人为头号敌人，由此引发了两性之间新的对立。正如《红袜子宣言》（Redstocking Mani-festo）指出的那样："所有的男人都从男人至上中获得了经济上、性爱上和心理上的利益。所有的男人都一直压迫妇女。"[33]男人不喜欢被人描写为压迫者，或大男子主义蠢猪。大多数男人仍然努力工作挣钱养家，对女权主义者的攻击极为不满。赫伯·高尔伯格在《做男人的险恶》一书中，记录了一位57岁的大学教授的一段辛酸话语："大男人主义蠢猪忽视妻子，克扣女工工资，统治世界的名声在外，实际却是名副其实的奴隶。他们为了养活自己和农庄，在地里摘棉花，浑身臭汗，骂爹骂娘，挨老板的皮鞭，一周工作50小时，然后在家里还要干20小时，洗碗、倒垃圾、写支票、在晚餐聚会上跑堂。"[34]

如果说妇女运动的慷慨陈词增加了男人不满的话，那么，运动的实际效果却是给不满的男人获得解脱大开方便之门。妇女解放运动支持妇女参加工作、自食其力的努力，也鼓励妻子走出不幸的婚姻，这两种趋势增加了男人的自由。在《解放的男人》一书中，沃伦·法雷尔列举了大量的理由，说明男人为何欢迎妇女运动，许多理由的立足点都是解放的妇女在经济上和感情上有更大的独立性。[35]他认为这种独立性给予男人更大的自由去追求自己的目标。全国妇女组织（NOW）前任主席卡伦·德·克劳大力支持妇女的独立性，她直截了当地宣告："男人不是生钱的机器，生到这个世上不是为了打仗，不是为了养妻室儿女。"[36]

造反浪潮的最终效果，是造就了一代人，他们中间有相当大一部分人成功地逃避了1950年代的家庭责任。当今世界许多男人结婚晚，信奉"有限责任家庭"。这就是说，如果婚姻不能满足他们的需要，他们觉得可以无牵无挂，再娶另一个（更年轻的）妇女，再生一群孩子。1979年对美国男人的价值观和人生目标的一次调查，让我们对这些新男人有所了解。首先，许多并且越来越多的男人是自恋者，也就是说，他们的人生态度是"个人主义，以自我为中心，寻欢作乐"。在调查中，25%的中年男人和35%的青年男人都表现出这种自恋的特点；调查发现，这种"新"男人的突出特点是信奉有限责任家庭。具体地说，意思就是他寻求一个独立而能自食其力的侣伴，偏爱小家庭，在婚姻质量下降时会考虑离婚。说白了，"他不会因为孩子的缘故

第十三章　男人造反

而留在一个失败的婚姻之中"。这些男人在生活的其他方面并无异常，他们有工作，挣钱花钱，是"现有制度有效的参与者"。[37]

精神病医生证实了自恋男人的出现。《皮特·潘综合症——永远长不大的男人》一书的作者、精神病医生唐·吉里报告说，在他私人行医中遇到越来越多的青年人不能做出承诺、拒绝成年，"自恋使他们自我封闭……大发雷霆被掩饰为男子汉的自信。他们认为得到爱是理所当然的，从来不学习如何去回报别人的爱。他们自以为长大成熟了，但实际上像个宠坏了的孩子"。[38]换言之，他们的行为举止像皮特·潘。

保罗·约翰逊（化名）是一位 34 岁的音乐家，工作居住在波士顿。他在一所私立音乐学校任教，讲授钢琴课，并在交响乐队担任一般的钢琴演奏。两项工作加起来，他一周工作 60—80 小时。保罗相貌出众，爱交朋友，喜欢单身。他深思熟虑地说："我很高兴自己摆脱了一大套责任义务等观念。10 年前，我差点与一位大学同学结婚，幸运的是，婚约落空了。我现在不肯定，以后会不会情愿将自己与一个人捆绑在一起。"空闲时，保罗练习钢琴，收集书籍珍本，学习划帆船。他的存款派好了用场，计划夏天买一艘小船。我问保罗，孩子与他的生活如何协调，他想一会儿说："我喜欢孩子，知道自己很会带孩子，但是，我整天都在给孩子上课，我相信自己不想晚上回家又面对孩子。我想我不会要孩子。"保罗犹豫一下又补充说："我认识许多 35 岁左右的单身妇女想要宝宝想得要命。不想让人听上去很冷酷无情。"保罗迷人地笑了笑继续说，"对于围绕妇女生物钟出现的问题，我没多大耐心。十分坦率地说，我更喜欢跟 20 岁左右的妇女出去玩，她们对要小孩不是那么想不开。"[39]

这些新男人与奔波在工作和家庭之间的男人明显不同。在过去的 30 年间，社会的价值观发生了变化，让男人有更多的自由。性革命一刀斩断性爱与婚姻之间的联系。离婚法的修正条文（无过失离婚和财产平均分配），为更简单更不费事的法律程序铺平了道路，削弱了离婚赡养费的理据，这一切都使离婚变得不那么费钱。女权主义者鼓励男人挣脱圈套，正如贝蒂·弗里丹指出的那样，"当妇女本身不但不是负担，而且在与世界的抗争中承担更多的负担时，美国男人也许活得时间会更长些"。[40]终于，上百万的妇女走进劳务市场，从事薪水很低的工作，这减少了妇女的依赖性，方便了离婚。所有这些变化，使得1980年代的新男人实现了有限责任家庭的愿望。

有统计数字证明，男人已经设法抛弃了至少某些家庭责任和义务。抛弃妻子最容易的方法，当然是离婚。在1980年代，对男人来说，离婚是一个相对简单又不花很多钱的过程！在第三章中，我们描写了离婚的某些当代后果。离婚之后，男人的生活水平提高了42%，而妇女的收入则减少了73%。定期支付赡养费只占离婚案中的区区5%—10%，甚至在这些罕见的判例中，支付的时间平均仅为4—5年。鲍伯·罗曼对离婚赡养费的攻击，既夸大其词又陈旧过时。

由于社会仍然反对，抛弃孩子本应该更为困难。但是，事实更能说明问题。离婚家庭中49%的孩子再也没有见过父亲；[41]与10年前相比，争取获得孩子监护权的男人更少；[42]只有1/3的监护母亲收到子女抚养费。正如我们在第三章中看到的那样，离婚男人更可能去交购车分期付款，而不去支付孩子的抚养费。

总之，许多男人已经争取到了有限责任家庭，而绝大多数离婚妇女则要养活自己，并且越来越多地承担离婚后对孩子的全部经济和健康责任。

但是，所有这些证据并不意味着男人就心无怨言。如果母亲在90%的离婚案件中得到了孩子的监护权，那么，这仍然意味着有成千上万的孩子最终留在父亲身边；如果仅有5%—10%的离婚案父亲要支付离婚赡养费，那么，这仍然意味着有成千上万的男人感到受人剥削。总之，美国是一个人口大国，5%或10%就是一大批人，能够造成很大的声势。

听听马萨诸塞州一个学区43岁的副总监哈罗德·瓦里克是怎样说的吧。他述说了结婚14年后妻子离他而去时的感受：

> ……即使是双方监护，而且是她提出并上诉离婚的，可我终究是账单缠身。我得付钱给她，好像是她有单方监护权……即便是无过失离婚，我在法律上仍然摆脱不掉赡养配偶的责任，对男人的加害竟然到如此地步。

男人摆脱不掉其他所有的人都认为是压迫性的法西斯式责任，他们

第十三章 男人造反

只得坐以待毙，忍受这一切。他们现在死得越来越早，发疯似的四处奔忙，努力重整旗鼓，继续正常生活，加倍努力去取得，去成功，结果还是两手空空。[43]

　　离婚是一件不幸的事情，常常使人有受不完的痛苦，吃不完的苦头。可是，更为常见的是妇女和孩子而不是男人在走下坡路，收入骤减。"新"男人在为人之父方面似乎做得最不好，同样还是一小部分人歪曲了整体形象。有个别的现代父亲，已经扮演起母亲的角色。[44]像《克莱默夫妇》中的达斯汀·霍夫曼一样，他们应对各种噩梦，接孩子放学、做饭，有时甚至将为人父母的职责放在事业之前。我嫁给了这样一个男人，所以，我知道世上有这样的男人。然而，对于许多新男人来说，为人之父大多是嘴上的功夫。他们上自然分娩课，在聚餐时滔滔不绝地谈论什么相依为命、分居的焦虑、角色的榜样，完全使自己相信他们是伟大的父亲。到了要动真格的时候，他们往往就无影无踪。仅有1/3男人在离婚后如期支付孩子的抚养费。在日常情况下，劳动分工仍然沿袭传统，妈妈准备上学的午餐，买生日宴会的礼物，清理呕吐物，与生病的孩子留在家里。为人父母往往要付出艰辛不懈的操劳，哪里需要就心甘情愿地去哪里。大多数自以为了不起的新男人，不是这样安排主次职责的。正如唐纳德·贝尔在《做一个男人》一书中说的那样，"对于许多成年男人来说，有一种挥之不去的百爪挠心的感觉：我们有更重要的事情要完成，不能成天忙着换尿布，喂嘴里流着奶的婴儿，安排玩伴和钟点保姆……照看孩子往往会使成年人头脑变笨。由于当代中产阶层的男人主要是用大脑工作，所以，我们可没有本钱让自己的大脑变笨"。[45]那么妇女怎么样呢？我想，妇女大脑变笨就活该喽！

　　1984年6月，我的丈夫与他前妻生的女儿西娜6年级毕业。有一个简单的仪式，她们的班级可以选唱一首歌，结果是选了哈利·乔平的歌曲《猫咪在摇篮中》：

独唱：
我孩子几天前来到人间，

平平淡淡地来到我身边。
可我要赶飞机，还有账单要付，
他学走路，而我不在身边。
他会说话，而我还不知道，
他长大后会说，
"爸爸，我将来要像你一样，
你知道到我会像你一样。"

合唱：
猫咪在摇篮中，还有银匙，
小男孩忧伤，大男人迷茫。
"爸爸，你什么时候回来？"
"我不知道，
但到时我们会在一起，
你知道那时我们会过得很好。"

独唱：
我儿子前几天 10 岁，
他说，"爸爸，谢谢你送的球，
来吧，让我们一起玩，"
"你能教我投球吗？"
我说，"今天不行，我有很多事要干。"
他说，"那行吧！"
他走开了，但笑得还是那样灿烂。
笑声在说，"我将来要像他一样，
对，你知道我会像他一样。"

合唱：
猫咪在摇篮中，还有银匙，

第十三章 男人造反

小男孩忧伤，大男人迷茫。

"爸爸你什么时候回来?"

"我不知道，

但到时我们在一起，

那时我们会过得很好"

独唱:

他几天前从大学回家，

很像男子汉，我得这样说他。

"儿子，我为你自豪，你能否坐一下?"

他摇摇头，笑着说道，

"爸爸，我真想借你的车钥匙?

一会儿再见，请问能借一下吗?"

合唱:

猫咪在摇篮中，还有银匙，

小男孩忧伤，大男人迷茫。

"爸爸，你什么时候回来?"

"我不知道，

但到时我们会在一起，

那时我们会过得很好。"

独唱:

我退休很久，儿子已搬走，

我几天前打电话给他。

我说，"如果你不介意，我很想见你。"

他说，"如果我能抽出时间，我也想见你。

你看，我的新工作一团糟，小孩子又得了流行感冒。

但是，很高兴与你通话，爸爸。"

"很高兴与你通上了话。"
当我挂上电话，心中突然想到，
他已长大像我一样，
我的儿子像我一样。

合唱：
猫咪在摇篮中，还有银匙，
小男孩忧伤，大男人迷茫。
"爸爸，你什么时候回来？"
"我也不知道，
但到时我们会在一起，
那时我们会过得很好。"[46]

今天 20 岁的人似乎不相信，这样为人之父，依然在我们的社会中存在。

第十四章　当代两大妇女阵营的对立

　　1960 年代末，女权主义的复兴受到两方面的刺激。一是对 1950 年代家居生活至上的沉闷社会的反叛，二是对以男人为中心的反文化的反抗。曾经在反文化方面激进的妇女，现在成了女权主义的激进妇女。她们不愿再当左翼男人的家庭保姆和免费妓女，厌倦了男人冠冕堂皇的时髦事业。从现在起，她们从自己的姐妹中寻求援助和支持。正如我们在第八章中看到的那样，到 1970 年代初，妇女运动中的激进派对男人深恶痛绝。

　　而且，从前的家庭主妇对男人也不抱有好感。玛丽琳·费兰奇在《女人的房间》一书中这样描述了她的反应："我对男人的感受是我亲身体验的结果，对他们不大同情。像一位刚从达豪集中营释放出来的犹太人一样，我在旁观一个英俊的年轻纳粹士兵腹部中弹倒地挣扎，我看上一眼，扭头就走。我甚至连肩都没有必要耸一下，我根本就不在乎。我是说，他是什么人，他有什么羞愧，有什么愿望，与我一点关系也没有。太迟了，我已不在乎了。"[1]

　　幻想破灭的主妇们觉得有理由不理睬男人，因为她们亟须解决自己的问题。她们觉得自己曾被人敲竹杠、被人打压，对曾是她们主要的活动——持家，很难感觉良好。尽管有对妈妈和苹果馅饼的暖人肺腑的溢美之词，但现在这已是公开的秘密：美国社会完全鄙视家庭主妇。这些妇女认为她们已将自己的精力和年华都投入一个被社会轻视的角色中。在劳工部根据所需技能的复杂性对工种的排名中，持家与停车场收费人员的排名相同，排名低于搬运海洋动物的工人。[2]担当社会如此轻视的角色，这些妇女怎么能从中寻找到自尊呢？

　　许多妇女在回顾自己操持家务的岁月时，常感到辛酸。操持家务是这般艰辛，但却这般不为丈夫和孩子所理解，更不用说感激了。她们抱怨家务的辛劳，后悔自己大量的宝贵精力流入"他的"事业中；她们还惊恐地发现，甚至连她们的性爱也被扭曲，用来满足男人的需要。所有这些怨恨后来都成了女权主义愤怒的汹涌源泉。

让我们来看看持家的艰辛吧！简妮丝·克拉伯翠拥有一张四柱豪华卧床，两个壁炉，她看起来像是例外而非常规。1953 年，社会学家米娜·科马洛夫斯基记录了这位"典型"家庭主妇一天的生活，大致如下：

> 我早上 6 点起床，准备好早餐的咖啡和粥，下到地下室把衣服放进洗衣机。然后，再上来，等丈夫出门后再吃早餐。从这时起一天要干的活如下：洗刷早餐的碗盘，收拾厨房；铺床叠被，清理房间；打扫浴室和厨房的地板；准备好午餐用的蔬菜，烘烤午餐的土豆；给两个孩子穿好外出的衣服，出门买食品，到 12 点钟才和孩子一起回家；回家后给孩子脱衣、洗手洗脸准备吃午餐，喂泰德吃饭，放他上床睡午觉；做自己的午餐，洗碗盘，整理厨房，安顿吉姆休息；1 点到 2：30 之间，根据每周的日期而定，要么熨衣，要么彻底清扫一间房，周末时做饭或烘焙等；3 点钟给孩子拌果汁或牛奶喝，穿上出门的衣服，带到公园去玩；4：30 回家，给孩子洗澡，准备他们的晚餐，帮孩子上床睡觉；给自己和丈夫准备好饭菜，吃完饭后收洗碗盘；晚上 8 点钟后，往往还要烫衣服，特别是在打扫房间的那天下午；然后还要缝缝补补；9 点在客厅里一边看报纸或听收音机，一边就睡着了；10 点与丈夫吃点小吃，上床睡觉。

> 我将一天的流水账读给丈夫听，他说这听起来很平常嘛，孩子似乎并不很碍事嘛。可这本账上没有记下日复一日，每天 12 个小时形影不离地与孩子待在一起的紧张心情。

> 我不会称自己是一个心满意足的家庭主妇。我发现被如此束缚是很难受的……

> 有时我有被囚禁起来的感觉。

> 另外，我觉得自己的生活很枯燥。我给你描述了我一天的情形，可

不仅是一天如此，而是天天如此。请相信我，在这无休止的洗碗、收拾、熨衣、叠尿布、给小孩子穿衣脱衣、早晚铺床的差事中，没有一件足以让人兴奋的事。我与几位母亲在公园长凳上交谈，十分压抑。我不能让她们不谈那些陈芝麻烂谷子的事，她们也没有什么新鲜事说给我听，因为她们也是深深困于老套的生活……我想这样的生活安排一定有什么毛病。[3]

但是，这并不是事实的全部。1950 年代的妇女为孩子的情感和认知培养投入的大量精力，为支持丈夫的事业投入的大量精力，远远超出对家庭和家人付出的体力。

这不是一家两口子都有事业的时代，而是俩人干一个事业的时代。男人工作上的竞争压力造成了巨大的心理紧张，妻子就应该提供周全的感情支持，以抵销丈夫的紧张心情。威廉姆·H. 怀特描述了妻子如何才能帮助丈夫释放出全部能量，投入工作：她必须将家营造成一座安宁的小岛，要充当"共鸣板""加油站""出气筒"。[4]菲力·史内特撰文谈到了妻子的"安眠止痛的作用"：男人每天在自己制造的经济抽风箱里碰得晕头转向，往往会"拿妻子当安眠止痛片"，以缓解他们给自己造成的"冲击"。[5]1956 年，史洛恩·威尔逊在《纽约时代》杂志上的一篇文章中描述了一名行政官员完全依赖妻子："要不是有一位能干的妻子替他推掉讲演和社交应酬，登记他个人的财务，管理房屋，照看孩子，他一定会'迷失方向'；现代男人在家里需要有一个不时尚的妻子。"[6]

最让妻子劳心费神的是搬家。理所当然的是，如果搬家能助丈夫事业发达，那么全家就应该打点行装出发，无论这意味着什么样的损失和动荡；有研究表明，搬家造成的心理压力几乎与丧失配偶一样大。

妻子好像就应该每隔几个月搬一次家，与新邻居建立友谊，送孩子到新学校上学。1950 年代末，1/5 的美国家庭一年搬一次家。麦科尔指出："每年25 万个家庭像跳着疯狂的探戈舞似的在全国搬来搬去。"[7]当有工作的妻子开始抗拒频繁的搬家，丈夫开始对公司政策造成探戈舞似的搬家表示迟疑时，搬家频率才缓慢下来。妇女首当其冲地承受这种四处飘移的压力。丈夫毕竟一般还留在同一个工作环境中，而妻子却要在一个陌生的小区环境中从头开始。一份研究报告指出："有些 30 岁的妇女从结婚起，住过 16 个不同的小区，个别的一年内甚至搬了四次家。他们往往变得垂头丧气……长年抑郁，酗酒成癖。"[8]

人们惊讶地发现，在欧洲各国没有出现过如此疯狂的搬家现象。最近的一次研究表明，70% 的西德人居住在离出生地 5 英里的范围内。[9]其他大部分欧洲国家也可以找到相似的统计数字。只是在美国才出现了这样的搬家现象，给妇女和家庭生活带来如此动荡。

在性爱方面，幻想破灭的妇女感到自己被人耍了。回顾过去，我们发现 1950 年代末和 1960 年代初盛行的大众心理学，似乎非要扭曲妇女的生活不可。正如我们在前面的章节中看到的，这一时期的许多观念都基于弗洛伊德的理论。弗洛伊德相信所有的女性都有阴茎妒羡情结。结果，小女孩最终认为自己是残缺不全的男孩，消除这一心理创伤抑或是神经质的可能形式，是通过模仿男性活动（即追求事业）来寻找失去的阴茎，抑或是将对阴茎的渴望转化成对生孩子的渴望。这一观念使男女之间的关系节外生枝。例如，弗洛伊德学说的理论家们判定，一个女人真正的性爱在于阴道亢奋的能力，因为阴道被看成是女性性欲感受和释放的唯一真正的器官，而阴蒂则被看成是阴茎的隐迹（或萎缩的代用物）。总之，它是一种停滞的幼稚的自恋的工具。

结果是，在 1950 年代，对妇女说明性亢奋都按美德和成就等级进行划分。阴蒂亢奋是一种"坏的"、非女人的性爱感受；阴道亢奋不仅是"好的"，而且是对女人本质唯一的彻底证明。毋庸指出，性亢奋依赖于阴茎勃起，女人只有作为男人追求性满足的陪衬才可能获得自己的性满足。阴蒂亢奋被判定为毫无意义，因为它是"无功效的、无缘由的、手淫式的，它不需要阴茎，不导致受孕"。[10]小说、百老汇戏剧、流行杂志、心理学家和婚姻顾问都宣告，阴道亢奋优于阴蒂亢奋。阴蒂亢奋的妇人被视为不成熟、神经质、下流和男子化的女人，而阴道亢奋的妇女则是慈母柔肠、女性味十足、成熟正常的女人。尽管医学上将性冷淡定义为完全丧失了性亢奋能力，可是，弗洛伊德学说的专家们偏要定义为丧失了阴道亢奋的能力，这一定义就宣告了 3/4 的成年妇女是失败的性冷淡者。

第十四章　当代两大妇女阵营的对立

1966 年，威廉姆·H. 马斯特斯医生和费吉尼亚·E. 约翰逊太太发表了《人类的性反应》一书，一部临床研究性心理学巨著。他们的主要结论是，对阴道亢奋和阴蒂亢奋的非此即彼的划分全完是不真实的。"从解剖学上讲，所有亢奋都集中在阴蒂上，无论是亢奋产生于手对阴蒂的直接压力，性交时阴茎推进的间接压力，还是产生于对乳房等其他动情区泛泛的性刺激"。[11]

就弗洛伊德理论来说，不过如此而已。科学家（为时过晚地）发现，高贵的、体现女人本质的阴道反应迟钝，没有神经感觉，而阴蒂才是女性性快感的真正区域。但是，这一发现对 1950 年代的妇女来说已为时太晚，她们已浪费了多年时间去争取真正的阴道亢奋。许多妇女怒不可遏，甚至连自己的性爱也"由男人定义以便让男人受益"。[12]她们认识到自己上当受骗，把阴道亢奋当作在男人一手炮制的价值体系中的地位标志，因为她们已经说服自己相信，偏爱阴蒂亢奋是可耻的，是一种不可告人的羞耻根源。这种心理内化在这一时期的小说中得到充分地表现。玛丽·麦卡锡和道丽丝·莱辛描写性亢奋的方式，与 D. H. 劳伦斯和厄内斯特·海明威完全一样。甚至是西蒙娜·德·布洛瓦，在这个问题上也是一个死不悔改的弗洛伊德派，她在《第二性》中将阴道亢奋说成是唯一的"正常满足"。[13]

因此，1960 年代出现了伤痕累累和泪流满面的两种类型的妇女。年轻的一群妇女，在反文化的经历中烧得遍体鳞伤，家庭与事业全无着落，大发性政治厥词宣泄心中怒火。[14]她们成了女权主义的激进派。1950 年代更年长的妇女有自己不同的怨恨，其中许多人是失望的妻子和前妻，至少有些是"被赶出家门的主妇"。她们的黄金年代恰逢 1950 年代，在家事和家庭上耗尽了青春，尽管有些人有一点可怜的东西可以显示一番。正如南希·巴雷特发现的那样，你的孩子可能眨眼之间就跑得无影无踪，你可能把自己丈夫输给一个更年轻的女人。大多数从前的主妇进入劳务市场，在市场上的运气平平淡淡；有些人加入了全国妇女组织，成为女权主义的主流派。

鉴于这段历史，现代女权主义者极力避免全家福，就不足为奇了。女权主义的激进派热衷于追求自立，许多人力求建立没有男人的生活，另一方面，女权主义的主流派在劳务市场全神贯注克隆男性的竞争模式，视此为比家庭生活更可靠、更长久的满足源泉。两派都忽视了孩子。

但是，有一大批美国妇女将所有的女权主义者（激进派和主流派）都看成是我们社会的破坏分子。这些美国中产阶层的传统妇女，到 1970 年代初，她们仍死死抓住美国梦不放。总的来说，她们的雄心大志很简单：希望能够继续过母亲和主妇的生活。

这些妇女知道，她们生活在一个反叛的时代。从前上升缓慢的离婚率，在 1965 年至 1975 年的 10 年间猛然翻了一番。挣钱养家的人正在迅速成为受危害的人群，至少从长远看是这样的。传统派将家庭的破裂归罪于各方面的因素：无过失离婚法、合法堕胎、同性恋权利和放纵的家教方式。但大多是指责那些"妇女解放运动者"："妇女解放运动是要把我们从家庭中解放出来，而家庭却正是克服当前社会危机最不可缺少的制度。正当婚姻已经在全国都变得开放，孕育着成批成批的罪犯和精神病人之时，她们还要使婚姻更开放、更灵活，随时可解除"。[15]妇女解放运动被看成是"解除男人一家之主的责任，这使得男人更容易离家出走"，抛弃妻子和孩子。[16]

传统妇女过去和现在都对我们称为性革命的那一套做法抱有极大的怀疑。她们知道，妇女在过去之所以有身价是因为性爱和生孩子的原因；她们相信妻子应该基于增加身价这一十分简单的原因，抓住合法性爱的垄断权。她们对堕胎的憎恶出自于宗教的原因，但也出自于原始的自我利益。[17]她们认为，害怕怀孕是刹住性自由的强大制动机制，怀孕本身是最后禁令——可作为追究男人对妇女应负责任的唯一后果。用安德拉·德沃金的话来说，"她们用性爱和婴儿来保持身价，因为婴儿要吃、要住、要穿"。[18]

因此，传统的妇女坚信，性自由和合法堕胎带来的后果，是使妇女更容易受到伤害。她们没有白白地经历 1960 年代，她们从所见之中学到了许多，这就是对妇女的剥削。在她们看来，新道德是一个诈骗犯，是一个小偷。正如菲丽丝·西拉费莱所说的那样："他掠夺了妇女的贞德、青春、美丽和爱情，空手套白狼白白地掠夺了。"[19]按照传统规则，妇女至少以性爱和持家作交换，还会得到一个丈夫，一个"直至死亡将我们分开之前"都养活她的丈夫。

这些妇女有自己的打算。在政治方面，她们的目标是回到过去的时光，回到从前简朴的社会秩序；在那时的社会秩序中，她们得到了居住、赡养和爱情的基本保护。她们进行战斗，反对合法堕胎、无过失离婚和同性恋者的权利；她们试图阻止平等权利修正案的通过；她们提倡学校课前祈祷。所有这些政治活动的目的，就是要巩固妇女生活的旧时家庭支柱。

在自身方面，传统妇女投入大量精力，努力学习各种能使自己更让人爱、更安全的技巧。玛娜贝尔·摩根在《十足的女人》一书中许诺说：有可能"在几个星期的时间内，任何一位妻子都能使丈夫对她爱得发疯。"[20]诀窍是满足男人无论"是对色拉，对性生活，还是对体育运动"特有的怪癖，[21]增加自己的"外观吸引力"（房地产用于房屋外墙的术语）。摩根详细说明了外观吸引力的重要性，认为所有妻子都要对自己提出这样一个棘手的问题："你这个星期外观吸引力是否与 5 年前一样？"[22]她还提醒说："男人只有过了女人长相的视觉关，才会在意她是谁。"[23]

摩根关于如何增加外观吸引力的忠告非常具体。当老公回家时，"要跳着华尔兹舞步来到门口，满面浓妆，香水气扑鼻"，[24]告诉他"为了换换花样，我在泡沫浴之后穿上了粉红色的娃娃睡衣和白靴子……当我那天晚上开门迎接查理时，他的反应让我措手不及。我那好静、内向、不易兴奋的老公看了一眼，在门口扔下手提箱，就围着餐桌追我"。[25]

增加外观吸引力的回报不仅是爱和亲吻，十足女人还会满手收到心怀感激的丈夫送的许多礼物。参加摩根"十足女人"课程的一位毕业生说："他开始给我带礼物了。一天下午，他打电话回家，看我 3 点钟是否在家。我无法想象来的会是什么，后来看到一辆卡车拖着一台新冰箱停在门口，我目瞪口呆。我跟他叨唠了多少年要一台新冰箱，他都一直没买。"[26]

如果你生活中的男人不称心如意的话，那么，传统派则建议妇女去寻求耶稣的爱。耶稣被描写成一位英俊兄长、富于同情心的朋友、治愈心灵创伤的完人。总之，是一位永远不会有负于你的男人。

在《治愈内心创伤的礼物》一书中，鲁思·卡特·斯泰布里顿劝告一位婚姻不幸而绝望的年轻妇女："尝试每天花点时间想象耶稣下班后进门回家，自己走上前去拥抱他，对他说：'迪克，你回家了，可好了。'"[27]斯泰布里顿自己用过这一技巧，并且极为成功。她 19 岁（与迪克）结婚，婚后生活一直极为不幸。生了第 4 个小孩后，她曾试图从行驶的汽车上跳出来自杀，不

久之后，她投入耶稣的怀抱，找到了心灵的平静。

安妮塔·布莱恩好像一生中花了许多时间跪在地上，祈求耶稣帮助她去爱自己的丈夫鲍伯·格林。她坦白地记述了自己似乎永不休止的挣扎。仅仅是因为她将耶稣看成是自己真正的丈夫，她才能忍受格林五花八门的要求——从让她成为反同性恋者顽固派的代言人到要求她料理 4 个孩子的一切。在《上帝保佑这个家》一书中，她描述说："只有当我身体力行屈服于耶稣时，我才学会按照《圣经》的教诲去屈从丈夫富于爱心的领导。只有基督的力量才能让像我这样的女人能变得顺从上帝。"[28]

这种右翼学派显示了一种悲观的现实主义。传统妇女并不是愚钝的芭比娃娃。她们的说法基本是对的：留在家里比出门工作更有价值；妻子由丈夫"给予"的钱，比她们工作挣的还要多。妇女只需看看身边的情形，就会认识到由于贬低她们的工作，她们出门挣工资并未有效地解放她们。正如我们在第四章中看到的那样，许多妇女（全日制工作）未能挣到足够的钱使她们摆脱贫困。许多家庭主妇"对于出门工作能使妇女在性爱和经济上独立于男人这样的论点不买账。她们看到街道寒冷，街上的妇女疲惫，患病，伤痕累累"。[29]妇女在劳动大军中报酬太少，许多传统的美国妇女没瞎眼，心知肚明。

传统妇女在内心深处认为女权主义者是叛徒，是傻瓜。说她们是叛徒，是因为她们破坏了妇女和孩子传统的家庭供给体系；说她们是傻瓜，是因为她们似乎不明白疏远男人是没有意义的。大多数妇女想要孩子，她们如果想要自己和孩子过上体面的生活，除了结婚，别无选择。传统派认为女权主义者脱离实际。只有东海岸"解放"的精英们才会愚蠢到幻想在劳务市场寻求独立。罗娜·艾福伦早在《心灼》一书中，就看到了这一愚蠢的真相："妻子最后走出家门，重获自由，单身一人闯世界，却发现一个可怕事实：她们是买方市场上的卖方，1970 年代妇女运动的重大具体成就，是 AA 制。"[30]

前几天，我收到了这些右翼妇女寄来的一份文件。她们自称是"关心美国的妇女"团体，她们的传单题为"操纵家庭主妇"。[31]传单汇编了许多威名显赫的女权主义的名言。

玛丽·贝莱博士："（离婚）使家庭生活更美好……离婚提高了婚姻的质量。"

第十四章　当代两大妇女阵营的对立

格洛娅·斯坦内姆："我希望到 2000 年，我们将会培养我们孩子相信人的潜力，而不是上帝。"

贝蒂·弗里丹："修正案已成为整个现代妇女运动的象征和实质……我坚信如果我们输掉这场斗争，我们一生中就没有多少希望保住我们堕胎的权利了……"

妇女运动出版物《妇女解放——从第二年开始的记录》中说："我们一定要消灭爱。爱使妇女易遭伤害，依附于人，被人占有，易受痛苦。爱使妇女将全部精力投入他人的利益之中，妨碍充分发挥自身的潜力。"

"关心美国的妇女"团体觉得受到女权主义者的威胁，被女权主义者出卖，因此印发了这些从运动中精选出来的名言，警告其他妇女当心女权主义者强大的破坏力。她们显然相信，从支持修正案的女权主义者阵营中选出的这些名言，最能解释她们反对修正案的论据。在《操纵家庭主妇》的简短前言中，贝费莉·拉哈耶（介绍中说她是作家、讲师、母亲和牧师的妻子）写道："在你我对修正案做出决定之前，让我们先看看修正案的动机是什么。"[32]

因此，在 1980 年代中期，势不两立的两大阵营都寻求在一个敌意的、不安全的社会中充当妇女的代表：女权主义者阵营（"支持平权修正案"）和反女权主义者阵营（"阻止平权修正案"）。作为一位妇女，要么必须走出家门，像一个男性克隆人，在不平等的劳务市场上与男人竞争；要么在一个家庭纽带越来越细、越来越脆弱的时代，必须要设法将男人更紧紧地绑在身边。这是因为，我们必须认识到右翼纲领的局限性，反对平权修正案或禁止堕胎可能会减慢变化的步伐，但没有有效的方法能使时钟倒转，再创 1950 年代的价值观和生活方式。这样做有点像把泼到地上的水再收起来。人们对性爱和家庭的态度和信仰都已发生了不可逆转的变化，男人，至少还有些妇女，已变得依赖于他们的新自由，不可能放弃它们。总之，右翼的战略收效甚微，令人沮丧。

有一件事似乎肯定无疑：女权主义阵营和反女权主义阵营，在改善妇女的经济保障方面都未取得重大的成就。

在战后美国，两性之间进行了尤为激烈的战争。我们大多数人都了解战争的真相，有战斗的亲身体验，仍挂着尚未痊愈的枪伤。孕育冲突的温床，是在 1950 年代这个美国历史上反常的畸形时期，期间，男女都扮演了夸大的角色。世界上受到最好教育的妇女，被要求在"寻找另一半"中找到成就感；而男人在寻找"热带丛林里的钻石"中，慢慢患上了冠心病。[33]这无疑是自找苦吃。男人学会视女人为寄生虫和傻瓜，女人因为没有男人活不下去而学会害怕男人。从许多方面来看，"1950 年代是滋生我们当今文化现状的温床，是 1960 年代寻求定义自我的动荡的背景……我们现在仍在饱受其害"。[34]

从 1960 年代末开始，男人造反，不愿再充当挣钱养家的角色，开始摒弃由他们单枪匹马挣钱圆美国梦的观念。有些反叛者是勤奋的体制内的人。他们只是想抛弃妻子和家庭，或者交换更新派的妻子和家庭，与稳定的工作和消费文化并无争执。另一些反叛者想从现行体制中完全跳出。什么事业、雄心大志、物质成就、婚姻儿女及其他乱七八糟的家庭义务，像嬉皮士这样反体制的反叛者要把这一大堆麻烦统统抛进大海。

1960 年代末，妇女开始了自己的更自觉的解放运动。幻想破灭的妇女从令人窒息的"神秘女性"的紧箍咒中挣脱出来，开始在劳动市场上寻找尊严。

在《女人的房间》一书中，玛丽琳描写了朱娜是如何变成一个收拾房屋的奴隶。房屋很难收拾，所以朱娜的做法是：

> 给自己买了一个文件箱，几包 2×3 厘米的长卡片。她在每张卡片上写上一项要完成的任务，把它们分格存档。在标有"清洗窗子"的分格中，放着各个房间的卡片。每当她清洗了一个房间的窗子后，就在卡片上记下日期，再把它放到分格的末端。"擦拭家具"、"干洗地毯"和"擦瓷器"的卡片同样如此。她定期从餐厅橱柜中取出所有的碗盘，用手清洗——因为都是些上等瓷器，不敢让洗碗机代劳，然后再放回刚洗干净的格架上。厨房里是这样，书架中的书籍也遵循同样的程序，取出来，小心翼翼地掸去灰尘，再放回打扫干净的、上过蜡的格架上。每天日常性的清扫不登记入卡，登记的仅是些大的专项任务。这样一来，每天在完成了清理厨房、整床叠被、收拾两间卧室的家务琐事之后，她还要彻底地清扫房间，擦镜子窗子；只要看得见木地板的地方都给上蜡，

擦净小装饰品，掸去屋顶墙壁和家具上的灰尘，给地毯吸尘，然后在适当的卡片上登记已完成的大项任务。她心里琢磨着，这样她就会坚持下去。整个房屋一遍下来得花她2个星期，整整10个工作日。

　　每天早上完成任务后，朱娜感到极大的满足……她穿好衣服准备出门前，在房屋里走一圈，看到房屋里安安静静，整整齐齐，擦拭后的地板家具在阳光下闪闪发光，心里美滋滋的。[35]

当结婚15年的丈夫离她而去时，朱娜感到这一切全是浪费她的时间。她又回到了学校，开始早已耽误了的教学生涯。

几乎是与此同时，极端的妇女们纷纷逃离剥削她们的反文化的风流男子。这些曾上街抗议越南战争、在南方争取民权的"雏鸡"，感到被人出卖了。她们的反文化的男同志们辜负了她们的一腔热情。从现在起，她们要与其他妇女肩并肩地寻找自由和灵感。

到了1970年代中叶，这些新的男女解放运动引起了右翼的反击。传统主义者（男人，但多数是妇女）受到这些新自由的冲击和威胁，发起了顽强的反击，攻击合法堕胎、无过失离婚、平权修正案、同性恋者的权利，以及他们认为是促使家庭破裂的任何事情。因为妇女受到解放运动的威胁最大，她们成为反击运动的主力军。终究，第一轮造反的有着不对称的结果。男女都获得了更大的个人自由，但是，在男人获得了抛弃家庭、为所欲为地支配自己收入的一定权利的同时，妇女却没有获得有重大意义的经济独立，而经济独立则是她们现在所需要的，因为她们更多地得依靠自己为生。在当代，家庭仍然是妇女维系生活的最重要的体制，妻子的高水准生活仍然靠丈夫"给予"，妻子在劳动市场难能挣来。

因此，战后时期，一波又一波的反抗浪潮席卷美国社会。浪潮的原始能量来自于温馨但欺压人的"奥秘女性"世界。1950年代的成果给男女确定了极其狭隘的定义，这样，就给两性之间的激烈对抗留下了祸根。还记得大学教授巴巴娜·勒文吗？在1950年代培养出的她，认为男人是你的敌人，而且是一种特别的敌人，一个你应该引诱上钩的敌人，因为他可能是你一生的餐票。这种掠夺性的、欺压人的态度，与美国文化中自由平等的根基不相吻合。

　　所有这一切都说明为什么在后来的 25 年中，男女双方花费如此大的精力去进行一场痛苦的斗争。他们需要挣脱束缚，更好地充实个人。也许解放运动中最大的受害者是中年妇女，她们仍然希望并且需要当家庭主妇。她们在席卷我们全社会的变化寒流中，受到惨重的创伤，同时还普遍被站在变化前沿的更年轻的妇女精英们所误解。在许多情况下，这些"解放"的妇女完全与男人站在一边，也认为家庭主妇是寄生虫，是傻瓜。未来的挑战之一，就是将这两派妇女团结起来，进行共同的事业，因为她们都遭受到经济无保障所带来的巨大痛苦。

第五部分　政治可能性

按照最初的构想，本书打算以一篇振奋人心的乐观主义乐章结尾。我会去找我的顾问团——经济政策委员会（Economic Policy Council），说服部分当权有势的人为美国提出一项政策议程。这种走上层路线的做法似乎充满希望：一定会产生出现实的解决方案，而不是画饼充饥，因为这样会吸引接近权力中心的大佬们的注意，或许就会促成国家采取行动。如果像杰拉德·福特和凯瑟琳·格拉珊这样的人都办不成事，我想没人能办成。

回头看看我的这些抱负，想想我怎么会这般天真呢？在为本书收集资料和研究的过程中，我发现了许多深层的原因，知道了我们的政府为什么不补贴托儿服务，大多数美国妇女为什么没有权利享受产假。特别是在一个由保守主义和怀旧情绪主导社会政策的时代里，我怎么会认为可以轻而易举地改变这些根深蒂固的信念和立场呢？

尽管我的顾问团遭受了挫折与失望，但我很高兴自己的理想主义不死，支撑我写完这本书。这本书起到了揭露现行体制如何看待妇女、儿童和家庭的作用，也肯定了我写这本书的主要宗旨。

我走上层路线制定政策的做法，还留下另一份遗产。因为对于政府将会迅速或有效地行动起来解决妇女问题，我的顾问团给出的希望不大，所以，就促使我去探讨工会的潜力。普通的妇女能否从劳动人民的传统盟友——工会那里获得有意义的支持呢？在这一努力中，我发现了一线希望。

第十五章　工会能为妇女做什么?

　　珍妮·布雷勒（化名）家住加州奥克兰，在泛美航空公司当空乘员。这份工作她干了 17 年，其间中断了一段时间。底薪一年 2.2 万美元，加上加班费，有时能拿 2.9 万美元。珍妮离了婚，有一个 14 岁的女儿。

　　1985 年春，我和珍妮一起吃早餐。我们谈到了她的生活、工作，令人吃惊的是，还谈到了她的工会。她对我说道："工会对我真是说话算话，给了我好得多的工作待遇，提供了真正的保障。自从（6 年前）离婚以来，这一切对我尤其重要。你看，前夫没给我任何生活费，每月只给 100 美元的子女抚养费，尽管判给我的生活费是 225 美元。这就是说，我经济上主要是靠自己。"珍妮迟疑了一下，然后不屑地补充说："我知道这听起来有点疯狂，但工会一直照应我，保护我，就像父亲一样。"

　　我急忙打消珍妮的顾虑，说她的看法一点也不让我奇怪。在欧洲，许多人，甚至受过高等教育的人，都指望工会给他们寻求这样那样的基本权利和福利。只是在美国，工会才被认为是与现代生活毫不相干的。听到这些话后，珍妮松了一口气，并带着笑容说："当我说工会对我很重要时，仿佛是承认自己做了什么违法乱纪的事情，我已习惯了看人白眼。"

　　以下是珍妮的履历。她 1968 年加入泛美航空公司当空乘员。那时，运输工人联合会（TWU）代表大多数泛美航空公司雇员。在她的记忆中，运输工人联合会不是特别给力。例如，她 1971 年怀孕时，立刻就被解雇（1970 年代早期的航空公司政策）。一群空乘人员对航空行业提出了集体诉讼，可是，尽管最后胜诉，确定怀孕期间保留工作的权利，但是运输工人联合会对这场官司并不十分关心，没有积极参与。1973 年，珍妮重新上岗，几年后，泛美公司的空乘人员组织了新的工会。根据珍妮的看法，这个新成立的空乘人员独立工会（Independent Union of Flight Attendants）的工作有声有色。

"她们使我们的工资大幅度提高，而且并不是仅仅如此。她们认为工作条件至少与工资增加一样重要。我猜想这是由于工会的领导大多是妇女，她们也曾面临过保住工作和照顾家小的冲突。如果你有小孩，能够事先计划，安排好孩子的照顾是很重要的。在新工会成立之前，公司可以随时打断你的航线，也就是说，在伦敦告诉你要额外飞一次去法兰克福的航班，又得 48 小时不能回家。公司再不能这样干了，否则要付一大笔罚金；结果，我现在就能够事先知道自己的日程。工会还赢得了一些其他权利。例如，在长途航班中，空乘人员有权有休息的座位或床位。如果航班缺员，其他人员有权得到加班费。所有这些都创造了更好的工作条件。运输工人联合会从来就没有提出过这些问题。那个工会的领导层都是些年长的男人，他们不可能是我们肚子里的蛔虫，知道什么对我们最重要。"

我问珍妮现在怀孕和生孩子可以有什么样的福利，她顿时神采奕奕，满怀激情地说："你不会相信的，但是我认识的大多数妇女都至少有 9 个月的产假。她们可以安排产假的时间，这样就有一半的时间是带薪的。"我不相信地看着珍妮，我简直不习惯采访妇女时听到产假的好消息，所以，就请珍妮解释这些慷慨的政策是怎样出台的。

"泛美的雇员有 6—8 个星期的带薪产假。此外，工会合同让我们有权积攒每月 2 天半的病休假，用以补充产假，这样，大多数妇女工作一段时间后，就能额外攒几个月带薪假。还有……"珍妮深深地吸了一口气后说："如果你有医嘱，说你需要更多时间在产后恢复或母乳哺育，工会还会站出来替你说话，争取你再休 3—6 个月保留工作的假期。"珍妮停了一会儿，然后沉思地说："工会能协商取得个人靠自身力量永远得不到的东西。你想象一下，休完 4 个月的假后，又大步流星走进人事办公室再要求休几个月的假?! 你很可能早就被解雇了。不管你有多少医嘱也无济于事。"

珍妮最后还谈了一个想法："谁也没有料到空乘人员组织工会。我们大多数人都受过大学教育，许多人都有良好教养，女人味十足，根本不符合人们心中固有的好斗的蓝领工人形象；但是，尽管我们形象靓丽，可我们不是为了一点零花钱而工作。我们现在工作的原因与男人一样——我们需要养活自己和孩子；挣一份好工资，有体面的工作条件，应该是我们首要的目的。如果工会帮助我们取得这一切，我们就会成为工会忠实的会员。"[1]

这显然是一种结盟——行业工会与妇女之间的结盟。直言不讳地说，他们彼此相互需要。妇女需要更高的工资，更好的工作条件，工会能够帮助她们争取到这一切；工会需要更多的会员，妇女是潜在的会员，因为她们是劳动力之中增长最快的一部分。

妇女在职场还会遇到许多巨大的障碍。她们承担着家庭和工作的双重负担，被限定在低工资岗位上（岗位福利微薄）。记不得从何时起，无论她们干哪一行，工资都只是男人工资的1/3。总之，在分发好吃的东西时，她们总是排在最后。今天，51%的女工（男人是28%）一年挣不到1.5万美元，仅有6%的女工（男人是25%）一年挣到超过3万美元的收入。[2]

由于大多数妇女技能少、势力小，女工单枪匹马就显得无能为力。一个女招待，一个办公室清洁工，或一个空乘人员，很容易被打发掉，很容易被取代，因此，妇女应该团结起来，利用集体力量去提高工资，改善工作条件，这是很有道理的。威胁要通过罢工使工厂停工，使机构瘫痪，这是非技术工人能给资方施加压力、赢得更好工资待遇的为数不多的手段之一。加入工会的女工工资平均比未加入工会的女工工资高出30%，这一事实就说明了问题。[3]团结一心，女工就能取得更大的成果。

一个多世纪以来，这就是工会主义的意义所在。个人力量单薄且身处劣势的工人，可以团结起来提高自己的收入，改善工作条件。这是各个工业国家中男工已经成功采用过的做法，但奇怪的是，至今女工却没能同样有效地运用这一手段，特别是在美国。珍妮·布雷勒仅是个例外，而不是普遍现象。美国仅有14%的女工加入了工会。[4]

达娜·斯达克的经历，是另外86%的女工的典型代表。达娜刚刚30岁出头，嫁给了一个邮局工人，有2个儿子，大的6岁，小的才1岁。她在波士顿的一所私立学校当幼儿教师，没有加入任何工会。自从第一个小孩出生后，达娜就发现自己一直在保住工作和抚育孩子之间挣扎。1982年秋，当第二个小孩出生后，她遇到了特别严重的问题。这一切都起源于她产后休假3

个月时。她曾得到口头保证，给她保留工作，另外，还有人告诉她，产假中的6—8个星期会有失能保险。结果，这两件事都不是真的。当她1983年1月再报到上班时，她却发现学校同意给她的工作只是一份临时工，工资只有原来的一半。从前的工作已被人顶替。达娜说："受到如此恶劣的对待，真让人惊愕。我原想自己与校领导关系不错，所以就忽视了要一份书面的东西。"至于失能保险，根本就没受理。到1983年我采访她时，她还没有得到产假期间的工资。她已提出了五六次申诉，但毫无结果。她说："我想保险公司正等着我放弃。"[5]

反思近来的经历，达娜对我说："靠自己个人的力量与大官僚作斗争，实在是太难了。特别是如果你刚生完孩子，有换洗不完的尿布，整夜整夜睡不成觉，忙得眼冒金星，那么就更难了。去年这一年，我确实需要一些保护，需要一个人帮我与保险公司交涉，帮我夺回学校的那份正式工作。"达娜本该可以利用工会的力量。

如果说妇女需要工会，那么，工会也需要新会员。在过去的10年中，劳工组织在其传统的大本营经济领域的产业部门，失去了大量的会员。受国外激烈竞争的刺激，许多公司将生产转移到低工资的国家。再恰逢严重的经济衰退，结果就出现了异乎寻常的高失业率，特别是在制造行业中。在1980年到1984年间，美国劳工联盟—产业工会联合会（The AFL—CIO），失去了270万名会员，尽管同期美国的就业增加了380万。[6]如果劳工组织不想成为历史，那么，就一定要打入非传统的领域，在迅速发展的金融和服务部门吸收会员。由于这些部门有2/3以上的工作将由妇女承担，这就意味着工会需要将妇女作为自己的中心力量。美国劳工联盟—产业组织联合会的信息部主任穆瑞·西格说："劳工组织的未来在于妇女和少数民族群体。"[7]

有些工会正在抓住这次机会。例如，美国州市县职员联盟（AFSCME）现在认为自己是"女工权利的主要倡导者"，[8]在其宣传文献中宣布："妇女权利的战场就是我们的工作岗位。"[9]联盟有60万名女会员（会员总数为110万）。这个工会开始关心妇女问题，这是很明智的，有助于吸收会员。

10年来，美国州市县职员联盟一直关心工作和家庭问题。例如，联盟在纽约的37区委会，通过谈判在许多合同中为父母双方争取到育儿假。生孩子

和收养孩子的育儿假不带薪，但完全保留工作。第一个小孩的保留期为 4 年，此后为 3 年。工会也积极争取灵活的工作时间制，其具体形式——无论是错开上班时间还是压缩工作日，取决于雇员工作机构的特点。37 区委会辖区内的工人，大约有 25% 现在都采用了某种灵活的工作时间制。

关于工作的对比值问题，美国州市县职员联盟也一直很关心。主席杰拉德·W. 麦肯梯将此称为 1980 年代最关键的问题，认为"这是提高工资级别中低端工资为数不多的好办法之一"。[10]

美国州市县职员联盟的许多女会员都在低收入领域工作，一半的人是做文书工作。为了帮助这些工人提高收入，联盟全力倡导可比值工种工资平等的原则。正如我们在第四章中看到的那样，妇女由于性别原因被限定在某些工种内，结果工资收入比男工低，尽管工作所要求的技能、付出和责任是等同的。这项原则的具体实施是对工种进行评估，测算不同工种的内在价值，为每一工种提出一个数字等级。如果秘书的数字等级与看门人的一样，那么他们的工资也应该一样。

代表加州圣约瑟市工人的 101 区委会，在 1981 年为女工工资平等的问题举行为期 9 天的罢工，这次罢工是历经 4 年努力失败后的最终爆发。工会最初与市里讨价还价，争取到市里同意支付一项研究经费，调查本市工资体制是否有内在的等值。市里和工会还同意协商实施这项研究。

研究表明，圣约瑟市劳动力中存在着严重的性别区隔现象，也就是说，在大多数工种中，70% 多的在职人员属同一个性别。同时还表明，以女性为主的工种收入比以男性为主的可比值相同的工种收入平均少 18%。例如，文秘打字员 1 级（"女性"工种）与大楼管理员（"男性"工种）的工种评估分数一样，可是，管理员的月工资比打字员的月工资多 90 美元。同样的，主管文秘工作的评估分数是 201，但月工资却比评估分数仅为 178、以男性为主的油漆工少 290 美元。

尽管圣约瑟市是女市长，市政委员会的委员绝大多数是女性，但市政府仍然拒绝对工资级别采取任何行动，因此，美国州市县职员联盟以未能纠正研究中所表明的性别歧视为由，向平等就业机会委员会（EEOC）提出了性别歧视的指控。为了加快这一进程，工会还号召罢工。

为期 9 天的罢工宣告结束，市里同意提供 150 万美元，在 2 年内对 60 多种以妇女为主的工种进行 5%—15% 的工资公平调整。这个增长比例是一种额外增长，是在 2 年合同期间工资提高 15% 的基础上的增长，而这后一点也是经谈判获得的，覆盖所有工会会员。[11]

在过去几年里，美国州市县雇员联盟在为妇女争取工资公平的斗争中扮演主角，因此有些观察家将它说成是平等就业机会委员会的影子。[12]它取得最大成功的地方是华盛顿州（见第四章中的介绍），但是，它在其他地方为会员争取工资公平增长的谈判中，同样也是成绩斐然。这些地方有明尼苏达州、加利福尼亚州的圣约瑟市、纽约州、纽约市、威斯康星州的格陵湾市、加利福尼亚州的洛杉矶市、圣马特奥县、贝尔蒙特市及圣卡洛斯市、俄勒冈州的波特兰市、华盛顿州的史波克英市。目前，积压在平等就业机会委员会的 260 多项指控工资性别歧视的案件中，大部分是由该工会提交的。[13]

工会是与工种区隔歧视做斗争的天然武器。证明系统性地少付秘书、护士或社工的工资，是一个艰难又费钱的过程，常常要担负工种评估研究的费用，要谈判达成包括公平的工资增加在内的劳资协议，要对资方提出诉讼，要通过开会和散发宣传品教育工人。没几个人能单独担负这一连串事情的费用。

尽管珍妮·布雷勒和美国州市县职工联盟热情工作，但在通往劳工组织与劳动妇女结成全方位联盟的道路上，还存在着强大的障碍。

首先是历史遗留问题。美国工会有一段历史不是忽视女工就是敌视女工。从 19 世纪中期工人运动开始时起，焦点全放在养家糊口的男性白人身上，妇女被视为二等工人。在 1863—1873 年之间组织的 30 个全国性工会中，除了两个之外，妇女完全被排斥在门外，而且，在萨穆尔·康培斯 1868 年成立的美国劳工联盟（AFL，以下简称"美劳联"）的影响下，歧视变得越来越厉害。康培斯创建美劳联，是将其作为一个手段，旨在根据技术种类组织技术工人，这自然就将妇女拒之门外，因为她们都集中在非技术的、被人瞧不上的工种中。可是，美劳联对妇女的敌视并非仅限于此。

根据历史学家威廉姆·察夫的研究，美劳联敌视女工有其实用主义的理由。[14]由于大多数妇女工作的性质是短期的、临时的、无技术的，所以，组织

第十五章 工会能为妇女做什么？

女工是一个困难费时的过程，且最终收效甚微。美劳联认为将其精力投入男性工人身上，收效更好，因为如果工会的努力成功的话，那么，男工就能挣到足够的工资来养活全家。美劳联大张旗鼓地不断吹嘘为男工争取"家庭工资"的目标，而不顾许多妇女也需要体面工资的事实（在19世纪与20世纪之交，90％以上的女工是单身，而且许多妇女所在的家庭无法养活她们）。

工会对女工问题的实用主义，根基是一种全面保守主义的哲学。美劳联信奉实用实惠的工人运动，其目的是要保护构成美国工人阶级精英的土生土长的工匠的工资、技术和地位。这一哲学与激进社会主义形成了鲜明的对照，但拥护激进社会主义的却是像世界产业工人组织（TWW）这样势力较小的工人组织。这种保守主义渗透到美劳联对女工的立场中。1877年康培斯明确指出组织妇女的后果："我们大家都十分遗憾地知道，妻子、姐妹和孩子被招进工厂车间，结果只会减少一家之主男人的工资，取代他们的工作。"[15]在康培斯看来，一旦赢得家庭工资，得体的妇女就不需加入劳动行列。"我们支持这样的一条原则：容许我们国家的女性成员被迫参加工作，这是错误的，因为我们相信男人应该得到合理的工资，以便他能避免其女性亲属去工作。男人是养家的人，应该得到足够的工资，让家人过上体面的生活"[16]美劳联敌视组织妇女的结果是可想而知的，1908年妇女仅占工会会员的2.9％。[17]

针对男人工会排斥妇女的现象，妇女开始建立起自己的组织。1903年，在波士顿举行的一次劳联大会上，玛丽·肯内·欧萨利文和威廉·英格利西·沃宁领头，成立了妇女工会联盟（WTUL）。[18]在最初的11年期间，联盟集中精力组织妇女加入工会。在一个全国决策机构的领导下，在纽约、波士顿、芝加哥、圣路易斯等城市的地方联盟的支持下，妇女工会联盟为妇女就自身问题组织工会提供资金，开展宣传，给予策略上的指导和政治上的支持。在1909—1910年纽约服装行业女工罢工中，联盟显示出了作用，使该行业妇女的工作条件得以改善。

尽管这一开端令人鼓舞，但不久，联盟与美劳联的关系陷于紧张。欧萨利文在美国绒毛公司工人罢工时未得到美劳联的支持，随即就退出了联盟；到1915年，联盟转移工作重点，不再直接组织工人。从此以后，联盟通过要求政府参与监管活动，以便寻求解决女工的问题。到了1920年代，联盟几乎心无旁骛，一心冲着保护性立法。正如我们在第九章中看到的那样，主张制定保护性的立法，导致联盟与当时占主导地位的女权主义组织发生了矛盾。全国妇女党等组织关心的是平等权利，而不是特殊待遇。

1920年代末和1930年代初是工人组织的困难时期。在那混乱的年代，工会越来越集中精力保护加入工会的男性工人。随着1930年代中期产业工会联合会（CIO）的壮大，情况开始好转。事实证明，按照产业而不是按照技术门类来组织女工更为容易；在1936—1939年间，该联合会发起数次群众性组织的组建活动，为数可观的妇女被招入工人运动。大批妇女第一次赢得权利，得到像样的工资、休假、资历及补贴工资的福利。可是，联合会甚至也没有平等地对待妇女。在以男性为主的产业中，工会合同中仍凸显出男女不平等的工资标准和女工资历单列的现象。在第二次世界大战期间，有些工会确实为妇女的平等工资进行了斗争，但一般仅限于那些顶替男人工作的妇女，其主要目的是维护战后将收回原有岗位男人的高工资档次。

在战后年代，产业工会联合会在组织妇女的工作中，继续取得了某些成就，但是，总体上看，当代美国工会未能成为解决女工问题的主要工具。1980年代，仅有14%的女工是工会会员（男工为23%），妇女仅占工会会员的28%，而她们却占总劳动力的45%。[19]

对女工历来的敌视和对挣钱养家男工的偏向，也蔓延到现代工人运动。

莉莎·哥顿（化名）27岁，16岁起就在电话公司工作。最初当话务员，4年前提升为电讯技术员，年薪3.5万美元。按她的话来说："这对一名女工来说，就算不错了。"一参加工作，她就加入了美国电讯工人工会（CWA），并且在20岁出头的那几年，她还是工会的分会代表。

莉莎1982年结婚，1984年5月生了一个女儿。女儿出生前，莉莎知道她还要回去工作。她丈夫是一名保安，晚上上班，工资不高，莉莎的工资占家庭收入的65%。他们单靠丈夫的工资是入不敷出的。此外，她觉得自己在电话公司付出的时间不短，不想丢掉积累起来的资历。她再难找到另一份收入同样好的工作。

孩子出生前，她压根就没想过会有什么麻烦。她计划休完工会合同中保证的6个月产假（6周工资全额照发，其余时间不付工资，但保留工作），然

第十五章　工会能为妇女做什么？

后将女儿留给保姆照看，自己回去上班。

　　回去工作的第一周，她意识到找来的保姆（一个无业的十几岁小姑娘）不顶事。保姆不会抱婴儿，不停地给在上班的莉莎打电话。莉莎不知道怎样办才好。她不能拍拍屁股回家管孩子，害怕丢了工作。结果，那一周她大半时间都瘫在女厕所哭泣。但是，她至少按时打卡，谁也不能说她没干满工时。

　　莉莎最后找到一位亲属（丈夫的表姐）来照看女儿。但是，表姐住得很远，莉莎早上5：30就得起床，乘坐汽车先把女儿送去，再坐火车上班。往往不是汽车晚了点，就是火车晚了点，等莉莎到了办公室时，"我神经都上满了弦，心情糟透了"。

　　莉莎知道自己需要什么：就近托儿服务。既然这做不到，那么她打算就做非全日制工作，或采取工作分担的形式。

　　尽管她从前参与过工会工作（或许正是因为如此！），她没有把自己的问题提到工会去解决。"我知道他们完全对提供托儿服务漠不关心。美国电讯工人工会的官方立场是：托儿服务是政府的责任。这话对我顶个屁用！至于非全日工作和工作分担，工会哪一种都不积极提倡。你看，工会仍然偏向那些老婆留守在家的男人，那些男人不要工作分担。事实上，他们认为这个想法具有威胁性。"莉莎停了一会儿，然后若有所思地说："我猜想通过迎合一家之主的男人，工会确实变得很擅长谈判达成高工资，但是，也正是这样的偏向妨碍工会去帮助妇女应付家庭要求。"有个事实似乎支持了莉莎的说法。美国电讯工人工会始终偏向挣钱养家的男人：工会仍然由男人把持。截至1985年年初，23名工会官员中只有一名是妇女。

　　我向莉莎提出最后一个问题：你认为妇女运动是否帮助了像你这样的妇女？莉莎犹豫了一会儿才回答。"这是个很难回答的问题。"她说，"你看，女权主义者的目标很伟大，我们谁都想平等，但我想不出她们为了像我这样的劳动妇女做了什么具体的事情。但愿她们在平权修正案上少花些时间，在托儿服务上多花些时间。能得到高质量的托儿服务，那才真是改天换地的大事情。"她停了一会儿补充说："我猜想这些妇女解放者大多都能花钱请保姆，意识不到这对普通家庭来说是多么难。"[20]

　　如果说工会由于历来偏向挣钱养家的男人而不能施展拳脚的话，那么，同样也由于实力上的衰减和政治上的不得人心而停滞不前。

1945年，美国有35%的就业计时工和固定工加入了工会，可到了1980年代中叶，这个数字下降到19%。[21]在过去的5年间，工会实力的衰减尤为突出，工会会员占就业人数的比例从1980年的23%下降到1984年的19%。近期会员减少的一个重要影响因素是1981—1982年的经济衰退，因为"受失业打击最严重的是工会力量强的产业部门，而至今经济复苏强劲的却是工会组织发展水平很低的一般产业和行业"。[22]

这是因为，美国工会会员主要集中在衰退的经济部门。采矿、建筑和制造产业中有30%多的工人加入工会。[23]然而，由于来自国外的激烈竞争，所谓的"夕阳"经济部门蒙受的净失业人数在1980年和1984年之间达到80万。[24]这一部门的大多数工会，包括汽车工人联合会（UAW）、美国联合钢铁工人工会（USWA）和服装纺织联合工会（ACTWU），都背水一战，尽力保留在职的工会会员。汽车工人联合会已开始组织办公室的职员加入工会，服装纺织工人联合会也试图吸收塑料业工人入会，但是，总体上讲，产业工会没能大刀阔斧地打入经济成长的领域。

除了产业劳工大本营的萎缩所带来的问题之外，劳方现在是在一个充满敌意的政治环境中运作。早在里根当政时，就释放出了信号。当时，1.2万名罢工的航管人员被开除，他们的工会被取缔。劳工部和全国劳工关系委员会新近任命的官员，公开地敌视工人运动。

劳工组织的政治影响力降到一个新的低点，同样，工人运动对美国普通工人的感召力也降到一个新的低点。目前，工会获胜的代表选举不到43%，而1970年为55%，1937年为94%。取缔工会的行动，75%会成功；1982年，有683个地方工会被取缔。[25]造成这种趋势的原因，一方面来自资方加紧反工会的活动，另一方面也是由于人们对工人运动的目标和战略的幻想破灭。例如，1981—1986年间工会的屈服让步，被许多基层会员视为领导层的"出卖"。正如一位汽车工人联合会的会员说的那样，"工会不为我们谋利益，只不过是另一个权力机构。山姆大叔收我们的税，工会则收我们的费，两者却都不为我们办事"。[26]

所有这些因素都说明要转移工作重点。如果工会想恢复实力，非得改弦

第十五章 工会能为妇女做什么?

易辙不可。工会必须摆脱对挣钱养家的男人和产业部门历来的偏向,开始与服务部门的女工挂钩。这是因为美国的劳动力市场正经历着巨大的变化。在1980—1984年期间,当产业部门失业人数达80万时,服务部门的就业人数随着医疗、商业、金融、保险和房地产的扩张而增加了500万,其中300万是妇女。[27]这些新招入劳动大军的妇女有许多未满足的需要。如果工会将女工的需要放在工作重心的话,那么,同心同德的队伍就会迅速扩大。

在欧洲,工会为女工做得更多。首先,工会组织更大比例的女工加入工会,给她们提供一套标配的福利和保护——更高的工资、工作保障、资历权利、保健和退休福利。其次,还卓有成效地争取女工尤为关心的福利项目:政府补贴的托儿服务、慷慨的产假和父母育儿假、更好的非全日制工作条件和工资公平(缩小男女收入差别)。有时,工会将这些项目列入合同谈判中,有时,工会游说政府为一般大众提供这些福利。

玛丽·罗斯托姆,36岁,瑞典斯德哥尔摩一家航空动力厂组装线上的蓝领工人,在这家工厂总共工作了15年。她丈夫和前夫也都在这家工厂工作。

她有两个儿子,前一段婚姻生的儿子10岁,目前一段婚姻生的儿子3岁。她现在上非全日制班(1天7小时,而不是8小时),并允许一直这样上班,直到小儿子8岁为止。这很重要,否则,她得很早就出门上班,以便把小孩子放在日托保姆那里。现在她7:30把儿子带到日托保姆家,8:00上班。她丈夫是工厂的工长,7:00上班。如果她全日制工作的话,那么她也得这时上班。她的大儿子自己去上学,下午则去弟弟的日托保姆家。这位日托保姆还照看另外3个孩子。玛丽和丈夫付家庭日托费,大约为玛丽工资的10%,付费可以用所得税来调节。他们向市里缴费,市里再直接给日托保姆付工资。日托保姆的收入不错,她料理一个舒适的家,家里配有儿童专用的设施。玛丽对自己孩子受到的照顾非常满意。

第一个孩子出生时,玛丽没有工作,所以,不存在产假问题。小儿子出生时,她休了9个月的产假,工资全额照发,额外的一个月只发部分工资。10个月后,她回去上班,小孩托给现在的这个日托保姆照顾。孩子生病时,玛丽还有权请假照顾孩子,在过去的1年里就为此请了23天的假。

玛丽对自己的生活很满意。她说即便是无须去工作,她也要工作。因为离过婚，她知道妇女经济独立的重要性。她唯一的愿望是买一套更大的公寓。但公寓很难找，且十分昂贵。她现在的公寓干净整洁，家具简朴，可就是太小，有两室一厅，外加厨房和卫生间。两个儿子一人一间房，玛丽和丈夫睡在客厅。

我问玛丽是不是工会会员，她惊诧地看着我，回答说："当然是。在瑞典，几乎所有的人都是工会会员。"我然后问她，工会是否提供了重要的福利，玛丽想了想说："1950年前，工人，特别是女工，不得不为了得到体面的工资和工作条件进行艰苦的斗争，主要是通过工人联合会进行斗争。我记得，我们工会的妇女为了得到工会对托儿服务的支持，曾经进行了艰苦的斗争。我想大多数战斗取得了胜利，最后政府终于通过了法律，给有工作的人提供一整套福利和服务。现在，我们不需要工会为我们的产假进行斗争了，因为人人都能得到产假了。"玛丽停了一会儿补充说："我们大多数人认为这些福利是理所当然的。"[28]

瑞典是劳工组织为改善妇女经济条件做了大量工作的典范国家。妇女参加工作的比率和女工会会员的比率，全世界最高。属于工作年龄的妇女，有65%参加了工作，占工人总数的45%；其中70%加入了工会，体力劳动女工的入会人数高达90%。[29]

瑞典劳工组织的早期历史与其他西方国家大致相同。工会在19世纪末发展起来，运动的早期也存在着男女工会分隔，女工工资单列和工资级别较低的现象。

1940年代，工人联合会和雇主联合会（SAF）开始携手工作。1948年成立工人联合会—雇主联合会的联席委员会，调查女工收入状况；1951年组建工人联合会—雇主联合会的妇女劳工联合委员会。委员会支持各种使妇女加入劳动大军的方式，倡议增长工资、非全日工作制和政府补贴的托儿服务。而且，直到1960年代早期，因经济发展出现了劳动力短缺，总体上相安无事。其他欧洲国家通过外来工人计划解决劳动力短缺的问题，但工人联合会强烈反对这样的选择，指出这会"减缓妇女在劳务市场获得更大平等的趋势……这一趋势无论怎么说都太缓慢"。[30]为了鼓励妇女参加工作，工人联合会支持制定政策减轻妇女家庭和工作双重负担。这一举措涵盖政府补贴的托儿服务、长时间的产假和有年幼孩子的母亲采用非全日工作制的权利。

对女工来说，最重要的一项举措是 1960 年代中期工人联合会与雇主联合会的协议，采纳了统一工资的战略。此协议的第一步是逐步废除女工单列的工资级别，进一步的措施包括提高低收入工人的工资和低工资产业中工人的工资。由于妇女都集中在低工资的工种和产业中，所以，她们从统一工资战略中获得了更大的利益。体力劳动行业中男女的工资差距从 1959 年的 13% 缩小到 1981 年的 7%。[31]

1960 年代末，瑞典人的态度发生了进一步的变化，从对妇女权利的关心发展到对性别平等的关心。工会和社会民主党都认识到，真正的平等需要改变男人扮演的社会角色。根据这种思路，工会在临近 1960 年代末时废除了妇女委员会，取而代之的是家庭委员会。与此同时，社会民主党推出了实现男女在工作和家庭中地位平等的纲要，包括制定法律，实行招工、提职、定薪男女一视同仁，实行（男女）在孩子出生时的父母假，实行夫妻分开纳税；推行对进入非传统行业男女培训的计划。工人联合会对立法的效果始终心存疑虑，一直坚持把工资、招工和提职的问题列入劳资谈判的范围。

意大利是工会帮助提高妇女经济地位的又一个典范国家。

现代意大利工人运动出现在第二次世界大战之后，始于三大工会联盟的形成：意大利总工会（CGIL）（以共产党为主）、意大利自由工会联合会（CISL）（以天主党为主）和意大利劳工联合会（UIL）（以社会民主党为主）。三大工会联盟和其隶属的工会都有妇女委员会，工会通过这些委员会制定面向女工的政策。[32]1946 年，意大利总工会和雇主联合会就产假问题签订了一项协议；4 年后，当意大利总工会提议的一项全国性立法通过后，关于产假的条款得到进一步完善。这项立法规定强制性产假，时间为产前 3 个月和产后 2 个月，工资为 80%，另外还要求雇主允许工间休息给未满 1 岁的孩子进行母乳喂奶，并且有责任为此提供专用的喂奶场所。除此之外，在妇女怀孕期间和产后 1 年内解雇妇女将是违法的。1971 年扩充了此法案，使之包括医疗、福利和为期 6 个月的带部分工资的产假。在过去的 10 年里，工会经过努力，成功地建立起政府补贴的托儿服务，一直在倡导第七章中介绍过的"家庭章程"。

在工资方面，意大利的工会与瑞典的工会一样，始终关心提高劳工队伍中最弱势人员的工资。工会支持 1960 年关于妇女工资平等的立法，并且还通过推动统一的工资增长，一直在争取提高薪金最低的工人工资。在 1960—1980 年，产业部门的妇女工资从只有男人工资的 70% 增长到 84%。[33]

意大利《宪法》第 37 条：赞成男女在工作和工资上平等，只要工作条件不危害妇女的家庭和母亲的基本职责。[34]这样的措辞是政党、工会和天主教教会之间妥协的结果。现代的意大利努力提倡机会均等和牢固的家庭生活，发现有必要通过工作和社会福利方面的平等权利来减轻就业妇女的家庭责任。

瑞典和意大利是工会明显地改善了女工命运的典范国家。其他国家的工会组织在寻求妇女权利的过程中，则不是这样积极进取。

凯茜·贺尔顿，32 岁，在英国牛津的一所小学教书，是全国教师工会的积极分子。她还是一位母亲，有一个 10 个月的女儿。她生孩子后，有权休 6 个月保留工作的产假，头一个月工资全额照发，随后 2 周发 90%，再随后 3 个月发 50%，最后 1 个半月不发工资。没有凯茜的那一份工资，她和丈夫无法对付，所以，产后 4 个半月，她就回去上班，将女儿留给儿童家庭看护人——一位持有执照在自家照顾几个孩子的邻居妇女。这种日托安排没有政府补贴，要花去凯茜一半的工资。

至于工会能在多大程度上帮助她应付这些新的责任，凯茜的心情复杂。"工会谈判争取到的产假，确实比我按就业保护法案有权得到的更好，但在其他方面的进展却微乎其微。"例如，凯茜宁愿把孩子放在一个就近的托儿所，但当她在工会内大张旗鼓争取对这一想法的支持时，从男同事那儿没能得到任何响应。"鉴于教师人浮于事，大多数工会会员都害怕失去工作，不愿意在这个问题上伸头说话。"凯茜以无可奈何的口气说道。再加上她现在参加工会会议面临种种困难，她发现唤起对托儿服务的关心这一难题——大多数在职母亲不得不面对的难题，已变得难上加难。"当地的会议在下午 4：15 举行，允许带婴儿和幼儿一起来，所以，我就能够参加这些会议，但是，地区性和全国性的会议就是另一码事了。这些会议都一成不变地在晚上或周末举行，又没有安排人照看小孩，所以，我没法去。"由于这一原因，凯茜所属的工会尽管女会员占 70%，可领导层仍以男性为主。

第十五章　工会能为妇女做什么？

凯茜自认为是女权主义者，一直积极地参与各种女权主义的事业与组织。她深思熟虑地判断，缺少价廉质高的托儿服务，是妨碍妇女在英国劳务市场上取得平等的重大障碍。她颇为辛酸地对我说："这可是老生常谈了，妇女因为有孩子而受惩罚，男人则因为有孩子要养而受提拔。托儿服务是一项社会责任，但只有单个妇女们拧成一股绳，为此进行斗争，才能梦想成真。尽管至今尚未有大的起色，但工人运动是一个很好的出发点。"[35]

凯茜·贺尔顿说得对：英国工会在托儿服务方面进展甚微。至今未能说服政府为在职父母的孩子提供托儿所和学前班，在争取直接补贴托儿服务方面做的工作甚少。但是，工会在其他方面的表现较好。首先，英国工会在吸收女会员方面积极进取。鉴于经济停滞，失业率居高不下，这是一件非同小可的成就。在1971—1981年，工会妇女的人数增加50%，有40%女工加入了工会。[36]

工会积极投入缩小男女工资差距的斗争。英国总工会（TUC），相当于美国劳工联合会—工业组织联合会，在促使通过1970年的平等工资法案中功不可没。这一法案对1970年代中期缩小工资差距起到了部分作用。[37]在最近的一段时期，英国的工会已经推动雇主和政府朝着等值工作工资平等的方向采取行动。例如，1980年代初，有着21.3万名会员的书画刻印及联合行业协会（SOGAT），拿英国人话语中的"等值诉讼"相威胁，要求缩小以妇女为主的工种与以男人为主的工种之间的工资差距。[38]

英国总工会还参与争取法定产假的斗争，在通过1975年的《就业保护法》中功不可没——这一法案给予妇女在生孩子时更多的产假和就业保护。法案给予的福利比总工会游说的条款要低，故许多劳工工会在合同谈判中努力争取更好的就业条款。可是，尽管有这些行动，总工会仍然不认为自己为妇女做了与应该做的一样多，"工会对妇女的态度已有明显的改进……然而，尽管这些改进有目共睹，可绝对没有值得沾沾自喜的余地"。[39]

像英国工会一样，法国工会在女工问题上也有一段喜忧参半的功劳簿。1936年商定的《马蒂尼翁协议》（Accords Matignon）是政府与工会之间的一项协议，为孕妇的待遇和男女工资平等化建立一部劳动制度的法典。法典确立了女工的产假，保证了福利和工作保障。法典反映了工会和政府的共识：

母亲是"一项社会职责，与男人的兵役一样，在经济上应该由全社会承担"。[40]协议不仅保证了女工产期的福利，而且保证了家庭主妇产期的福利，故赢得了保守分子和天主教徒的支持。1936年工会与政府之间的协议，对女工的工资有巨大的影响。直至1935年，女工挣的工资只有男工的一半，但在签订协议后，差距缩小了15%。[41]

美国与欧洲工人运动之间存在着某些明显的区别。在许多西欧国家，工会在整个社会结构中占有合法而强大的地位。今天，英国加入工会的工人为53%，意大利为60%，法国为25%，瑞典为70%，西德为42%。[42]而美国与之相比却截然不同，在美国只有19%的工人属工会会员。[43]凯茜·贺尔顿也许可以批评她的工会，但是，人们却不要看不到这样一个事实：有保护总比没有强。至少40%的英国就业妇女有更好的产假和就业保护，而只有14%的美国就业妇女工得到这样的好处。

欧洲工人运动之所以实力更强大，是因为大多数欧洲国家的阶级结构根深蒂固，社会主义传统贯穿于这些国家的历史之中，大多数工会与政党结成了牢固的联盟。在欧洲，工会通过不同的方式施展自己的力量：在英国和意大利主要是通过罢工；在德国、法国和瑞典主要是通过劳资共同决策和合作。不管怎样，在所有这些国家，工会确实有巨大的力量可以施展。它们的力量在经济衰退时会有所改变，但没有从根本上受到质疑。

在欧洲，工会实力更大，地位合法，使得自己能为就业妇女办更多的事情。工会支持"保护性"或有性别针对性的社会立法，使就业妇女在怀孕和生孩子期间享有更广泛的权利和福利。通过努力提高工人队伍中低收入的工资，成功地缩小了男女工资的差距。

但是，这不只是欧洲的工会比美国工会力量更大，而是其政治议程中的具体内容在很大程度上借鉴了社会女权主义的目标和战略。正如我们在第八章看到的那样，与美国的女权主义者不同，欧洲的社会女权主义者不另立山头，不单打独斗，相反，她们通过政党和工会来做工作，为妇女争取具体实在的福利。相对而言，不那么关注形式上的平等，而是公开争取那些能帮助妇女承担家庭和工作双重负担的特别的扶持机制。当玛丽·罗诺斯特洛姆讲述瑞典妇女成功逼使工会支持日托服务时，她实际上是在描述社会女权主义的作用。

美国与之相比截然不同。在美国，关于妇女保护性的或特别的立法，总是引起女权主义者的强烈反对。这是美国人一头扎在平等权利问题上的结果，也是女权主义组织中存在精英主义的结果。1920年代，爱丽丝·保尔的全国妇女党的上阶层支持者，很难充分理解普通妇女可能需要保护和支持。同样，在1980年代，迅速兴起的雅皮士们——全国妇女组织（NOW）的支持群体，也很难明白银行出纳或幼儿园老师需要产假，即使这种产假是歧视男人的。莉莎·哥顿指责得对，妇女运动脱离了工人阶级生活的现实。

美国工人运动正处在十字路口。大多数工人领袖终于明白非得赶快离开十字路口，但问题是往哪个方向走。他们是横下一条心走老路，继续迎合夕阳产业部门中挣钱养家的男人的需要呢？还是另走一条新路，对经济中的朝阳服务部门妇女人数的迅猛增长做出反应呢？

妇女也面临着一个转折点。半数以上的成年妇女现在已走出家门参加工作，她们的生活背景与30年前大不相同。她们现在关心的主要问题，是一份可以维持生活的工资，生养孩子时的休假，上班期间高质量的托儿服务。工人组织会不会部分出于自身利益的原因，成为推动变革，帮就业妇女带来更高工资和家庭扶持机制的力量呢？

有些工会领导表露出极大的乐观，他们确实看到了工会与就业妇女正在结成宝贵的同盟。服装和纺织工人联合会副主席乔伊斯·米勒平静而充满信心地说："我们身处工人运动之中的人都知道，妇女赢得经济上平等的最快途径是加入工会。"[44]而一位美国电讯工人工会的高级官员对我说："为妇女和妇女问题争取福利，无疑是帮助我们（工人）走出困境的一个途径。"[45]现在很清楚，有些工会，特别是像美国州市县职员联盟这样以服务部门为基础的工会，已开始重视这些问题，但必须说的是，大多数工会和大多数工会领导还没有改弦易辙。有一个事实颇能说明问题。这个事实是：在1980—1984年，服务部门的就业人数增加了500万，而服务部门中加入工会的职员却减少了70万。[46]尽管美国州市县职员联盟和其他工会大胆尝试变革，但工人运动在最富有活力的经济部门却实际上丢失了阵地。这仿佛是大多数工会都忙于在衰退的产业部门进行负隅顽抗，以至于看不到自身的利益。别搞错了，工人运动就是在为自身的生存而斗争，再也经不起讲排场把精力全部集中在产业部门中的男性工人身上。产业是美国经济中正在衰退的一个部门，男人是劳工队伍中正在衰减的一部分。1984 年，男性白人第一次在劳工队伍中不占绝对多数。[47]

有一件事似乎是肯定无疑的：如果女权主义领袖鼓励工会去做，工会更有可能担负起就业妇女的事业。女权主义者能帮助工会扩大号召力，因为她们能够接触到在办公室、银行和商店工作的妇女。这些妇女往往把工会与工厂联系在一起，喜欢认同自己是中产阶层。但是，正如珍妮·布雷勒发现的那样，甚至受过大学教育的妇女也能学会珍惜工会会员身份给予的保护和福利。

至今在美国，工会领袖和女权主义领袖仍各唱各的调。女权主义者一方走的是独立主义和精英主义的道路，而工会一方则是男人的一统天下，以男人的关切为主。更有甚者，女权主义关注的焦点是法律上的平等，而工会则讨价还价争取一些能满足就业妇女需要的特殊福利。一个是阳春白雪，一个是下里巴人。

可是，两方携手行动的时机已经到来，契机很可能是争取工资公平或可比值。我们已经讨论过，工资公平何以成为美国州市县职员联盟和其他公务职员工会的主要工作之一，现在，主流女权主义组织也已经致力于这一事业。全国妇女组织（NOW）、妇女公平行动联盟（WEAL）和妇女法律自卫基金会（FLDF）都积极活动，争取采纳工资公平——作为妇女运动的一个目标。1983—1985 年任全国妇女组织主席的朱蒂·高德史密斯甚至承诺说："妇女团体将联合工会一起上诉，强行终止歧视性的工资结构。"[48]女权主义者在为结束粉领工人集中的部门的低工资现象做斗争，这场斗争引人注目，具有合法性；如果她们对这场斗争给予足够的高度重视，还可能为工种评估研究和组织妇女的努力提供必需的资金，这样一来，她们的斗争就能成功运作。

如果女权主义者和工会把各自的财力和精力汇集起来，成功地提高了低收入就业妇女的工资，那么，收效就可能十分巨大。这一成就将会给上百万贫困妇女的生活带来根本性的变化，而且，工会主义和女权主义由于有了新的内容和新的活力，也会受益匪浅。

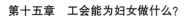

第十五章　工会能为妇女做什么？

　　最后提一笔。在采访珍妮·布雷勒之后不久，我在报上看到了泛美航空公司和空乘人员之间达成新协议的报道。《纽约时报》宣告："空乘人员独立工会……同意向泛美公司做出重大让步，其中包括对灵活工时制作出更多的规定，新招收的空乘人员的起步工资比现在空乘人员起步工资低37%。"[49]读到这里时，我的心一沉。珍妮对自己工会的信心是很有感染力的，我不想知道她把信心放错了地方。当我读到文章后半部分时，心里多少有些振奋，我看到，公司在职空乘人员的工资在今后3年之内将增长21.5%，至少她们的一些保护性的工作制度将保留不变。

　　我想，这个故事给我们的启示是，当世态艰难时（自从放宽管理以来，航空业的世态就一直很艰难），工人比任何时候都更需要工会的保护。我与珍妮谈起了新协议的事，她坚信没有工会，她早就失业了。正如她说的那样："为什么开掉要价高的年龄更大的工人，而招进要价低的21岁的人呢？毕竟，这一行没有什么技术，21岁的人送饮料能跟我一样送得好……我仍然留在这里的唯一原因，是工会真的卖力为了我们的工作而斗争，甚至还使我们涨了工资。"[50]

第十六章　探索答案

我们的政府（或私营部门）应该采取什么样的政策来帮助妇女，仁者见仁，智者见智。尤其是我本人在过去 3—4 年间有所思考，对此问题有强烈看法。

但是，强烈看法，甚至是有见地的看法，本身并不会带来政策的改变。我断定，如果想提出一套有说服力的政策议程，如果想避免空中楼阁，就必须去动用接近权力中心的人物的力量。因此，在 1983 年，我获得经济政策委员会主席和成员的许可，在经济政策委员会下建立了家庭政策专题组。[1]

开始时，项目进行得十分顺利。委员会主席罗伯特·欧·安德逊（大西洋瑞奇菲尔德公司董事长）满腔热情地批准了专题组的成立；约翰·史威尼［服务业员工国际工会（SEIU）主席］和艾丽斯·伊尔赫曼（莎拉·劳伦斯学院院长）参加专题组并主持工作；我还征求到了两位内聘的经济学家瑞·马歇尔和卡罗琳·萧·贝尔的特别支持，帮助框定专题组的议程；福特和洛克菲勒基金会给我们的工作提供了慷慨的资助。

我们决定将专题组命名为"父母与工作——从比较的角度来看家庭政策"。专题组的主持人，包括马歇尔和贝尔在内的经济政策委员会的核心成员、福特和洛克菲勒基金会的项目官员以及我本人，一起精心地制订了专题组的目的和目标。专题组在陈述使命的文件中，言语谨慎但具有说服力：

> 此项研究的目的是分析当前美国劳务市场的趋势，着重分析正在变化的劳动力结构与正在变化的家庭结构之间的关系……如果要想使当前的变化不给个人和整个社会的生产能力造成不利的影响，那么，我们认

为……必须正视在职父母的苦恼，建立家庭扶持机制。

对扶持机制的需要，将会继续变得越来越重要，特别是到1990年代，预计美国届时将会经历一段劳力短缺的时期。到1990年，60%的美国妇女将会就业；从现在到那时，妇女将占新就业人员中的绝大多数。雇主将会发现，家庭扶持机制与他们自身的利益息息相关，因为家庭的扶持机制会减少旷工和人员更替频率，提高生产力，促进发展。

对于专题组的目的和目标的最后陈述，我感到十分欣喜。我认为这样提出问题会吸引经济政策委员会内部的建设性能量（并希望吸引全国的广泛关注），满怀热情地盼望着开始我们的工作。我对自己会遇到的麻烦毫无准备。

麻烦从我开始邀请经济政策委员会的委员参加专题组时就产生了，我绝对是在主持人和资金到位后按标准程序办事的。我始终明白，此项工作中要有一批名声显赫的人士参与，这一点非常重要。托儿服务和父母育婴假的议题通常被视为妇女问题，有关这些议题的大多数委员会和专题组成员都是一个样子，妇女围坐在一起，与观点相同的人交谈。如果我对现行体制的看法感兴趣，如果我对提高权力机构的意识感兴趣，我的专题组就得替男领导说话，与男领导说话。

首先，我没有预想到邀请男成员参加会有什么问题。1983年，经济政策委员会有100名委员，由于这些委员来自商业、学术和工人组织的最高领导层，所以，妇女成员寥寥无几。我曾力争吸收更多的妇女参加委员会，最后使女委员的人数从2名增加到10名，但是，由于大多数专题组都是由25名以上委员组成，所以，这个新建立的专题组中有一半以上的成员是男性。

且不说经济政策委员会中男人数量占主导地位，我们还为专题组做了精心的准备工作，心想万事俱备，只等男人热情参与。项目的开展方式，是为了强调扶持家庭的重要性，强调父亲及母亲为人父母的负担，强调儿童由于缺少家庭的扶持体系而付出的代价，强调投资下一代人何等顺应人心。背后的理由，当然是需要说服现行主流体制内男人相信，这些问题远远超出妇女权利和妇女解放的范畴。保守派关心家庭的健全和稳固，大多数商人都能看出投资人力资源的重要。

但是，当我尝试在 1983 年春夏召集专题组讨论时，我遭到当头一棒，幡然醒悟。大多数有声望的男委员根本就不感兴趣，当我坚持向他们解释他们为什么应该参与时，他们不是打呵欠，就是皱眉头。在听了我大声叫卖后，一位著名的银行家表情十分尴尬，无精打采地告诉我说，他对这个政策的了解"赶不上趟"，能不能参加别的专题组？我应该指出的是，这些男人一般来讲并不是缩头乌龟，谈起日本的防卫政策或第三世界的债务都是口若悬河，即使他们在这些方面没有精深的专业知识。不知是怎么回事，一谈到产假和托儿服务这样的问题，他们就神经十分紧张。其实，这无须紧张；要是我的话，是能克服的。当被逼得没法时，他们就暴露出自己不愿参与的背后原因：家庭政策在他们的世界中没有地位，参与这样的项目不会给他们在董事会议室和鸡尾酒会带来人情分。事实似乎十分明显，他们可以牺牲宝贵的时间去补修有关日本防卫政策的课，却不准备为了一位委员称之"妇女们乱七八糟的事"去这样做。

如果说男人的反应很糟糕，那么，妇女的反应就更难以接受了。我发现大多数有声望的女委员也不感兴趣。当一位妇女（一家大制造公司的资深副董事长）推辞说她不敢冒风险与专题组搅在一起时，我记得我当时几乎呆若木鸡。她解释说："我花了 15 年时间才得到一个铁面无私的名声，我可不敢拿它去冒险。如果要我卷入这些乱七八糟的妇女问题中，那对我在公司的损害很大。"她是一位心地善良的女人，还赶紧给我一条个人忠告："你要知道，如果我是你，我会放弃这整个项目。你是一名经济学家，有头脑，可以在发展经济学这样严肃的领域中开创事业。为什么要拿这一切来冒险，得罪所有人呢？"她的反应最令人沮丧的是，我了解她个人的历史，理解她本人在事业途中生儿育女的诸多困难。如果连她都不认真对待这些问题，那么谁还会呢？

另一位公司妇女确实被说服参加了专题组，但是，因为我不愿意从议程中取消托儿服务的议题，她在项目进行中威胁要辞职。不用说，我们一直计划至少花两次专题组会议来讨论托儿服务这个关键性问题。当我看到这位高级女官员在托儿服务第一次会议前大声叫嚷，试图阻挠会议时，可以想象出我是多么惊诧。"我不知道托儿服务与妇女就业问题有什么关系。"她恶狠狠地说，"如果一个妇女选择要孩子，那么她就应承担要孩子的后果"。我张开口，准备解释孩子为何不单是个人的责任，也是社会的责任，但我最后又闭上了嘴。我不知道如何回击对在职母亲持如此顽固的敌意。这位公司妇女年过花甲无后，我怀疑她是不是将自己的凄苦和怨恨掺杂到了自己的政策观点中。

这里我想多说一句，谈谈女权主义者参加我的家庭政策专题组的情况。我始终认为，让大批来自妇女运动的人参与是不妥当的。经济政策委员会毕竟是一个劳资组织，我们的任务是与商界领导和工人领导一道开展工作。尽管有这样的约束，我还是试图邀请两位有影响的女权主义者参与，心想她们能够帮助我们，为我们的讨论带来信息和经验，并且，我们也能够帮助她们，为就业妇女提供一个有可能被现行体制支持的政策议程。我对自己能带来这种携手合作的设想全错了。我亲自挑选的一个女权主义者根本就没来参加（挑选她是因为她声言关心妇女和孩子的经济困境）。在接受参加专题组的邀请后，她一次会议也没有参加，后来又推辞对报告草稿做出评论。我挑选的另一位女权主义者来参加了第一次会议，但早早就离开，并且随后从专题组辞职。她对一位工作成员说，我们讨论的问题不在她的兴趣范围内。所有这一切都证实了我的看法：家庭政策几乎登不上女权主义者议程的大雅之堂。

尽管失望，但我仍然初心不改，继续努力招募新成员来充实专题组。我总算缓慢且痛苦地找到了相关的人员。我写了无数封信，寄给在此方面有创新政策的公司高级官员，寄给开始考虑这些问题的工人领导；在后来的两个月中，我在无数次早餐和中餐上，说破了嗓子，试图说服忙碌的官员在这个项目上奉献一点宝贵的时间。到 1983 年冬，我终于能够召集一群名人到一起，并在 1984 年 1 月正式启动了专题组的工作。这时，专题组除了主持人外，还包括吉纳德·福特（前总统）、卡萨琳·格拉汉姆（华盛顿邮报总裁）、史迪文·罗斯（华纳电讯总裁）、谢娜·卡莫曼（哥伦比亚大学社会工作教授）、贝蒂·弗里丹和瑞伊·马歇尔（经济学家和劳工部前秘书）、吉纳德·麦恩特里（美国州市县职员联盟主席）、卡罗琳·萧·贝尔（威尔斯利学院经济学教授）。我也没有放弃自己的目标：专题组 50% 的成员必须是男性。

最难的部分办完了，但专题组反复遇到了成员信守承诺的困难。专题组成员开会时，缺席人数多得令人失望。有些人干脆辞职，且面带惊讶表情解释说，他们发现自己的日程安排不允许他们履行这一特殊的义务。每开过几次会，就要招募新成员填补空缺，保持专题组满员。艾丽斯·伊尔赫曼本人是一位极为负责任的参加者，有时候，会议开始时，她总是先环顾房间一周，看看自己是否认识每个人。她还常常调侃说，我这样善于招新人加盟，专题组有可能让整个工商界人士在此轮流一遍！但是，尽管有点死到临头的诙谐幽默，我们还是很讨厌专题组成员走马灯似的进进出出。

甚至那些留下来的专题组成员也发现，他们的注意力很容易就岔到更"严肃的"领域中去了。例如，1984 年 9 月经济政策委员会召开全体委员年会，我们专题组的成员聚集到首都华盛顿。年会期间，经济政策委员会的 3 个政策专题组举行了特别会议。[2]艾丽斯·伊尔赫曼主持家庭政策专题组的会议，亨利·考夫曼（索罗门兄弟有限公司执行董事）主持财政专题组的会议，道格拉斯·费雷泽（汽车工人联合工会名誉主席）主持就业专题组的会议。9 月 17 日，在经济政策委员会与国会领袖聚餐之前，3 个专题组会议同时在上午举行。有些家庭政策专题组的成员，也许有 1/3 的成员，决定放弃自己的会议而去旁听别的专题组会议。一位女成员在听了 5 分钟关于父母育婴假的报告后，径直走出门，穿过大厅去参加亨利·考夫曼专题组的会议。

当约翰·史威尼在 1984 年 10 月提出辞去专题组联席主持人的职务时，出现了一个新的低潮。他在电话中告诉我说，他继续相信专题的重要性，想对我至今运作专题组有方表示赞许，但是，由于他误了一两次会议，他觉得不宜再继续担当领导的角色。我知道如果主持人辞职，那么项目就全泡汤了，所以，我就使出浑身解数，说服他最终同意继续留任。难得的是，在这个项目余下的时间里，他承担起了更多的责任。但是，这是一个令人沮丧的插曲，表明连开明的工会领导也有实实在在的困难，妨碍他去认真对待这些问题。史威尼毕竟是一个 70% 为女性的工会的领导，他领导的工会——服务业职员国际工会，正在大张旗鼓地组织经济领域中迅速扩张的服务部门的妇女。如果连他都看不到有必要制定针对就业父母关切的政策，那么，还有什么样的工会领导会看到呢？

第十六章　探索答案

为了使工作正常运行，经济政策委员会的全体工作人员都努力工作。我们给专题组的新老成员手中塞满了工作文件、数据报表、复印件和剪报材料。我们从欧洲请来一些重量级的演说家——内阁大臣和著名学者（欧洲人对待这些问题似乎没有感到有什么麻烦），甚至给那些三天打鱼，两天晒网的专题组成员安排专门的情况通报会。经济政策委员会的工作人员对项目竭尽全力，专题组的核心成员也是如此。艾丽斯·伊尔赫曼和谢娜·卡莫曼尤为突出，她们忠心耿耿，勤奋努力。我们决不让专题组灭亡，专题组在步履维艰中前行。

尽管有这些问题，但是，在专题组存在的 18 个月左右的时间里，还是对家庭政策提出了新的见解。

在专题组探讨的所有国外案例中，成员认为最吸引人的案例是法国。他们很喜欢法国家庭政策中的保守主义，即家庭政策的设计既要加强家庭关系（例如，母亲留守在家，也为她们的孩子提供学前学校），又要处理现代创伤（例如，为单身父母提供福利）。法国全国上下一致认为，法国一直设法围绕家庭政策添砖加瓦，天主教和右翼团体与工会和社会党联合起来，支持儿童津贴和慷慨的产假福利。法国的情况，给专题组成员留下了深刻的印象。最后，他们还很喜欢法国人看问题的头脑，法国人认为"母亲是一种社会职责，类似于男人服兵役，经济上应该由全社会来支持"。一位成员回忆说，20 年前，他在麦迪逊大街上的一家广告公司做初级主管，当他到国民卫队服役时，他带薪离职 6 个月，一点麻烦也没有。他对专题组说，对国家而言，给孩子人生一个良好的开端，大概与服一轮兵役一样重要。

来访的法国专家，反倒对美国几乎完全没有家庭扶持制度目瞪口呆。奥尔加·鲍德洛是一位著名的法国学者，来美国给专题组介绍法国的儿童政策。讲演结束时，她解答了多少问题，也就提出了多少疑问。"如果只有40% 的就业母亲有产假权利，那么其他人到底是怎样对付的呢？"她语气惊恐地问道。没过不久她又问："可是，为什么你们妇女不大喊大叫，直到政治家们给你们产假和托儿服务的福利再罢休呢？"为了说明这一点，鲍德洛讲了一段故事：1982 年，保守的巴黎市长雅克·希拉克面对好斗的就业妇女群体的谩骂恐吓，扩大了幼儿园系统，为婴幼儿提供了更多的场所。用她的

话来说："如果希拉克不屈从于这些要求，他早就被选下台了。"

对于鲍德洛之问，我没有办法回答，但是，她的疑问却使我意识到，美国的社会政策在大多欧洲人眼里是多么落后，多么原始。更能说明问题的鲍德洛之问是："在美国，像托儿服务这样的问题为什么变得如此政治化呢？在法国，像戴高乐和密特朗这样政治哲学相差甚远的总统之间，为什么在给儿童提供扶持制度时都没有什么麻烦？产前护理、家庭津贴和托儿所，怎么能成为非左即右的问题呢？"

鲍德洛当然是对的。美国已经把这些问题彻底政治化了，以至于因为害怕在竞选中遇到政治上的负能量，连说出"托儿服务"这几个字，都被视为是胆大包天。

另一位嘉宾是瑞典劳工部部长安娜－格里塔·莱乔恩，她也提出了许多问题。"真正让我困惑的是，在美国极右分子似乎是谈论家庭政策的唯一群体。""为什么会这样呢？"她想刨根问底，一探究竟。为此，她以参议员杰西·赫尔姆斯1981年提出的家庭保护议案为例。这个议案打着支持家庭的名义，试图摆脱性教育、取消节育咨询、废除虐待妻子儿童的法规。雷吉恩在右翼的日程表中，很难看到其对家庭具体福利和急需服务做出回答。她同意来给经济政策委员会的家庭政策专题组讲演，是她满怀希望主流群体开始明智地思索这些问题。

对于鲍德洛和雷吉恩提出的疑问，过去和现在都难以回答。要理解美国托儿服务问题的政治化，就必须心平气和地承认1950年代的欧洲和美国完全不同。1950年代的法国，免费公共学前学校已是既定事实；1950年代的瑞典，工人联合会和雇主联合会联合组建了妇女劳工委员会，支持提高妇女的工资，支持采用非全日工作制，支持提供托儿服务。而在美国，1950年代是全职母亲的十年，若把自己的孩子送去集体托育就会被视为大逆不道。

家庭政策专题组的另一个附带成果，是我终于重新认识到《平权案》离题太远。我不指望《平权案》是为就业妇女取得产假和托儿服务的有用的政策工具。如我们已看到的那样，平等权利经常是妇女通向特殊福利和服务路上的绊脚石。不过，我确实认为，在我们讨论工资公平时，《平权案》也许是重要的一项议程。但是，尽管专题组长时间努力探讨如何缩小男女工资差

距，但《平权案》我们从来就不提及。就工资公平的问题，我们召开了一次公司成员唱主角的会议和一次工会成员唱主角的会议。我们与支持市场的公司成员争论可比值的问题时，个个面红耳赤，并邀请左派经济学家和右派经济学家就此话题进行指点。但是，在我们辩论这一重要问题的几个月中，谁也没有提到过《平权案》。这倒不是因为争议太大，我们就把《平权案》搁在一边，专题组大多数人都是支持修正案的。问题在于，《平权案》没有一条讲到为妇女争取更好的经济待遇。

在1984年秋的一次会议上，我们邀请了一位名声显赫的律师谈谈可比值问题的法律问题。由于知道他是女权主义事业长期的支持者，我在会后向他请教，为什么《平权案》在家庭政策专题组的工作过程中就没有讨论过，他想了一会儿说："是这样，在就业和收入方面，《平权案》没有给妇女提供更多的保护。我们已成文的立法，特别是民权修正案的第7条实际上比《平权案》还要有力。"我随后问他，如果《平权案》讨论的不是与工作和工资一样重要的大问题，那妇女运动为什么如此使劲地强调平权修正案？我请来的这位名声显赫的女权主义律师大约犹豫了1分钟，决定给我透露点风声。她倾过来靠近我，环顾四周，看见没有人在听，这才悄悄地说："蒂·高德史密斯接任全国妇女组织主席之职后不久，就曾想丢弃《平权案》。她称平权修正案是'一粒老鼠屎'，表示希望全国妇女组织将工作中心转移到更有益的、更可能取胜的问题上去。坦率地说，我鼓励她这样做，因为我从不认为《平权案》对妇女有很大的实际用处。但是，奇怪的事情是，《平权案》就是打不跑赶不走。许多人都认同平权修正案。《平权案》获得了自己的能量，所以，又回到全国妇女组织的议程上来了，仍然是排在头号位置上。"[3]

到1985年夏，经济政策委员会的家庭政策专题组列出了一份建议清单，这份初步清单包括的项目有：

> 1. 薪酬平等：专题组认识到存在着普遍的工资歧视现象，支持争取男女工资更平等的运动。尽管争取更大的工资公平的方式因具体环境而定，但是，专题组赞同利用劳资谈判，更严格的执行现有立法和工种评估，以此作为潜在有效的解决方法。增强妇女收入能力将会使许多双收

入家庭和女户主家庭能够摆脱贫困，自给自足，从而扩大给予目前20%生活在贫困中的美国儿童机会。这将带来人力和财力更有效的利用，国家经济实力的增强。

2. 产假和父母育婴假：专题组支持：（1）联邦立法强制规定在目前尚未实施暂时失能保险的45个州实行此项保险。（2）扩大失能的界定，以便给予妇女在生育期间有10—12周休假的权利，休假期间有工资补贴，假期结束时有工作保障。（3）产后6个月父母亲一方有带部分工资的育婴假。（4）应该鼓励雇主提供条件让母亲逐步的、分阶段的重返工作，让孩子年幼的父母选择非全日制工作安排，同时又不丧失与工作相关的福利。

3. 母亲和儿童的健康：联邦政府必须优先考虑孕妇和儿童的健康保险。不仅这两组人贫困比例失调，未保险比例失调，而且有足够的证据显示，增加母亲和儿童的防预性保健从长远看会节省重症医保的大量开支。

4. 灵活工时制：孩子尚小的就业父母最需要的是时间。应该鼓励雇主在包括管理在内的各个职业层次上提供更多的工作分担制和非全日工作制的就业，且不因此限制雇员晋级的机会；应该大规模地实行灵活工时制，或者灵活工作时间，以便雇员能够更好地兼顾工作和家庭责任；所有的雇主应该同意父母请假去照料生病的孩子。由于越来越多走传统事业发展途径的男男女女发现，工作和家庭生活的关键阶段正好重叠，所以，应该结合就业父母的家庭责任重新评估传统的事业发展途径。

5. 学前教育和早期儿童教育：在今天的美国，大约有850万6岁以下孩子的父母双双工作，因此，学前教育在促进早期儿童教育的质量，满足父母托儿服务的需要方面，起到非常需要的宝贵作用。通过提供3岁、4岁和5岁的小孩可以在自愿基础上去就读的学前班，延长每天上学的时间，公共学校系统就能实现重要的教育和托儿服务的目的。另外，学校的设施也应该用于课前和课后的活动项目。这样的政策会减少补习教学项目的需要，因此，也就可减少此项费用。

6. 公共部门主动提供的托儿服务：当前美国政府补贴托儿服务的项

目种类有限，况且，在政府裁减各种社会服务项目开支之时，目前似乎不大可能大幅增加对托儿服务的直接资助。然而，应该恢复甚至扩大对《社会保障法》第20条中所列项目的资助。此外，托儿服务最大的单项支出——托儿服务税收的抵扣范围应该扩大，规定可以退还，这样低收入的家庭就能够从中受益。

7. 私营部门主动举办的托儿服务：越来越多的公司对组织和补贴托育服务项目感兴趣，私营部门可能成为这个国家中托儿服务的一个重要力量。应该鼓励工会、小区组织和公司企业独资、合资和联营发展托儿服务。

在我看来，这些建议是当今美国可以办到的一些现实的事情，但是，鉴于家庭政策专题组的坎坷历程，很难对这些建议抱有太多期望。我现在认为，琢磨出哪些事情应该做，不是一个难题，一群有头脑的人就能琢磨出来。家庭政策并非是个深奥的问题，不需要精密的技术分析，因为事实是显而易见和不言而喻的。缺少的东西显然是认识，人们没有认识到这是一个重要的政策领域，值得认真严肃地对待。

我发现主持家庭政策专题组工作的这一段经历令人极为不安，甚至让人激进。这个专题组是我在经济委员会主持的第8个专题组，在我承担这个项目之前，我以为自己是主持专题组工作的老手。但是，尽管有从前的经验，可对这次遇到的困难我还是措手不及。这并不是因为经济政策委员会以前一般只选择一些直接明了的专题，或者形成了只与性格随和的人共事的习惯。

1981年，经济政策委员会就移民政策设立了一个专题组。这是一项极其困难的项目，因为经济政策委员会是由劳资双方组成的一个团体，劳资双方对移民问题持有截然不同的政治立场。[4]可是，我们对这个问题辩论了一年，提出了一套强硬的政策建议，这些建议在国会中产生了一定的影响。第二年，我们处理如何对待国际货币基金组织的问题，这又是一个棘手的问题，因为我们专题组中有商业银行家、企业家和工会领导，但是，我们同样能够达成共识，写出一份措辞严厉的报告。在我的领导下，经济政策委员会树立了成员忠于职责的名声，我为此感到自豪。在命运不济的家庭政策专题组组

建之前，没有人在专题组里中途辞职，平均 85% 的专题组成员每次开会必到。鉴于成员的地位，有这样的出席率我感到极其自豪，这么高的出勤率在此类政策专题组中还是前所未闻的。

然而，尽管我投入了大量精力，但家庭政策专题组的成员大多没有表现出忠诚。是的，我们有了一些建议，将要发表一份报告，但是，在专题组成员参与度这个重要层面，这个项目失败了。

我常常试图解释为什么会出现这样的情况，然而却百思不得其解。我的专题组成员并不只是些有权有势的人，他们都是些关心国家的公民，常常将自己的时间、精力和智慧奉献给可贵的事业。他们来当经济政策委员会成员这一事实本身就说明了问题。这些男人和妇女愿意在公共政策问题上花时间，不可能指责他们态度狭隘自私。可他们就是调动不起来对这个专题的热情，尽管与其他专题相比，这个专题在更多的重要方面与他们息息相关。当自己最好的女经理由于工作单位的强硬而被迫在事业与家庭之间做出选择时，难道有哪位商界领袖不应该关心如何留住她们，不应该避免失去她们的风险呢？在大多数新工作都要由妇女承担的年代，当工人运动在为自己的生活而斗争的时候，难道有哪位工会领导不应该解决女工的关切呢？事实更有说服力。商界官员和工会领导也是丈夫和父亲、妻子和母亲，对需要更好的政策有亲身的体会。因此，我们确实很难解释，为什么这些有权有势的人不大关心家庭政策，反而对移民政策和国际货币基金组织很感兴趣。

我极不情愿地看到，由于我在本书中说明的种种原因，这些人对家庭问题很不热心。专题组中的许多男成员受 1950 年代的影响，在一定的程度上认为孩子应该由母亲照顾，托儿服务不是政府的职责范围。对于妇女在职场可能需要特殊福利的观点，专题组中的职业妇女有抵触；她们接受了 1970 年代女权主义的启示：如果妇女想要平等的机会，一举一动就应该与男人一模一样。工会联合主义者已取得为男人争取家庭补助的力量，但他们还不适应 1980 年代劳务市场的现实。出于各自原因，这些开明的男女对在职母亲还残存着敌意。当不得不面对事实时，他们也确实打出了改革的旗号，但他们却心猿意马。

当然，只要仔细想想继续忽视这些问题会造成的后果，就会让人火冒三丈。在过去的几年中，儿童和妇女迅速沦落到贫困线之下，其速度之快令人惊恐不安。在里根执政期间，有300万名儿童和400万名妇女陷入贫困之中。这不是一项我们应该引以为自豪的纪录。毕竟，我们是一个以儿童为中心并引以为自豪的国家，是一个崇敬母亲的民族。

但是，不只是民族自豪会丧失殆尽。因为没有给今天的家庭提供扶持机制，我们付出了双重代价。我们首先牺牲了效率。这样说的原因是，我们花在托儿服务和学前教育上的钱不会打水漂。从长远看，对人力资源的投资实际上是节约钱，正如阿尔伯特·施安克在国会听证中说的那样，"国家一年又一年在青少年违法犯罪问题上投入大把时间、金钱和力气，而对在没有适当监护条件下成长的一代儿童所造成的问题，却在一个错误方向上寻找答案"。[5]

同时，我们还牺牲了人性。成百万的女工没有权利享受保留工作的产假，其中许多妇女在有孩子后不能丢掉工作，而是需要继续工作。最后，她们落得像盖尔·托比亚同样的下场。我们在第四章中介绍过，盖尔在剖腹产两周半后就得回去工作。在采访中盖尔对我说："我不知道自己回去工作后是如何熬过最初几周的。我筋疲力尽，忍受手术后的伤痛，拖着沉重的身体几乎走不动路。最糟糕的事情是缺少睡眠，安妮一夜闹着要喂3次奶，到了半夜，我困得要死。但无论如何，我还得去上班，对着老板强装笑脸，装着在这个世界上没有家事要操心的样子。"盖尔·托比亚不是一个自虐狂，她这样对待自己和孩子的唯一原因，是要保住工作。世界上没有哪个文明国家，给在职妇女生养孩子制造如此大的困难。

第十七章 结语:后女权主义一代的声音

1984 年秋，当我即将完成本书的写作时，我决定在今天的年轻妇女身上测试一下我的观点，看看她们有什么反应。在此之前，我已领导过一个政策研讨小组的工作，分析了大量的资料，采访了上百名工人、母亲和政府官员。但是，我还想知道我认识和完全了解的一群人的反应，这样，我找到了我从前的学生。

我在巴纳德学院教过的年轻妇女，是怎样走出动荡不安的 1970 年代的？她们现在又是如何对待寄予期望的 1980 代的？她们是否认为"自己深陷维谷，左右为难"呢？或者她们是否觉得自己能够拥有一切——事业的成功、婚姻、孩子呢？我还想刺探一下她们在其他方面的反应：如何看待母亲的责任？从哪里寻找自己角色的原型？在生活中如何与男人相处？如何看待妇女运动？换句话说，我想了解包括女权主义运动后期妇女在内的一代妇女的思想和感情。

1984 年 9 月，我组织了一次聚会。我曾于 1978—1981 年在巴纳德学院任教，我邀请了所有我很熟悉的、学经济专业的、在我的指导下写毕业论文的妇女，总共 50 人。这 50 人中，我联络上了 35 人，其中有 17 人来我家参加了团聚，有 8 人约我共进午餐或给我打来长途电话，有 10 人填写了我的问卷。除了 5 人毕业后不久来找我征求过工作方面的意见外，这些妇女在离开巴纳德学院后我就再也没有见过或听人说过她们。

1984 年 9 月 21 日晚上 8 点，我的公寓里全是异常兴奋的年轻妇女，她们与久别不见的同学互致问候。她们年龄在 23—33 岁之间，一半以上的人已经结婚。有的学生有意一派商人打扮，身着西服短裙套装，领口扎着蝴蝶结，

第十七章　结语:后女权主义一代的声音

修着短发，就连她们中间身着高雅的连衣裙、会打扮、更有女人味的人，手里也提着鼓鼓的公文箱。她们大多数都是下班后直接来我家的，有 2 人还带来自己的丈夫，1 名学生明显有身孕。大家吃着喝着，说说笑笑，逗逗我的孩子（我的第三个小孩亚当只有 5 个月，特别招人喜欢，尽管她口水老爱流到丝裙上）。1 小时就这样很快过去了，正事也要开始了。我们坐成一个大圆圈，在我鼓动一会儿后（我毕竟是主持座谈的老手），大家就谈开了。吸引这些妇女的第一个话题，是如何处理好事业与孩子的关系（这是一个出人意料的话题，因为尽管她们中间有 1 人怀孕，其他人都还没有孩子）。

玛丽昂（化名），24 岁，1981 届学生，是同年级中最有才华的一个。在读完经济学硕士学位后，到一家国际金融银行找到一份工作，现在是初级职称。玛丽昂很喜欢自己的工作，期望在国际金融领域中创建自己的事业。她准备来年春天结婚，现在有一个很大的心事:"我在干事业的同时能否给孩子留出一些空间。"她认识到自己选择了一个时间紧张的职业，"1 天 10—12 个小时，外加经常出差。我的工作不仅要求我每月到国外出差 10 天，而且我每天还得坐 90 分钟的车上下班，这就意味着不到晚上 8 点是回不了家的"。玛丽昂特别遗憾在她的领域中没有可以效仿的榜样。"在我公司有 100 名同事，其中只有 3 人是妇女，并且与我不在同一个部门，所以，我也不认识她们。"在更大的金融界里，她能找出一些妇女，"可是，如果她们结了婚，也往往不要孩子"。

玛丽昂说自己至少在 5 年内不会要孩子，然而，她坦白地说:"这是我经常思考的一个问题。"她抱有一个很大的希望，到那时"我能把握自己的事业，更有能力自己说了算"。

说到这里时，洛娜（化名）打断了玛丽昂的话。洛娜，29 岁，1977 级学生。她轻声但肯定地说:"事情可不那么简单，问题不会自行解决。从某种意义上讲，抉择会越来越难。"

"我的情况就非常典型。来年 7 月我就 30 岁了，现在已经开始感到要孩子的压力。我在一本书中读到，人到 30 岁后，不孕不育就会越来越是个问题。我想避免这样的麻烦，并且，我已结婚 7 年了，我们很想有个孩子。前几天，麦克对我说，他'需要'一个孩子，然而，我无法决断怎样去调解家庭与工作的冲突。根本的问题是我的事业不能耽搁几年，如果我暂停工作，两三年后就无法接续下去。"

每个人都专注地听着洛娜的这一番话。她在同学中间被认为是一个极其精明的女子，能够完全掌控自己的生活。如果她还遇到某些问题，那么一定是非同小可的问题。玛丽昂催促洛娜讲得再明确些，"我不理解。我原以为一旦你事业稳固，放慢一点节奏没有什么问题的"。

洛娜决定稍稍详细地说说自己的经历，她说着说着，声音越来越高，充满情绪。显然，进退两难的窘境给她造成相当的痛苦。

"到了20好几、30出头时，事业并未变得更加顺风顺水，一马平川。在这关键性的早期阶段，总是有下一步的目标。我在一家商业银行工作，我7年前开始工作时，我的第一个目标是当一名官员，然后想当一名高级官员，再然后想当副总裁助理，现在等待着副总裁的位子。"

"我一天投入12到14个小时，7年间只病休了4天，得过奖牌，但这并不意味着我现在可以痛痛快快地轻松一下。我干的这一行没有很大的灵活性。花旗银行认为自己有体面的产假政策——假期3个月，可这时的小孩夜晚根本就不会一觉睡到天亮。银行不容忍非全日制工作和灵活工时制，也没有托儿所，此外，一旦你怀孕，单位的人就会对你另眼看待，以为你的重心转移了，投入工作的精力减少了。"

"1年半前，我们在市郊买了一幢房子。由于我丈夫想做一名神经外科医生，前面还有4年的专业培训，所以，如果我不去工作，我们就没办法保住房子。"

"所以，你们看看，尽管我已开启了自己的事业，推迟生养孩子，做了我应该做的一切，但我仍然面临着一些十分棘手的选择。"

"当有了孩子后，我只能在3件事中选择其一。我可以继续工作，雇个帮手24小时料理家务。我对此已作了个估价，1年得花2万美元。让人伤心的是我得委屈自己，1天只能见小孩一两个小时。或者，我可以退出银行的事业，为父亲打零工（我父亲有个小生意）。这样，我就既能挣到足够的钱来支付房屋抵押，又能有时间看孩子、料理家务。或者，最后我还可能卖掉房子搬到一所公寓里去住，停止工作，在家成为一位传统的家庭主妇。"

第十七章 结语:后女权主义一代的声音

"这三种选择都要我付出巨大的代价。如果我做出的是第一种选择,我已经能够想象自己将会感受到的巨大内疚。我接受的是十分传统的教养,所以,骨子里认为母亲应该与孩子在一起。如果忘记自己是孩子的母亲,让保姆取代自己,我会做噩梦的。我能应付艰难的工作和令人发疯的工作时间,我甚至会早上5点钟起床,与孩子度过一段高质量的时间,但是,我能应付这种内疚吗?我想我不能。"

"第二种选择会毁掉我的事业,至少会打消我对自己事业雄心勃勃的幻想。就算是我从银行歇业几年,在快到40岁的年龄就没法回到快车道上了。换句话说,如果我给父亲打零工,我就得永远降低自己对金钱、地位和权势的期望。"

"第三种选择对我最没有吸引力。我不情愿卖掉房子,我拼命地工作就是为了过上好吃好住的舒适生活。我很看重这些,但不只是这些;如果成天都待在家里,我非得发疯不可。有刺激,我才活得有劲,我喜欢自己的工作。我已是定了型的人,不会因为哪样合适就去改变自己的性格或秉性。"

洛娜的丈夫对她的痛苦选择似乎并未感同身受。当问起时,洛娜强调说麦克很想要孩子,并且如果她继续自己压力很大的事业的话,麦克可以承担30%照看孩子的责任和10%的家务责任。"可是,他的工作时间安排比我的更糟糕,所以,他不可能承担更多的活。"显然,麦克再接受4年培训当神经外科医生的决定,并未受到哺育孩子这方面考虑的影响。甚至连洛娜也没有考虑过,他可能为了帮助抚养孩子而修改自己的事业抱负,尽管事实是洛娜比他挣钱多得多。

洛娜讲完自己的故事时,房间早就笼罩在一片阴沉的气氛之中。洛娜试图缓和一下气氛,对坐在旁边的孕妇开玩笑地说:"我的这些看法全是凭空推测。德比现在才是真正面临着这些问题,大概已经想好了各种解决办法吧!"

德比(化名)是1980届学生,在一家顶尖的妇女杂志社当编辑,已怀孕6个月。她试图迎接抛给她的挑战,带有几分讽刺的口气说:"但愿我确实有解决办法!但是,在许多方面,我的选择比洛娜更有限。你们知道,我

面临进退两难的局面。约翰和我都工作在低收入的部门，所以，我们必须挣钱才能生存。我说的是生存。我们在布洛克林租了一套公寓，没有汽车，靠两人的工资勉强度日。尽管我们需要挣钱，并且这种需要在有了孩子后会变得更加迫切，但是，我保住工作是不可能的。我的产期福利根本算不上好，产前产后有4周带部分薪水的假期。即使我能应付这么短的休假时间，那么，高质量的托儿服务也会消耗我的全部工资。因此，我的解决办法，如果可以说成是办法的话，就是产后辞去工作，做一名自由作家。这样，大部分照顾孩子的事我就能自己做，至少还能继续挣些钱。"

"但是，这太可怕了。我害怕在家成天与孩子待在一起会变得与世隔绝，无所作为；我害怕我和约翰会失去我们精心建立起来的平等。如果他开始比我挣的钱多，显然就很难保持家务事平摊的局面。我想，如果我最后落得全盘包揽烧火做饭，打扫卫生，我会变得满腹牢骚的。"

德比停顿了一会儿，然后略有所思地补充说："你们都知道，公司的创作和编辑部门中有许多妇女，但在管理部门，上层管理部门中，一个妇女也没有，只有在管理部门工资才高。连海伦·吉里·布朗也手中无权，甚至不是董事会成员。按理说，妇女杂志是为妇女树立角色榜样，可在树立榜样的源头并不存在好的榜样。"

德比最后表示："今年夏天，我对杰拉尔汀·费拉洛（蒙代尔的女性竞选伙伴）不能产生很大的热情，为此一直感到苦恼。不知怎么地，我对没有给她更多的支持感到内疚，我想，问题在于她的生活如此不真实：有了孩子后，她有13年没有工作，然后，一说要工作就能马上开始工作，而且，又回到当律师和政治家的轨道上。我想，如果不是嫁给有钱的男人，在政界有关系，这是办不到的。我们大多数人都需要挣钱活命，从事的职业竞争性强，根本不可能中断工作去生养孩子，更不用说中断13年。费拉洛大谈自己艰辛的生活，但她从来就没有真正面临过最棘手的问题——既养孩子同时又建立自己的事业。我认为，这就让我很难将她视为一个角色榜样。"德比停下来淡淡地一笑，"但是，这并不妨碍我投蒙代尔—费拉洛一票，里根始终是妇女的灾星。"

无论这些妇女认为有还是没有角色榜样，这个话题太好了，是那天晚上

第十七章　结语:后女权主义一代的声音

又一个重要主题。凯瑟琳(化名)24 岁,1981 届学生,目前在法学院攻读 2 年级法学课程。她介绍了她生活中两个重要的角色榜样:"我母亲是典型的 1950 年代的妇女。她受过良好的教育,结婚前有工作。然而,为了养育 3 个孩子,她宁可中断工作,长达 18 年之久。她是一位讲实际、可敬的妇女,有着旺盛的精力。在她做家庭主妇的年月里,总是积极参与小区的义务工作,常常还担任一些举足轻重的职务,如学校委员会主席。在做小孩的时候,我记得她写过建议、报告和预算。我还记得她是一位中规中矩的母亲。当我放学回家时,她总是在家里。她烤面包,缝制万圣节的服装,带我去上芭蕾舞课,像所有其他城郊母亲一样赶来参加学校的活动。"

"除了抚养我们 3 个孩子、做社区工作外,我母亲还是一位公司职员的妻子。她投入大量的精力去主办宴会,旅行参加会议,记住有交往的人,对父亲业务生涯有重大关系的人,一般都保持来往。"

"但是,到了中年,我母亲遇到了许多困难。当我最小的妹妹离家上大学后,她出去找了一份教书的工作。可是,2 年前,当学校招生人数下降后,她'被多余了'。她说义务工作不再令她满足。她现在够老了,很希望有自己的一份收入、一定的专业地位。现在孩子都离开了,父亲的事业如日中天,总是收到各种邀请,不是到这里当嘉宾,就是到那里做主讲人,所以,母亲的这种感觉就特别强烈。"

"当我审视母亲的生活,考虑自己的未来时,我发现自己在鄙视(我是说'鄙视'吗?我不肯定我应不应该用这样强烈的字眼)和羡慕之间痛苦挣扎。我鄙视,是因为她没有超脱家庭生活的事业;我羡慕,是因为她有能力把这么多事情都做好。我知道,如果我要做一种令人兴奋、具有挑战性的事业,我就不能做我母亲那样的人——总是在那里伺候孩子,将自己大部分生命奉献于帮助他人,对自己付出的时间和精力,从来不讲物质回报。但是,看到她五十来岁时试图建立职业生活屡屡受挫,我想我不会像她那样极端,为了家庭而牺牲事业。"

凯瑟琳的另一个角色榜样是洛兰·西格尔(化名),一位年近 40 岁的卓有成就的女律师。洛兰是凯瑟琳家的一位朋友,也是她从前的雇主,凯瑟琳两年前的夏天曾为她工作过。凯瑟琳认为洛兰·西格尔是 1970 年代的典型人物。"她比我大 15 岁，却是一名很有能量的律师，一家大名鼎鼎公司的合伙人，极受同事们的尊重。可是，她个人生活却是一团糟。她每天工作时间很长，总在出差。她离了婚，有一个 12 岁的儿子，儿子最近愿意搬走与父亲住在一起。她做单身母亲显然有许多困难，所以经常叫我母亲去帮忙。如果她儿子病了或下午一个人在家，他总是到我家来，我母亲照顾他。洛兰也感到单身一人带孩子的巨大压力，比如说，她不在家时，要给孩子安排一些合适的课外活动。我似乎觉得，每当她儿子夏天外出野营时，她总是流露出如释重负的感觉。"

"她最近老在见一个也有孩子的离异男人，他们俩在一起的生活，几乎就是现代进退两难窘境的一幅漫画。男的有共同监护权，她最近才有全部监护权。他们老在不停地平衡自己和孩子的日程，似乎从来没有单独在一起的时间。总之，她似乎一直上满了弦，精神紧张，常常找我父母寻求指点和支持。我不会说，她的生活方式十分吸引人。像她这样，家庭生活乱七八糟的，就算是有金钱、有地位和有工作责任，也不值得，尽管我清楚地认识到，这两个方面并不存在因果关系。"

"我希望我从母亲和洛兰的生活中吸取好的方面，将两者合二为一，但是，我担心这两个目标——位高权重的事业和充实丰富的家庭生活，会相互冲突。我忧心忡忡，怎样才能将这两个目标融合，变得不那么梦幻而更加现实呢？"

凯瑟琳说完后，所有人的脸色都凝重阴沉。没人插话宽慰她，或对她说："我母亲两个目标都实现了。"有位妇女含含糊糊地说了些什么，大意是说她 55 岁的母亲刚离完婚，是人到中年被人一脚踢开的可悲例子。然而，她不愿意谈论她母亲的事，也许是太令人痛苦了。她急忙回头讨论自己的生活。

我努力敦促讨论的话题是妇女运动。这个话题没有自然而然地谈起来，似乎与这些妇女的生活挨不上边，不过，我很想了解妇女运动对这些妇女是否有影响，如果有，那是如何影响的。

杰基（化名）33 岁，1975 届学生。当她在巴纳德学院上学时，正值一股好战派的女权主义者席卷校园。她努力回忆这对她的影响如何。

"你们都知道，那时我有一个稳定的男朋友，喜欢服装，喜欢跳舞。我

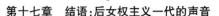

与卷入运动中的妇女没有一点共同之处,我看到的尽是牛仔裤、留长毛的腿、淡紫色的 T 恤衫;她们看到的只是一个爱在妇女商店购物的年轻女士。我猜我们谈不来,现在想起来也很奇怪,尽管表面不同,我们大概还有某些共同的价值观。我始终觉得自己与男人一样有能力,一样能干,这也是妇女运动一直努力鼓动的东西。"

"让我反感的事情,是她们对男人、家庭和孩子的极大敌意,仿佛你不丢掉做女人的美好方面,你就不可能是一名女权主义者。记得吗?这些组织的名称也稀奇古怪,什么'女巫'呀,'浮垢'呀,等等;有一次,她们中有一个人还试图阉割安迪·沃霍尔!我始终弄不明白,她们敌视男人的情绪是从哪里来的。"

珍妮(化名)24 岁,1982 届学生,急忙插话说:"因为运动疏远了许多主流群体的支持,所以,激进派才在很大程度上一直主导着运动,这太可惜了。在我 1982 年 5 月从巴纳德学院毕业之前,由于妇女中心发表了一份供妇女选择性爱方式的日记,里面刊登了画面清晰的女子裸体照片,所以,学院一片哗然。日记正好发表在学院举行'学者与女权主义者'年会之前,因为围绕日记出现了争议,所以,赫雷纳·拉宾斯坦基金会撤回了对会议的资助。我记得当时头都气炸了,因为女权主义的极端分子破坏了会议的召开,这成了一件全国性的头等大新闻。"

"巴纳德学院力求培养妇女,使她们走出校门后能取得成功。我感到学院确实增强了我的技能和自信心。但是,不知怎么地,校园里的妇女运动似乎从来就不重视我们主流人群的关切,总是偏离到一些边缘问题上。我在学院上学的最后 1 年里,妇女中心更热衷于举办关于芬兰母性制度的讲座,而不是关于抚养孩子和事业的讲座。"所有人都露出赞同的微笑,珍妮的话显然正中要害。

洛娜对运动谈到这样一个看法:"我在巴纳德学院时,妇女中心的活动分子主要关心性自由和堕胎的权利。我记得,如果你难以决定是否堕胎,如果你想弄清楚哪里是堕胎最好的地方,她们说有一条热线你可以打电话咨询。我肯定这样的帮助是非常需要的,可是,此时此刻我面临的是要孩子的问题,而运动对此漠不关心,女权主义者没有网络支持像我这样的妇女。现在该是时候了，运动应该集中精力帮助妇女要孩子。"洛娜停顿一会儿后极为尴尬地说："我支持妇女有权选择堕胎什么的，但是，我现在快 30 岁了，对我来说要孩子的权利比不要孩子的权利更重要。"洛娜停顿了一会儿后苦笑着说："我要替运动说一句话：它帮助提高了像我这样的妇女的志向，如果没有想干一番事业，没有人生有所作为的炽热愿望，我们谁也不会面临这些糟糕的选择。"

凯瑟琳说出了自己对运动的最后看法："我常常怨恨的一件事，是妇女解放运动增长了男人对妇女的期望。去年夏天，我为华盛顿一家大的法律公司工作。8 月，公司在海伊·亚当斯酒店举办了一次大规模聚会，一次精心组织的餐宴舞会。我记得我当时就在想，要是在 20 年前，公司的每个青年男律师会带着一位沉鱼落雁的金发女郎，挽着他的手臂款款而来，这样才不失礼节。但是，去年夏天，带上一位出类拔萃的妇女前来赴宴，却更有派头。所有青年男律师带来的都是博士，至少是律师，给自己装门面。唯一美中不足的是，这些雅皮士妇女也打扮得与过去的惊艳金发女郎分毫不差，一样花枝招展。我觉得这很让人沮丧，好像男人现在期望的女人既要传统和漂亮，又要执着和专业。我看谁也不能长期做到这一点。"

这天晚上的一个重要话题是，人到 30 好几还无儿无女只身一人的忧愁（在座者中有 1/4 的人是这种状况）。伊丽莎白（化名），1975 届学生，32 岁，是聚会上年龄较大的一位。她金黄色的头发和贵族般的好相貌，总让我想起令人羡慕的梅丽尔·斯特利普。在过去几年中，伊丽莎白是一个非营利组织的基金筹款人，在康涅狄格的老格林尼治有一幢住房。

"我生活愉快，收入可观，无须拼命地工作。到办公室只有 5 分钟的行车路程，工作时间从早上 8：30 到下午 4：30。夏天的时候，周五下午 3：30 下班，4：00 就能到网球场打球。但是，我个人生活正在枯竭。我们十几个单身妇女住在城郊，我认识的大多数男人都结婚成家了，几个离婚的男人只对 20 岁的小女孩情有独钟。"伊丽莎白停了一会儿后幽默地说："周末我最盼望的事情，是在俱乐部削减皮下脂肪。"

"昨天夜里，我半夜醒来上厕所。当我凌晨 2 点在空荡荡的房间昏昏沉沉地走动，想着今天的聚会时，我琢磨着如果我到了 45 岁还是孤零零的没有

第十七章 结语：后女权主义一代的声音

孩子，我该怎么办。知道自己永远不会有孩子，想象着面对错过要孩子的后果，浑身上下一阵惊颤。这似乎是一个巨大的沟壑，一生都不可弥补的缺憾。我不知道要孩子这种需要，有多少是来自社会的影响，有多少是出于个人的愿望，但我实实在在地知道，除非我有孩子，不然我永远不会认为自己的人生是完整的。"伊丽莎白沉思片刻，略有所思地说："我的事业选择一直出于为家庭创造良好条件的心愿。你们都知道，我找这份工作的一个重要原因，是上下班时间方便，意味着我可以住在一个带花园的房屋里。我知道这听起来有点可笑，因为我连婚都没有结。"

伊丽莎白看了一眼坐在对面的洛娜和德比，十分抱歉地说："听到你们谈论调解事业和孩子的冲突，我感到心生忌妒。只要是让我有机会面临这样左右为难的困境，我愿意舍弃一切。我想我再给自己 3 年时间，如果到那时还找不到如意郎君，我就会考虑自己要个孩子。"

听到伊丽莎白说出这样的话，整个房间一片寂静。她的痛苦不难理解，不过，她才 32 岁，从理论上讲，这样的失落感对她来说应该在 10 年之后。但是，在场的单身妇女都显然与伊丽莎白惺惺相惜。索丽娅（化名）打破了沉静。她与伊丽莎白同一年级，新近才离婚，没有孩子，不久前刚被提升为波士顿一家高科技公司的副总裁。

"我们都感到时间紧迫，这太可悲了。似乎女人要么必须在 35 岁之前打赢三条战线的战争，要么就须对生活中的巨大缺憾认命。如果到时候你的事业还不很顺，你不妨放弃算了，因为在大多数职业中，到 35 岁左右时你得爬到事业阶梯的一半。可是，不管怎么样，在你为建立事业苦苦挣扎的同时，你都得挤出时间，留出精力去挑选一个丈夫，生一个小孩，因为当你迈过 30 岁踏入 40 岁时，这两项工程就会变得越来越困难。男人有更多的回旋余地，时间老人总是站在他们一边。如果男人愿意的话，他可以在二三十岁时全身心地投入事业，推迟到 40 岁再成家，到那时，他仍然有许多更年轻的女人可以挑挑拣拣。男人就是到了 50 岁也能要孩子。"索丽娅停了一会儿后犹豫地说："在今天的世界里，男人和女人有着大致相同的目标，可女人需要在更少的时间里把该办的事情都办好，我想失败的可能性就更大。"

索丽娅最后说出了自己忧伤的看法："你们都知道，我 4 年前做了一次人工流产。当时我 28 岁，刚刚与吉姆结婚不久，正处在事业转折的困难时刻，根本就不适合要孩子。你们想象不出，我是多么后悔当初的决定。"

伊丽莎白看上去眼泪都快流出来了，她显然能够想象出索丽娅的感受。她伸出手，放在索丽娅的肩上，给她无声的安慰。

我联系上和采访过的几位妇女，由于路途遥远不能前来参加聚会。她们现在住在亚特兰大、洛杉矶、芝加哥和达拉斯，许多人都是不得不随丈夫或男朋友搬迁到现在的地方。因此，我与这些分散在四处的学生在电话中或餐桌上的谈话内容，主要是关于搬迁带来的各种特有的磨难。

波娜（化名），1979 届学生，现在是洛杉矶一家博物馆出版部的编辑。她年薪 1.9 万美元，比她两年前在纽约一家杂志社当编辑主任的收入少了许多。1982 年，她离开了那份工作，随未婚夫鲍伯去洛杉矶，当时，她的未婚夫要去那里的一家私人法律公司工作。当波娜到达西海岸后，她有 8 个月没找到工作。她对那段时期的回忆是痛苦的。

"在西海岸的出版业界，哪里有就业线索我就找到哪里，可是，尽管我有技术和经验，但每个人都只问我'你打字如何?'这很伤我的自尊心。我觉得，我这个人不再那么吸引人，甚至连我与鲍伯的关系也发生了变化。有时，我绞尽脑汁地打扮自己，强迫自己再去多敲几家门。最后，我在博物馆找到一份工作。这是一份低层次的工作，主要是校对清样，工作责任也没有从前大，但我还是谢天谢地，总算有了工作。"波娜沉思片刻后补充说："你们知道，我原来雄心勃勃，但是，搬迁和随后的那段失业，彻底动摇了我的自信心。"

"真正让我忧心忡忡的事情，是现在我与鲍伯在经济上有巨大差距。在纽约，他是一个法律专业的学生，手头的钱比我少得多，现在他的收入是我的 4 倍。我看到在过去的 2 年中，我们在家务上发生了种种变化。以前他洗衣服和购物，而我则做饭打扫卫生，现在，我们是按传统分工。这是因为他的工作要花更多的时间，比我的工作更'重要'。而且，我们甚至还没有孩子! 想想看，一旦有了孩子，那事情会变得怎样一边倒。有时我很纳闷，像我这样一个 1970 年代的解放妇女，怎么会落入传统妇女的境地呢?"

在我与那些随丈夫搬到遥远城市去的学生交谈中，失去事业的机会和失去挣钱的能力，是再三出现的话题。

达娜（化名），1978 届学生，现住在北卡罗来纳州的夏布尔山。当她丈夫在北卡罗来纳大学接受了一份终生任职后，她于 1981 年搬到那里。达娜学历高，1980 年在西北大学获得硕士学位，到芝加哥一家著名的私人基金会上班（从事政策研究工作）不久，就与丈夫打点行装，搬到夏布尔山。用达娜的话说："在夏布尔山，我只有教书的选择，可是，由于我没有哲学博士学位，不可能竞争固定的教师职位。政治系主任同意我可以在下一学年讲授一门课，但你们知道这是什么意思吗？这是指只有几个星期的工作，总共 3000 美元的收入。想想看，我在芝加哥 1 年的收入是 2.3 万美元呀！"

从这次巴纳德学院学生聚会中，我了解到了什么呢？

我发现，大多数事情是我早已预料到的。除了北卡罗来纳州的达娜外，所有妇女或者是在工作，或者是在攻读研究生学业。这是意料之中的，因为她们中间谁也没有孩子，只有一半人结婚。她们中的就业者，平均工资是 2.8 万美元，考虑到这些妇女的学历和经验，一眼就能发现这样的收入是很低的。但是，在我国的经济分配中，妇女的收入与男人的收入相差很远，因此，尽管是 2.8 万美元，她们的收入水平仍能排到女工收入的前 10% 之列。

我的其他发现，大多也没有什么可大惊小怪的。还记得学法律的学生凯瑟琳吗？由于与她同年代的大多数妇女在关于妇女应该做什么的问题上，都从 1950 年代和 1970 年代继承了两个相互矛盾的角色榜样，所以，她没能在生活中把这两种榜样融合起来就不奇怪了。这些妇女中的大多数，在妇女运动中没有找多少东西支持她们的家庭理想，这同样不难预料。

我知道这些妇女会纠结如何调解事业与家庭之间的矛盾问题（由于她们中间谁也没有孩子，这一事实就变得尤为突出），我甚至对她们的纠结程度早有心理准备。本书中有大量的证据支持这些巴纳德学院妇女的知觉：琢磨如何应付双重负担，可能是她们成年生活中的重心问题。

《华尔街日报》最近进行的一次调查，形象地说明了双重负担强加的约束，证实了我自己的一次小型的、非正式的调查发现。[1]这次调查很细致，涉及 722 名有副总裁或以上头衔的女性主管，结果发现：

当妇女进入公司管理层时，她们发现很难平衡个人生活和职业生涯之间互不相让的要求。已婚妇女，包括许多收入高过丈夫的妇女，仍然发现自己干的家务比丈夫多，有孩子时，只有极少数丈夫（5%以下）在抚育孩子的职责上承担主要责任。单身妇女担心自己一心扑在工作上，会排除其他一切兴致。无论如何，女性主管总觉得为了推进自己的事业，她们已做出了巨大的（个人）牺牲。

但是，《华尔街日报》的最重要发现，也许是52%的女性主管没有孩子，而只有7%的男性主管没有孩子。[2]

最近几项研究得出了同样的结果：今天，成就突出的妇女中有一半或一大半人认为不可能要孩子。《财富》杂志1983年对哈佛大学商学院1973届女毕业生进行了一次调查，发现54%的人没有孩子；[3]《华尔街日报》1982年在对300名女性主管调查的报告中发现，61%人没有孩子；[4]《就业妇女》杂志的色西娅·赫尔维格于1985年对女性主管进行的调查中发现61%接受抽样调查的人有没有孩子。[5]在这些研究中，妇女的平均年龄在37—46岁之间，这说明大多数人正接近育龄的末期。

如此之多的妇女认为不可能要孩子，并因此不结婚，这是对今日奔波在快车道上的妇女生活的悲惨写照。与男性主管相比，女性主管结婚的人要少得多。《华尔街日报》在其1982的调查中发现，相比男性主管有96%的人结婚，女性主管结婚的只有48%；《劳动妇女》杂志在1985的调查中发现，男性主管结婚者占96%，而女性主管只有59%。

许多成就突出的妇女之所以没有孩子，或者是因为她们是单身，或者是因为她们确实想不出方法兼顾持家养孩子和压力大的事业。在《华尔街日报》调查的丈夫中，只有5%的人担负照顾孩子的主要责任，在家务中的情况也同样如此。正如菲利普·布拉斯坦和派伯·斯瓦兹在《美国夫妇》一书中指出的那样："已婚男人对家务的厌恶如此强烈，以至可能使夫妻关系不愉快。男人家务干得越多，他们就越会动不动为此争吵不休。"[6]尽管到处都在大谈男人带孩子、干家务，但是，当一名职业妇女有了孩子后，肯定是她承担双重负担。

第十七章 结语：后女权主义一代的声音

许多职业妇女最终落得单身一人、无儿无女，但这不是因为她们希望如此。像伊丽莎白和索丽娅一样，她们都急切地想找到伴侣，生养孩子，有的甚至准备自己要个孩子。1983年，数千名妇女在纽约各家私人诊所实施了人工授精，[7]同年，数百名单身妇女收养了孩子。这些妇女中的大多数人都是年近40岁的专业人员，她们已放弃寻找如意郎君的希望，可又不甘心没有孩子。像伊丽莎白一样，她们害怕这会给自己生活带来巨大的空虚。

在1984年出版的《性与命运》一书中，杰梅英·格利尔指责当代社会对孩子抱有很深的敌意。[8]她描述说生儿育女"在我们的社会中几乎毫无意义"，[9]明确无误地陈述说："几乎没有剩下什么正当的理由让人去施展自己的生育能力。"[10]她的话有部分道理。我们的工作伦理和公共政策没有给妇女生养孩子的努力予以支持，说大多数男人没把孩子放在自己生活中的首要地位似乎千真万确。但是，格利尔在一个问题上是站不住脚的：她指责妇女本身不想要孩子、也不喜欢要孩子。[11]这种指责大错特错。9月21日在我家的聚会上，如果说什么声音最洪亮，那就是当代妇女无论有多大雄心壮志，内心都渴望有孩子。在琢磨怎样做到有孩子时，她们有解不开的结。尽管拼命努力，但她们许多人很可能办不到。诚然，这不是由于缺少努力。一般来说，当代社会，尤其是美国社会在妇女要孩子的路上设有种种障碍。洛娜是花旗银行的副总裁助理，棋先一着，28岁就在事业上取得了重大进展，婚姻牢固，然而，当她盘算要孩子时，她也要准备做出一些重大牺牲。像《华尔街日报》和《财富》杂志调查过的妇女一样，参加聚会的大多妇女也盼望有一个两全其美的未来。

尽管我早就知道这些巴纳德学院妇女的经历远非与众不同，然而，这并不能使我对自己的发现不深感失望。这也许是因为我曾经与这些妇女一样，青春抱负不凡。当她们18岁和20岁时，当她们真正感到世界就在脚下时，我曾是她们推心置腹的朋友。我记得洛娜3年级时欢天喜地地告诉我说，她当然要嫁给一个愿意与她对半平分家务的男人，不然，她怎么能够实现自己的抱负？我记得伊丽莎白在毕业典礼那一天告诉我说，她准备要3个孩子，在30岁之前当上副总裁。不知怎么地，我那时心里怀有这样一个想法：在这些勤奋努力、学业有成的妇女中，至少有一些人一定能够打破体制的束缚。

但是，她们显然没有变成超人，没有像《商业周刊》和《福布斯》杂志专题报道、宣扬的那样，成为轻松自如对付丰富生活的女人；相反，这些巴纳德学院的妇女却遇到了种种主导她们成年生活的问题，也就是本书谈到的种种问题。

困扰这些妇女的焦急情绪，令人印象深刻。她们感到自己没多少时间去慢慢探讨自己生活的中心任务，她们尽管青春年少，却感到人生濒临失败。心理学家维拉德·盖林写得非常好："妇女接近 35 岁时，会感到从各方汇集到身上的巨大压力。她们有如此之多的事要办，可所剩的时间却不多。一切都必须现在办。"[12]她们因事业提心吊胆，因为要留在快车道上；她们因生物钟忧心忡忡，因为要赶在不育之前生养孩子；她们因择偶佳期渐逝而心事重重，因为每过一年，可追求的男性对象就会缩小。真相是，她们的焦急并非空穴来风。我们没有创造出一种环境，让妇女有理由期盼她们既能事业有成，又能家庭美满。

这让我想起了 19 世纪女权主义者夏洛特·普金斯·吉尔曼写的文章。1897 年，她写道："一方面我们的生活是：男人可以有房子、家庭、爱情、伴侣陪伴、家庭温馨、父亲身份，同时是时代和国家的积极公民。另一方面，我们的生活又是：妇女必须做出选择，要么孤独地生活，无人疼爱，无人陪伴，无人关心，无家可归，无儿无女，只有将社会上的工作作为唯一的安慰；要么放弃社会上的工作来换取爱情、生儿育女、家务劳动的欢乐。"[13]

情况至今没有多大改变。一个世纪后，妇女有更多的"选择"，但用洛娜的话来说，这些选择往往是些"糟糕的选择"。

巴纳德学院妇女在我家的聚会，正好强调了本书的一个主要论点：妇女如果想在爱情和工作中找到满足，需要的不仅仅是平等的待遇。她们需要教育和就业上的平等机会，而且还需要充分的家庭扶持机制，其中包括保留工作的产假、有补贴的托儿服务和灵活工时制。因为无论妇女已是母亲还是有潜在可能成为母亲，她们的生活都受到与孩子相关的责任的影响和制约。正如摇滚歌星麦当娜在许多歌曲中提醒我们的那样："女人不像男人，女人能为男人所不能为。"这样的区别既创造了机会，也造成了负担。

大家在 1970 年代都认为，我们要做的就是冲破障碍，这样妇女就能充分地投入社会的主流。那个年代的精神，是佯装男女之间不存在差别。好了，现在后果来了。走出家门的妇女比以往任何时候都多，有些妇女还杀入了从前是针插不进的行政官员和专业人员行列。尽管有这一"进步"变化，但大多数妇女的经济状况与她们的母亲相比较，则是每况愈下。她们在失去传统婚姻保护和保障的同时，并没有提高她们在劳务市场挣钱的能力。

问题的核心所在，是我们对待抚育孩子的问题没有发生文化和体制变化。迟早，几乎每个美国就业妇女都不得不面临这样一个铁的事实：她或者对孩子克扣感情，或者对工作偷工减料。事实上，我们中的许多人都是这么做的，很难两全其美。人们期望我们按照1950年代全职母亲的榜样抚育孩子，人们又期望我们在工作中与竞争对手的男人不相上下。

在1985年巴纳德学院的校友会上，作家伊丽莎白·珍妮威一针见血地指出："最近，我们一直在听人说妇女'什么都有了'。我本人认为，这不是对当今妇女生活真实准确的写照。在我看来，我们似乎忙得不可开交，'什么都干'。"[15]什么都干并没有让妇女转变成超人，仅仅是带来了紧张、压力，还有低工资。因为如果你承担着75%—85%的家务责任，那么即使你在主流中搏击，冒着各种风险，也不会带来平等。如果妇女要成为工作领域中平等的参与者，形式上的平等还不够，还得要有特殊扶持机制的补充。

欧洲人就做得对。他们决定不仅仅要争取工作上的平等权利，而且还争取社会福利机制，以便减轻就业妇女的家庭责任。两方面都是必不可少的。正如沃伦·法雷尔在《解放的男人》中指出的那样："如果妇女按男人的标准走进男人的世界，那么，解放对男人和对女人就没有多大意义。"[16]

当代美国妇女的问题，不是工作与家庭生活之间存在着某种巨大的或不可避免的冲突，而是美国与其他发达国家相比，在减轻在职母亲的生活负担方面做的更少。我们的产假时间少，有补贴的托儿服务少，工作灵活性少。从比例上说，美国妇女的收入比其他国家妇女少，部分原因就在于我们的公共政策有所亏欠。

我并不是说有了社会扶持政策，就会解决所有妇女的问题。给就业母亲提供更好的福利和服务，仍不能解决更深层的问题：有了种种家庭责任的男人或女人，他们在竞争最激烈的领域中是很难胜出的，因为"在这些领域中，规则往往是由几乎没有个人生活的工作狂制定的"。[17]如果你想当首席执行官，就会对要孩子的问题三思而后行。但是，这个深层次的问题不应该与大多数妇女面临的实际问题混为一谈。大多数职业并不在快车道上，只有7%的在职妇女在精英职业中工作。甚至在这一小群人中，大多数人也没有必要1周干60小时才能完成自己的职责。如果工作单位和全社会采取更多扶持政策，绝大多数工作与抚育孩子的责任是可以完全令人满意地兼顾的。如果德比能够有慷慨的产假、带补贴的托儿服务、灵活的工时制，她的问题就会大大缓解。

　　转了一大圈，又回到原点。由于我在事业途中生养两个孩子时遇到的困难和挫折，所以，促成我写本书的动机是自己的经历。要孩子怎么会这样难呢？我那时不明白。现在我明白了，要孩子不应这样难！

后　　记

　　当本书精装本于 1986 年 3 月出版时，不仅受到了来自精英阶层和大众媒体的高度关注，并且随后引起了一系列的激烈辩论。对该书最初的激烈反应，来自妇女运动。女权主义者们开始坐立不安了，她们被激怒，几乎都要疯了。

　　罗宾·摩根在《女士》杂志第 3 期率先发起了进攻。因我指出女权主义组织忽视了对母亲们的支持，她在文章里谴责我"责怪受害者"，把本书说成是"人们熟悉的右翼反女权主义"作品。[1]"全国妇女组织"（NOW）主席埃利诺·斯米尔对我的分析不屑一顾，认为"千篇一律"，"充满了对妇女运动的廉价攻击"。[2]贝蒂·弗里丹在《时代》杂志第 3 期上发文，称我的著作是"谎话连篇的诡辩"。[3]更令人吃惊的是，全国妇女组织的领导层认为本书对她们构成了极大的威胁，以至于媒体部主任凯茜·邦克在 1986 年 4 月，试图对宣传本书的公共关系部进行抗议。

　　我也得到了一些女权主义捍卫者的支持。埃里克·琼在《名利场》杂志里写道，我的著作属于"可能开始一场革命的那种性质的作品。它可能划燃仍然在冒烟的妇女运动。由于缺乏年轻的领导层和新的焦点，妇女运动在过去一些年里已经冷却了"。在她看来，"该书可能作为新时代女权主义行动的一个蓝图"。[4]

　　儿童保护行动组织主席埃莉诺·古根赫梅在《纽约时报》上发表文章，支持我的一个基本论点：从来还没有哪一个女权组织给予儿童实在的支持："妇女运动一直没有考虑儿童保护问题。到目前为止，我还没有听说有哪个妇女维权团体召开重视儿童保护的会议，也没有任何女权刊物聚焦于儿童保护。"[5]

在这场激烈辩论中，没有人回答我的核心问题：现代美国妇女的贫穷处境。妇女贫困的数据令人惊讶：

——美国每3个贫困成人中，有2个是妇女。

——美国1/4的全日制工作妇女，其收入低于贫困线。

——1985年，美国女性的工资只有男性工资的64%，自1939年以来几乎一分钱没涨。

——美国妇女的地位远低于她们的欧洲姐妹，这一点更让人吃惊。

尽管妇女运动的精英阶层对本书怀有敌意，但来自底层的赞同声音更大。主流社会的普通妇女认为，本书说的就是她们，喊出了她们的声音。

1986年春，我有3个多月基本上是在媒体轮番访问中度过的。电视和广播访谈共有110场！众多购物中心的签名处，给我转来了上千封信函，让我直接听到了全美广大妇女的声音，看到了她们对本书的欢迎程度。

1970年代，给一些幸运的人带来了进入新的工作市场的自由。解放了的年轻妇女踏过荆棘丛生的路径，进入医学、法律和公司管理等男性天地工作。然而，大多数女性没有那么幸运，一直面对着日益恶化的经济和社会现实。在经济上，女性自己挣钱很少，而在社会生活中，女性日益要靠自己。有太多的已婚妇女，只有靠男人才能摆脱贫困。

受邀参加座谈会的女性，坐在电视机前的女性观众，在《家庭圈》和《人物》杂志上读到对我著作介绍的女性，都明白我说的这些事实。在全美国，在克利夫兰城、凤凰城和奥克兰城，在职母亲、离婚女性和寡妇，都会告诉你同样的故事。在解放的美国，女性要想养家，要想挣一份体面的工资，几乎没有可能。尽管有各种新机会，但轮到女性身上，往往都是遭遇挫败。

有小孩子的母亲，对我书中的主题反应尤其强烈。家住加州纽波特比奇城的安妮·艾格布鲁腾给我写信说：

> 当我读到第二章时，我哭了。我为你的痛苦和我自己而哭。我从未想到我的抱负会落空。我上8年级的时候，我想成为一个地质学家。在高中，我梦想当作家。我花9年时间攻读中世纪英语学位，并在1979年

后　记

开始在大学教书。作为全职教师，我只工作了一年，我的一个孩子就出生了。我付不起保育费，只能削减开支，与我的孩子罗斯待在一起。第二个孩子爱琳出生后，我休假了一学期。这是有风险的，因为我工作的学校没有产假。刚生完孩子，又带着一个蹒跚学步的孩子，我知道我无法在短时间内回到学校。产后疲惫加上从幼儿园带回来的病菌，导致我生病很久。我又请了一个学期的无薪假，结果就被开除了。我现在就是一个没有工作的博士。坦白地说，我太疲倦了，我不想再回到职场上了，等到孩子长大一点再说。但等我40岁，还会有工作给我吗？我怀疑。在这个行当里，一旦你下车了，就很难再回到车上。

　　抱着沉重生病的孩子在房间里来回走动，哄她睡觉，看到一堆还没有整理的衣服和餐桌上的残羹剩饭，我能理解许多家庭主妇都有的那种被困的感觉，即使她们也很享受孩子的笑容。我不能使用打字机，不得不用写手给你写信，因为熟睡的孩子一听到我的打字声音，就惊醒了。

　　我在成长过程中，从未想过在照顾孩子这样卑微的事情上浪费时间。现在，我对那些把自己的时间用来抚养孩子的母亲们有了新的看法和尊重。我看到了我周围普通母亲们的困难和价值，她们充满斗志，给人安全感，有耐心和支持力量。

住在盐湖城的辛西娅·沃尔，在一次早间谈话节目里对我说，她像安妮一样，在做母亲和干事业之间左右为难，她说：

　　很多年，我都在思考您的书中所提到的同样问题，但是我还从来没有发现有另一个人能明白我所感受到的工作与家庭之间的冲突。

　　我是一个母亲，有两个男孩：一个3岁，另一个6岁。我有新闻学学士学位，但是还没有发挥好的我专业——我选择边工作边要孩子，而不是用其他方式。结果我没有办法搞好工作。去年，我的"写书生涯"收入总共是620美元。我只好在卧房里工作。我只有当汤米睡觉时，才能很投入地工作。如果我的丈夫离开我们了，我几乎养不起我的孩子。我非常担心。

也有一些充满心酸的信函，主要是来自那些因离婚而遭受不好的经济后果的妇女。

住在堪萨斯州欧文斯伯勒城市的杰奎琳·波特，讲述了一个有特色的故事：

我正过着低人一等的生活，成千上万的妇女可以印证我的苦境。直到最近，我们家才开始过上美国梦的生活：爸爸，妈妈，三个孩子，漂亮的房子，两部车，甚至还有一只狗。后来，在 1986 年 1 月 13 日，我成为一个数据统计师——一个白人，中年，离婚女性，有个年薪为 10750 美元的工作（这收入在贫穷线以下）。有些非常傻的女性，她们把所有的信念和信任都放在了她们梦想的男人身上。我就是她们当中的一个。我的前夫已经又成家了。

法院判他每星期给我 100 美金的赡养费，连续 5 年；每星期 50 美金给孩子，作为抚养费。这就是 19 年来如一日作为一个可爱的妻子和家庭主妇的微薄报酬！面对这些离婚后的经济上的困难，我毫无防备，比较起来，我的情感创伤倒成为次要的。

纽约市的唐娜·安德森也经历了离婚，她也特别了解这一幕：

我也算是中年或属于中年一代的妇女了。我朋友大多数都是离异，并且一直是独自抚养孩子的。我们中间许多人都是专业人士的前妻。当到了需要这些前夫支持我们重新站立的时候，他们个个都说自己很穷，无能为力。有时他们甚至拒绝出钱给他们的孩子接受教育。而莫名其妙的是，我们做到了。当孩子还小的时候，我们当中的许多女性都打两份工，以维持家用。我们甚至还返回学校，兼职学习，继续我们在五六十年代所放弃的大学教育。要知道，在那个年代是我们支撑着丈夫直到他们完成学业。

在继续学习的同时（我花了 18 年时间才完成我的学士学位！），我做饭，打扫屋子，照顾孩子，并且打零工。这些卑微的工作不会使你以后好到哪去，但是，我们勉强做到了能够支付房子贷款，保险，送儿子参加童子军活动，帮女儿上舞蹈课等。尽管这一切不容易，但是我们做到了。

现在，我们的孩子读了书，也长大了，我们中间许多人都拥有学士学位，但是这有什么用？在现实中，我们奇怪的工作经历并不适合现实中的工作职位。"多么有趣的工作背景"，一个面试我工作的雇主自语道，然后，就录取了一位23岁的女子，几乎没有任何工作经历，但是皮肤光滑紧致，胸脯坚挺。大多数公司认为我们是"夕阳西下"的人了，并且"难以安排工作"。

于是，我们只有做临时工，自付医疗保险（或更多的时候，就根本没有任何医疗保险），基本上同时还干些别的事，以免到时候没有吃的或交不起房租而措手不及。

这些来自加州、犹他州、堪萨斯州及纽约市的心酸故事，都有共同的特征。这些女性都是因为做了母亲，生活由此出现了差错。

在《美国妇女的生活》书中，我指出，美国现代女性面临的最紧要的问题就是如何调和生育孩子与谋生这两者的需求。因为，现代母亲们的情况是非常繁重的，并且越来越糟糕。请看以下事实。

＊有60%的在职母亲没有享受工作保护的产假权利。并且，近来女性不是为零花钱工作；她们需要保住她们的工作，才能有钱买食物和付房租。

＊有50%不到一岁的婴儿，他们的母亲都在上班，但是，日托所资助联邦基金从1980年代以来就雷打不动地削减了1/4。

＊有50%的离异男人在离婚后，既不看望也不抚养他们的孩子。

非常清楚的事实是，美国母亲们冒着很大的经济风险。在劳动市场，怀孕妇女被解雇是常事。当她们生完孩子再回到工作场所时，她们成为"新员工"，失去了有资历的权利。有大量的新妈妈们无法找到付得起的托儿所，从而不得不做些工作时间短、离家近的一些下层的工作。总的来讲，在职妇女的挣钱能力在生育后的两年里降低了1/5。

在家里，如果妈妈们选择和她们的孩子待在一起而不外出工作，也同样面临巨大风险：她们会有 50% 的离婚率，并且有可能以后，作为单身母亲，在一个没有赡养费或没有多少孩子抚养费的世界里，独自承担起体力和财力的负担。

到目前为止，美国妇女运动并没有对做母亲和孩子这个问题给予重视——这就是为什么许多女权主义者对于我的书有抵触反应。对于早期的运动领导来说，"家庭"是问题的一部分，但是不是解决问题的一部分。在 1960 年代末和 1970 年代早期，女权主义者试图逃避传统的家庭角色的界限，而这种界限在诺曼·罗克韦尔"50 年代"的美国，已经是特别限定的。斗争的焦点就是争取两性间的正式的平等权利——走出去，并且克隆男性的竞争模式。

在 1970 年代里所打下的几场战役是重要的。美国女权主义者的确设法打开劳动市场，妇女取得了工作，教育和信用卡的新的途径。但是，当我们身处工作的战壕，商务着装，打着小领带，期待成功的时候，我们总是忘记了 90% 的女性选择要孩子。她们在工作场所会处于困难重重的境地，除非我们建立新的家庭支持制度。

埃里克·乔恩在《名利场》杂志上，发表了一篇评论，描述了她与女权主义者对做母亲这个问题的反应所发生的一次冲突：

> 我作为一个美国式的女强人和女权主义者，什么都想兼顾，这常常使我感到很痛苦。例如，在 1978 年秋，我的女儿刚满 4 个月……旧金山艺术官邀请我参加女性诗歌节，朗诵我的作品。尽管自从莫莉出生以来，我还没有做任何公共演讲，但是，我感到这正是一个好的时机，我又可以进入这个世界了。
>
> 在我妊娠期间，我写了一些关于我经历的诗。我想，这次诗歌节将会是一个合适的地方，与她们分享……
>
> 当我朗诵几则关于赞美妊娠和分娩，肯定女性有力量方面的诗歌时，在场下坐着的那些各种女同性恋——分离主义的女性主义者，发出一片嘘声，我几乎被轰下台。可以想象，我是多么的沮丧！这些诗歌丝

毫没有把妊娠理想化，但是面对这样一批的女性观众，她们对于50年代幸福的母亲生活的理念抱有对抗的态度，她们根本不听你说的。在她们面前谈论做母亲的任何积极的一面，都会触动她们的情绪按钮。我带着困惑，非常悲伤地下了台。很显然，她们一直指望我，在她们那种狂热的反男性和反对核心家庭的气氛中，听从女权主义组织的命令，而我却胆敢颂扬母性！

　　这段经历算是我一生中情绪最低沉的一次……我从未像现在这样感到被自己的同性所出卖。我多么希望那天，我没有参加这次诗歌朗诵，而是在家与孩子待在一起。如果是被男性沙文主义戏弄一番，虽然是令人不悦的，但是可以预测到的。而对一个刚作为母亲的我，在这种容易受到伤害的敏感时期，受到女权主义者攻击，我简直倍感摧残。[6]

无疑，在我心中，美国女权主义一直都有很强的反对孩子的偏见。的确，在《女性》杂志的封面上，登有许多婴儿照片，并且有诸如蕾堤·波葛宾（Letty Pogrebin）和菲利斯·切斯勒（Phyllis Chesler）等女权主义者曾经很热情地写了很多关于母亲和孩子的文章。然而，美国妇女运动的整个推动力一直是强调男女权力平等，并且假装男人和女人都是一样的。

如果女性从没有要过孩子，她们作为男性克隆，在工作领域里照样可以很成功。为了到达这一要求，大多数妇女就只有克制她们最深处的生理需求（这种态度也会有如下结果，如果妇女的确要孩子，她们中会有许多人将注定贫穷和精疲力竭）。一个远离大多数妇女生活的核心——为人之母——的运动，将永远不可能得到广泛的支持。

其次，从很多方面来看更为重要的是，民主党对《美国妇女的生活》也做出了全面的回应。

1986年伊始，很显然，从党派来说，全面的家庭政策已经由保守的共和党人接管了。在80年代，甚至"亲家庭"（pro-family）这一短语都已经成为右翼口号了。此时应该是自由派对这一关键政策领域宣称的时候了。

我一直在这方面努力着。自从我这本书问世8个月以来，参议员莫伊·尼汉，州长科莫和议员奥卡已经向我征求了意见。民主党怎么能最好地满足

广大家庭的需要?（亚利桑那的）州长布鲁斯·巴比特请我担任一个由 14 个国家组成的"家庭福利计划"工作。议员帕特·施罗德（科罗拉多州）邀请我在国会对"1986 年的育儿与医疗休假法案"进行作证；我同样在华盛顿"女子全国民主联盟俱乐部"发表了主题演讲。

现代自由派和开通、进步人士认为，我的分析令人信服，我的施政纲领非常有用，这是因为它们植根于经济现实。《华盛顿邮报》对于我书中所提到的一整套家庭政策这样描述道："这不是一个在职母亲的愿望清单。恰恰相反，这是一个非常理性的分析，它分析了我们需要做什么才能改善目前的工作队伍的生产力和经济福祉；分析了现在需要采取什么措施，才能确保今后的工作队伍的稳定性。"该邮报写道，我为我的建议提出了最有说服力的论据，"在长期和短期内，它们是经济有效即合算的"[7] 在削减预算和有限的社会良知的时代，这是最好的一种理性的新的政策举措。在预算削减和社会良知有限的时代，对于任何新的政策举措，这都是最好的一种合理解释。

1986 年 9 月，由保罗·柯克主席领导下的民主党全国委员会，发布了一项民主党原则声明，题为"改变美国的新选择"。这第一和第二原则可以直接从《美国妇女的生活》书中采取。该文件旨在建立党的新形象，为 1988 年的总统竞选做准备。第一优先"加强家庭"的重点就是为有孩子的家庭免税，并且扩大儿童保健服务。第二优先"弹性工作场所"，包括育儿休假，增加儿童保育的多种服务及为在职父母提供更大的便利。[8]

民主党正努力使美国人的家庭生活变得更强大和安全，我非常自豪，我能参与其中。在我们的社会，没有什么比妇女和孩子的福祉更重要的了。

在某些方面，对于民主党，家庭援助政策是顺理成章的事情。自由党能够设计出满足工作父母、贫穷儿童和被丈夫抛弃的家庭主妇的需求计划。对于保守党来说，那不可能做到的，因为他们认为这不关政府的事，应该由妇女自己处理。事实上，近几年来，有很多关于保守党赞成传统家庭（pro-family）的花言巧语，但是对于如何使美国人家庭生活更加可行，说得多，做得少。里根政府可能是赞成生命（pro-life）的，但是肯定不是赞成孩子（pro-child）的。自 1980 年以来，又有 300 万名儿童很快陷入贫困；到 1986 年中期，美国 1/4 的儿童是在贫困线以下的生活中成长的。巴尼·弗兰克（民主党人，马萨诸塞州）在总结其政府的态度时说，里根似乎相信"生命始于受孕，终结于出生"。[9]

除了强大的实质性原因以外，民主党人应该更加关注家庭政策，这是因为这样做可以给他们带来选票。家庭问题不再是贫民窟的特权，它已经深入我们的主流社会。对付离婚的经济后果，确保给在职父母的孩子有个好的生活开端——这是我们这个时代的中心问题，因为它们第一次涉及大多数美国人。一半以上的美国家庭都是"双薪水家庭"，成千上万的家长们在外辛苦工作，勉强应付着来自儿童的需求和工作单位之间的冲突和碰撞。

6月，我在凤凰城做电台访谈节目，一位年轻的父亲打进电话来。吉姆·卡斯滕向我们讲述了一个令他痛苦的问题：

"我有个三周大的女婴，一天9个小时放在托儿所，这是因为我和我妻子都没有受工作保护的产假或陪产假。这种紧张和压力的情形令我们不堪忍受。我们感到对不住珍妮弗，并且非常害怕她与我们维系的不紧密，日后将会带来情感问题。但是，我们也为自己的情况感到难过。朱莉——我的妻子——每天与孩子一起，累得半死和疼痛不已。对于错过了珍妮弗一开始的生活，我感到苦恼和痛苦。"

吉姆的声音由于愤怒而变得大了起来："我们还有什么其他的选择吗？去年，我失去了工作，现在的工作太不稳定，我不能让朱莉有失去她工作的风险。这个国家的父母真是不好当。我们甚至没有权利与我们的新生儿待上几个星期。"

在我做书展电台节目时，1/3打进来的电话都是男的，他们中间许多人的妻子都在工作，他们迫切需要我在《美国妇女的生活》中描述的那种家庭援助。我的书促使男女双方都工作的父母感到松了一口气，最终，有人在承认他们的问题，告诉他们家庭的需求，在我们的工作场所和我们的政府那里，应该有更多的合法性。有一件事情可以肯定，如果民主党们选择设计一个彻底的全套家庭援助计划，他们将受到广大美国穷困家庭的热情拥护。

在收到回应《美国妇女的生活》的一些令人心碎的信中，家庭结构的极端脆弱问题表现得最为突出。来自加州惠蒂尔市的凯瑟琳·斯沃尼，对于有些我们经常谈到的问题，她已经身历其境：

我今年 35 岁，出生于一个工人家庭，排行老大。在 1960 年代末，我上了加州大学伯克利分校，取得了矿物工程学士学位。在那时，我是我们这个专业里的唯一一个女生。毕业后，我在得克萨斯州的休斯敦找到了一份很好的工作。在我工作的第一年，我意外怀孕，有了个女儿，做了单身母亲。这件事带给我严重创伤和代价。孩子出生后不久，我有了另一个工作。这次是在加州的南部。我甚至带着孩子去面试工作。

　　在我第二份工作期间，我遇上了我的丈夫。在认识一年后，不久，我们决定共同要一个孩子，所以我们结婚了。当孩子出生不到几个星期，我就被告知离开工作岗位。该公司正在削减，既然我公司没有产假，所以，我是第一个被开除的。

　　我无法找另一份工作。当时，矿产行业非低迷，我又被家庭拴住。最糟糕的事情就是，我是家里唯一挣钱的。在我们结婚后，我的丈夫已经回到学校攻读学士学位，为的是以后可以找到一份好工作。

　　随后我们的情形真的很糟糕。我的丈夫只能待在学校，因为找了三个月的工作，他无法找到一个定期支付薪水的工作。我与孩子只好搬到我母亲家里去，住了 7 个月。我又怀孕了，等着第三个孩子的出生。而我的丈夫住在他父母家里，离我们有 400 英里的路程。

　　当我的第三个孩子出生前的几个月，我们和丈夫一起，都住进了我的公婆家。家里非常拥挤，但是我们很高兴大家生活在一起了。

　　孩子出世后，我的丈夫找到了一份零工，一个月薪水有 400 美元。我们申请了州和联邦政府助学金。我们也申请了医疗补助和食品券。我们花了很多时间填完那些申请表，但是最后，我们都没有申请到任何福利。我的丈夫没能申请到助学金，那是因为我们与他的父母住在一起，而他们有一些退休储蓄。负责福利申请的工作人员拒绝我们，还有个原因，就是我丈夫当时仍然是一个学生。

　　所以，我们一直举步维艰。我希望，明年这个时候，我丈夫会有一个全职工作，这样我们就可以住在我们自己租的房子里了。在此期间，我们一直很穷。一个星期有两次，去站在免费领取面包的队伍里，得到

后　记

　　一点免费的食物，以补充我们的食品预算不足。我花上几个小时的时间，带我们的孩子到洛杉矶郡县的医疗诊所给他们做体检。

　　既然我们没有钱给孩子上托儿所，我只有一直与我的三个孩子待在一起。我没有一点娱乐生活。我的事业全毁了。大多数的时候，我一直都垂头丧气，就多吃。我现在比结婚的时候要重 50 磅。

　　将来，我希望出去工作，发展朋友圈——但是，那也将是很难的事，真的非常难。我以前的远大梦想的日子一去不复返了。我希望，作为社会的一分子，我能做些成绩出来，这样，我的女儿们的日子将来也好过些。我仍然有点乐观。

　　真是一封勇敢直白的信！我想，凯瑟琳的故事，尽管伤感，但它还不是最糟糕的实例之一。凯瑟琳毕竟受过教育，结了婚，但她无疑过着一种较差的生活。婚外生育，缺乏工作保障的育儿休假，缺乏负担得起的日托和幼儿园等这些问题深入渗透到我们社会的主流。我们只需要做更多，使美国家庭生活更强大和更安全。

——西尔维亚·安·休利特

1986. 11

Notes (注释)

1: Introduction

1. Alexis de Tocqueville, *Democracy in America* (New York: Vintage Books, 1945), vol. II, 224.

2. *UN Demographic Yearbook 1981* (New York: UN Department of International and Social Affairs, Statistical Office, 1983), 461–63. See discussion in Chapter Three.

3. Lenore J. Weitzman, "The Economics of Divorce: Social and Economic Consequences of Property, Alimony and Child Support Awards," *UCLA Law Review* 28 (August 1981), 1181–1268. Much of Weitzman's research quoted in this book is collected together in Lenore J. Weitzman, *The Divorce Revolution: The Unexpected Social and Economic Consequences for Women and Children in America* (New York: The Free Press, 1985).

4. Joyce Everett, "Patterns and Implications of Child Support and Enforcement Practices for Children's Well-Being," Wellesley College Center for Research on Women, Working Paper No. 128 (1984), 2. See also Weitzman, op. cit., 1253.

5. Figure obtained in interview with Maria Morales, Bureau of the Census, Department of Commerce, Washington, D.C., January 4, 1985.

6. *Money, Income and Poverty Status of Families and Persons in the US: 1984,* Current Population Reports, Series P-60 (Washington, D.C.: Bureau of the Census, August 1985), 17.

7. *UN Demographic Yearbook 1981,* op. cit., 461–63.

8. *Eurostat,* "Hourly Earnings—Hours of Work," various issues (Luxembourg: Statistical Office of the European Community). See discussion in Chapter Four.

9. For example, in Europe the minimum paid maternity leave is fourteen weeks; the most common paid leave granted is five months. In addition, most European countries provide at least one year of unpaid but job-protected leave, and all European countries have some form of national health insurance to cover the costs of prenatal and postnatal care. See Sheila B. Kamerman and Alfred J. Kahn, "Company Maternity-Leave Policies: The Big Picture," *Working Women* (February 1984), 80.

10. The main source of maternity leave and benefits in the United States is disability insurance. The Federal Pregnancy Discrimination Amendment of 1978 requires that all employers who have disability

plans must treat pregnancy as they would any other disability. However, since only five states (New York, New Jersey, Hawaii, California, and Rhode Island) require private employers to provide disability coverage, the majority of pregnant working women in the United States are not covered by disability. See Sheila B. Kamerman, Alfred J. Kahn, and Paul Kingston, *Maternity Policies and Working Women* (New York: Columbia University Press, 1983), 97.

11. The great majority of American women are mothers by the end of their childbearing years. In 1980 only 6 percent of ever-married women (94 percent of all women) aged forty to forty-four remained childless. Of the 6 percent of women who never married, at least some had children out of wedlock. Thus the Bureau of the Census estimates that 90 percent of the generation of women who were forty to forty-four years of age in 1980 bore at least one child. See *American Women: Three Decades of Change* (Washington, D.C.: Bureau of the Census, August 1983), 4–5.

12. *Wall Street Journal,* September 7, 1983.

13. Ibid.

2: A Personal View

1. Burton L. White, *The First Three Years of Life* (New York: Avon Books, 1975), 134.

2. Dr. Benjamin Spock, *Baby and Child Care,* 2d ed. (New York: Simon & Schuster, 1967), 570. This was the edition of Spock I used when Lisa was a baby. A subsequent edition of the book was kinder to working mothers, but even in the later edition Spock still argues that the best caretakers in the first three years of life are the parents. Group care is not considered a good alternative until the child is at least three years old. See Dr. Benjamin Spock, *Baby and Child Care,* 3d ed. (New York: Pocket Books, 1976).

3. T. Berry Brazelton, *Infants and Mothers: Differences in Development* (New York: Delacorte Press, 1969), 164.

4. White, op. cit., 148.

5. Ibid., 70.

6. Ibid., 71.

7. Ibid., 73.

8. Rudolph Schaffer, *Mothering* (Cambridge, Mass.: Harvard University Press, 1974), 69.

9. Ibid.

10. See (1) a *Fortune* magazine survey of women in the Harvard Business School class of 1973: In 1983, 60 percent of these women were married and 46 percent had children; the average age of these women was thirty-seven (*Fortune* [July 11, 1983], 58). See (2) the *Wall Street Journal* report on a survey of 300 senior women executives in the 1,000 largest U.S. industrial companies: "52% of women surveyed are single, compared with only 4% of the men. In addition, 61% of the women are childless, while 97% of the men were parents"; the average age of the women in this survey was forty-six, and most of them were vice-presidents (*Wall Street Journal*, February 11, 1982). See (3) *Male/Female Careers: MBAs a Decade into Their Careers,* by Mary Anne Devanna, which comprises a sample of several hundred M.B.A.'s who received their degrees from Columbia University in the period 1969–72: "73% of men in the sample are married as opposed to 58% of women. . . . Less than 10% of the married men have no children, 22% of the married women are childless." In short, close to 70 percent of the female executives in this sample are childless. See also (4) Basia Hellwig, "The Breakthrough Generation: 73 Women Ready to Run Corporate America," *Working Women* (April 1985), 98–146. Hellwig finds that 61 percent of the women in this sample have no children.

11. Interview, January 6, 1984.

12. Infertility is normally defined as the inability to conceive after a year of intercourse without contraception. Under this definition 14 percent of married couples aged fifteen to forty-four are infertile. The rate for older couples, aged thirty to forty-four, is more than twice that for younger couples fifteen to twenty-nine. See William F. Pratt, William D. Mosher, Christine A. Bachrach, and Marjorie C. Horn, "Understanding U.S. Fertility," *Population Bulletin*, 39 (December 1984), 28.

13. *Children's Defense Budget* (Washington, D.C.: Children's Defense Fund, 1985), 40.

14. At Columbia University the situation in the fall of 1984 was the following: Of the nontenured faculty 28.1 percent were women while only 8.7 percent of the tenured faculty were women (interview, Caroline Sperberg, Columbia University, September 28, 1984).

15. At one point in our negotiations the lawyer acting for the Barnard administration suggested that the 1978 Pregnancy Disability Amendment solved the problem since pregnant women were eligible for the same benefits as persons with other physical disabilities. Our committee did not agree. For starters, no one was taking disability for childbirth (the senior faculty and the administration discouraged it). And even if disability was to become a reality, it covered only a few weeks of

partially paid leave around childbirth. We felt strongly that we needed to have lighter work loads for the first year of a child's life and the possibility of stopping the tenure clock for this period. Only then would mothers (or parents for that matter) have a reasonable shot at promotion. See discussion of the Pregnancy Disability Amendment in Chapter Four.

16. Betty Friedan, *The Feminine Mystique* (New York: Dell, 1963), 237.

17. The classic books on the subject are Fernand Lamaze, *Painless Childbirth* (New York: Pocket Books, 1965); Frederick Leboyer, *Birth Without Violence* (New York: Alfred A. Knopf, 1975); and Grantly Dick Read, *Childbirth Without Fear* (New York: Harper, 1953). It is interesting to note that all the founders of this movement were men and therefore couldn't possibly have known whether childbirth hurt or not.

18. Barbara Grizzuti Harrison, "Men Don't Know Nuthin 'Bout Birthin Babies," *Esquire* (July 1972), 109.

19. Robert A. Bradley, *Husband-Coached Childbirth* (New York: Harper & Row, 1965), 168.

20. Ibid.

21. Ibid., 18.

22. Ibid., 19.

23. Ibid., 20.

24. Genesis 3:16.

25. Edward Shorter, *A History of Women's Bodies* (New York: Basic Books, 1982), chap. 5 and 9.

26. Ibid., 59.

27. Franz Boas, *Kwakiutl Ethnography* (Chicago: University of Chicago Press, 1966), 361.

28. Margaret Mead, *Growing Up in New Guinea* (New York: Blue Ribbon Books, 1930), 322. In some other primitive societies—e.g., among the Mundagumor—women are abused for becoming pregnant (see Margaret Mead, *Sex and Temperament in Three Primitive Societies* [New York: William Morrow, 1935], 189). In others they are forced to practice infanticide (see Yolanda Murphy and Robert F. Murphy, *Women of the Forest* [New York: Columbia University Press, 1974], 165–66.

29. Karen Pryor, *Nursing Your Baby* (New York: Harper & Row, 1973), 8.

30. Ibid., 9.

31. Ibid., 233–34.

32. Interview with Sheila Kamerman, March 27, 1985.

33. Sheila B. Kamerman, Alfred J. Kahn, and Paul Kingston, *Ma-*

ternity Policies and Working Women (New York: Columbia University Press, 1983), 75.

34. It is instructive to note that most women either fail to breast-feed or choose not to breast-feed for any length of time. One survey found that while 51 percent of infants were breast-fed immediately after birth, numbers dropped dramatically after they were taken home from hospital; at six weeks only 4 percent of babies were being exclusively breast-fed (See Penelope Leach, *Babyhood* [New York: Alfred A. Knopf, 1983], 22–23.)

35. Interview, November 10, 1983.

36. Marvin S. Eiger and Sally Wendkos Olds, *The Complete Book of Breastfeeding* (New York: Workman Publishing Co., 1972), 174–75.

37. Ibid., 112.

38. "Report of the Dean of Barnard College," *Columbia University Bulletin of Information,* 33d series, no. 1 (October 1, 1932), 6.

39. Ibid., 7.

40. Ibid.

41. Interview, senior member of Barnard faculty, September 28, 1984.

42. See discussion in *Columbia Spectator* (November 13, 1984), 1.

43. Reported in the *New York Times,* February 6, 1984.

44. Interview with Betty Vetter, executive director, Scientific Manpower Commission, Washington, D.C., February 8, 1985.

45. This approximates the gap in salaries in the country at large. In 1983–84 female full professors earned, on average, $33,730 a year while male full professors earned $37,860 a year (*Academe* [July–August 1984], 12).

3: The Economic Fallout of Divorce

1. *Monthly Labor Review* (December 1983), 18. This increase in the rate of divorce was across the board, affecting long-standing as well as new marriages. For example, by the late 1970s, 25 percent of marriages fifteen years or more in duration ended in divorce; the rate in the 1950s was 4 percent.

2. *New York Times,* October 4, 1984.

3. Interview, December 3, 1983.

4. In the mid-seventies, as the divorce rate rose steeply, the number of displaced homemakers increased to such an extent that their predicament finally began to penetrate the public consciousness. National mag-

azines (*McCall's, New York,* and *Time*) ran poignant articles, and several centers to help displaced homemakers appeared around the country. Most of these centers were started and staffed by displaced homemakers themselves. "Don't agonize, organize" was their motto. They concentrated on career counseling and training, and had considerable success in preparing women for modest jobs in the labor market. However, the centers were able to reach only a tiny fraction of the women who needed help. In the late seventies the federal government finally stepped in with funding for an umbrella organization, the Displaced Homemakers Network, which for a short time provided assistance to centers around the country. Unfortunately the network was a casualty of the Reagan budget cuts and in 1983 was drastically reduced in its scope. Although there are more displaced homemakers than ever, less is being done for them.

5. Erica Abeel, "School for Ex-Wives," *New York* (October 16, 1978), 97.

6. *What Happens When Homemakers Lose Their Jobs* (Washington, D.C.: Displaced Homemakers Network, Inc., November 15, 1983).

7. Quoted in Lenore J. Weitzman and Ruth B. Dixon, "The Alimony Myth: Does No Fault Divorce Make a Difference?," *Family Law Quarterly* XIV (Fall 1980), 143.

8. G. B. Trudeau, *San Francisco Chronicle,* January 18, 1976.

9. Weitzman and Dixon, op. cit., 143. On the national level only 14 percent of the divorced wives in a 1975 national poll said they were awarded alimony.

10. Ibid., 144 (1977 figures).

11. Ibid., 161–62.

12. Ibid., 158.

13. Quoted in the *Wall Street Journal,* January 21, 1985.

14. Weitzman and Dixon, op. cit., 154–55. The percentage of women awarded monthly payments dropped from 19 to 13 percent between 1968 and 1972.

15. Ibid., 163.

16. Quoted in the *Wall Street Journal,* January 21, 1985.

17. Ibid., 18.

18. Katherine Bouton, "Women and Divorce," *New York* (October 8, 1984), 36. This magazine exposé of the effects of the equitable-distribution law on women provoked a flurry of letters to the editor. That written by Ronna Brock Youdelman of Northport, New York, was typical: "Thank you Katherine Bouton. 'Women and Divorce' touched me most painfully. My attempts to be free of a 23-year marriage were portrayed poignantly in each of your vignettes. The good *intentions* of the 1980 di-

美国妇女的生活

vorce law need to be replaced by good *laws.*" *New York* (October 29, 1984), 6. More recently, the bar associations have decided that the equitable distribution laws are unfair to women and should be substantially revised. *New York Times,* August 5, 1985.

19. Bouton, op. cit. 35.

20. Interview, October 10, 1984.

21. Forty-two percent of divorcing women are awarded some property, but the 1979 mean value of such property was only $4,650 (see the First-Year Report of the New Jersey Supreme Court Task Force on *Women in the Courts* [June 1984], 80).

22. Interview, September 25, 1984.

23. New Jersey Task Force, op. cit., 80.

24. Ibid., 99.

25. Ibid., 99.

26. Lenore J. Weitzman, "The Economics of Divorce: Social and Economic Consequences of Property, Alimony and Child Support Awards," *UCLA Law Review* 28 (August 1981), 1254.

27. Weitzman and Dixon, op. cit., 143.

28. Ibid.

29. Interview, September 25, 1984.

30. Weitzman and Dixon, op. cit., 182.

31. *Globe* (May 29, 1984).

32. Interview, November 29, 1983.

33. *Reducing Poverty Among Children* (Washington, D.C.: Congressional Budget Office, May 1985), 6.

34. Joyce Everett, "Patterns and Implications of Child Support and Enforcement Practices for Children's Well-Being," Wellesley College Center for Research on Women, Working Paper No. 128 (1984), 2. Weitzman reports similar data: "only half of the women who were awarded child support received it as ordered, about a quarter received less than the full amount, while another quarter never received a single payment" (Weitzman, "The Economics of Divorce," loc. cit., 1253). Weitzman warns that these data which are for one year after divorce overestimate the degree of long-run compliance.

35. Linda Bird Francke, *Growing Up Divorced* (New York: Linden Press/Simon & Schuster, 1983), 28.

36. Thomas J. Espenshade, "The Economic Consequences of Divorce," *Journal of Marriage and the Family* 41 (August 1979), 622.

37. Weitzman, op. cit., 1256. Weitzman finds that when the father's yearly income is in the $10,000 to $20,000 range, 27 percent do not comply with child-support orders. When a father's yearly income is in the

$30,000 to $50,000 range, 29 percent do not comply with child-support orders. Her figures are based on a weighted sample of interviews with divorced people, Los Angeles County, 1978.

38. Lucy Marsh Yee, "What Really Happens in Child Support Cases: An Empirical Study of the Establishment and Enforcement of Child Support Orders in the Denver District Court," *Law Journal Denver* 57 (1980), 21–36. The average father for whom data were available paid $136.97 per month for his car and $113.59 per month for his 1.6 children.

39. Information supplied by the Office of Representative Barbara Kennelly (Democrat, Connecticut), March 9, 1985.

40. New Jersey Task Force, op. cit., 100.

41. Between 1978 and 1981 the average child-support payment decreased by 16 percent in real terms (ibid., 62).

42. The cost of raising a child to age eighteen in 1980 ranged from $71,712 (when family income is less than $10,000) to $159,430 (when family income is in the $20,000 to $40,000 range); these estimates *do not include child care or college education* (New Jersey Task Force, op. cit., 76).

43. Interview, December 5, 1983.

44. Term coined by Marcia Guttentag and Paul F. Secord, *Too Many Women: The Sex Ratio Question* (Beverly Hills, Calif.: Sage Publications, 1983), 18.

45. Noreen Goldman, Charles F. Westoff, and Charles Hammerslough, "Demography of the Marriage Market in the United States," *Population Index* 50 (Spring 1984), 16.

46. Ibid., 20.

47. Ibid., 16.

48. *American Women: Three Decades of Change* (Washington, D.C.: Bureau of the Census, August 1983), 4–5.

49. Beverly Stephen, "In Pursuit of Justice for Women in the Courts," *Daily News,* August 11, 1984, 10.

50. Weitzman and Dixon, op. cit., 185.

51. Weitzman, op. cit., 1266.

52. Ibid., 1252.

53. New Jersey Task Force, op. cit., 80.

54. Ibid.

55. In the United States the divorce rate in 1981 was 5.3 divorce decrees granted for every 1,000 persons, while in Sweden the rate was 2.4 per 1,000; in Britain, 3.0; in Canada, 2.6; in France, 1.6; and in Italy, .2. *UN Demographic Yearbook 1981* (New York: UN Department of Interna-

tional and Social Affairs, Statistical Office, 1983), 461–63. See also discussion in Robert Chester, *Divorce in Europe* (Leiden: Martinus Nijhoff Social Science Division, 1977), 302–06.

56. Quoted in Lenore J. Weitzman, *The Marriage Contract* (New York: The Free Press, 1981), 152.

57. Interview with Olga Baudelot, Institut National de Recherche Pédagogique, Paris, February 2, 1985.

58. Interviews with Swedish journalist Karl Ahlenius, May 30, 1984, and West German sociologist Greta Tullmann, June 5, 1984.

59. Frank F. Furstenberg, Jr., and Christine Winquist Nord, "Parenting Apart: Patterns of Childrearing After Marital Disruption," *Journal of Marriage and the Family* (November 1985), 874.

60. Study by Dr. E. Mavis Hetherington of the University of Virginia at Charlottesville, reported in the *New York Times*, December 13, 1983.

4: The Wage Gap

1. Roy Rowan, "How Harvard's Women MBA's Are Managing," *Fortune* (July 11, 1983), 64.

2. Jill Bettner and Christine Donahue, "Now They're Not Laughing," *Forbes* (November 21, 1983), 117.

3. A 1984 study talks about "the puzzle of the essentially constant male-female incomes ratios over the last 50 years," James P. Smith and Michael P. Ward, "Women's Wages and Work in the Twentieth Century" (Santa Monica: Rand Corporation, October 1984), 26.

4. 7.4 percent of women hold high-level managerial or administrative positions. See testimony of Dr. Lenora Cole Alexander, director of the Women's Bureau, U.S. Department of Labor, before the Joint Economic Committee of the U.S. Congress, April 3, 1984, 3. See also opening statement by Congresswoman Mary Rose Oakar, chair, Subcommittee on Compensation and Employee Benefits, Hearings HR 4599 and HR 5092, April 3, 1984, House of Representatives, 2. As of the beginning of 1984, 48.5 million women were in the labor force.

5. *Money, Income and Poverty Status of Families and Persons in the US: 1984*, Current Population Reports, Series P-60 (Washington, D.C.: Bureau of the Census, August 1985), 21.

6. For 1939 figure see: Dorothy S. Brody, "Equal Pay for Women Workers," *Annals of the American Academy of Political and Social Science* 217 (May 1947), 54. For the 1984 figure see: Bureau of the Census, op. cit., 17. The wage gap seems to go back a long way. In biblical times, says

Leviticus 27:3–4, women of working age were valued at thirty silver shekels, while men were valued at fifty.

7. Hourly Wages of Women

Year	All Women	White Women	Black Women
1956	64.3	62.9	35.3
1960	60.7	60.6	41.1
1964	59.1	59.4	41.2
1968	58.5	58.2	43.4
1972	57.4	56.5	48.9
1976	60.0	58.7	55.2
1980	60.5	59.3	55.6
1983	64.3	62.3	56.6
1984	63.6	n.a.	n.a.

Source: *Money, Income and Poverty Status of Families and Persons in the US,* Current Population Reports, Series P-60, various issues (Washington, D.C.: Bureau of the Census). The ratios here are median earnings of year-round full-time workers. The "All Women" column represents the wages of all women to all men. The reference group for the first column is all men; for the second and third columns it is white men.

According to Ray Marshall, in the 1981–83 recession the relative position of women improved slightly because of the worsening economic conditions for men, who were heavily concentrated in the declining industrial sector, not because women were improving their absolute positions (interview, April 3, 1985).

8. Bureau of the Census, 1985, op. cit., 17.

9. *Philadelphia Inquirer,* July 15, 1984.

10. *Money and Income of Households and Families in the U.S.* (Washington, D.C.: Bureau of the Census, 1982).

11. Older Women's League, "Older Women's League Protests Change in Poverty Definition" testimony before the Joint Economic Committee, June 6, 1984, 3.

12. *New York Times,* May 22, 1984.

13. Peter J. Sloane, "The Trend of Women's Wages Relative to Men's in the Postwar Period in Great Britain," paper presented to the Economic Policy Council's panel "Parents and Work: Family Policy in Comparative Perspective," Washington, D.C., June 12, 1984, 23–29.

14. Annual earnings of all full-time year-round workers. These figures are comparable to the U.S. figures. See annual report of the Central Bureau of Statistics and various issues of *Allman Manadsstatistik,* Stockholm, Sweden.

15. In Britain earnings figures are generally presented as average gross hourly earnings. Under this measure working women earned 74 percent of the male wage in 1982, up from 60 percent in 1968 (the figures include manual and nonmanual workers and are for both the public and the private sectors). The British data are also available in the form of full-time gross weekly earnings. Under this measure women earned 66 percent of the male wage in 1982, up from 54 percent in 1970. The lower figures are due to the fact that weekly earnings take into consideration the effects of overtime and the shorter workweeks typically worked by women workers. These weekly earnings figures can be compared with the U.S. data. See *New Earnings Survey 1970–1982,* part A, tables 10 and 11. See also analysis in Sloane, op. cit., 1–43.

16. The Italian, West German, French, and Danish figures refer to manual workers in industry.

Hourly Earnings Differentials in Various Countries of the European Community
Manual Workers in Manufacturing Industry
Female Earnings as a Percentage of Male

	1968	1977	1982
Belgium	67%	70%	72%
Denmark	74%	85%	86% (1981)
France	n.a.	76%	78%
West Germany	69%	72%	73%
Italy	74%	84%	86%
Netherlands	55%	75%	75%
Sweden	78%	87%	90%
Switzerland	64%	68%	n.a.
U.K.	60%	72%	74%

Source: *Eurostat,* "Hourly Earnings—Hours of Work," various issues (Luxembourg: Statistical Office of the European Community).

Within the EEC there is no systematic collection of nonmanual earnings figures. However, the patchy data that do exist suggest that nonmanual earnings follow a similar trend, though at a lower level. For example, in France women in nonmanual occupations earned 62 percent of the male wage in the mid-1970s. In Italy the figure was 68 percent, and in West Germany it was 65 percent. See United Nations, *The Economic Role of Women in the EEC Region* (New York: 1980).

Australia is another country where the wage gap has narrowed considerably in recent years. Female earnings as a percentage of male earnings rose from 70 percent in 1968 to 82 percent in 1977. See discussion in the testimony of Robert C. Gregory before the Equal Employment Opportunity Commission Hearings on job segregation and discrimination, April 28 and 30, 1980, 611.

17. Smith and Ward, op. cit., 35. Figures are for the birth cohort 1951–54. See also *Employment in Perspective: Working Women*, Report 650 (Washington, D.C.: Bureau of Labor Statistics, 1981); this shows that younger women have a considerable educational advantage over younger men.

18. *Hansard*, vol. 13, November 17, 1981; *UNESCO Statistical Yearbook*, 1982, table 3.10.

19. *The Wage Gap: Myths and Facts* (Washington, D.C.: National Committee on Pay Equity, 1982), 5.

20. Bureau of the Census figures, quoted in the *Wall Street Journal*, November 10, 1983.

21. *Business Week* (October 1, 1984), 126.

22. *New York Times*, January 16, 1984. Green's analysis is of all workers who entered the labor force in 1970 and 1980. He documents the educational gains of women: In 1970, 19 percent of white women entering the job market had four or more years of college; by 1980 this figure was 27 percent. For white men the figure stayed constant at 27 percent.

23. See discussion in Barbara R. Bergmann, "Feminism and Economics," *Academe* (September–October 1983), 22–25. It should be pointed out that much of the disagreement in the economics profession over how to explain the wage gap is over differences in emphasis, not over facts. As Ray Marshall has put it, "I don't know of a liberal who believes all of the pay gap is due to discrimination or a conservative who believes it is all due to human capital factors. There is a sizable unexplained residual in most econometric studies." (Interview, April 3, 1985)

24. Bureau of the Census figures, quoted in the *New York Times*, November 25, 1984.

25. National Committee on Pay Equity, op. cit., 5.

26. 1983 figures from the Bureau of Labor Statistics, quoted in the *New York Times*, November 25, 1984, 32.

27. Preamble from a suit filed against the state of California by the California State Employees Association, quoted in the *New York Times*, December 9, 1984.

28. Before the Civil Rights Act was passed, Westinghouse had a completely sex-segregated work force. Jobs were explicitly designated as "men's jobs" or "women's jobs." The company evaluated all jobs and

specifically instructed its officials to pay less for female jobs than for male jobs rated equally in the job evaluation study.

After the Civil Rights Act was passed, making it clearly illegal to have jobs designated male and female, the company removed the designations, but the sex segregation continued. The company combined the male and female wage schedules, with the result that all the women's jobs were placed in the lower pay grades and all the men's jobs were placed in the higher pay grades.

The IUE sued under Title VII, claiming sex-based wage discrimination. After a legal battle the Supreme Court let stand an appeals court decision finding Westinghouse guilty of Title VII violations. The Court held that the Westinghouse system perpetuated past discrimination, and the fact that the jobs were different did not matter.

29. See reports of the Washington State case in the *New York Times*, January 1, 1984, and April 9, 1984. It should be pointed out that this decision was overturned by a federal appeals court in September 1985. The case will now go to the Supreme Court.

Comparison of Worth and Salary of Selected Jobs from a Job Evaluation Study, Washington State

Job Title	Monthly Salary	Number of Points
Registered nurse (F)	$1368	348
Highway engineer (M)	$1980	345
Laundry worker (F)	$ 884	105
Truck driver (M)	$1493	97
Secretary (F)	$1122	197
Maintenance carpenter (M)	$1707	197

Source: "State of Washington Study," *Public Personnel Management Journal* (Winter 1981–82).

30. *New York Times*, April 9, 1984. For a discussion of the conservative viewpoint see Michael Levin, "Comparable Worth: The Feminist Road to Socialism," *Commentary* (September 1984), 13–19.

31. *Washington Post*, November 17, 1984.

32. Interview with Ray Marshall, April 3, 1985.

33. Approximately 15 percent of the wage gap is due to occupational discrimination. Polachek explains between 12 and 21 percent of the wage gap using this methodology (see Solomon William Polachek, "Women in the Economy: Perspectives on Gender Inequality," paper presented at the U.S. Commission on Civil Rights Conference on Com-

parable Worth, June 6–7, 1984). Treiman and Hartmann explain between 11 and 19 percent of the wage gap this way, and Fuchs explains 6 percent (see Donald J. Treiman and Heidi I. Hartmann eds., *Women, Work, and Wages: Equal Pay for Jobs of Equal Value* [Washington, D.C.: National Academy Press, 1981], and Victor Fuchs, "Differentials in Hourly Earnings Between Men and Women," *Monthly Labor Review* 94 [May 1971], 9–15). The explanatory power of this approach depends on how many occupational groups are considered. The larger the number, the higher the proportion of the wage gap explained. However, even with 479 occupations (a degree of disaggregation many economists think is unwarranted) less than half of the wage gap (between 35 and 39 percent) can be attributed to occupational segregation (see discussion in Earl F. Mellor, "Investigating the Differences in Weekly Earnings of Women and Men," *Monthly Labor Review* [June 1984], 26, 17–19).

34. Interview, October 10, 1984.

35. See discussion in Cynthia B. Lloyd and Beth Niemi, *The Economics of Sex Differentials* (New York: Columbia University Press, 1979).

36. Polachek, op. cit., 24.

37. Ibid., 22.

38. Smith and Ward, op. cit., 12. See also: Mark B. Stewart and Christine A. Greenhaigh, "Work History Patterns and the Occupational Attainment of Women," *Economic Journal* (September 1984).

39. Polachek, op. cit., 13–14.

40. Corcoran and Duncan explain 44 percent of the wage gap by analyzing tenure in job, on-the-job training, and number of years of work life at full-time jobs (Mary Corcoran and Greg J. Duncan, "Work History, Labor Force Attachment and Earnings Differentials Between Races and Sexes," *Journal of Human Resources* [Winter 1979], 3–20). Rytina finds that work history and labor force attachment account for 25 percent of the wage difference between the sexes (Nancy F. Rytina, "Tenure as a Factor in the Male-Female Earnings Gap," *Monthly Labor Review* [April 1982], 32–34).

41. Bureau of the Census data reported in the *New York Times*, April 14, 1984, and August 3, 1984. For a more detailed analysis see Gus W. Haggstrom, Linda J. Waite, David E. Kanouse, and Thomas J. Blaschke, "Changes in the Life Styles of New Parents" (Santa Monica, Calif.: Rand Corporation, December 1984), 61.

42. Interview, April 13, 1985.

43. National Committee on Pay Equity, op. cit., 3.

44. Lester C. Thurow, "62 Cents To The Dollar; The Earnings Gap Doesn't Go Away," *Working Mother*, October 1984, 42.

45. Lester C. Thurow, *The Zero Sum Society* (New York: Basic Books, 1980), 19.

46. Quoted in Barbara A. Brown, Thomas I. Emerson, Gail Falk, and Ann E. Freedman, "The Equal Rights Amendment: A Constitutional Basis for Equal Rights for Women," *Yale Law Journal* 80, 5 (April 1971), 973.

47. Kathleen Sylvester, "Women Gaining, Blacks Fall Back," *National Law Review* (May 21, 1984), 41, and Kathleen Sylvester, "Minorities in Firms," *National Law Journal* (May 21, 1984), 3.

48. Jill Abramson and Barbara Franklin, "Are Women Catching Up?" *American Lawyer* (May 1983), 79.

49. Ibid., 84.

50. Much the same pattern is emerging in investment banking. "It's been a good decade since large numbers of women began emerging from top business schools and embarking in earnest on careers in finance. Yet, with rare exceptions, women have so far failed to achieve that most hallowed of Wall Street goals: being named partner, or in public firms, managing director." Women now comprise something like a quarter of all professionals in investment banking, but the proportion of female partners and managing directors is a miniscule 1 percent. Beth McGoldnick and Gregory Miller, "Wall Street Women: You've Come a Short Way, Baby," *Institutional Investor*, June 1985, 239.

51. Polachek, op. cit., p. 17.

52. Heidi I. Hartmann, "The Family as the Locus of Gender, Class and Political Struggle," *Signs* (Spring 1981), 366–94. See discussion in Dolores Hayden, *Redesigning the American Dream: The Future of Housing, Work and Family Life* (New York: Norton, 1984), 64.

53. Hayden, op. cit., 65.

54. Joseph H. Pleck, "Husband's Paid Work and Family Roles: Current Research Issues," in Helena Z. Lopata and Joseph H. Pleck, eds., *Research in the Interweave of Social Roles*, Vol. 3. (Greenwich, Conn.: JAI Press, 1982), 251–333. See also discussion in Joseph H. Pleck, "Husbands' and Wives' Family Work, Paid Work and Adjustment," Working Paper No. 95 (Wellesley, Mass.: Wellesley College, Center for Research on Women, 1982).

55. Hartmann, op. cit., 380.

56. Hartmann, op. cit., 383.

57. Philip Blumstein and Pepper Schwartz, *American Couples: Money, Work and Sex* (New York: William Morrow, 1983), 145.

58. Lopata and Pleck, op. cit., 253.

59. Nora Ephron, *Heartburn* (New York: Pocket Books, 1983), 104.

60. Simone de Beauvoir, *The Second Sex* (New York: Alfred A. Knopf, 1952), 536.

61. Blumstein and Schwartz, op. cit., 53.

62. See A. Beller, "The Impact of Equal Opportunity Policy on Sex Differentials in Earnings and Occupations," *American Economic Review (Proceedings)* (May 1982), 171–75.

63. Sheila B. Kamerman, Alfred J. Kahn, and Paul Kingston, *Maternity Policies and Working Women* (New York: Columbia University Press, 1983), 66. Much of the discussion of maternity leave is based on the work of Sheila B. Kamerman.

64. Caroline Little, "Mother Load or Overload: The Need for a National Maternity Policy," *Journal of International Law and Politics* 17 (1985), 3.

65. Testimony of Dr. Lenora Cole Alexander, op. cit., 9.

66. Naomi Barko, "Maternity Leave—American Style," *Working Mother* (November 1983), 45–46.

67. Kamerman, Kahn, and Kingston, op. cit., 56.

68. "When the Mother-to-Be Is an Executive," *Business Week* (April 11, 1983), 128.

69. Interview, January 10, 1983.

70. Interview, November 18, 1984.

71. Interview, March 1, 1983.

72. Interview, March 6, 1983.

73. Sheila B. Kamerman and Alfred J. Kahn, "Company Maternity-Leave Policies: The Big Picture," *Working Women* (February 1984), 80. In Europe the minimum paid maternity leave is fourteen weeks, and the most common leave granted is five months. In addition, most European countries provide at least one year of unpaid but job-protected leave, and all European countries have some form of national health insurance to cover the costs of prenatal and postnatal care. For more details see Sheila Kamerman *Maternity and Parental Benefits and Leaves* (New York: Columbia University, Center for the Social Sciences, Monograph No 1, 1980).

74. *Equality Between Men and Women in Sweden* (Stockholm: The Swedish Institute, May 1983).

75. "Parental Leave: A New Proposal for a Directive," *Social Europe* (May 1984) No. 1, Brussels Commission of the European Community, 24.

76. "Maternity Rights and Benefits: The Current Situation" (London: Equal Opportunities Commission, 1983), 7.

77. Interview, November 20, 1983.

78. Interview, November 30, 1983.

79. *OECD Employment Outlook* (Paris: OECD Labor Force Statistics, September 1985), 40. The figures are for working women ages 16–64 as a percentage of the working-age female population.

80. Marvin Harris, *America Now: The Anthropology of a Changing Culture* (New York: Simon & Schuster, 1981), 92.

5: Children: The Other Victims

1. The statistics in this paragraph are from the Select Committee on Children, Youth and Families, *U.S. Children and their Families: Current Conditions and Recent Trends* (Washington, D.C.: U.S. Government Printing Office, May 1983), 6; and the National Citizen's Board of Inquiry into Health in America, *Health Care USA* (October 1984), vol. 1, p. 1.

2. Mayor's Task Force on Child Abuse and Neglect, "Report on the Preliminary Study of Child Fatalities in New York City," November 1983. See also *New York Times*, October 23, 1983.

3. *American Children in Poverty* (Washington, D.C.: Children's Defense Fund, 1984), 14. See also *New York Times*, September 2, 1983.

4. *Money Income and Poverty Status of Persons and Families in the U.S. 1983*, Current Population Reports, Series P-60 (Washington, D.C.: Bureau of the Census, 1984).

5. Quoted in Letty Cottin Pogrebin, *Family Politics: Love and Power on an Intimate Frontier* (New York: McGraw-Hill, 1983), 60.

6. *New York Times*, September 2, 1983.

7. Interview with Michelle Seligson, Center for Research on Women, Wellesley College, July 24, 1985. See also: "What Price Day Care?," *Newsweek* (September 10, 1984), 14.

8. Interview with Sheila Kamerman, March 27, 1985.

9. Interview, October 3, 1983.

10. Ann C. Crouter, Jay Belsky, and Graham B. Spanier, "The Family Context of Child Development: Divorce and Maternal Employment," *Annals of Child Development* 1 (1984), 207. See also Select Committee on Children, Youth and Families, op. cit., 14.

11. Interview, January 14, 1984.

12. Barbara Ehrenreich and Karin Stallard, "The Nouveau Poor," *Ms.* (August 1982), 222.

13. Michael Rutter, "Protective Factors in Children's Response to Stress and Disadvantage," in *Primary Prevention of Psychopathology*, vol. 3; *Promoting Social Competence and Coping with Children*, eds., M. W. Kent and

J. E. Rolf (Hanover, N.H.: University Press of New England, 1978). See also E. M. Hetherington, "Divorce: A Child's Perspective," *American Psychologist* 34 (1979).

14. Interview, February 12, 1984. See Linda Bird Francke, *Growing Up Divorced* (New York: Linden Press/Simon & Schuster 1983). This book contains vivid portraits of the children of divorce.

15. Joyce Everett, "Patterns and Implications of Child Support Practices for Children's Well-Being," Wellesley College Center for Research on Women, Working Paper No. 128 (1984), 2.

16. *Money, Income and Poverty Status of Families and Persons in the US: 1984,* Current Population Reports, Series P-60 (Washington, D.C.: Bureau of the Census, 1985).

17. Bishop's Pastoral, "Catholic Social Teaching and the U.S. Economy," *Origins* 14 (November 15, 1984), 363.

18. Mayor's Task Force, op. cit.

19. Interview, March 2, 1984.

20. *New York Times,* July 20, 1983.

21. Interview with Michelle Seligson, July 24, 1985.

22. *Child Care Arrangements of Working Mothers,* Current Population Reports, Series P-23 (Washington, D.C.: U.S. Bureau of the Census, 1983), 22.

23. *New York Times,* September 3, 1984.

24. Interview, January 10, 1983.

25. *Child Care: The States' Response* (Washington, D.C.: Children's Defense Fund, 1983–84), 1.

26. *New York Times,* September 2, 1984.

27. Myron Magnet, "What Mass-Produced Child Care Is Producing," *Fortune* (November 28, 1983), 157–58.

28. Sheila B. Kamerman, *Parenting in an Unresponsive Society: Managing Work and Family* (New York: The Free Press, 1980), 58.

29. Interview, March 5, 1983.

30. Sheila B. Kamerman, "Child Care Services: A National Picture," *Monthly Labor Review* (December 1983), 36.

31. See discussion in Eugenia Kemble, *Starting Off on the Right Foot,* Publication No. 625 (Washington, D.C.: American Federation of Teachers, 1974), 12.

32. Kamerman, "Child Care Services," loc. cit., 37.

33. *Nation at Risk: The Imperative for Educational Reform* (Washington, D.C.: National Commission for Excellence in Education, April 1983), 32.

34. Interview with Michele Seligson, July 24, 1985. See also: *Employ-*

ers and Child Care: Development of the New Employee Benefit (Washington, D.C.: Bureau of National Affairs, 1984), 1.

35. Helen Blank, testimony of the Children's Defense Fund Before the Joint Economic Committee Concerning Child Care Problems Faced by Working Mothers and Pregnant Women, April 3, 1984.

36. Lynette and Thomas Long, *The Handbook for Latchkey Children and Their Parents* (New York: Arbor House, 1983), 174.

37. Interview, June 2, 1983.

38. *New York Times,* September 8, 1974.

39. Long, op. cit., 283.

40. Interview, March 1, 1983.

41. *Fact Sheets on Sweden* (Stockholm: The Swedish Institute, October 1982), 86.

42. National Plan of Action for Equality, *Step by Step* (Stockholm: 1979), 76.

43. Ibid., 76–105.

44. Olga Baudelot, "Child Care in France," paper presented to the Economic Policy Council, December 11, 1984. The cost data are from 1980–81. In this paper Baudelot draws on the research she did for the Kamerman-Kahn study. See note 47.

45. Sheila B. Kamerman, "Child Care and Family Benefits: Policies of Six Industrialized Countries," *Monthly Labor Review,* November 1980, 26.

46. Interview with Fabrizia Mauro, Ferrara, Italy, November 10, 1983.

47. Nicole Questiaux and Jacques Fournier, "France," in Sheila B. Kamerman and Alfred J. Kahn, eds., *Child Care, Family Benefits and Working Parents: A Study in Comparative Policy* (New York: Columbia University Press, 1981), 161.

48. *American Children in Poverty,* op. cit., 9.

49. *The Stake of the Public Schools in Early Childhood Education,* Publication No. 626 (Washington, D.C.: American Federation of Teachers, 1974).

50. See discussion in Marilyn Rauth, *A Review of the History, Current Conditions and Future Prospects of Child Care Programs in America,* Publication No. 630 (Washington, D.C.: American Federation of Teachers, 1974), 6.

51. Ibid.

52. Ibid.

53. *Wall Street Journal,* November 29, 1984.

54. *New York Times,* April 9, 1985.

55. *New York Daily News,* February 3, 1985.

56. *Nation at Risk,* op. cit., 5.

57. Ibid., 8.

58. Ibid., 17.

59. In 1982 the United States spent more per capita on education than Britain, West Germany, France, and Italy. Ruth Leger Sibard, *World Military and Social Expenditures, 1982* (Leesburg, Virginia: World Priorities, 1982), 30–32.

60. *Corporations and Two Career Families: Directions for the Future* (New York: Catalyst Career and Family Center, 1981), 15–16.

61. Dana Friedman, "Child Care in the US," paper presented to the Economic Policy Council, November 16, 1984.

62. Kristin Anderson, *Corporate Initiatives for Working Parents in New York City: A Ten-Industry Review* (New York: Center for Public Advocacy Research Inc., 1983), 74.

63. The Harvard School of Public Health found that the prenatal component of the woman, infant, and children's feeding program saves $3 in hospitalization costs for every $1 spent by reducing the number of low-birth-weight infants (*Wall Street Journal,* August 21, 1984).

64. Robert H. Bremner, ed., *Children and Youth in America: A Documentary History, Vol III, 1933–1973* (Cambridge, Mass.: Harvard University Press, 1974), 308.

65. *Wall Street Journal,* February 2, 1985.

66. Over $209 billion was projected to be spent by the federal government on the elderly in 1983. See: Select Committee on Children, Youth and Families, "Demographic and Social Trends: Implications for Federal Support for Dependent Care Services For Children and the Elderly" (Washington, D.C.: U.S. Government Printing Office, 1984), 63. In the same year federal spending on children and their families was projected at approximately $53 billion—$38 billion on entitlement programs (AFDC, Food Stamps, Medicaid, etc.), and $15 billion on appropriation programs (housing, education, etc.). See: Testimony of Dr. Alice M. Rivlin, director, Congressional Budget Office, to the Select Committee on Children, Youth and Families, April 28, 1983, 21–26.

67. *New York Times,* May 29, 1985.

68. John Betjeman, "Norfolk," *Collected Poems* (Boston: Houghton Mifflin, 1971), 211.

69. E. Nesbit, *The Railway Children* (London: Puffin Books, 1960), 9–10.

70. Betty Friedan, *The Second Stage* (New York: Summit Books, 1981), 100.

71. *Business Week,* January 28, 1985.

6: *Image and Reality*

1. *New York Times*, December 10, 1983.

2. R. W. Apple, Jr., "New Stirrings of Patriotism," *New York Times Magazine*, December, 11, 1983.

3. Quoted in Marvin Harris, *America Now: The Anthropology of a Changing Culture* (New York: Simon & Schuster, 1981), 76.

4. Ibid.

5. Eleanor Smeal, *Why and How Women Will Elect the Next President* (New York: Harper & Row, 1984), 26–32. When Eleanor Smeal was reelected to the presidency of NOW in the summer of 1985, she reaffirmed her prime commitment to the ERA and legalized abortion. *New York Times*, July 22, 1985.

6. Interview, March 7, 1984.

7. *New York Times*, July 22, 1984.

8. Quoted in the *New York Times*, November 5, 1984.

9. Ibid.

7: *Equal Rights Versus Social Benefits*

1. Bella Abzug, *Gender Gap* (Boston: Houghton Mifflin, 1984), 18.

2. William H. Chafe, *Women and Equality: Changing Patterns in American Culture* (New York: Oxford University Press, 1977), 24.

3. Quoted in Elisabeth Griffith, *In Her Own Right: The Life of Elizabeth Cady Stanton* (New York: Oxford University Press, 1984), 54.

4. Chafe, op. cit., 29.

5. Griffith, op. cit., XV.

6. As late as 1977 the national meeting to observe the International Women's Year convened in Houston, Texas, opened with the arrival of a torch carried by female runners from Seneca Falls. Seated on the dais was Susan B. Anthony's grandniece. The heroine of Seneca Falls, Stanton herself, had been lost to history (ibid., XV).

7. Quoted in Shulamith Firestone, *The Dialectic of Sex* (New York: William Morrow, 1970), 25.

8. William H. Chafe, *The American Woman: Her Changing Social, Economic, and Political Roles, 1920–1970* (New York: Oxford University Press, 1972), 59.

9. Consciousness-raising meeting, New York City, January 17, 1977.

10. Phyllis Chesler, *Women and Madness* (Garden City, N.Y.: Double-day, 1972), 243–44.

11. Colette Dowling, *The Cinderella Complex* (New York: Pocket Books, 1981), 8.

12. Ibid., 21.

13. Ibid.

14. Ibid.

15. David Bouchier, *The Feminist Challenge: The Movement for Women's Liberation in Britain and the United States* (New York: Schocken Books, 1984), 45.

16. William O'Neill, *The Woman Movement: Feminism in the United States and England* (Chicago: Quadrangle, 1971), 31.

17. H. L. Mencken, *In Defense of Women* (New York: Alfred A. Knopf, 1922), 132.

18. Emily Blair, "Are Women a Failure in Politics?," *Harper's* (October 1925), 513–22.

19. Gayle Yates, *What Women Want: The Ideas of the Movement* (Cambridge, Mass.: Harvard University Press, 1975), 77.

20. Ibid., 102.

21. Carolyn Teich Adams and Kathryn Teich Winston, *Mothers at Work: Public Policies in the United States, Sweden and China* (New York: Longman, 1980), 132.

22. *New York Times*, November 3, 1975.

23. Anna-Greta Leijon, "Equality in the Labor Market, in Political and Trade Union Organizations, and in the Home" *Current Sweden* 75 (April 1975), 4.

24. Interview with Birgitta Karlstrom, foreign correspondent for Swedish Broadcasting, February 22, 1983.

25. Adams and Winston, op. cit., 116.

26. It should be pointed out that just after the Civil War an organization called the American Equal Rights Association (AERA) was formed to push for both black and female suffrage. But the rights of blacks took precedence over the rights of women. In 1868 the Fourteenth Amendment gave black men the vote but excluded black women from citizenship and voting rights. After this date the women's suffrage movement was self-consciously separatist (Griffith, op. cit., 118–25).

27. Adams and Winston, op. cit., 117. See also *Equality in the Labour Market: Programme Adopted by the Labor Market Board* (Stockholm: Avbetsmarknadsstyrelsen, September 1977).

28. Interview, Anna-Greta Leijon, March 7, 1984.

29. *The Guardian*, October 28, 1983.

30. Sheila Lewenhak, *Women and Trade Unions: An Outline History of Women in the British Trade Union Movement* (New York: St. Martin's Press, 1977), 60.

31. Norbert C. Soldon, *Women in British Trade Unions 1874–1976* (Dublin: Gill and Macmillan, 1978), 70.

32. Ibid., 75. See also Gladys Boone, *The Women's Trade Union Leagues in Great Britain and the USA* (New York: Columbia University Press, 1942).

33. Louise A. Tilly and Joan W. Scott, *Women, Work and Family* (New York: Holt, Rinehart & Winston, 1978), 173.

34. Bouchier, op. cit., 57.

35. Ibid.

36. Ibid., 37.

37. Interview, Ruth Spellman, National Economic Development Council, London, October 3, 1984.

38. See discussion in Anna Coote and Beatrix Campbell, *Sweet Freedom: The Struggle for Women's Liberation* (London: Pan Books, 1982), 143–49.

39. *The Guardian,* May 10, 1984.

40. Remato Giancola, ed., *Italy: Documents and Notes* (Rome: Presidency of the Council of Ministers, 1975), 401.

41. Daniela Colombo, "The Italian Feminist Movement," *Women's Studies International Quarterly* 4, 4 (1981), 467.

42. Giancola, op. cit., 421–27.

43. Interview, November 17, 1984.

44. Interview, March 1, 1984.

45. Interview with Fabrizia Mauro, Ferrara, Italy, November 10, 1983.

8: *Women's Liberation and Motherhood*

1. *American Women: Three Decades of Change* (Washington, D.C.: Bureau of the Census, August 1983), 4. In 1950 more than 20 percent of all forty-year-old women were childless.

2. See discussion in Chapter Two, especially Note 10.

3. Bureau of the Census, op. cit., 7.

4. Interview, January 28, 1985.

5. Paul Bagne, "High Tech Breeding," *Mother Jones* (August 1983), 23–27.

Notes（注释）

6. Interview, Roxanne Felshuch, IDANT Laboratories, January 4, 1985.

7. *Wall Street Journal,* May 21, 1985.

8. Elisabeth Griffith, *In Her Own Right: The Life of Elizabeth Cady Stanton* (New York: Oxford University Press, 1984), 184.

9. Shulamith Firestone, *The Dialectic of Sex* (New York: William Morrow, 1970), 73.

10. Ibid., 202.

11. Griffith, op. cit., 51.

12. Ann Dally, *Inventing Motherhood: The Consequences of an Ideal* (New York: Schocken Books, 1983), 133.

13. Ibid., 136.

14. Ibid.

15. Dolores Hayden, *The Grand Domestic Revolution: A History of Feminist Designs for American Homes, Neighborhoods and Cities* (Cambridge, Mass.: MIT Press, 1981), 189.

16. Dally, op. cit., 140–41.

17. Hayden, op. cit., 197–98.

18. Ibid., 281.

19. Ibid., 284.

20. Ibid., 286.

21. Valerie Solanis, "Excerpts from the SCUM (Society for Cutting Up Men) Manifesto," in Robin Morgan, ed., *Sisterhood Is Powerful* (New York: Vintage Books, 1970), 577.

22. "Redstocking Manifesto," in Morgan, op. cit., 598.

23. Ann Koedt, Ellen Levine, and Anita Rapone, eds., *Radical Feminism* (New York: Quadrangle Books, 1973), 219.

24. Quoted in Benjamin R. Barber, "Beyond the Feminine Mystique," *The New Republic* (July 11, 1983), 27.

25. Betty Friedan, *The Second Stage* (New York: Summit Books, 1982), 203.

26. Gloria Steinem, *Outrageous Acts and Everyday Rebellions* (New York: Holt, Rinehart & Winston, 1983), 131.

27. Ibid.

28. Betty Friedan, *The Feminine Mystique* (New York: Dell, 1963), 52.

29. Juliet Mitchell, *Woman's Estate* (New York: Vintage Books, 1971), 162.

30. Ibid., 156.

31. Firestone, op. cit., 15.

32. Morgan, op. cit., vii–xiii.

33. See account in the *New York Times,* November 21, 1977; Barbara

Howar, "Waxy Yellow Buildup at the Houston Women's Conference," *New York* (December 5, 1977), 39–42; and "What Next for U.S. Women," *Time* (December 5, 1977), 19–25.

34. National Commission on the Observation of International Women's Year, *Declaration of American Women* (Washington, D.C.: IWY Commission, 1977), 7.

35. Dally, op. cit., 177.

36. Interview, April 4, 1985.

37. Friedan, *The Second Stage*, loc. cit., 103.

38. Dally, op. cit., 174.

39. Ibid., 175. See also Suzanne Arms, *Immaculate Deception: A New Look at Women and Childbirth in America* (Boston: Houghton Mifflin, 1975), 25.

40. Interview, February 15, 1984.

41. Federation CECOS, D. Schwartz and M. J. Mayaux, "Female Fecundity as a Function of Age," *New England Journal of Medicine* (February 18, 1982), 404–06. See also L. Westrom, "Incidence, Prevalence and Trends of Acute Pelvic Inflammatory Disease and Its Consequence in Industrial Countries," *Epidemiology*, 138, 7 (December 1980), 880–92; Westrom explains increased infertility by "the current epidemic of sexually transmitted diseases."

42. Interview, January 6, 1984.

43. Quoted in Dally, op. cit., 179.

44. Firestone, op. cit., 188–89.

45. Friedan, *The Feminine Mystique*, loc. cit., 290.

9: The ERA: A Test Case

1. Barbara A. Brown, Thomas I. Emerson, Gail Falk, and Ann E. Freedman, "The Equal Rights Amendment: A Constitutional Basis for Equal Rights for Women," *Yale Law Journal* 80, 5 (April 1971), 980.

2. Elizabeth Pleck, "Notes on the Defeat of the ERA," Wellesley College Center for Research on Women, Working Paper No. 103, Wellesley, Mass. (1983), 9.

3. Carol Felsenthal, *The Sweetheart of the Silent Majority* (New York: Doubleday, 1981).

4. The distribution of half a million copies of Schlafly's book *A Choice Not an Echo* prior to the California primary was a major factor in Goldwater's victory (Phyllis Schlafly, *A Choice Not an Echo* [Alton, Ill.: Pere Marquette Press, 1964]).

Notes (注释)

5. Brown, Emerson, Falk, and Freedman, op. cit., 887.

6. Phyllis Schlafly, *The Power of the Positive Woman* (New York: Jove/HBJ, 1977), 93.

7. Ibid., 88–89.

8. As Lenore Weitzman points out, neither the extent of the obligation nor the level of support in relation to a man's income is defined by these laws so that the right to support means little more than the "privilege of living with a husband." See Lenore J. Weitzman, *The Marriage Contract: Spouses, Lovers and The Law* (New York: The Free Press, 1981), 40–41.

9. Felsenthal, op. cit., 237–38.

10. It should be pointed out that since 1973 the AFL-CIO has supported the ERA. The policy of the umbrella labor organization is that when a law is truly protective, it can be extended to both sexes; when it is discriminatory, it will be eliminated. But many rank-and-file union members are less than enthusiastic about the ERA. See discussion in Chapter Fifteen.

11. Paul A. Freund, "The Equal Rights Amendment Is Not the Way," *Harvard Civil Rights-Civil Liberties Law Review* 6 (March 1971), 234.

12. Schlafly, op. cit., 92.

13. Interview, December 11, 1984.

14. Schlafly, op. cit., 91.

15. For profiles of ERA opponents see David Brady and Kent L. Tedin, "Ladies in Pink: Religion and Political Ideology in the Anti-ERA Movement," *Social Science Quarterly* 56 (March 1976), 564–75.

16. Felsenthal, op. cit., 243.

17. Bella Abzug, *Gender Gap* (Boston: Houghton Mifflin, 1984), 50.

18. Felsenthal, op. cit., 247.

19. Ibid., 247–248.

20. Ibid., 251.

21. Ibid., 250.

22. A Sangamon County grand jury indicted a NOW field organizer on charges of bribery and solicitation, both felonies. The NOW volunteer was alleged to have offered a legislator a $1,000 campaign contribution to vote yes on ERA. In August 1980 an eight-woman, four-man jury found this NOW volunteer guilty of bribery but innocent of solicitation. Her attorneys filed an appeal. See Felsenthal, op. cit., 253.

23. Ibid., 256.

24. Lisa Cronin Wohl, "Phyllis Schlafly: The Sweetheart of the Silent Majority," *Ms.* (March 1974), 55.

25. Abzug, op. cit., 63.

26. Felsenthal, op. cit., 265.

27. Pleck, op. cit., 6. To take an example, in NOW's final push for ratification it spent $1 million a month nationally from January to June 1982. Schlafly spent $100,000 over the same time period, and even when you add in $300,000 in PAC donations by the STOP ERA movement, it is hard to approach the NOW figure. Jane O'Reilly, "The Big-Time Players Behind the Small-Town Image," *Ms.* (January 1983), p. 59.

28. Felsenthal, op. cit., 260.

29. *Eagle Forum Newsletter.* See also Jane De Hart Mathews and Donald Mathews, "The Cultural Politics of ERA's Defeat," *Organization of American Historians Newsletter* 10, 4 (November 1982), 13–15.

30. Wohl, op. cit., 55.

31. Ibid.

32. Betty Friedan, *The Second Stage* (New York: Summit Books, 1981), 100.

33. Felsenthal, op. cit., 289.

34. "What Next for U.S. Women?" *Time,* December 5, 1977, 22.

35. Ibid.

36. Felsenthal, op. cit., 290.

37. Ibid., 291.

38. Ibid., 292.

39. Judith A. Baer, *The Chains of Protection: The Judicial Response to Women's Labor Legislation* (Westport, Conn.: Greenwood Press, 1978), 77–79.

40. Alice Kessler-Harris, *Out to Work: A History of Wage-Earning Women in the United States* (New York: Oxford University Press, 1982), 206.

41. Ibid.

42. Ibid., 189.

43. Henry R. Seager, "Plan for Health Insurance Act," *American Labor Legislation Review* 6 (March 1916), 25.

44. Kessler-Harris, op. cit., 207.

45. Ibid., 208.

46. "Working Women Want Equality Not Blanket Laws," *Justice* (March 17, 1922), 3.

47. Kessler-Harris, op. cit., 212.

48. Joseph P. Lash, *Eleanor and Franklin* (New York: Norton, 1971), 71. See also Joseph P. Lash, *A World of Love: Eleanor Roosevelt and Her Friends, 1943–62* (Garden City, N.Y.: Doubleday and Co., Inc., 1984), 107.

49. David Bouchier, *The Feminist Challenge: the Movement for Women's*

Liberation in Britain and the United States (New York: Schocken Books, 1984), 18–19.

50. Kessler-Harris, op. cit., 286.

51. *New York Times,* December 31, 1983.

10: Ultradomesticity: The Return to Hearth and Home

1. Interview, May 3, 1983.

2. Lou Cannon, *Reagan* (New York: Perigee Books, 1982), 31.

3. John Russell Taylor, *Ingrid Bergman* (New York: St. Martin's Press, 1983), 90.

4. Ibid., 84.

5. Ibid.

6. Betty Friedan, *The Feminine Mystique* (New York: Dell, 1963), 52.

7. Ibid., 53.

8. Quoted in Carl N. Degler, "Revolution Without Ideology: The Changing Place of Women in America," in Robert Jay Lifton, ed., *The Woman in America* (Boston: Beacon Press, 1967), 193.

9. Fredrika Bremer, *Hertha* (New York: G. P. Putnam, 1856), iv.

10. Lucy Freeman and Herbert S. Strean, *Freud and Women* (New York: Frederick Ungar, 1981), 199.

11. Joanna Stratton, *Pioneer Women: Voices from the Kansas Frontier* (New York: Simon & Schuster, 1981), 57.

12. Degler, op. cit., 193.

13. Stratton, op. cit., 14.

14. Comparative figures obtained from Degler, op. cit., 194.

15. Alice Kessler-Harris, *Out to Work: A History of Wage-earning Women in the United States* (New York: Oxford University Press, 1982), 276–77. During the war years 4.7 million new women workers joined the labor force. Kessler-Harris estimates that 3.5 million women who might not otherwise have done so took jobs.

16. Ibid., 276.

17. Ibid., 275.

18. William H. Chafe, *The American Woman: Her Changing Social, Economic and Political Roles, 1920–1970* (New York: Oxford University Press, 1972), 170.

19. Degler, op. cit., 207.

20. Chafe, op. cit., 217.

21. Degler, op. cit., 202, and Alva Myrdal and Viola Klein, *Woman's Two Roles* (London: Routledge and Kegan Paul Ltd., 1969), 66.

22. John B. Parrish, "Professional Womanpower as a National Resource," *Quarterly Review of Economics and Business* 1 (February 1961), 58.

23. Myrdal and Klein, op. cit., 12.

24. Ibid., 13.

25. Employment rates for women increased during the 1950s, but the increase came from women over thirty-five returning to jobs when their children entered school. Employment rates for women under thirty-five actually declined in this period. See discussion in James P. Smith and Michael P. Ward, "Women's Wages and Work in the Twentieth Century" (Santa Monica: Rand Corporation, October 1984).

26. William Manchester, *The Glory and the Dream: A Narrative History of America, 1932–1972* (Boston: Little, Brown, 1974), 42.

27. Ibid.

28. Joseph Pleck, *The Myth of Masculinity* (Cambridge, Mass.: MIT Press, 1981), 159.

29. Alvin H. Hansen, *Economic Policy and Full Employment* (New York: McGraw-Hill, 1947), 19.

30. A. G. Mezerik, "Getting Rid of the Women," *Atlantic Monthly* (June 1945), 80.

31. See discussion in Alonzo L. Hamby, "Harry Truman and the Fair Deal," in Robert D. Marcus and David Burnet, eds., *America Since 1945* (New York: St. Martin's Press, 1977).

32. William E. Leuchtenberg, "Consumer Culture and the Cold War," in William E. Leuchtenberg, ed., *The Unfinished Century: America Since 1900* (Boston: Little, Brown & Co., 1973), 754.

33. *New York Times*, February 11, 1946.

34. Kessler-Harris, op. cit., 287.

35. Margaret Barnard Pickel, "How Come No Jobs for Women?," *New York Times Magazine* (January 27, 1946), 46.

36. Agnes Meyer, "Women Aren't Men," *Atlantic Monthly* 186 (August 1950), 33.

37. Quoted in Chafe, op. cit., 207.

38. Nell Giles, "What About the Women?", *Ladies' Home Journal* LXI (June 1944), 23.

39. Kessler-Harris, op. cit., 287.

40. Anna B. Mayer, "Day Care as a Social Instrument: A Policy Paper," Columbia School of Social Work (January 1965), 38.

41. Mezerik, op. cit., 81.

42. The provisions of the acts are summarized in *Servicemen's Rights*

and Benefits (Washington, D.C.: U.S. Office of War Mobilization, 1944), and in Charles L. Dearing and Wilfred Owen, *National Transportation Policy* (Washington, D.C.: Brookings Institution, 1949), 110. See also discussion in *Business Week* (November 4, 1944).

43. "The Roots of Home," *Time* (June 20, 1960), 15.

44. Betty Friedan, *The Second Stage* (New York: Summit Books, 1981), 100.

45. Christopher Finch, *Norman Rockwell's America* (New York: Harry N. Abrams, 1975).

46. See discussion in Leuchtenberg, op. cit., 741–57.

47. Dolores Hayden, *The Grand Domestic Revolution: A History of Feminist Designs for American Homes, Neighborhoods and Cities* (Cambridge, Mass.: MIT Press, 1981), 281.

48. Gilbert Steiner, *The Children's Cause* (Washington, D.C.: The Brookings Institution, 1976), 115.

49. Chafe, op. cit., 187.

50. Richard Nixon, *The Public Messages, Speeches and Statements of the President, 1971* (Washington, D.C.: Government Printing Office, 1972), 1178.

51. James J. Kilpatrick's column, reprinted in *Congressional Record*, December 2, 1971.

52. Nathan G. Hale, Jr., *Freud and the Americans* (New York: Oxford University Press, 1971), 304.

53. Paul Roazen, *Freud and His Followers* (New York: Knopf, 1975), 385.

54. Ferdinand Lundberg and Marynia F. Farnham, *Modern Women: The Lost Sex* (New York: Harper and Brothers, 1947), 235.

55. Ibid., 370.

56. Helene Deutsch, *The Psychology of Woman: A Psychoanalytic Interpretation* (New York: Grune & Stratton, 1944), 290–91.

57. Freeman and Strean, op. cit., 109.

58. Betty Friedan, "Smith College—Class of 1942, Questionnaires, 1957," Friedan Papers, Schlesinger Library Harvard University, Microfilm No 78-1.

59. Friedan, *The Feminine Mystique*, loc. cit., 52.

60. Ibid.

61. *Time*, op. cit., 16.

62. Mirra Komarovsky, *Woman in the Modern World* (Boston: Little, Brown, 1953), 258.

63. Friedan, *The Feminine Mystique*, loc. cit., 53.

64. Chafe, op. cit., 205.

65. Friedan, *The Feminine Mystique*, loc. cit., 51.

66. Lundberg and Farnham, quoted in Chafe, op. cit., 204.

67. Molly Haskell, *From Reverence to Rape: The Treatment of Women in the Movies* (New York: Holt, Rinehart & Winston, 1974), 141.

68. June Sochen, "The New Woman and Twenties America: Way Down East," in John E. O'Connor and Martin A. Jackson, eds., *American History/American Film* (New York: Frederick Ungar, 1979), 13.

69. Alain Silver and Elizabeth Ward, eds., *Film Noir—An Encyclopedia Reference to the American Style* (Woodstock, N.Y.: Overlook Press, 1979), 187.

70. Haskell, op. cit., 270.

71. Ibid.

72. Sochen, op. cit., 17.

73. Philip Slater, *The Pursuit of Loneliness* (Boston: Beacon Press, 1970), 62.

74. Kessler-Harris, op. cit., 302.

11: The Rise of a Cult of Motherhood

1. The article Beth referred to appeared in the *New York Times*, February 1, 1984.

2. Play group meeting, February 3, 1984.

3. N. I. Kugelmass, *Wisdom with Children* (New York: John Day, 1965), 292.

4. John B. Watson, *Psychological Care of Infant and Child*, 1928 (New York: Arno Press, 1972), 87.

5. Quoted in Christina Hardyment *Dream Babies* (New York: Harper & Row, 1983), 9.

6. Philippe Ariès, *Centuries of Childhood* (New York: Knopf, 1962), 38.

7. Quoted in Ann Dally, *Inventing Motherhood* (New York: Schocken Books, 1983), 28.

8. Winston Churchill, *My Early Life: A Roving Commission* (New York: Charles Scribner & Sons, 1930), 4–5.

9. Ronald Steel, *Walter Lippmann and the American Century* (Boston: Little, Brown, 1980), 1–12.

10. Sloan Wilson, *What Shall We Wear to This Party? The Man in the Gray Flannel Suit Twenty Years Before and After* (New York: Arbor House, 1976), 23–24.

Notes（注释）

11. Joanna L. Stratton, *Pioneer Women: Voices from the Kansas Frontier* (New York: Simon & Schuster, 1981), 145.

12. Willystine Goodsell, *A History of the Family as a Social and Educational Institution* (New York: Macmillan, 1919), 422.

13. Luther Emmett Holt, M.D., *The Care and Feeding of Children* (New York: D. Appleton and Co., 1900), 92.

14. See discussion in Dally, op. cit., 81.

15. Watson, op. cit., 87.

16. Ibid., 82.

17. Ibid., 83.

18. Erich Fromm, *The Sane Society* (New York: Holt, Rinehart & Winston, 1955), 38–39.

19. Philip Slater, *The Pursuit of Loneliness* (Boston: Beacon Press, 1970), 64.

20. See Sigmund Freud, *The Sexual Enlightenment of Children*, 1907 (New York: Collier Books, 1978). Interestingly enough, Freud himself had a nanny for the first three years of his life, and Freud's own children had a nanny and a nurse. See Lucy Freeman and Herbert S. Strean, *Freud and Women* (New York: Frederick Ungar, 1981), 48.

21. Interview with Jerome Kagan, April 1, 1985.

22. Jean Piaget and Barbel Inhelder, *The Psychology of the Child* (New York: Basic Books, 1969), 3. Piaget himself did not think it a good idea to hasten a child's development. In fact, he criticized Americans who were writing that one should accelerate development.

23. *Wall Street Journal*, August 29, 1984.

24. Interview, September 25, 1983.

25. Burton L. White, *The First Three Years of Life* (New York: Avon Books, 1975), 105.

26. Jerome Kagan, *The Nature of the Child* (New York: Basic Books, 1984), 108.

27. Dr. Benjamin Spock, *Baby and Child Care* (New York: Pocket Books, 1977), 286.

28. Selma H. Fraiberg, *The Magic Years* (New York: Charles Scribner's Sons, 1959), 93.

29. Ibid., 94.

30. Ibid.

31. Nancy Pottisham Weiss, "Mother, the Invention of Necessity: Dr. Benjamin Spock's Baby and Child Care," *American Quarterly* 29 (Winter 1977), 525.

32. Ibid.

33. Ibid.

34. White, op. cit., 100.

35. Ibid.

36. Weiss, op. cit., 526.

37. Spock, op. cit., 358.

38. Spock, op. cit., 2d ed. (1967), 570.

39. Spock, op. cit., 36.

40. T. Berry Brazelton, *Toddlers and Parents* (New York: Delacorte Press, 1974), 122.

41. Lee Salk, *What Every Child Would Like His Parents to Know* (New York: David McKay, 1972), 69.

42. Selma H. Fraiberg, *Every Child's Birthright: In Defense of Mothering* (New York: Basic Books, 1977). In this book Fraiberg stresses the dire consequences of maternal deprivation before eighteen months of age.

43. Burton White, "Should You Stay Home with Your Baby?," *Young Children* (November 1981), 3–5.

44. White, *The First Three Years of Life,* loc. cit., 104. The only child-rearing expert to show any interest in maternity leave is Berry Brazelton; recently Brazelton has advocated a four-month paid maternity leave (see *New York Times,* May 28, 1984).

45. Interview, March 1, 1983.

46. 1950 figure: U.S. Bureau of Labor Statistics, Series G 139–178. 1983 figure: Interview with Elizabeth Waldman, Bureau of Labor Statistics, January 29, 1985.

47. Claire Etaugh, "Effects of Nonmaternal Care on Children: Research Evidence and Popular Views," *American Psychologist* 35 (April 1980), 316.

48. Ruth E. Zambrana, Marsha Hurt, and Rodney L. Hite, "The Working Mother in Contemporary Perspective: A Review of the Literature," *Pediatrics* 64 (December 1979), 862–70.

49. Penelope Leach, *Babyhood* (New York: Alfred A. Knopf, 1983), 121–34. Polly Berrien Berends, *Whole Child Whole Parent* (New York: Harper & Row, 1983), devotes half of one page to the working mother. See the *New York Times,* August 29, 1984, for a list of the top sellers in child-care books.

50. Jerome Kagan, Richard B. Kearsley, and Philip R. Zelazo, *Infancy: Its Place in Human Development* (Cambridge, Mass.: Harvard University Press, 1978), 260.

51. Etaugh, op. cit., 312. In another survey Belsky and Steinberg find that middle-class children neither gain nor lose in the long run from day care, while disadvantaged children gain (Gay Belsky and L. D.

Steinberg, "The Effects of Day Care: A Critical Review," *Child Development* 49 [1978], 929–949).

52. Claire Etaugh, "Effects of Maternal Employment on Children: A Review of Recent Research," *Merrill Palmer Quarterly* 20 (1974), 85.

53. Ibid.

54. Kagan et al., op. cit., 165.

55. Kugelmass, op. cit., 292.

56. *New York Times,* September 3, 1984.

57. See "Population and Employment 1950–76," *Eurostat* (Luxembourg: Statistical Office of the European Community, 1977), 130; and *Statistical Abstract of the U.S., 1980* (Washington, D.C.: Bureau of the Census, 1985).

58. "Women in the Labor Markets," *OECD Observer,* May 1980, 4.

59. Slater, op. cit., 56. Anthony Trollope protested that "American babies are an unhappy race, they eat and drink as they please, they are never punished, snubbed and kept in the background as children are kept with us."

60. Quoted in Spock, op. cit., 12. See also discussion in David Riesman, *The Lonely Crowd* (New Haven, Conn.: Yale University Press, 1950), 42.

61. Interview, February 2, 1984.

62. Olga Baudelot, paper presented to the Economic Policy Council, New York, December 11, 1984.

63. Robert H. Bremner, ed., *Children and Youth in America: A Documentary History,* vol. III, *1933–1973* (Cambridge, Mass.: Harvard University Press, 1974), 704.

64. Spock, op. cit., 13.

65. Bremner, op. cit., 718.

66. Quoted ibid., 718.

67. Quoted ibid., 719.

68. Marian Wright Edelman, "A Political-Legislative Overview of Federal Child Care Proposals," in Nathan B. Talbot, ed., *Raising Children in Modern America: Problems and Prospective Solutions* (Boston: Little, Brown, 1974), 316.

69. Ibid., 305.

70. Interview, May 3, 1983.

71. Weiss, op. cit., 545.

72. Ibid., 520.

73. Interview, February 25, 1985.

74. Edelman, op. cit., 316.

美国妇女的生活

12: The Unraveling of the Fifties

1. David Bouchier, *The Feminist Challenge: The Movement for Women's Liberation in Britain and the United States* (New York: Schocken Books, 1984), 31.

2. Interview, January 12, 1983.

13: The Male Rebellion

1. J. M. Barrie, *Peter Pan* (New York: Charles Scribner's Sons, 1950), 228.

2. C. Wright Mills, *White Collar* (New York: Oxford University Press, 1953), 282.

3. Arthur Miller, *Death of a Salesman* (New York: Viking Press, 1949), 22.

4. Herman Wouk, *Marjorie Morningstar* (New York: Doubleday, 1955), 47.

5. Ibid., 48.

6. Warren Farrell, *The Liberated Man* (New York: Random House, 1975), 74.

7. Sloan Wilson, *What Shall We Wear to This Party? The Man in The Gray Flannel Suit Twenty Years Before and After* (New York: Arbor House, 1976), 11.

8. William H. Whyte, Jr., *The Organization Man* (New York: Simon & Schuster, 1956), 306.

9. Charles A. Reich, *The Greening of America* (New York: Random House, 1970), 163.

10. Ibid., 209.

11. Wilson, op. cit., 183.

12. Bruce Bliven, Jr., "Life and Love in the Split Level Slums," *Reporter* (February 7, 1957); Anthony Winthrop, Jr., "The Crab Grass Roots of Suburbia," *New Republic* (February 11, 1957); "On the 5:19 to Ulcerville," *Newsweek* (August 17, 1959).

13. Quoted in Scott Donaldson, *The Suburban Myth* (New York: Columbia University Press, 1969), 14.

14. Philip Roth, *My Life as a Man* (New York: Holt, Rinehart and Winston, 1974), 169.

15. Ibid.

356

16. Morris Dickstein, *Gates of Eden: American Culture in the Sixties* (New York: Basic Books, 1977), 63.

17. Richard Yates, *Revolutionary Road* (New York: Dell, 1961), 12.

18. Ibid., 23.

19. Betty Friedan, *The Feminine Mystique* (New York: Dell, 1963), 261.

20. Betty Hannah Hoffman, "Through All My Housework in an Hour," *Ladies' Home Journal* (October 1960), 184–90. The portrait of Janice Crabtree featured in this issue was meant as a serious treatment of an efficient housewife, but it succeeded in stirring up a great deal of anger around the country. Irate readers wrote to the editor of the magazine complaining about Mrs. Crabtree. Housewives felt misrepresented, and men felt taken for a ride.

21. Bob Norman, "Miss Golddigger of 1953," *Playboy* (December 1953), 12–71. © Playboy.

22. Charles Perry, *The Haight-Ashbury: A History* (New York: Random House/Rolling Stone Press, 1984), 245.

23. Shulamith Firestone, *The Dialectic of Sex* (New York: William Morrow, 1980), 30.

24. Quoted in David Bouchier, *The Feminist Challenge: The Movement for Women's Liberation in Britain and the United States* (New York: Schocken Books, 1984), 52.

25. Dickstein, op. cit., 203.

26. Ibid., 207.

27. Marge Piercy, "The Grand Coolie Damn," in Robin Morgan, ed., *Sisterhood Is Powerful* (New York: Vintage Books, 1970), 483.

28. Robin Morgan, "Goodbye to All That," in *Going Too Far* (New York: Random House, 1977), 122–28.

29. Robin Morgan, "Take a Memo, Mr. Smith," in *Going Too Far*, loc. cit., 69.

30. Andrea Dworkin, *Right-Wing Women* (New York: Perigee Books, 1983), 91.

31. Ibid.

32. Ibid., 94.

33. "Redstocking Manifesto" in Morgan, op. cit., 598.

34. Herb Goldberg, *The Hazards of Being Male* (New York: Signet Books, 1977), 67.

35. Farrell, op. cit., 151.

36. Quoted in Joseph H. Pleck, *The Myth of Masculinity* (Cambridge, Mass.: MIT Press, 1981), 317.

37. The Playboy Report on American Men, *A Study of the Values, At-*

titudes and Goals of U.S. Males, 18–49 Years Old (New York: Louis Harris & Assoc. Inc., 1979), 59.

38. Dan Kiley, *The Peter Pan Syndrome: Men Who Have Never Grown Up* (New York: Dodd, Mead, 1983), xvi.

39. Interview, October 9, 1984.

40. Betty Friedan, *The Feminine Mystique* (New York: Dell, 1963), 363.

41. Frank Furstenberg, Jr., and Christine Winquist Nord, "Parenting Apart: Patterns of Childrearing After Marital Disruption," *Journal of Marriage and the Family* (November 1985), 874.

42. Nan D. Hunter, "Women and Child Support," in Irene Diamond and Mary Lyndon Shanley, eds., *Family, Politics and Public Policy* (New York: Longman, 1983), 206.

43. Eric Skjei and Richard Rabkin, *The Male Ordeal* (New York: G. P. Putnam, 1981), 72. See also Goldberg, op. cit., 162.

44. For examples of nurturing fathers, see Ari Korpivara "Play Groups for Dads," *Ms.* (February 1982), 43.

45. Donald H. Bell, *Being a Man: The Paradox of Masculinity* (Lexington, Mass.: Lewis Publishing, 1982), 97.

46. "Cat's in the Cradle." Music and words by Harry Chapin and Sandy Chapin. © 1974 Story Songs Ltd. Courtesy of the Chapin estate.

14: Contemporary Women: Two Hostile Camps

1. Marilyn French, *The Women's Room* (London: Jove, 1978), 267–68.

2. Grace Baruch, Rosalind Barnett, and Caryl Rivers, *Lifeprints: New Patterns of Love and Work for Today's Women* (New York: McGraw-Hill, 1983), 106.

3. Mirra Komarovsky, *Women in The Modern World* (Boston: Little, Brown, 1953), 108–110.

4. William H. Whyte, Jr., "The Wives of Management," in Sigmund Noscow and William H. Form, eds., *Man, Work, and Society* (New York: Basic Books, 1962), 548–55.

5. Philip E. Slater, *The Pursuit of Loneliness: American Culture at the Breaking Point* (Boston: Beacon Press, 1970), 74.

6. Sloan Wilson, "The Woman in the Grey Flannel Suit," *New York Times Magazine* (January 15, 1956), 15.

7. Alice Lake, "The Revolt of the Company Wife," *McCall's* (October 1973), 22.

8. Ibid., 24.

9. Interview with Greta Tullmann, September 9, 1984.

10. Midge Decter, *The New Chastity* (New York: Berkley Medallion Books, 1972), 78.

11. Quoted in Susan Lyndon, "The Politics of Orgasm," in Robin Morgan, ed., *Sisterhood Is Powerful* (New York: Vintage Books, 1970), 222.

12. Ibid., 219.

13. Simone de Beauvoir, *The Second Sex,* 1952 (New York: Vintage Books, 1974), 438.

14. Betty Friedan, *The Second Stage* (New York: Summit Books, 1981), 47.

15. George Gilder, *Sexual Suicide* (New York: Quadrangle Press, 1973), 6.

16. Phyllis Schlafly, *The Power of the Positive Woman* (New York: Jove/HBJ, 1977), 81.

17. In a recent study sociologist Kristin Luker points out that the pro-choice movement is populated by highly educated, well-paid career women with few children and a strong vested interest in their work roles, while women in the pro-life camp tend to be Roman Catholics with large families and low-paying or no outside jobs. The self-esteem of the pro-life woman tends to be derived from her maternal role. See Kristin Luker, *Abortion and the Politics of Motherhood* (Berkeley, Calif.: University of California Press, 1984).

18. Andrea Dworkin, *Right-Wing Women* (New York: Perigee Books, 1983), 69.

19. Schlafly, op. cit., 16.

20. Marabel Morgan, *The Total Woman* (New York: Pocket Books, 1975), 17.

21. Ibid., 60.

22. Ibid., 112.

23. Ibid., 113.

24. Ibid., 115.

25. Ibid., 116.

26. Ibid., 17.

27. Ruth Carter Stapleton, *The Gift of Inner Healing* (Waco, Texas: Word Books, 1976), 32.

28. Anita Bryant, *Bless This House* (New York: Bantam Books, 1976), 51.

29. Dworkin, op. cit., 72.

30. Nora Ephron, *Heartburn* (New York: Pocket Books, 1983), 104.

31. Beverly Lahaye, *To Manipulate a Housewife,* prepared by Concerned Women for America, San Diego, California, 1983.

32. Ibid., 2.

33. Arthur Miller, *Death of a Salesman* (New York: Viking Press, 1949), 134.

34. Morris Dickstein, *Gates of Eden* (New York: Basic Books, 1977), 27.

35. French, op. cit., 209–10.

15: What Can Trade Unions Do for Women?

1. Interview, March 26, 1985.

2. *Money, Income and Poverty Status of Families and Persons in the US: 1984,* Current Population Reports, Series P-60 (Washington, D.C.: Bureau of the Census, 1985).

3. *New York Times,* February 8, 1985.

4. Ibid.

5. Interview, November 5, 1983.

6. Larry T. Adams, "Changing Employment Patterns of Organized Workers," *Monthly Labor Review* (February 1985), 25.

7. Interview, September 7, 1984.

8. *Pay Equity on Trial* (Washington, D.C.: AFSCME, 1984), 2.

9. Ibid., 2.

10. *Winning the Fight for Pay Equity* (Washington, D.C.: AFSCME, 1984), 1.

11. Ibid., 11–12.

12. *Pay Equity and Comparable Worth: A BNA Special Report* (Washington, D.C.: Bureau of National Affairs, 1984), 73.

13. Ibid., 77.

14. William H. Chafe, *The American Woman: Her Changing Social, Economic and Political Roles 1920–1970* (New York: Oxford University Press, 1972), 77.

15. Quoted in Bettina Berch, *The Endless Day* (New York: Harcourt Brace Jovanovich, 1982), 41.

16. Cited in Alice Kessler-Harris, *Out to Work: A History of Wage-Earning Women in the United States* (New York: Oxford University Press, 1982), 153.

17. Berch, op. cit., 165.

18. Kessler-Harris, op. cit., 165–66.

19. Adams, op. cit., 30.

20. Interview, March 25, 1985.

21. Adams, op. cit., 25.

22. Ibid., 26.

23. *New York Times,* February 8, 1985.

24. Ibid.

25. *New York Times,* September 3, 1984.

26. Interview with UAW member at Ford assembly plant, August 28, 1984.

27. Adams, op. cit., 26.

28. Interview, November 23, 1983.

29. Gunner Quist, Joan Acker, and Val R. Lorwin, "Sweden," in Alice H. Cook, Val R. Lorwin, and Arlene Kaplan Daniels, eds., *Women and Trade Unions in Eleven Industrialized Countries.* (Philadelphia: Temple University Press, 1984), 267.

30. Ibid., 264.

31. Ibid., 269. See also Annual Report of the Central Bureau of Statistics and various issues of *Allman Manadsstatistik,* Stockholm, Sweden. See discussion in Chapter Four.

32. Bianca Beccali, "Italy," in Cook et al., op. cit., 193.

33. "Equal Opportunity for Women," *OECD Observer* 97 (March 1979), 9, and *Eurostat,* "Hourly Earnings—Hours of Work," various issues, Statistical Office of the European Community, Luxembourg. See discussion in Chapter Four.

34. Chiara Ingrao, "Feminism and Trade Unions in Italy," mimeograph, New York, May 1981, 6.

35. Interview, February 11, 1984.

36. *Employment Gazette* 91, 1 (January 1983), 26.

37. See discussion in Peter J. Sloane, "The Trend of Women's Wages Relative to Men's in the Postwar Period in Great Britain," paper presented to the Economic Policy Council's panel on "Parents and Work: Family Policy in Comparative Perspective," Washington, D.C., June 12, 1984, 5.

38. *Wall Street Journal,* March 28, 1985.

39. Lindsay Mackie and Polly Patullo, *Women at Work* (London: Tavistock Publications, 1977), 166.

40. Catherine Bodard Silver, "France: Contrast in Familial and Societal Roles," in Janet Z. Giele and Audrey C. Smock, eds., *Women: Roles and Status in Eight Countries* (New York: John Wiley & Sons, 1977), 276.

41. Ibid., 277.

42. *Social Europe* (Luxembourg: Commission of the European Community, May 1984), 120.

43. Adams, op. cit., 21.

44. Interview, January 13, 1983. Joyce Miller is also president of CLUW, Coalition of Labor Union Women, a leadership group founded in 1974 to join "union women in a viable organization to determine first—our common problems and concerns, second—to develop action programs within the framework of our unions to deal effectively with our objectives."

45. CWA staff member (New York) interview, September 4, 1984.

46. Adams, op. cit., 28.

47. *New York Times,* July 31, 1984.

48. *Pay Equity and Comparable Worth: A BNA Special Report,* loc. cit., 89.

49. *New York Times,* April 2, 1985.

50. Interview, April 5, 1985.

16: The Establishment Gropes for an Answer

1. The Economic Policy Council (EPC) of the United Nations Association of the USA was founded in 1976. Its mission is to sponsor a systematic and constructive involvement in international economic problems by the American private sector. The EPC is committed to representing the views of both management and labor. Its membership comprises eminent individuals from the corporate, labor, and academic communities. The EPC is co-chaired by Robert O. Anderson, chairman of the Atlantic Richfield Company, and Douglas A. Fraser, president emeritus, United Auto Workers. Its steering committee consists of: Charles Barber (former chairman, Asarco, Inc.); Henry Kaufman (executive director, Salomon Brothers, Inc.); Ray Marshall (Bernard Rapoport Professor of Economics and Public Affairs, University of Texas at Austin); Jack Sheinkman (secretary-treasurer, Amalgamated Clothing and Textile Workers Union, AFL-CIO); Thomas A. Vanderslice (president and CEO, Apollo Computer Inc.); and Lyn R. Williams (president, United Steelworkers of America). The EPC has approximately 100 members.

EPC members are brought together in study panels to analyze important international economic issues. Every year the EPC branches out into two or three panels, each of which addresses a specific problem area.

The EPC both identifies critical policy questions and makes recommendations, which are then published and presented to officials within the executive and legislative branches of the United States government.

The EPC maintains a close working relationship with the executive branch and with leaders in Congress. Council members have regularly presented panel recommendations at hearings in the House of Representatives and in the Senate; cabinet-level officials attend the annual plenary sessions of the EPC to engage in an informal exchange of views; and several study panels have met with and advised presidential task forces.

2. The full titles of the other EPC panels running in September 1984 were "The Global Repercussions of U.S. Monetary and Fiscal Policy," chaired by Henry Kaufman (executive director, Salomon Bros.) and Peter B. Kenen (Walker Professor of Economics and International Finance, Princeton University) and "Jobs in the Eighties," chaired by John Filer (chairman, Aetna Life & Casualty Insurance Company) and Douglas Fraser (president emeritus, United Auto Workers).

3. Interview, December 11, 1984.

4. See discussion of the problems encountered by the panel in Sylvia Ann Hewlett, "Coping with Illegal Immigrants," *Foreign Affairs* 60 (Winter 1981–82), 358–78.

5. Statement of Albert Shanker, president, American Federation of Teachers, AFL-CIO, before the Senate Subcommittee on Children and Youth, June 5, 1975, 11.

17: Epilogue: Voices from the Post-Feminist Generation

1. *Wall Street Journal,* October 30, 1984.

2. Ibid.

3. *Fortune* (July 11, 1983), 58. In 1983 60 percent of these women were married and 46 percent had children. The average age of the women in this sample was thirty-seven.

4. *Wall Street Journal,* February 11, 1982. The average age of the women in this survey was forty-six, and most were vice-presidents.

5. Basia Hellwig, "The Breakthrough Generation: 73 Women Ready to Run Corporate America," *Working Women* (April 1985), 98–146. See also Mary Anne Devanna, "Male/Female Careers: MBA's a Decade into Their Careers," Center for Research into Career Develop-

ment, Columbia University School of Business Administration, 1983. Devanna sampled several hundred M.B.A.'s who received their degrees from Columbia University in the period 1969–72: "72% of men in the sample were married as opposed to 58% of women. . . . Less than 10% of the married men have no children, 22% of the married women are childless," 108. To round out one's picture of elite women, a study in the late 1970s of women scientists showed that 50 percent were unmarried, compared to 10 percent of their male counterparts; among married women scientists 33 to 50 percent were childless, again compared to 10 percent of the married men. According to this study, "women more than men must compromise their family lives for the sake of career." See Ruth E. Zambrana, Marsha Hurst, and Rodney L. Hite, "The Working Mother in Contemporary Perspective: A Review of the Literature," *Pediatrics* 64 (December 1979). For additional data, see Chapter 2, note 10.

6. Philip Blumstein and Pepper Schwartz, *American Couples* (New York: William Morrow, 1983), 146.

7. Interview, Roxanne Felschuch, IDANT Laboratories, January 4, 1985.

8. Germaine Greer, *Sex and Destiny: The Politics of Human Fertility* (New York: Harper & Row, 1984), 2.

9. Ibid., 29.

10. Ibid., 458.

11. Ibid., 2.

12. Quoted in Erica Abeel, "Dark Secrets," *Esquire*, June 1984, 262.

13. Quoted in Dolores Hayden, *The Grand Domestic Revolution* (Cambridge, Mass.: MIT Press, 1981), 197–98.

14. *Time*, May 27, 1985, 81.

15. *Barnard Alumnae* (Summer 1985), 9.

16. Warren Farrell, *The Liberated Man* (New York: Random House, 1975), 26.

17. Ann Critenden, "We 'Liberated' Mothers Aren't," *Washington Post*, February 5, 1985.

Afterword

1. *Ms.*, March 1986, p. 74.
2. *Baltimore Sun*, March 17, 1986.
3. *Time*, March 31, 1986, p. 62.
4. *Vanity Fair*, April 1986, p. 93.
5. *New York Times*, May 4, 1986.

Notes(注释)

6. *Vanity Fair,* April 1987, p. 118.
7. *Washington Post,* January 22, 1986.
8. *USA Today,* September 24, 1986.
9. Quoted in Letty Cottin Pogrebin, *Family Politics: Love and Power on an Intimate Frontier* (New York: McGraw Hill, 1983), p. 60.

译者后记

在西方妇女学界，西尔维亚·安·休利特的《美国妇女的生活——解放神话与现实困境》，被认为是 1980 年代继西蒙娜·德·波伏娃的《第二性》和贝蒂·弗里丹的《女性的奥秘》两部著作之后第三本有关妇女学的经典之作。1987 年，此书刚出版，时任联合国儿童基金会主任理查德·乔利（Richard Jolly）和夫人阿利森·乔利（Alison Jolly）来中国看望他们的女儿苏茜·乔利（Susan Jolly）。当时，苏茜是湖北大学历史系的留学生，而我则是她的陪读生。在一次见面时，乔利先生手里拿着一本书，对苏茜和我说："你们知道吗，美国人现在手中有两本书：一本是《圣经》，另一本就是我手里这本书——《美国妇女的生活》，你们也许有兴趣读一读。"我回答说："那好，我有兴趣读。"于是，乔利先生就把这本书送给了我。

我本科攻读英语和英美文学，自然对美国的方方面面有求知的兴趣，作为女性，我也想更全面地了解美国妇女的生活。我几乎是一口气读完了这本书。我被书中所披露的美国妇女的实际生活所震惊！作者详尽地描述了美国当代各阶层妇女所处的困境，以大量案例、直接访谈和作者自己的经历，指出美国妇女解放运动并未给美国广大普通妇女带来实质性好处，指出美国妇女解放运动存在许多理论误区和认识局限，提出了一些真正可以改善妇女地位的政策建议，特别是对在职母亲的支持政策，引起朝野的关注和争论。正是读完这本书之后，激起了我赴美攻读妇女学硕士学位的兴趣。

在美国学习和谋生是紧张的，但我一直想着要把此书翻译成中文，时而又想，国内可能有人在翻译，我便渐渐放弃了我的想法。2006 年我回国后，得知国内还无人翻译此书，故重新燃起了我翻译的念头，并约请武汉大学张

译者后记

昌耀老师合作。值此书中文版即将付梓之际，我首先要感谢他的应约。说到与张老师的合作，我还要感谢我的法语老师屈平女士，是她向我介绍了她的丈夫张先生。本书共十七章，张先生翻译了其中的第九章至第十七章，我翻译了第一章至第八章、前言和作者后记，并对全书进行统稿。

此书得以出版，我还要感谢作者休利特女士无偿提供版权，感谢中国社会科学出版社副总编郭沂纹女士和安芳编辑对译稿的审阅和编辑加工，感谢江苏师范大学的出版资助。

马莉

2016 年 11 月于江苏师范大学